Buch

Cienfuegos, der Hirte von Gomera mit dem feuerroten Haarschopf, war ursprünglich nur vor seinem eifersüchtigen Landesherrn, dem Capitán León de Luna, auf eine Karavelle geflohen. Inzwischen liegen abenteuerliche Jahre in der Neuen Welt hinter ihm. Jahre, in denen er Augenzeuge des grausamen Raubzugs der spanischen Konquistadoren wurde. Und auch die Frau seines Herzens, Eva Grumbach, die Comtesse de Teguise, hat Gomera den Rücken gekehrt und sich als Doña Mariana Montenegro in Santo Domingo niedergelassen. Doch ihr eigener Mut droht ihr nun zum Verhängnis zu werden.

Denn die schöne und junge Frau wird der Hexerei beschuldigt und von der Inquisition verfolgt. Ihr soll der Prozeß gemacht werden. Cienfuegos läßt nichts unversucht, um die Geliebte aus der Festung von Santo Domingo zu befreien.

Autor

Alberto Vázquez-Figueroa, 1936 auf Teneriffa geboren, wuchs in Nordafrika auf. Als Journalist und Auslandskorrespondent für spanische Zeitungen hat er zahlreiche Länder besucht und verschiedenste Kulturen kennengelernt. Diese persönlichen Erfahrungen haben sich in seinem Romanwerk niedergeschlagen, darunter auch in dem Roman »Tuareg«, seinem größten literarischen Erfolg.

Alberto Vázquez-Figueroa im Goldmann Verlag

Die Kinder von Bogotá · Roman (42807)
Ébano · Roman (9181)
Hundertfeuer · Roman (41496)
Manaos · Roman (8821)
Maradentro · Roman (41226)
Nacht über Panama · Roman (9907)
Océano · Roman (9701)
Santa Maria · Roman (42193)
Tuareg · Roman (9141)
Yaiza · Roman (9922)

ALBERTO VÁZQUEZ-FIGUEROA

DIE GÄRTEN DER KÖNIGIN

ROMAN

Aus dem Spanischen von
Jean Paul Ziller

GOLDMANN VERLAG

Deutsche Erstausgabe

Die Originalausgabe erschien in zwei Bänden
unter den Titeln »Brazofuerte« und »Xaraguá«
bei Plaza & Janes Editores, S. A., Barcelona

Umwelthinweis:
Alle bedruckten Materialien dieses Taschenbuches
sind chlorfrei und umweltschonend.

Der Goldmann Verlag
ist ein Unternehmen der Verlagsgruppe Bertelsmann

Umschlaggestaltung: Design Team, München
Umschlagfoto: Ernst Wrba, Sulzbach
Satz: Uhl + Massopust, Aalen
Druck: Graphischer Großbetrieb Pößneck GmbH
Verlagsnummer: 41564
MK · Herstellung: Stefan Hansen
Made in Germany
ISBN 3-442-41564-0

1 3 5 7 9 10 8 6 4 2

Die Inquisition.

Schon das Wort genügte, um jedermann in Angst und Schrecken zu versetzen. Cienfuegos, der unzählige Gefahren und Abenteuer in der Neuen Welt hatte bestehen müssen, bildete da keine Ausnahme. Zwar hatte er geglaubt, daß ihn nichts mehr erschüttern könnte, doch jetzt zitterten auch ihm die Knie.

Als er erfuhr, daß die Frau, die er liebte, die sein Kind unter dem Herzen trug, verhaftet worden war und wegen Hexerei angeklagt werden sollte, blieb ihm einen Augenblick lang die Sprache weg. Er lehnte sich gegen die Wand. Plötzlich drehte sich alles um ihn, und er mußte sich auf eine Steinbank setzen.

»Aber warum nur? Welchen Grund haben sie genannt?« murmelte er und sah zu seinem Freund Bonifacio Cabrera auf, der ihm die Hiobsbotschaft überbracht hatte. »Was hat Eva mit der Inquisition zu tun?«

»Offensichtlich hat Baltasar Garrote, Capitán León de Lunas Adjutant, sie der Hexerei bezichtigt. Er hat behauptet, sie habe einen Bund mit dem Teufel geschlossen. Auf ihr Geheiß soll der Schwarze Engel das Wasser des Maracaibo-Sees in Brand gesteckt haben.«

»Aber ich war es, der das Feuer gelegt hat!« rief Cienfuegos erregt. »Und das hatte nichts mit Hexerei oder dem Teufel zu tun. Es lag am *mene*. Ich werde hingehen und es diesen Schwarzröcken zeigen! Sie müssen Eva freilassen!«

Der hinkende Bonifacio hatte sich neben ihn gesetzt und schüttelte niedergeschlagen den Kopf.

»Ich glaube nicht, daß es so einfach ist«, antwortete er bedächtig. »Wie willst du diesen sturen Böcken klarmachen, daß der Maracaibo-See eine schwarze Flüssigkeit enthält, die ohne ersichtlichen Grund Feuer fängt? Sie würden dich auf der Stelle festnehmen und so lange foltern, bis du zugibst, daß auch du dich mit dem Teufel eingelassen hast.«

»Hat man Eva gefoltert?«

»Das weiß ich nicht.«

»Wenn ihr auch nur ein Haar gekrümmt wird, töte ich jeden Schwarzrock auf der Insel.«

»Jeden?« fragte Bonifacio spöttisch. »Weißt du denn überhaupt, wie viele es gibt? Du würdest dein Leben lang töten müssen und nie fertig werden.«

Der Hirte aus Gomera schloß die Augen und dachte verzweifelt nach. Er versuchte einen klaren Gedanken zu fassen, doch der unerträgliche Schmerz, den er empfand, raubte ihm beinah die Sinne.

»Was meint Don Luis de Torres dazu?« fragte er.

»Als er die Nachricht erhielt, begab er sich sofort an Bord des Schiffes und stach mit Kapitän Salado und der Mannschaft in See. Alle, die etwas mit dem Brand auf dem See zu tun hatten, zittern vor Angst. Der Inquisition ist es egal, ob einer oder hundert sterben.«

»Verdammte Hurensöhne!«

»Du kannst es ihnen nicht verübeln. Ich mache mir selbst fast in die Hosen vor Angst.«

»Ich meine nicht die Mannschaft. Es war das Beste, was sie tun konnten.« Er sah seinen alten Freund an und fragte mit heiserer Stimme: »Glaubst du, daß sie wiederkommen?«

»Das kann ich dir nicht sagen. Der Tod ist eine Sache, aber wenn man geröstet, gerädert oder gevierteilt werden soll, dann sieht es anders aus. Wahrscheinlich haben sie schon längst Kurs auf Lissabon genommen.«

»Glaubst du, daß Eva dieses Schicksal bevorsteht?« fragte Cienfuegos entsetzt.

Auf eine solch direkte Frage wußte der hinkende Bonifacio keine Antwort. Er zuckte mit den Achseln und betrachtete lieber angestrengt den kleinen Fluß, der nur wenige Meter von ihnen entfernt ins Meer floß, als würde dieser Anblick seine ganze Aufmerksamkeit beanspruchen. Nach einer Weile, die beiden wie eine Ewigkeit erschien, sagte er: »Ich weiß nicht viel über die Heilige Inquisition. Auf Gomera gaben ihr die Menschen den Spitznamen *La Chicharra*, die Grille. Und wehe dem, der ihr in die Hände fiel. Es ist das erste Mal, daß sie hier auf Santo Domingo zuschlägt. Aber ihre Methoden werden dieselben sein, Gott steh uns bei.«

»Wohin hat man sie gebracht?«

»In die Festung.«

»Wie viele Wachen gibt es?«

»Mindestens fünfzig«, sagte Bonifacio und schüttelte den Kopf. »Mach dir keine Illusionen. Es ist zwecklos, sie befreien zu wollen. Mit Gewalt ist da nichts auszurichten.«

»Was sollen wir denn sonst tun? An wen könnten wir uns wenden?«

»Mir fällt niemand ein. Sobald die Menschen auch nur den Namen hören, kriegen sie es mit der Angst zu tun. Der einzige, der mir helfen wollte, war Sixto Vizcaíno, der Schiffsbauer der *Milagro*. Er hat Araya und Haitiké bei sich versteckt.«

»Was willst du tun?«

»Ich werde tun, was du sagst. Ich werde nicht zulassen, daß sie Eva etwas antun. Ich verdanke ihr alles – was ich bin und was ich habe. Wie einen Bruder hat sie mich behandelt. Wenn es nötig ist, bin ich auch bereit, mein Leben für sie zu riskieren.«

»Wenn hier jemand sein Leben für Eva riskiert, dann bin ich es. Schließlich habe ich sie in diese verdammte Lage gebracht.« Er schwieg einen Augenblick, seufzte und fuhr dann fort: »Na schön, ich glaube, es ist Zeit, diesen Fanatikern klarzumachen, daß sie nicht die Herren der Welt sind.«

Bonifacio war der entschiedene Tonfall seines Freundes nicht entgangen. Er warf ihm einen raschen Blick zu und antwortete streng: »Weißt du eigentlich, was du da sagst? Vergiß nicht, es handelt sich um die Heilige Inquisition. Ihr sind schon viele mächtige und einflußreiche Leute zum Opfer gefallen.«

»Ich habe große Angst um Eva, aber ich glaube nicht, daß ein paar Säulenheilige gefährlicher sein können als die *motilones*, die ›Grünen Schatten des Todes‹ oder die vielen Kaimane und Anakondas im Dschungel.«

»Du bist hier nicht im Dschungel«, erinnerte ihn sein Freund Bonifacio.

Der Hirte aus Gomera verschränkte die Arme vor der Brust und sagte selbstsicher: »O doch, mein Freund. Der Dschungel reicht bis an die Mauern dieser Festung. Sie ist praktisch von Urwald eingeschlossen, und das ist mein Element.«

»Aber du mußt in die Festung, da führt kein Weg dran vorbei. Es ist aussichtslos.«

»Nein, denn du vergißt, daß mich in der Festung niemand kennt, und diesen Vorteil werde ich zu nutzen wissen. Die Inquisition mag mächtig sein, aber auch sie hat ihre Schwachstellen.«

»Welche denn?« fragte Bonifacio.

»Die riesige Angst, die sie den Leuten einjagt. Die Inquisition verläßt sich viel zu sehr darauf und rechnet nicht damit, daß sich ihr jemand entgegenstellen könnte.« Cienfuegos pfiff leise durch die Zähne. Dann fuhr er fort: »Das ist ihr größter Fehler, du wirst schon sehen.«

»Was hast du vor? Wie willst du ihnen beikommen?« fragte Bonifacio neugierig.

»Ich weiß es noch nicht. Aber mir wird schon etwas einfallen.«

»Ich wünschte, ich hätte dein Selbstvertrauen.«

»Ohne dieses Selbstvertrauen hätte ich die langen Jahre allein im Dschungel nie überlebt. Und Eva jetzt noch einmal zu verlieren, wäre schlimmer als der Tod. Ich muß es schaffen.«

»Jedenfalls bin ich froh, daß sich die Mühe der jahrelangen Suche nach dir gelohnt hat«, sagte Bonifacio und streckte ihm die Hand entgegen. »Gemeinsam werden wir es schaffen. Entweder wir befreien sie aus dieser Festung und aus den Klauen der Inquisition, oder sie ziehen uns allen zusammen das Fell ab.«

»Worauf warten wir dann noch?«

Am späten Nachmittag, als die Sonne am Horizont versank, erreichten sie die Hügel im Westen der Hauptstadt und sahen die ersten Gebäude von Santo Domingo, die sich rechts und links der Flußmündung vor dem dämmrigen Himmel abzeichneten. In ihrer Mitte erhoben sich die finstere Festung und der nicht minder düstere Alkazar, den Christoph Kolumbus, Vizekönig von Indien und Admiral der Ozeanischen Meere, hatte errichten lassen.

Der dichte Urwald reichte bis an den Stadtrand. Es sollten noch viele Jahre vergehen, ehe die Vegetation weitläufigen Zuckerrohr- oder Kaffeeplantagen weichen mußte. Noch schien es, als sei die Stadt mitten in den Dschungel hineingesetzt worden, und Cienfuegos hatte ganz recht gehabt mit seiner Behauptung, daß er hier in seinem Element sei. Der Urwald wucherte bis in die Innenhöfe der Häuser hinein, Lianen schlängelten sich durch Fenster und Türen, und von den Balkonen sah man direkt in den Dschungel.

Die Hauptstadt von Hispaniola, in der bald die erste Kathedrale und die erste Universität der Neuen Welt erbaut werden sollten, wirkte im März des Jahres 1502 nicht größer als ein Tautropfen auf einem Blatt, verglichen mit der sie umgebenden dichten Vegetation.

Vor dem umgestürzten Stamm eines riesigen Kapokbaumes, der die Vergangenheit von der Zukunft der Insel zu trennen schien, machten sie halt und setzten sich. Aus der Stadt drangen das Gejohle und Geschrei der Betrunkenen; man konnte sogar das laute Schnarchen eines Seemanns in einer nahe gelegenen Hütte hören. Die meisten Gebäude der Stadt bestanden aus einfachen Hütten mit Strohdächern. Außer den hohen Türmen der Stadtbefestigung, dem Palast des Vizekönigs und zwei Kirchen gab es nur wenige Steinhäuser. Irgendwie erinnerte die Stadt an ein kleines Dorf in Südspanien.

»Du bleibst hier«, sagte Cienfuegos zu Bonifacio. »Du bist zu bekannt in der Stadt.«

»Aber wenn ich mich verstecke, kann ich dir keine Hilfe sein.«

»Noch weniger wirst du mir helfen können, wenn man dich erwischt.«

»Du kennst dich in der Stadt doch gar nicht aus. Wie willst du dort allein zurechtkommen?«

»Ich werde das tun, was ich immer getan habe: auf das leiseste Geräusch achten, die Augen offenhalten und im richtigen Moment zuschlagen. Geh du zu Sixtos Haus und halte dich dort versteckt. Wenn ich dich brauche, werde ich dich holen. Paß auf die Kinder auf, ich kümmere mich um den Rest.«

Sie umarmten sich. Doch bevor sie sich endgültig trennten, sagte Bonifacio noch: »Vergiß niemals, daß du ein toter Mann bist, wenn du Capitán León de Luna über den Weg läufst. Bei deinem roten Haar wird er dich auf eine Meile Entfernung erkennen.«

»Ich passe schon auf«, gab Cienfuegos zurück.

»Viel Glück!«

Minuten danach verlor sich der Hirte aus Gomera im unübersichtlichen Labyrinth schmaler, menschenleerer Gassen. Die ganze Stadt lag im Tiefschlaf; ihre Bewohner mußten hart arbeiten und standen im Morgengrauen auf, um bis zum Mittag, wenn die Hitze unerträglich wurde, die schwersten Arbeiten erledigt zu haben.

Das Klima auf Hispaniola war feucht und heiß, und die Spanier, an trockene Hitze gewöhnt, hatten große Schwierigkeiten, sich anzupassen. Sie waren gezwungen, auf ihre geliebten langen Plauderabende zu verzichten, und deshalb waren die Lichter in den meisten Häusern schon gelöscht. Nur auf der Plaza de Armas im Zentrum der Stadt brannten noch einige Laternen, und im Palast des Gouverneurs stand ein Fenster offen. Nur ein paar streunende Hunde, die einige Müllkübel beschnupperten, waren noch auf den Beinen.

Cienfuegos ging weiter und gelangte nach einiger Zeit zu Evas Haus. Vor dem Tor stand ein schläfriger Soldat und hielt Wache. Cienfuegos schlich um das Haus und kletterte auf der Rückseite über die Gartenmauer. Eine Zeitlang blieb er reglos unter dem dichtbelaubten Flammenbaum hocken, unter dem Eva nachmittags zu lesen pflegte, und beobachtete die Umgebung.

Nachdem er sich vergewissert hatte, daß alles in Ordnung war und keine Soldaten in der Nähe waren, kletterte er durch ein Fenster in Haitikés Zimmer ins Haus. Lautlos schlich er durch alle Räume. Im Inneren des Hauses schien es keine Wachen zu geben. Cienfuegos hatte von seinem Freund Papepac gelernt, sich wie ein Jäger zu bewegen und ein Teil der Stille zu werden, die zu dieser Tageszeit unbestrittene Herrscherin im ganzen Haus war.

Wie ein unsichtbarer Schatten schlich er mit derselben Geduld, mit der er sich an eine Beute im Dschungel heranpirschte, durch die vertrauten Zimmer und Gänge des Hauses. Kein Geräusch war zu hören, die Türen quietschten nicht, und nicht einmal das Holz knarrte unter seinen Schritten.

Schließlich gelangte er in das gemeinsame Schlafzimmer. Hier, auf dem breiten Bett, hatten sie sich oft geliebt. Hier hatte sie ihm in einer schwülen Nacht erzählt, daß sie ein Kind von ihm erwartete. Cienfuegos ließ sich in die Kissen fallen und starrte einen Augenblick träumerisch durch das offene Fenster auf den sternenübersäten Himmel.

Die langen Jahre der Trennung und die Aussicht, Eva nie wiederzusehen, hatten seine Liebe zu ihr wie ein Saatkorn unter einer meterhohen Schneedecke erhalten. Die Hitze, die ihn durchströmte, als er sie dann wiedertraf, hatte den Samen zum Keimen gebracht, und jetzt konnte er sich nicht mehr vorstellen, ohne sie zu sein.

Verzweifelt zerbrach er sich den Kopf darüber, wie er Eva retten könnte. Immer wieder verwarf er neue kühne und abwegige Einfälle, weil sie ihm undurchführbar erschienen. Wenn eine gewaltsame Befreiung nicht möglich war, wie sollte er den engstirnigen Betbrüdern klarmachen, daß es in einer Welt jenseits des Ozeans eine stinkende, schwarze Flüssigkeit gab, die auf dem Wasser dahintreiben und Feuer fangen und das Universum in ein brennendes Inferno verwandeln konnte?

Stand etwas über dieses seltsame Phänomen in der Heiligen Schrift? Hatten die Gelehrten des Reiches darüber berichtet? Im Gegenteil: Er erinnerte sich dunkel, daß der gefürchtete Großinquisitor Tomás de Torquemada eindringlich davor gewarnt hatte, die unschuldige Natur für Vorkommnisse verantwortlich zu machen, die zweifellos das Werk des heimtückischen Schwarzen Engels waren.

Es hatte wahrlich keinen Zweck, sich auf eine Diskussion mit der Heiligen Inquisition einzulassen, denn dies hätte mit Sicherheit nur zur Folge, daß auch er der Hexerei angeklagt wurde. Kein Mensch würde ihm glauben, daß er sich einer List bediente, die er von den Ureinwohnern gelernt hatte. Und er hatte nichts anderes vorgehabt, als eine Frau zu beschützen, deren einziges Verbrechen darin bestand, ihn leidenschaftlich zu lieben.

Also blieb doch nur die Möglichkeit einer gewaltsamen Befreiung. Doch wie sollte er Eva aus einer Festung herausholen, die von mehr als fünfzig Soldaten bewacht wurde? Er versuchte sich genauer an das Gebäude zu erinnern, in dem so viele Männer zum Tode verurteilt worden waren. Er mußte in das Gefängnis hinein, es ging nicht anders.

Als der Morgen graute, setzte sich Cienfuegos an Evas Toilettentisch, schnitt sich das lange rote Haar ab und färbte es schwarz mit derselben seltsamen Tinktur, die auch Eva schon für diesen Zweck verwendet hatte. Später sah er in den Spiegel und erkannte sich kaum wieder. Trotz seiner verzweifelten Lage mußte er lächeln. Ohne sein langes Haar und den dichten Bart sah er nicht mehr aus wie ein Wilder aus dem Dschungel, sondern wie einer der vielen verarmten Adeligen, die in Scharen in die Neue Welt kamen, um hier ihr Glück zu machen.

Er wußte, wo Eva, die auf der Insel den Namen Mariana Montenegro angenommen hatte, ihr Geld versteckte, und stopfte sich die Taschen mit Goldmünzen voll. Lautlos schlich er durchs Haus, betrat den menschenleeren Garten und sprang wie eine Katze über die Mauer auf die Gasse. Dann begab er sich zur Plaza de Armas und verlor sich in der Menge – trotz der frühen Stunde waren schon viele Menschen unterwegs.

Die Festung war ein häßliches Gebäude aus Stein und Lehm, das, so gewaltig es auch wirkte, kein Jahrhundert überdauern sollte. Noch stellte sie ein scheinbar unüberwindliches Hindernis dar mit ihren hohen Mauern, den Wachtürmen und den mächtigen Toren aus massivem Holz.

Er verbrachte mehrere Stunden in einer schmutzigen Schenke und beobachtete das Kommen und Gehen der Offiziere und Soldaten. Er sah, wie zwei Dominikaner und ein Franziskaner die Festung betraten. Nach einer Stunde tauchten sie wieder auf, und er war versucht, ihnen zu folgen. Doch seine Vernunft riet ihm davon ab. Selbst wenn einer der beiden Dominikaner der Inquisitor gewesen wäre, hätte er nicht viel von ihm erfahren können.

Um die Mittagszeit bemerkte er eine Gruppe von lärmenden Soldaten, die aus der Festung auf die Schenke zukamen. Die Männer setzten sich und riefen mit lauter Stimme nach dem Mittagessen. Dann fingen sie an zu würfeln, und Cienfuegos nahm die Gelegenheit wahr, sich zu ihnen zu setzen. Er gab mehrere Runden aus und ließ sich beim Spiel von ihnen besiegen.

»Ihr seid der erste Neuankömmling hier auf der Insel, der einen ausgibt, statt sich von den anderen aushalten zu lassen«, sagte der älteste der Soldaten, ein kleiner Mann mit spitzer Nase und wenig Zähnen, der ihn an einen Tukan erinnerte. »Gehört Ihr etwa nicht zu jenen Hidalgos, die hier nach Gold und Edelsteinen suchen?«

»Man muß kein Hungerleider sein, um nach Gold zu suchen, oder?« gab Cienfuegos zurück. »Gott sei Dank habe ich genug Geld, um mich eine Weile über Wasser zu halten ... noch eine Runde?«

»Einverstanden«, nahm der andere an. »Aber verratet uns Euren Namen. Wir trinken nicht gerne mit Fremden.«

»Ich heiße Guzmán Galeón«, sagte Cienfuegos.

»Galeón?« rief einer der Soldaten. »Aus Cartagena etwa? Der Müller?«

»Nein, um Himmels willen!« winkte Cienfuegos verächtlich ab. »Nein, aus Guadalajara. Meine Familie gehört zu den Großgrundbesitzern.«

»Ihr hört Euch aber gar nicht so an, als kämt Ihr aus Guadalajara«, wandte der Soldat mißtrauisch ein.

»Da habt Ihr recht. Leider mußte ich mein Zuhause schon ziemlich früh verlassen. Es gab da einige Meinungsverschiedenheiten zwischen mir und meinem Vater. Ich sollte meine Nachbarin heiraten, ein fettes, bärtiges Weibsstück, da blieb mir nichts anderes übrig, als Fersengeld zu geben.«

»Kann man verstehen.«

»Seitdem irre ich in der Welt herum. Und da ich erfahren habe, daß es hier auf Hispaniola für Männer mit Schneid etwas zu holen gibt, habe ich kurzentschlossen auf einem Schiff angeheuert.«

»Ihr habt also Schneid?«

»So viel wie jeder andere auch.«

»Und wie steht's mit der Fechtkunst?«

»Es geht.«

»Dem Reiten?«

»Nicht besonders.«

»Hm«, sagte der Soldat und dachte einen Augenblick nach. »Was könnt Ihr denn am besten?«

»Ich kann ein Maultier mit einem Schlag töten.«

Ein Raunen ging durch die Gruppe. Zweifellos hatte ihm niemand eine solche Fähigkeit zugetraut, und nun schienen auf einmal alle mächtig beeindruckt von dem unbekannten jungen Mann. Schließlich entgegnete ein Soldat, der so heiser war, daß man kaum ein Wort von dem verstand, was er sagte: »Daß Ihr stark seid, sehen wir, aber wir mögen es nicht, wenn einer den Mund zu voll nimmt.«

»Bringt mir ein Maultier oder ein Pferd, und ich werde es beweisen.«

»Seid Ihr sicher?«

»Ich wette tausend Maravedis.«

»Was soll das heißen?«

»Darunter geht es leider nicht, denn es kommt vor, daß ich mich so schwer dabei verletze, daß ich monatelang keine Wette mehr annehmen kann.«

»Wollt Ihr uns etwa weismachen, daß Ihr damit Euer Brot verdient? Indem Ihr darauf wettet, daß Ihr mit einem Schlag ein Maultier erledigen könnt?«

»Ein Maultier oder ein Pferd«, lächelte Cienfuegos. »Mit Stieren ist es zu riskant. Sie fallen zwar um, aber nach einer Weile stehen sie wieder auf.«

»Ungeheuerlich!«

»Ich glaube, daß er uns zum Narren hält«, wandte einer der Soldaten mißtrauisch ein.

Cienfuegos musterte die Männer und sagte dann bedächtig: »Was mich angeht, die Wette gilt.« Er zog einen Beutel mit hundert Maravedis aus der Tasche und warf ihn auf den Tisch. »Hier ist eine Anzahlung. Das übrige Geld habe ich innerhalb einer Woche zusammen.«

Einer der Soldaten öffnete den Beutel und schüttete den Inhalt auf den Tisch. Die Augen der Männer glänzten beim Anblick der vielen Goldmünzen, und der älteste Soldat rief überrascht: »Bei Gott, Ihr meint es ernst!«

»Ich mache niemals Witze, wenn es um Geld geht«, antwortete Cienfuegos trocken. »Nun, wie steht es? Können Eure Männer die tausend Maravedis aufbringen?«

Die Soldaten wirkten verwirrt, doch man sah, daß die Habgier sie bereits gepackt hatte. Sie tuschelten miteinander und warfen dem Hirten aus Gomera immer wieder prüfende Blicke zu, als versuchten sie zu ergründen, ob er tatsächlich in der Lage war, seine Prahlerei in die Tat umzusetzen.

Schließlich krächzte der Heisere: »Es wäre den Versuch wert. Aber wir würden das Tier aussuchen.«

»Natürlich!«

»Und Ihr wollt es wirklich mit der bloßen Hand erledigen?«

»So ist es.«

Als die Gruppe kurz darauf wieder zum Dienst in die Festung ging und Cienfuegos ihnen aus der Schenke nachsah, lächelte er in sich hinein und betrachtete nachdenklich seine geballte Faust. Würde er wirklich die Kraft haben, ein Maultier mit einem Schlag zu töten?

Es dauerte nicht lange, bis seine Aufschneiderei Früchte trug. Fünf Offiziere erschienen in der Schenke, um sich den Verrückten anzusehen, der angeblich bereit war, ein Vermögen für ein so zweifelhaftes Unternehmen aufs Spiel zu setzen.

»Ich will ja nicht bezweifeln, daß es irgendwo auf der Welt jemanden gibt, der mit einem Schlag ein Maultier töten kann, aber daß Ihr dieser Herkules sein wollt, glaube ich nicht«, sagte der schnauzbärtige Alférez Pedraza, der einst vergeblich versucht hatte, Mariana Montenegro am Verlassen der Insel zu hindern. »Ich traue mir sogar zu, Euch beim Fingerhakeln zu schlagen.«

»Wenn Ihr meint. Dann legt Eure tausend Maravedis auf den Tisch, und wir werden sehen. Für weniger schlage ich mich nicht.«

»Seid Ihr von Sinnen?« brauste der Hauptmann auf.

»Keineswegs«, gab der Hirte aus Gomera seelenruhig zurück. »Im Gegenteil, ich wäre verrückt, wenn ich meinen Arm für weniger aufs Spiel setzte. Er ist meine einzige Einnahmequelle.«

»Dann zeigt mal Euren Arm!«

Cienfuegos krempelte die Ärmel auf und zeigte den neugierigen Soldaten seine Muskeln.

»Was soll daran so besonders sein? Es ist ein Arm wie jeder andere auch. Zugegeben, er ist nicht von schlechten Eltern, aber nichts Außergewöhnliches.«

»Dann legt doch das Geld auf den Tisch, wenn Ihr Euch so sicher seid. Worauf wartet Ihr denn?«

Seine Worte klangen so verächtlich, daß sie die Anwesenden reizten.

»Mir scheint, Ihr seid ein Großmaul!« rief einer der Soldaten.

Cienfuegos warf dem schmutzigen und schlechtrasierten Burschen, der ihm diese Beleidigung so leichthin entgegengeschleudert hatte, einen langen Blick zu und antwortete dann lächelnd und ohne im mindesten die Ruhe zu verlieren, die in diesem Augenblick seine einzige Waffe war: »Euch schaffe ich allemal, wenn Ihr wollt, mit links. Und wenn Ihr innerhalb von fünf Tagen wieder zu Euch kommt, gebe ich der Garnison einen Wein aus.«

Die Hand des Soldaten schnellte zum Degen, doch ein letzter Rest Verstand schien ihn daran zu hindern, einen folgenschweren Fehler zu begehen. Zudem wurde er von einem seiner Kameraden zurückgehalten, denn der Fremde sah nicht so aus, als würde er Spaß machen.

»Hat Euch eigentlich noch niemand gesagt, daß Euch Eure Worte eine Menge Schwierigkeiten einbringen könnten?« warnte der Hauptmann.

»Mehr als einer.«

»Und... habt Ihr nichts dazugelernt?«

»Ich will doch keine Scherereien. Ich habe den Leuten hier nur eine Wette angeboten. Wenn sie annehmen, gut, und wenn nicht, auch gut. Kein Grund, sich aufzuregen«, beschwichtigte Cienfuegos die Gemüter.

»Nun gut, wir nehmen die Wette an. Sobald wir das Geld beisammen haben, sprechen wir uns wieder.« Der Hauptmann sah sich um und fügte hinzu: »Mir scheint, daß Ihr wirklich nicht ganz bei Sinnen seid, aber Ihr müßt selbst wissen, was Ihr tut.«

»Er hat recht, du bist nicht ganz bei Trost«, schimpfte der hinkende Bonifacio, als Cienfuegos ihn im Haus des Schiffsbauers Sixto Vizcaíno aufsuchte, um ihm Bericht zu erstatten. »Wie konntest du eine ganze Garnison herausfordern! Du hättest lieber versuchen sollen, sie für dich zu gewinnen. So wirst du Eva nie aus dem Kerker herausholen. Was, zum Teufel, geht in deinem Schädel eigentlich vor?«

»Wenn ich versuche, ihnen um den Bart zu gehen, werden sie mißtrauisch. Dann öffnen sie mir die Tore der Festung nie. Aber wenn sie das Gefühl haben, daß ich sie übers Ohr hauen will, glauben sie, mich schon durchschaut zu haben und fühlen sich sicher. Ich werde Eva befreien, aber auf meine Art. Ich weiß, daß mir dabei niemand helfen kann. Ich muß es allein schaffen.«

»Aber wie willst du das anstellen?«

»Diese Soldaten sind es gewöhnt, jeden zu verdächtigen, deshalb hoffe ich, daß sie sich täuschen lassen, wenn jemand so viel Aufsehen erregt wie ich. Im Moment sind sie damit beschäftigt, die tausend Maravedis aufzubringen.«

»Und was wirst du machen, wenn du die Wette verlierst, was mir gar nicht so abwegig erscheint?«

»Wenn ich verlieren sollte, werde ich natürlich bezahlen.«

»Hast du denn überhaupt Zweifel daran, daß du verlierst? Hast du jemals versucht, ein Maultier mit der Faust zu töten?«

»Nein«, antwortete Cienfuegos und grinste. »Ich habe es nie versucht, deshalb stehen meine Chancen fünfzig zu fünfzig.«

»Ich finde das überhaupt nicht komisch«, murmelte Bonifacio mißmutig. »Schließlich handelt es sich um Evas Leben. Ich finde, du solltest die Sache ernster nehmen.«

»Ich nehme sie viel ernster, als du glaubst«, entgegnete Cienfuegos. »Und du kannst mir glauben, daß es keinen anderen Weg gibt, denn ich habe lange, sehr lange darüber nachgedacht.« Er packte seinen Freund beim Arm und fuhr fort: »Ich habe in Erfahrung bringen können, daß es Eva gutgeht. Offensichtlich wartet die Heilige Inquisition darauf, daß das Kind zur Welt kommt, ehe sie mit der Folter beginnen. Die Schwarzröcke scheinen vor dem ungeborenen Leben mehr Respekt zu haben als vor einem ausgewachsenen Menschen.«

»Für sie ist das Leben eines Menschen nicht viel wert, und wen du entlarvt wirst, werden sie dich entweder vierteilen, oder du landest auf dem Scheiterhaufen. Sei vorsichtig.«

»Wenn das der Preis für Evas Leben ist, bin ich bereit, ihn zu zahlen«, sagte Cienfuegos ruhig. »Aber vorher werden sie ihr blaues Wunder erleben.«

»Wie meinst du das?«

»Nun, zuerst bringe ich ihnen bei, wie man mit viel Geschick, einer Menge Glück und einem Faustschlag ein Maultier tötet.«

Über Eva Grumbach, ehemalige Gräfin von Teguise, auf Hispaniola nur als Doña Mariana Montenegro bekannt, schwebte die Anklage der Hexerei. Gouverneur Don Francisco de Bobadilla hatte Fray Bernardino de Sigüenza mit dem ersten Verhör beauftragt, ein schmächtiges, ungewaschenes Männchen, das seine schäbige Franziskanerkutte niemals abzulegen schien. Sein fettiges Haar und die schwarzen Ränder unter den Fingernägeln kündeten von seiner Abneigung gegen Wasser und Seife, und seine Kutte war derart steif vor Dreck, daß sie von ganz allein hätte stehen können, wenn ihr Besitzer es darauf angelegt hätte.

Fray Bernardino de Sigüenza hatte Krätze, Flöhe und Läuse. Er stank auf zehn Meter Entfernung nach einer Mischung aus Knoblauch, Schweiß und abgestandenem Urin. Seine Nase tropfte ununterbrochen wie ein undichter Wasserhahn, und er hatte die Angewohnheit, sie ständig mit einem schmierigen Taschentuch abzuwischen, das er im langen Ärmel seiner Kutte trug. Man mußte den Blick abwenden, oder man lief Gefahr, daß einem bei seinem Anblick schlecht wurde.

Fray Bernardino de Sigüenza hätte eine ganze Horde Stinktiere in die Flucht schlagen können, doch zum Ausgleich für sein abstoßendes Äußeres hatte ihn die Natur mit einem außergewöhnlich scharfen Verstand und mit einem treuen Herzen ausgestattet. Niemals würde er den Glauben an Gott und die Menschen verlieren.

Doch allein seinem widerwärtigen Aussehen war es zu verdanken, daß Gouverneur Don Francisco de Bobadilla ihn mit dem heiklen Auftrag betreut hatte, die Anklage der Heiligen Inquisition zu führen. Da bislang kein offzieller Vertreter der Inquisition den Ozean der Finsternis überquert und Hispaniola in der Neuen Welt aufgesucht hatte, schien dem Gouverneur dieser unangenehme Mensch am besten geeignet, auf der Insel Furcht und Schrecken zu verbreiten.

Anfangs war Fray Bernardino de Sigüenza von der undankbaren Aufgabe ganz und gar nicht angetan. Er fühlte sich richtiggehend beleidigt, doch es dauerte nicht lange, und der Fall erweckte sein Interesse. Schon nach der ersten Vernehmung der Angeklagten beschloß Fray Bernardino, der Angelegenheit auf den Grund zu gehen und sein Opfer nicht sogleich auf den Scheiterhaufen zu bringen, wie es dominikanische Vertreter der Inquisition getan hätten.

Es war nicht notwendig, Fray Bernardino von Gottes Allmacht zu überzeugen, denn er sah das Werk des Schöpfers in jedem Baum, in jedem Fluß und in jedem Lebewesen auf dieser Welt. Aber er suchte beklommen nach Beweisen für die Existenz des Teufels, denn dessen Niedertracht zeigte sich nur im abscheulichen Verhalten einiger Menschen.

Wenn es tatsächlich zutraf, daß der gefürchtete Schwarze Engel die Macht besaß, einen riesigen See in Brand zu stekken und sich der Seele einer derart schönen Frau zu bemächtigen, um aus ihr eine Hexe und Mörderin zu machen, dann mußte er unbedingt herausfinden, welcher Methoden sich der Teufel bei der Verwirklichung seiner abscheulichen Pläne bediente.

»Ihr könnt mir vertrauen«, sagte er Doña Mariana Montenegro, als er sie zum ersten Mal verhörte. »Wenn Ihr meint, den Teufel in Euch zu haben, so beichtet es mir, und wir werden ihn gemeinsam austreiben. Glaubt Ihr aber, unschuldig zu sein, so will ich mir Eure Version der Geschehnisse anhören.«

»In mir trage ich nur mein Kind und den unbeugsamen Glauben an Gott, der mir helfen wird, diese schwere Prüfung zu bestehen«, antwortete Eva durch das dicke Eisengitter, das sie voneinander trennte. »Und was den Teufel angeht, so fürchte ich mich vor ihm genauso wie Ihr.«

»Und dennoch habt Ihr dafür gesorgt, daß das Meer in Flammen aufging und ein Schiff mitsamt seiner Besatzung dabei verbrannte. Was habt Ihr angesichts dieses fragwürdigen Wunders zu Eurer Verteidigung vorzubringen?«

»Ich weiß nur, daß das Wasser Feuer fing, als man es anzündete. Ich verstehe es auch nicht.«

»Das widerspricht doch allen Naturgesetzen«, sagte der Franziskaner. »Wenn Ihr uns keine plausible Erklärung geben könnt, müssen wir es als Hexerei auffassen.«

»Wenn in diesem Moment irgendwo der Blitz einschlägt und zehn Menschen tötet, die unter einem Baum vor dem Sturm Zuflucht gesucht hatten, wäre das auch Hexerei?« fragte Eva. »So etwas kommt vor, und niemand hat eine Erklärung dafür.«

Fray Bernardino de Sigüenza rutschte auf dem unbequemen Holzstuhl herum und warf einen Blick auf den Schreiber, der einige Schritte entfernt alle Fragen und Antworten mitschrieb. Insgeheim hoffte er, daß er die letzen Worte nicht gehört hatte. Er griff nach seinem feuchten Taschentuch und wischte sich die Nase.

»Ein Blitz ist etwas, das vom Himmel kommt, so wie der Regen, der Tag oder die Nacht. Es ist ein natürliches atmosphärisches Phänomen, auf das der Mensch nicht den geringsten Einfluß hat. Dieses Feuer aber habt Ihr entfacht.«

»Nein, ich war es nicht.«

»Aber dessen seid Ihr angeklagt.«

»Wer klagt mich an?«

»Das darf ich Euch nicht verraten«, lautete die knappe Antwort.

Doña Mariana Montenegro schwieg und dachte nach. Sie

versuchte, ihren Ekel vor diesem schmutzigen Männlein zu überwinden, das sich fortwährend die behaarten Arme kratzte, und einen klaren Gedanken zu fassen. Ihr Leben und das ihres Kindes war in Gefahr, und sie mußte jedes Wort, das sie sagte, sorgfältig abwägen.

Es war nur allzugut bekannt, welche Methoden die Inquisition anwandte, um die Angeklagten zu den Aussagen zu bringen, die man von ihnen erwartete. Freundliche Verhöre mit dem Angebot, den Teufel auszutreiben, steckten voller Fallen. Wenn sich das Opfer in Widersprüche verstrickte, wurde es gezwungen, seine Schuld einzugestehen. Und wenn alles nicht half, gab es noch die Folter, die stets zu dem erwünschten Ergebnis führte.

Nachdem Doña Mariana Montenegro sich ihre Antwort gründlich überlegt hatte, sah sie zu dem Inquisitor auf und sagte: »Wer auch immer mich der Hexerei anklagt, tut es aus Haß. Und Ihr werdet mir zugestehen müssen, daß in diesem Fall eine Verleumdung vor Gott und der Kirche keinen Bestand haben kann.«

»Handelt es sich um jemanden, den Ihr kennt?« wollte der Franziskaner wissen.

»Nicht unbedingt.«

»Doch. Unbedingt!« rief der Inquisitor. »Denn es ist nicht logisch, die Feindschaft eines Unbekannten als Erklärung herzunehmen. Der eine Begriff schließt den anderen aus.«

»Ihr spielt mit Worten, Fray«, bemerkte Doña Mariana Montenegro und verschränkte die Arme, damit ihr Gegenüber nicht merkte, wie sehr ihre Hände zitterten. Allmählich wurde ihr klar, wie gefährlich dieses Verhör war. Es schien in eine dialektische Auseinandersetzung überzugehen, auf die ihr Gegner bestens vorbereitet war. »Jemand, der mich beneidet, der sich von mir fälschlicherweise ungerecht behandelt fühlt, könnte mich angeklagt haben. Ich müßte ihn nicht einmal persönlich kennen.«

»Nennt mir ein Beispiel.«

Doña Mariana Montenegro schwieg eine Weile, ehe sie antwortete: »Zum Beispiel haben es die Dominikaner schon lange auf meinen Besitz abgesehen, um ihr Kloster auszubauen.«

Dem Franziskaner kam diese gewagte Aussage, die seine unmittelbaren Rivalen beschuldigte, sehr gelegen. Er achtete darauf, daß der Schreiber seine Antwort sorgfältig wiedergab.

»Die Dominikaner haben nichts damit zu tun. Hütet Eure Zunge. Aus Euch spricht der Teufel, wenn Ihr fromme Männer derartig übler Machenschaften beschuldigt.«

»Ich habe sie nicht beschuldigt«, sagte Doña Mariana hastig. »Ich habe nur Eure Frage beantwortet und Euch ein Beispiel gesagt.« Sie zögerte und setzte dann hinzu: »Ich könnte Euch auch meinen Ehemann nennen, den Graf von Teguise. Er schwor, mich umzubringen, weil ich ihn verließ. Er hat mich all diese Jahre wie ein Tier gejagt.«

Fray Bernardino de Sigüenza kratzte sich am Kopf, packte eine Laus und knackte sie mit der Gleichmut eines Mannes, der dieser Beschäftigung viele Stunden seines Lebens gewidmet hat. Dann runzelte er die Stirn und sagte: »Aber er hat sich auch geschworen, Euch nie wieder zu belästigen, und soweit mir berichtet wurde, hat er sein Wort gehalten. Ihr seht, ich habe mich erkundigt. Er hat Euch nicht angezeigt.«

»Wer dann?«

»Vielleicht jemand, der die Heilige Kirche vor Leuten bewahren will, die mit dem Teufel im Bunde stehen.« Der Inquisitor hielt inne und musterte mit seinem stechenden Blick die Frau, die sich alle Mühe gab, Haltung zu bewahren. Schließlich sagte er mit leiser, einschmeichelnder Stimme: »Nun erzählt es mir doch, wie habt Ihr das Meer zum Brennen gebracht?«

»Ich war es nicht.«

»Wer war es dann?«

»Einer aus der Besatzung.«

»Wie heißt er?«

»Das weiß ich nicht. Es kann jeder gewesen sein.«

»Ihr eingeschlossen! Ihr seid angezeigt worden, Ihr persönlich, niemand sonst.«

»Befand sich der Ankläger an Bord?« antwortete Doña Mariana Montenegro. »Wenn ja, weiß er genau, daß er lügt. In diesem Fall müßt Ihr ihn verhören.«

»Er war nicht an Bord.«

»Wieso kann er dann behaupten, daß ich es war?«

»Wieso nicht? Ihr seid die einzige Person, die er angezeigt hat.«

»Glaubt Ihr wirklich, die einzige Frau an Bord würde so etwas tun, wenn es mindestens fünfzig Männer an Bord gab?«

»Durchaus, wenn sie die einzige Person ist, die übermenschliche Kräfte besitzt«, lautete die bestürzende Antwort des Franziskaners. »Nur eine Hexe, die sich mit dem Teufel eingelassen hat, kann das Meer in Brand setzen.«

»Werde ich angeklagt, weil ich die einzige Frau an Bord war, wegen meines Geschlechts? Sind wir Frauen den Männern nur in unserer Fähigkeit überlegen, mit dem Teufel zu paktieren?«

»Noch seid Ihr nicht verurteilt«, schnitt ihr der Frater das Wort ab. »Ich bin nur hier, um herauszufinden, ob es Beweise dafür gibt, daß Ihr mit dem Teufel im Bunde und vom rechten Glauben abgefallen seid. Um über Euer Schicksal zu entscheiden, bedarf es klügerer Köpfe.«

»Aber Ihr tut so, als wäre ich bereits überführt.«

»Ich verhöre Euch nur, ich urteile nicht«, sagte Fray Bernardino und hob den Zeigefinger. »Wenn Ihr bereits überführt wärt, würde ich die Folter anwenden, um den Teufel aus Eurem Leib auszutreiben.«

»Wärt Ihr dazu wirklich imstande?«

»Wer bin ich, daß ich mich gegen die Gesetze der Heiligen Inquisition auflehnen könnte?« fragte der Frater. »Die Kirche selbst ist in ihrer Weisheit und Güte zu der Überzeugung gelangt, daß dem Teufel nur mit der Folter beizukommen ist. Sie ist die einzige Waffe, die der Mensch hat, um den teuflischen Widerstand zu brechen. Wie könnte ich zögern, sie anzuwenden?«

»Mehr noch als der Teufel zwingt einen die Folter zur Lüge«, wandte Doña Mariana Montenegro ein.

»Ich weiß nicht, ob der Teufel seine Anhänger zwingen kann, und ich habe auch noch nie eine Folterbank gesehen. Da ich aber diese Mission nun einmal übernommen habe, werde ich sie mit allen Konsequenzen zu Ende führen, dessen seid versichert.«

»Das bezweifle ich nicht.«

Erneut griff Fray Bernardino zu seinem schmutzigen Taschentuch und wischte sich feierlich die Nase, dann kratzte er sich ausgiebig und machte Jagd auf ein paar Läuse und Flöhe, ehe er das Verhör wieder aufnahm.

»Fahren wir also fort«, sagte er mit müder Stimme. »Habt Ihr irgendeine Erklärung für die Geschehnisse auf dem See?«

»Meine einzige Erklärung ist die, daß in der Neuen Welt so viele Dinge geschehen, die wir nicht verstehen, daß sie uns übernatürlich vorkommen«, antwortete Eva Grumbach bescheiden und setzte fast demütig hinzu: »Ist Euch nie in den Sinn gekommen, Euch mit eigenen Augen von der Richtigkeit meiner Behauptung zu überzeugen?«

»Schlagt Ihr mir etwa vor, an einer Teufelsbeschwörung teilzunehmen?« rief der Frater entsetzt.

»Ich schlage Euch nur vor, das Phänomen zu beobachten, damit Ihr selbst entscheiden könnt, ob es Hexerei ist oder nicht.«

»Ich brauche es nicht mit eigenen Augen zu sehen, denn ich weiß, daß der Schöpfer das Wasser schuf, um das Feuer zu löschen. Nur eine böse Macht kann dieses Gesetz ins Gegenteil verkehren.«

»Dann wäre diese Macht stärker als Gott. Denn offensichtlich gelingt es ihr, seine Gesetze außer Kraft zu setzen.«

»Ihr begebt Euch auf ein gefährliches Gebiet«, sagte der Inquisitor und warf einen besorgten Blick auf den Schreiber.

Seine Warnung war nicht vergebens, denn Doña Mariana achtete von nun an sorgfältiger auf ihre Worte und ließ sich nicht mehr auf eine theologische Auseinandersetzung ein, bei der ihr der Gegner ohnehin weit überlegen war. Gelänge es ihr wider alles Erwarten, ihn zu besiegen, würde er keinen Augenblick zögern, sie auf die Folterbank zu schicken.

Verzweifelt suchte sie in ihrer Erinnerung nach den verwirrenden Erklärungen, die Cienfuegos ihr damals gegeben hatte. Warum nur hatte sich die stinkende schwarze Flüssigkeit schneller entzündet und heller gebrannt als der dürrste Strauch? Auch sie hätte es nicht geglaubt, wenn sie das gewaltige Schauspiel nicht mit eigenen Augen gesehen hätte.

»Verzeiht«, sagte sie schließlich und senkte den Blick auf ihre verkrampften Hände. »Die Anspannung legt mir Worte in den Mund, die ich nicht so meine, doch ich schwöre bei Gott, daß ich mit jenem tragischen Unfall nichts zu tun hatte. Ich selbst war am meisten entsetzt über das, was damals geschah.«

»Wer also war für diesen Exorzismus verantwortlich?«

»Exorzismus?« fragte Doña Mariana Montenegro erschrocken. »Es war kein Exorzismus.«

»Ich verstehe. Ihr wollt nicht einsichtig sein«, sagte der andere traurig, faltete die Hände und zuckte die Achseln, wie um anzudeuten, daß er in diesem Fall auch nicht helfen könne. »Wenn Ihr nichts damit zu tun hattet, muß ein anderer dahinterstecken. Wer könnte das sein?«

»Ich weiß es nicht.«

»Es versteht sich von selbst, daß der Angeklagte schuldig sein muß, wenn er nichts zu seiner Verteidigung vorbringen oder keinen anderen der Tat bezichtigen kann«, sagte der Mönch gelassen.

»Wer behauptet das?«

»Konrad von Marburg.«

»Das überrascht mich nicht. Konrad von Marburg war ein kalter und gefühlloser Mann, den sogar der Papst wegen seines unbändigen Fanatismus ermahnen mußte«, antwortete die Deutsche. »Im übrigen steht nicht fest, daß er so etwas gesagt hat, denn soweit ich weiß, ließ er keine schriftlichen Dokumente über seine Methoden und Praktiken zurück.«

»Woher habt Ihr dieses Wissen?«

»Als kleines Mädchen nahm mich mein Vater mit zum Schloß von Mainz, wo Konrad von Marburg vor Gericht gestellt wurde, später auch zu dem Ort bei Marburg, wo man ihn hängte. Noch heute spucken die Pilger aus, wenn sie an jener Eiche vorbeikommen.«

»Wie ich sehe, habt Ihr Euch schon als Kind mit den Angelegenheiten des *Santo Oficio* beschäftigt.«

»Nein, niemals, bis vor drei Tagen«, antwortete Doña Mariana Montenegro ruhig. »Ich hatte stets ein reines Gewissen, und mein Glaube an Gott ist ungebrochen. Ich bin davon überzeugt, daß die Muttergottes mich beschützen wird.«

»Das höre ich gern«, sagte der Inquisitor. Es klang aufrichtig. »Die Muttergottes ist die beste Anwältin, die man sich wünschen kann. Aber ich fürchte, daß das Gericht nicht auf entlastende Beweise verzichten kann, wenn Ihr freigesprochen werden wollt. Eine Anklage wegen Hexerei ist das Schrecklichste, was man gegen einen Christen vorbringen kann. Sagt mir einen Namen, nur einen. Es wäre ein kleiner Beweis für Eure Reue und Euren Wunsch, mit der Justiz zusammenzuarbeiten.«

Doch Eva Grumbach liebte den Hirten aus Gomera. Niemals hätte sie verraten können, daß er den Brand auf dem Maracaibo-See verursacht hatte. So starrte sie nur auf ihre Hände und wiederholte, was sie dem Inquisitor bereits gesagt hatte: »Ich weiß nicht, wer für den Brand verantwortlich ist. Und wer mich angezeigt hat, der lügt. Sein Wort steht gegen das meine.«

»In der Tat, aber er ist keines Verbrechens angeklagt. Sein Wort hat daher mehr Gewicht als das Eure.«

Der Satz zeigte, daß Fray Bernardino de Sigüenza die ausgeklügelten Methoden des Verhörs beherrschte, auch wenn er die Anklage zum ersten Mal im Namen der Heiligen Inquisition führte. Diese ging stets davon aus, daß der Angeklagte schuldig war, solange er seine Unschuld nicht beweisen konnte.

An dieser Stelle beschloß der Frater, das Verhör abzubrechen, denn er wußte nur allzugut, daß die Angst sein bester Verbündeter war. Und diese Angst würde sich steigern, wenn das Opfer wieder allein in seiner dunklen Zelle saß und über seine aussichtslose Lage grübelte.

Seit Papst Innozenz III. im dreizehnten Jahrhundert die Heilige Inquisition ins Leben gerufen hatte, um die ketzerischen Katharer und Waldenser zu bekämpfen, war diese Institution zu einem Symbol für Angst und Schrecken geworden. In ihrem Namen hatten Männer wie Robert le Bougre, Pedro de Verona, Juan de Capistrano, Raimundo de Peñafort und vor allem Konrad von Marburg die abscheulichsten Greueltaten begangen. Schon die bloße Erwähnung der Inquisition brach allen Widerstand, denn der Mensch fürchtet nichts so sehr wie das Gefühl, einer unsichtbaren Macht hilflos ausgeliefert zu sein.

Bislang hatte noch niemand ein Folterinstrument ersinnen können, das fürchterlicher war als die Angst des Opfers vor der Folter, denn die menschliche Phantasie überflügelt die Realität, und sei sie noch so schlimm.

Jener erste Besuch in der Zelle von Doña Mariana Montenegro sollte ihr die Angst einjagen, die letztendlich ihren Widerstand brechen würde. Dies war eine der Grundregeln der Heiligen Inquisition. Sie hatte alle Zeit der Welt, und es kam nicht selten vor, daß ein Angeklagter zwanzig Jahre im Kerker verbrachte, ehe er vor Gericht gestellt und verurteilt wurde.

Häufig durfte das Opfer nicht einmal darauf hoffen, durch den Tod erlöst zu werden, denn es konnte passieren, daß die Leiche eines Verurteilten erst zehn Jahre nach seinem Tod verbrannt und die Asche verstreut wurde. Dann fand seine Seele niemals Frieden. Sein Hab und Gut ging automatisch in den Besitz der Kirche über.

Die Gewißheit, es mit einer unerbittlichen Institution ohne Seele, ohne Gesicht und ohne Zeitempfinden zu tun zu haben, steigerte das Gefühl der Hilflosigkeit und Ohnmacht dermaßen, daß die meisten Angeklagten alle erdenklichen Verbrechen gestanden, nur um der jahrelangen, quälenden Ungewißheit zu entgehen.

Die Heilige Inquisition war im allgemeinen nicht an raschen und vollständigen Geständnissen interessiert, denn dann hätte sich ihre Arbeit auf einzelne, voneinander unabhängige Aktionen beschränkt. Die Inquisition aber war eine Einrichtung, unsichtbar und allmächtig, die die gesamte Gesellschaft beherrschte und alles Leben und Wirken überwachte.

Die Inquisition, so wie sie im Herbst des Jahres 1483 von Fray Tomás de Torquemada zu neuem Leben erweckt wurde, war in erster Linie eine Waffe der spanischen Krone. Sie sollte die religiösen Probleme des Reiches lösen, dessen Bevölkerung aus Christen, Juden und Muselmanen bestand. Da ein friedliches Zusammenleben undenkbar schien, mußten die Nichtchristen entweder konvertieren, oder sie wurden aus Spanien verbannt. So war sie vor allem ein Instrument der Intoleranz.

Das Jahr 1492 brachte drei wichtige Ereignisse in der Geschichte des spanischen Königreiches: die Eroberung von Granada, womit das Schicksal der Muselmanen in Spanien besiegelt war, die Entdeckung der Neuen Welt und die endgültige Vertreibung der Juden. Zwar hatten bereits Hunderttausende das Land verlassen, ohne viel mehr mitzunehmen als das, was sie auf dem Leib trugen, doch gab es immer noch mehr als fünfzigtausend, die bleiben wollten und – meist nur zum Schein – ihrem Glauben und ihren Bräuchen abschworen.

Es waren zu viele Ereignisse, zu wichtig und zu komplex, als daß ein so junger Staat sie alle auf einmal hätte bewältigen können. Daher schien in den Augen der katholischen Könige die Schaffung einer starken Institution, allgegenwärtig und von jedermann gefürchtet, die einzige Möglichkeit, um den Bestand des Reiches zu gewährleisten.

Auf der Iberischen Halbinsel, wo es so viele Sprachen, Religionen und Weltanschauungen gab, einen zentralregierten und autoritären Staat gründen zu wollen, erschien den Herrschenden als äußerst heikles Unternehmen, zumal es im ganzen Reich keine Institution gab, die die diversen Strömungen unter sich vereinigen konnte. Daher beschlossen die katholischen Könige, sich der einzigen Institution anzuvertrauen, deren Wirken noch im entferntesten Winkel des Reiches spürbar war, und statteten sie mit einer Macht aus, die bisher noch keine andere Einrichtung genossen hatte – die Inquisition.

Die Feinde, die es jetzt zu vernichten galt, waren nicht mehr die ketzerischen Katharer, die an einen »guten« und einen »bösen« Gott glaubten, oder die Waldenser, die behaupteten, daß die Reichtümer der römischen Kirche eine Beleidigung Gottes wären und daß die Priester vor allem bescheiden und asketisch leben sollten. Zu Beginn des neuen Jahrhunderts waren die Feinde der Krone auch die Feinde der Kirche, gleichgültig, welcher Rasse, welchem Glauben oder welchem Stand sie angehörten.

Isabela und Ferdinand waren nicht deshalb »katholische« Könige, weil sie sich und ihre Heere in den Dienst Gottes und der Kirche stellten, sondern weil sie es verstanden hatten, Gott und seine Diener auf Erden für ihre Zwecke einzuspannen.

Fray Bernardino de Sigüenza, dem weder Dreck noch Rotz noch Ungeziefer den Verstand getrübt hatten, war ein gebildeter und überaus intelligenter Mann, der sich über all das durchaus im klaren war. Daher trat er einigermaßen nachdenklich auf die Straße, und als er mit kleinen Schritten hastig zu seinem Kloster eilte, ließ er sich alles, was er gehört und gesehen hatte, wieder und wieder durch den Kopf gehen.

Weder war es ihm gelungen, Teufelswerk in der seltsamen Geschichte über den brennenden See zu erkennen, noch hatte er den leisesten Schwefelgestank in der Nähe der armen, zu Tode erschreckten Frau verspürt. Er war etwas verwirrt, aber um so entschlossener, der Sache auf den Grund zu gehen. Inzwischen war es für ihn fast zu einer persönlichen Angelegenheit geworden.

Nachdem er in seiner Klosterzelle eine bescheidene Mahlzeit eingenommen hatte, ließ er Baltasar Garrote rufen, den Zeugen der Anklage. Er empfing ihn am späten Nachmittag im kühlsten Winkel des Klosters.

Der »Türke« erschien zu diesem Anlaß nicht in seiner üblichen Aufmachung mit Turban und Pluderhosen, vielleicht, weil er befürchtete, dieses äußere Zeichen seiner Wertschätzung der muselmanischen Kultur würde ihn in den Augen des Vertreters der Heiligen Inquisition unglaubwürdig erscheinen lassen. Um den frommen Franziskaner von seiner Integrität zu überzeugen, täuschte er eine Glaubenfestigkeit und eine Demut vor, die seinem Wesen sonst so gar nicht entsprachen. Er wußte nur allzugut, daß ihm das gleiche Schicksal wie einem Ketzer blühen konnte, wenn man herausfand, daß er wissentlich gelogen und eine unschuldige Frau der Hexerei bezichtigt hatte.

Als er sah, was für ein erbärmlicher Inquisitor mit der Angelegenheit beauftragt worden war, schwanden Baltasar

Garrotes Befürchtungen – der Mann schien ja nicht einmal imstande, sich bei einem Hund Respekt zu verschaffen! Doch nach den ersten zehn Minuten der Befragung entdeckte er, daß sich unter dem widerwärtigen Aussehen ein gerissener Hurensohn verbarg. Der Frater hatte einen klugen Kopf, er war gefährlicher als ein Skorpion in der Latrine.

»Ihr haltet Eure Aussage aufrecht, daß Ihr Euch durch Eure Anzeige gegen Doña Mariana Montenegro in keiner Weise bereichern wollt und anderweitig Nutzen daraus ziehen werdet?« fragte der Mistkerl nun schon zum dritten Mal mit einer fast tonlosen Stimme, aus der er jedoch deutlich eine Warnung oder Drohung herauszuhören meinte.

»Gewiß.«

»Ihr seid Euch bewußt, was Euch erwartet, falls ich herausfinden sollte, daß Ihr mich belogen habt?«

»Durchaus.«

»Diese Frau könnte Jahre im Kerker verbringen und auf dem Scheiterhaufen enden. Es ist eine sehr ernste Beschuldigung, die Ihr da vorbringt.«

»Ich weiß.«

»Und Ihr seid überzeugt, daß sie eine derartige Strafe verdient?«

»Es geht mir nicht um die Strafe«, entgegnete der »Türke«, so sanft er konnte. »Die Entscheidung darüber obliegt allein der Heiligen Inquisition. Aber daß es dieser Hexe gelungen ist, das Höllenfeuer auf die Erde zu bringen, das geht mich sehr wohl etwas an. Aus der Tiefe der Erde stieg Luzifer auf, zeigte seine Macht, und viele meiner Waffenbrüder fanden den schrecklichsten Tod, den man sich vorstellen konnte. Ich höre sie heute noch schreien, als sie von der fürchterlichen Feuerwelle erfaßt wurden.«

»Woher kam diese Feuerwelle?«

»Vom Schiff.«

»Und wie viele Menschen befanden sich an Bord des Schiffes?«

»Das weiß ich nicht. Dreißig Männer, vielleicht auch vierzig.«

»Wie könnt Ihr dann so sicher sein, daß Doña Mariana Montenegro für die Hexerei verantwortlich war?«

»Weil sie die einzige Frau an Bord war«, antwortete Baltasar Garrote gelassen, obgleich er sich über den Ernst seiner Lage im klaren war. »Und weil ich sah, wie sie am Bug stand und magische Worte über das Wasser sprach, während die übrige Besatzung wie in Trance war.«

»Seid Ihr dessen ganz sicher?«

»Ich habe es mit eigenen Augen gesehen.«

»Wie weit war das Schiff entfernt?«

»Nicht weiter als ein Steinwurf.«

»Und Ihr konntet das alles beobachten, obwohl die Feuersbrunst am Abend stattfand, wie mir berichtet wurde?«

»Es war noch nicht Abend, sondern später Nachmittag. Ich weiß es genau, weil ich Doña Mariana Montenegro in ihrem langen schwarzen Hexengewand im Gegenlicht der untergehenden Sonne stehen sah.« Der Vertraute des Capitán legte eine dramatische Pause ein, mit der er den Inquisitor zu beeindrucken hoffte. Dann hob er den Arm und fuhr fort: »Das Feuer entflammte in ihrer Hand.«

Fray Bernardino de Sigüenza antwortete nicht. Er vergaß sogar, sich zu kratzen, vielleicht, weil ihn die dramatische Darstellung seines Gegenübers tatsächlich beeindruckt hatte, vielleicht dachte er aber auch nur darüber nach, wie weit er der phantastischen Geschichte Glauben schenken sollte.

Er konnte es sich zwar nicht erklären, aber die Gegenwart Baltasar Garrotes erzeugte eine instinktive Abneigung in ihm, während ihm die Angeklagte eher sympathisch war. Da er alle Tricks des Satans kannte, fragte er sich, ob dieser damit vielleicht nur versuchte, Einfluß auf seine Entscheidung zu nehmen.

Wenn Doña Mariana Montenegro wirklich, wie behauptet

wurde, eine Gehilfin des Schwarzen Engels war, würde ihr Gebieter natürlich alles tun, um sie zu retten. Er würde versuchen, sie vor jedermanns Augen als unschuldiges Wesen erscheinen zu lassen. Schließlich war der Teufel ein wahrer Meister in der Kunst der Täuschung.

Ein guter Inquisitor, der seinen Beruf kannte, mußte wissen, daß ihm die Vernunft gelegentlich einen Streich spielte. In einem solchen Fall blieb ihm nichts anderes übrig, als einzusehen, daß die scheinbar offensichtliche Wahrheit Lüge war, während das, was seine Augen für eine Lüge hielten, in Wirklichkeit die Wahrheit war.

Doch – und das hatte er immer wieder mit seinen Brüdern im Herrn erörtert – Luzifer konnte ihm auch einen Schritt voraus sein, indem er die Wahrheit als tatsächliche Wahrheit darstellte und ihn dadurch zwang, die Wahrheit für eine Lüge zu halten.

Recht zu sprechen mußte deshalb, wenn es um die Verurteilung eines Gehilfen des Bösen ging, ein reines Glücksspiel bleiben, bei dem es nur zwei Möglichkeiten gab: Man schickte jemanden zu Recht oder zu Unrecht auf den Scheiterhaufen. Die vielen Beweise für die Schuld oder Unschuld des Angeklagten spielten dabei keine Rolle mehr. Und hatte der Oberste Inquisitor, Bernardo Guí, nicht sogar behauptet, daß keiner von denen, die auf dem Scheiterhaufen endeten, ganz unschuldig sein könnte, weil sie alle in ihren letzten Augenblicken so wüste Gotteslästerungen hervorstießen, daß sie schon deshalb den Tod verdienten?

Dieser dämonischen, ja fanatischen Denkweise zufolge, die eines Konrad von Marburg würdig gewesen wäre, konnten natürlich auch die Opfer, die auf dem Schiff verbrannten, nicht als unschuldig gelten. Sie mußten sich der übelsten Blasphemien schuldig gemacht haben, weil ihnen ein so böses Ende beschieden war. Das aber wiederum hieß, daß die Klage gegen Doña Mariana Montenegro nicht aufrechterhalten werden konnte.

Der schmutzige kleine Frater gewann allmählich das Gefühl, den Tücken eines Systems zum Opfer zu fallen, in dem die Argumente so lange verdreht wurden, bis einem nichts anderes mehr übrigblieb, als irgendein Urteil zu fällen.

Doch Bernardino de Sigüenza war ein Mann, der sich von der Vernunft leiten ließ. Folglich wußte er, daß meistens derjenige recht bekam, der seine Argumente am besten darstellen konnte. Wenn der Mensch nach der Wahrheit sucht, bleibt ihm meist nichts anderes übrig, als es dem Blinden gleichzutun, der den Sinn des Wortes »Blau« ergründen will: Er hört sich möglichst viele verschiedene Versionen an.

»Erklärt mir die Farbe Blau!« bat er sein verblüfftes Gegenüber, das in dieser Aufforderung nur eine hinterhältige Falle vermutete.

»Die Farbe Blau?« entgegnete der »Türke« und versuchte, Zeit zu gewinnen. »Was für ein Blau?«

»Das Blau, das Euch am meisten gefällt«, erwiderte der andere geduldig. »Irgendein Blau. Stellt Euch vor, ich sei blind, und Ihr wolltet mir erklären, was Blau ist.«

»Das ist völlig unmöglich.«

»Warum?«

»Weil ein Blinder nicht einmal die Existenz von Farben begreifen kann. Wie soll er sich da eine bestimmte Farbe vorstellen können?«

»Exzellentes Argument!« gestand Fray Bernardino de Sigüenza zu. »Ihr seid ein intelligenter und feinsinniger Mann.«

»Vielen Dank.«

»Keine Ursache. Doch genau das macht mich neugierig. Warum muß sich ein intelligenter Mann, der offensichtlich keine Probleme hat, das Leben schwermachen, indem er sich an die Inquisition wendet? Ihr müßtet doch wissen, daß man schlafende Hunde lieber nicht weckt.«

Es überraschte den »Türken«, daß dieser armselige kleine Mönch so offen und scheinbar ungezwungen über die Heilige Inquisition plauderte. Baltasar Garrote war verunsichert und antwortete hastig: »Ich habe Euch meine Gründe bereits erläutert.«

»In der Tat, das habt Ihr«, nickte der Mönch. »Doch etwas hindert mich daran, Euch zu glauben, daß Ihr es nur aus Gerechtigkeitssinn oder Gottesfurcht tut. Könnte nicht hinter alldem die unsichtbare Hand des Capitán León de Luna stecken?«

»Aus welchem Grund?«

»Weil er, wie ich erfahren habe, Doña Mariana Montenegro haßt.«

»Bei Gott, das stimmt. Aber es ist auch wahr, daß er geschworen hat, sie nie wieder zu behelligen. Der Capitán ist ein Mann von Ehre, er hält sein Wort.«

»Habt Ihr diesen Schwur ebenfalls geleistet?«

»Aus welchem Grund hätte ich das tun sollen?«

»Schließlich hat er Euch bezahlt.«

»Das ist richtig. Aber deswegen hat er mich doch nicht gekauft. Ich hatte nichts gegen Doña Mariana Montenegro.«

»Und jetzt haßt Ihr sie?«

»Ich werde sie hassen, wenn sich herausstellen sollte, daß sie für dieses Höllenfeuer verantwortlich war, das so viele in den Tod riß. Doch sollte die Heilige Inquisition in ihrer unendlichen Weisheit anders befinden, werde ich meinen Groll vergessen. In dem Fall werde ich sie sogar öffentlich um Vergebung bitten und das Urteil akzeptieren.«

Das Urteil.

Das Wort ging Fray Bernardino Sigüenza nicht mehr aus dem Kopf, raubte ihm sogar den Schlaf. Es hatte sich in seiner muffigen kleinen Zelle breitgemacht, daß er das Gefühl hatte, keine Luft mehr zu bekommen. Im Morgengrauen wachte er schweißgebadet auf, am ganzen Leib zitternd. Allmählich begann er, daran zu zweifeln, daß er der Kirche in diesem verwickelten Fall dienen könnte.

»Verhören, nicht urteilen«, hatte er im rechten Augenblick so trefflich gesagt. Doch im stillen wußte der Franziskaner nur zu gut, daß Doña Mariana Montenegro sofort auf den Scheiterhaufen gebracht werden würde, wenn er im Verhör auch nur den leisesten Grund für eine Verurteilung fand.

Wenn sich die Heilige Inquisition dazu entschließen würde, den Ozean zu überqueren, um ihre Autorität in der Neuen Welt zur Geltung zu bringen, würde sie es mit dem Prunk und Getöse tun, der diesem Anlaß angemessen war. Daher schien es so gut wie ausgeschlossen, daß sie sich mit einem milden Urteil zufriedengeben würde, denn das würde das Volk zu der eitlen Illusion verleiten, ein einziger Wasserschwall habe genügt, um die Flammen ihrer Scheiterhaufen zu löschen.

»Wer auch immer den Anfang macht, er wird zu Asche verbrennen«, murmelte er leise. »Denn hier geht es nicht um Schuld oder Unschuld eines Angeklagten, sondern um ein Obrigkeitsprinzip, das keine andere Dialektik kennt als die des Terrors und der Gewalt.«

Cienfuegos schlug sein Lager in einer kleinen Lichtung des Waldes auf, der die Stadt von Nordwesten her beherrschte. Sie lag auf einem Hügel, einen Bombardenschuß von der Festung entfernt, so daß er das Kommen und Gehen der Wachen genau im Blick hatte.

Es war alles andere als ein »festes Lager«, denn der Hirte aus Gomera fühlte sich in jedem Winkel des Dschungels zu Hause und schlief seit jeher am liebsten im Freien. Sein Bett war die Stelle, wo er sich fallen ließ, um die Augen zu schließen, und sein Tisch überall da, wo er etwas zu essen fand.

Die einsame Kindheit in den Bergen von Gomera und die Jugend, in der er auf sich allein gestellt durch die unbekannte Neue Welt geirrt war, hatten bewirkt, daß er unter der sengenden Sonne ebensogut schlafen konnte wie in einem heftigen Gewitter und sich von Dingen ernähren konnte, bei denen jeder andere verhungert wäre. Mit der Zeit hatte Cienfuegos auf unvergleichliche Weise zwei extrem unterschiedlich primitive Kulturen in sich vereinigt. Der Ziegenhirte von der kaum erschlossenen Insel, der weder lesen noch schreiben konnte, hatte es geschafft, alles in sich aufzunehmen, was ihm die der Steinzeit entstiegenen Bewohner in den unergründlichen Wäldern der Neuen Welt beibringen konnten.

Cienfuegos hatte etwas von einer Schlange, einer Ziege, einem Tiger, einem Wolf und einem Fuchs an sich, und obendrein besaß er eine grenzenlose Geduld, ohne die er sich niemals mit den Raubtieren des Dschungels hätte messen können. Zudem verfügte er über einen scharfen Verstand, mit dessen Hilfe er sich auch gegen die Menschen zur Wehr setzen konnte.

Er wußte schnell, was er hatte herausfinden wollen, und deshalb stieg er Tag für Tag in die Stadt hinab, um die Habgier der Soldaten zu nähren. Die halbe Garnison träumte bereits davon, wie sie die tausend Maravedis untereinander aufteilen würde. Den Rest des Tages verbrachte er damit, jeden Fleck des nahen Dschungels genau zu erforschen. Er mußte jeden Pfad, jede Höhle kennen, denn sie konnten ihm unter Umständen später von Nutzen sein.

Allmählich nahm sein Plan Gestalt an. Stundenlang ließ er sich alles bis ins kleinste Detail durch den Kopf gehen. Er wußte, daß ein winziger Fehler, eine falsche Einschätzung sein Vorhaben zum Scheitern bringen würde, und das würde nicht nur für Eva, sondern auch für ihn den Tod bedeuten.

Hin und wieder suchte er seinen Freund Bonifacio auf, der von dem Schiffsbauer Vizcaíno über alles auf dem laufenden gehalten wurde, was dieser über den Zustand Doña Mariana Montenegros erfahren konnte, und beriet sich mit ihm. Die Werft des Basken war zu einem Treffpunkt für die zahllosen Seefahrer auf der Insel geworden. Da die Matrosen meist auf hoher See unterwegs waren, hatten sie keine allzu große Angst vor Repressalien. Mit ihnen konnte man einigermaßen offen reden.

Die Stimmung in der Kolonie wurde allmählich immer unzufriedener. Der Unmut der Leute richtete sich vor allem gegen die Person des Gouverneurs Francisco de Bobadilla, obwohl sie ihn anfangs wie einen Befreier gefeiert hatten. Er hatte sie zwar von der despotischen Herrschaft der Kolumbusfamilie befreit, doch hatte sich schnell gezeigt, daß auch er nur seine persönliche Bereicherung im Sinn hatte, nicht das Wohl der Allgemeinheit.

Mittlerweile hatte seine Habgier die des Admirals der Ozeanischen Meere und Vizekönigs von Indien noch überflügelt. Und der Troß von arroganten Schranzen und Bütteln, mit dem er sich umgab, wirtschaftete nur in die eigene Tasche und gab damit Zeugnis vom Ausmaß der Korruption auf Hispaniola. Kein Blatt bewegte sich in der Stadt Santo Domingo, wenn es nicht auf irgendeine Art dem neuen Tyrannen nutzte. Mittlerweile fragten sich die Bewohner, wozu eine derartige Anhäufung von Reichtümern diente, da doch allgemein bekannt war, daß der Gouverneur nur eine Mahlzeit am Tag zu sich nahm, keinen Tropfen Alkohol anrührte und weder Weibern noch Jünglingen zugeneigt war. Er galt als vollkommener Asket, der keinerlei Lastern frönte.

In der ganzen Stadt munkelte man, daß er bereits seine Finger nach dem Anwesen von Doña Mariana Montenegro ausgestreckt habe, noch ehe die Heilige Inquisition über ihr Schicksal entschieden hatte. Damit handelte er sich die Feindschaft der dominikanischen Mönche ein, die selbst ein Auge auf den Besitz der ehemaligen Gräfin geworfen hatten. Ihre Gärten grenzten an das Kloster der Mönche und verhinderten dessen Erweiterung. Daher beobachteten die Dominikaner die Habgier des Gouverneurs mit äußerstem Mißfallen.

»Dieser Kerl würde seine eigene Mutter verkaufen«, schimpfte ein Hauptmann, der enteignet worden war, weil er seine Steuern nicht bezahlt hatte. »Mein einziger Trost besteht in der Hoffnung, daß der König ihn hängen läßt, sobald er nach Sevilla zurückkehrt.«

»Das wird er nie tun, denn damit würde er zugeben, daß er sich bei der Wahl des Nachfolgers für den Admiral geirrt hat. König Ferdinand würde nie den Fehler begehen, einen Irrtum einzugestehen, schon gar nicht in der Öffentlichkeit. Wahrscheinlich wird er ihn eines Tages ohne großes Aufsehen ablösen lassen und aus seinem Hofstaat entfernen. Bobadilla kam aus dem Nichts, und dorthin wird er auch wieder verschwinden. Aber vorher wird man ihm hoffentlich alle Reichtümer abnehmen, die er hier zusammengescheffelt hat.«

»Da mögt Ihr recht haben, aber das wird der armen Frau nicht mehr viel nützen. Bis dahin ist sie längst auf dem Scheiterhaufen verbrannt.«

»Ich habe noch Vertrauen in den kleinen Fray Bernardino.«

Es war Sixto Vizcaíno selbst, der dies gesagt hatte, ohne von dem schweren Holzbalken aufzusehen, den er gerade bearbeitete. Die Umstehenden musterten ihn überrascht.

»Ihr habt tatsächlich Vertrauen in diesen Menschen?« fragte einer der Männer überrascht. »Er ist der widerwärtigste und erbärmlichste Kerl, dem ich jemals begegnet bin.«

»Widerwärtig ja, und geizig ist er obendrein«, räumte der Schiffsbauer ein. »Ich kenne ihn. Aber ich halte ihn auch für intelligent genug, um der Wahrheit auf den Grund zu gehen, ohne es zu einem Prozeß kommen zu lassen.«

»Der Wahrheit? Welcher Wahrheit, Maese Sixto? Bislang steht nur fest, daß der See in Flammen aufging und die Besatzung verbrannt ist. Wie will man das im nachhinein aufklären?«

Für die Mönche, die wenig geneigt waren, übernatürliche Erscheinungen hinzunehmen, gab es offensichtlich keine plausible Erklärung – und für die wagemutigen Seeleute, die neuen Ideen noch am aufgeschlossensten gegenüberstanden, anscheinend auch nicht. Immerhin hatten sie sich auf das beispiellose Abenteuer eingelassen, das Meer der Finsternis zu überqueren, um die Neue Welt zu entdecken. Sie wären am ehesten in der Lage gewesen, eine Erneuerung der alten Werte zu akzeptieren.

Die Welt war rund, und sie war viel größer, als man angenommen hatte. Vor ihnen erstreckte sich ein riesiger Kontinent, bewohnt von fabelhaften Ungeheuern, die sie sich in ihren kühnsten Träumen nicht hätten vorstellen können.

Und dennoch fiel es ihnen schwer zu glauben, daß ein See plötzlich in Flammen aufgehen sollte.

»Was war es, wenn nicht Hexerei?«

Das war eine schwierige Frage; nicht einmal Cienfuegos hätte sie beantworten können. Und es sollten noch drei Jahrhunderte vergehen, bis es Wissenschaftlern gelang, eine überzeugende Erklärung für dieses ungeheuerliche Phänomen zu geben. Es war schlichtweg unrealistisch, von Fray Bernardino de Sigüenza oder einem anderen gläubigen Zeitgenossen zu verlangen, daß er den Brand auf dem See nicht mit dem Teufel in Verbindung brachte.

Was die vieldiskutierte Anklage gegen Doña Mariana Montenegro anging, so waren die Bewohner von Santo Domingo in zwei Lager gespalten. Die einen behaupteten, daß die Frau den üblen Machenschaften ihres Ehemannes León de Luna zum Opfer gefallen sei, der sich auf diese Weise für die ihm zugefügte Schmach bitter rächte, während die andere Hälfte fest davon überzeugt war, daß die Deutsche eine Hexe war, die so schnell wie möglich auf dem Scheiterhaufen landen müsse, um weiteres Unheil von der Kolonie abzuwenden.

Nicht einmal der bemerkenswerte Eifer, mit dem Prinzessin Anacaona ihre langjährige Freundin und Beraterin verteidigte, konnte die allgemeine Stimmung beeinflussen. Zwar wurde die Prinzessin und Schwester des berühmten Kaziken Canoabó von den meisten alteingesessenen Mitgliedern der Kolonie nach wie vor bewundert und respektiert, doch die Neuankömmlinge, die mittlerweile in der Überzahl waren, sahen in ihr nur eine Wilde mit einem lockeren und daher verwerflichen Lebenswandel. Für die Mehrzahl der Spanier war es keine Frage, daß sie einer minderwertigen Rasse angehörte.

Immer mehr Kolonisten fragten lauthals, warum man einer Einheimischen weiterhin erlaubte, die reiche Provinz Xaraguá zu verwalten. Der Gouverneur selbst sah sich zunehmendem Druck aus den Reihen seiner engsten Berater ausgesetzt.

Diese verlangten, daß man der schönen Prinzessin alle Sonderrechte und Privilegien aberkannte.

Die strengen königlichen Dekrete und Erlasse, die den Indios dieselben Rechte wie den Spaniern garantierten und der Obrigkeit strikte Anweisung gaben, Leben, Ehre und Besitz der Einheimischen zu respektieren, ließ man unbeachtet vermodern, sobald die Schiffe Cádiz verließen. Der neue Gouverneur Bobadilla wagte zwar nicht, es den Gebrüdern Kolumbus gleichzutun und die Einheimischen als Sklaven nach Spanien zu verschiffen, doch auch er unternahm nichts dagegen, daß sie auf Hispaniola wie Diener gehalten und grenzenlos ausgebeutet wurden.

Seit der Ausguck der *Santa Maria* die schöne Insel gesichtet hatte, waren kaum mehr als neun Jahre vergangen, doch schon war abzusehen, daß es ihren ehemals friedfertigen und freundlichen Einwohnern bestimmt war, ausgerottet und vergessen zu werden. Ungerechte Kriege, Vernichtungsfeldzüge und schreckliche Epidemien hatten den Einheimischen den Tod gebracht. Die wenigen Überlebenden, die noch Ehre und Lebensmut besaßen, waren in die Berge geflüchtet, und den Schwachen blieb nichts anderes übrig, als ihren neuen spanischen Herren wie Sklaven zu dienen.

So, wie sich ihre Vorfahren in ihr Schicksal gefügt hatten, wenn sie von den gefürchteten Kariben gefangen, gemästet und verspeist worden waren, so ergaben sie sich jetzt ohne jeden Widerstand und wurden als Minenarbeiter, Handlanger und Objekte sexueller Begierde ausgebeutet.

Innerhalb von zehn Jahren war auf der Kolonie eine Klassengesellschaft errichtet worden, deren Intoleranz bis in die städtischen Bordelle hineinreichte. Leonor Banderas leitete das angesehenste Freudenhaus, und dort wurden weder jüdische noch maurische Huren geduldet. Die fand man nur in den Bordellen am Hafen, während sich die »dreckigen Eingeborenenweiber« am Ende des Strandes mit offenen Strohhütten begnügen mußten.

Fälle wie der des ehemaligen Kerkermeisters Miguel Díaz, der stolz darauf war, die Indiofrau Isabel geheiratet zu haben, wurden immer seltener. Mit Ankunft der ersten sogenannten »Damen« – Ehefrauen und Schwestern der Militärs und Hofbeamten von niedrigem Rang – kam eine neue Moral auf, geprägt von der rückschrittlichen Heuchelei der Alten Welt.

Für die unförmigen, ältlichen Frauen in ihren schmuddeligen, für die Kälte der spanischen *meseta* gedachten Kleidern muß der Anblick der anmutigen jungen Geschöpfe, die nackt und frei an den langen Stränden der Karibik entlangschritten, nicht nur schrecklich sündhaft, sondern auch und vor allem eine persönliche Beleidigung gewesen sein. Diese Damen sahen es als ihre vordringlichste Aufgabe an, die hübschen Evas aus dem Garten Eden zu verbannen. Um dies zu erreichen, verbündeten sie sich mit den Mönchen, die nur darauf warteten, mit dem Schwert gegen Unzucht und Todsünde vorgehen zu können, denen so viele Männer in der Neuen Welt erlagen.

Die gesetzlose, lasterhafte und völlig unorganisierte neue Hauptstadt Santo Domingo wuchs unaufhörlich wie ein außer Kontrolle geratener Tumor. Weder über die Existenzberechtigung der Stadt noch über ihre weitere Zukunft schien sich hier irgend jemand den Kopf zu zerbrechen. Sie war zu einem Brückenkopf zwischen der Neuen und der Alten Welt geworden, doch noch hatte die Krone nicht über ihre eigentliche Aufgabe in der Neuen Welt entschieden. Das spanische Königreich ließ sich von den Ereignissen treiben und war hauptsächlich an den enormen Reichtümern der neuen Kolonien interessiert. Die eigentliche Initiative überließ man Kaufleuten und Bankiers, Abenteurern und Glücksrittern, und die Könige gaben ihren Segen, ohne auch nur einen Maravedi zu riskieren. Es schien, als sei der Weg nach Indien und Zipangu das einzige, was sie noch aufhorchen ließ. Offensichtlich fiel ihnen nicht ein, daß es langfristig für alle nützlicher sein könnte, den jungfräulichen Kontinent zu kolonisieren.

Gouverneur Francisco de Bobadilla war gekommen, um für Recht und Ordnung zu sorgen, nicht aber, um irgend etwas zu organisieren. Trotz der Überzeugung vieler, daß beides auf die eine oder andere Art miteinander zu tun habe, schien der Gouverneur anderer Ansicht zu sein – seine Erlasse beschränkten sich im wesentlichen auf das Bestehende, statt neue Wege aufzuzeigen.

Nach der außerordentlichen militärischen Anstrengung, die das Königreich hatte unternehmen müssen, um die Mauren aus Granada zu vertreiben, und nach dem sozialen und politischen Niedergang des Reiches durch die Verbannung der Mauren und Juden standen die katholischen Könige mittlerweile vor einem Dilemma: Die Staatskassen waren leer. Folglich dachten sie, wenn sie auf die andere Seite des Ozeans blickten, eher daran, so viel Gold und Spezereien wie möglich aus der Neuen Welt nach Hause zu bringen, als Waffen und Nahrung hinüberzuschaffen.

So kam es, daß die Planung für den Überfall auf die Neue Welt und die Eroberung des riesigen Kontinents nicht in den königlichen Palästen oder den Vorzimmern der Mächtigen, sondern in den Bordellen und Tavernen der neuen Hauptstadt stattfand.

Wer sich in der Hauptstadt auf dem laufenden halten oder über die zukünftige Entwicklung der *conquista* Bescheid wissen wollte, wandte sich von dem Alkazar des Gouverneurs ab und richtete seine Aufmerksamkeit auf die Taverne »Los Cuatro Vientos« oder das Freudenhaus des Leonor Banderas. Dort trafen Nachrichten von Alonso de Hojeda ein, erfuhr man Einzelheiten über die wagemutige Expedition Rodrigo de Bastidas', munkelte man von neuen Seewegen, die die Gebrüder Pinzón entdeckt hatten, von einer großartigen Seekarte, die Juan de la Cosa gezeichnet, einer ergiebigen Goldmine, die jemand gefunden hatte, oder von riesigen Perlen, die man auf den Inseln Cubagua und Margarita gesehen haben wollte.

Zugleich wurden unter der Hand mysteriöse Pläne und Karten gehandelt, auf denen riesige Schätze oder geheime Seewege, angeblich bis an die Tore des Großen Khan, verzeichnet waren. Es wurden Söldner für Expeditionen in fremde Gebiete angeheuert und Gruppen zusammengestellt, die für eine Handvoll Maravedis Kopf und Kragen riskierten, nur um der ewigen Armut und dem bohrenden Hunger zu entgehen.

Die Not jener Glücksritter, die eines Tages riesige Gebiete erobern sollten, war so groß, daß sie bereit waren, alle nur denkbaren Strapazen auf sich zu nehmen. Und es war kein Geheimnis, daß der Besitzer der Taverne »Los Cuatro Vientos«, ein schmieriger Mensch namens Justo Camejo aus Córdoba, in seinen Kellergewölben so viele Schwerter, Dolche, Arkebusen und Rüstungen aufbewahrte, daß er ein weitaus größeres Heer auf die Beine hätte stellen können als der Gouverneur selbst. Die Waffen Balboas, Cortes' oder Orellanas verbrachten mehr als eine Nacht in den Gewölben jener finsteren Taverne, zumeist als Pfand für eine unbezahlte Mahlzeit oder ein paar Krüge sauren Wein.

Angesichts der Armut, die auf der Insel herrschte, war es nicht verwunderlich, daß die Habgier der Soldaten in der befestigten Garnison ins Unermeßliche stieg, als sie die Möglichkeit witterten, einem Verrückten tausend Maravedis aus der Nase zu ziehen. Sie suchten Rat bei einem Schmied, der als stärkster Mann der ganzen Insel galt. Der gutmütige, aber einfältige Mensch versicherte ihnen, daß jeder, der versuchte, ein Maultier mit einem Faustschlag zu töten, den Arm nie mehr würde gebrauchen können.

»Auf alle Fälle schwört er, daß er so etwas schon öfters fertiggebracht hat«, sagte ein Fähnrich.

»Ein Schwur ist schnell getan und kostet nichts«, brummte der Schmied mißmutig. Man hätte meinen können, daß er nie gelernt hatte, den Mund richtig aufzumachen. »Das würde ich mir nur allzugern ansehen.« Dann steuerte er zwanzig Maravedis bei, um die Wette zu ermöglichen.

Die Offiziere und einfachen Soldaten hatten bereits siebenhundert Maravedis zusammen, als Pedraza, der das größte Interesse an der Wette zu haben schien, Capitán León de Luna um den noch fehlenden Betrag bat.

»Wer soll das sein?«

»Guzmán Galeón, ein Neuankömmling, der zu allem entschlossen scheint.«

»Ich habe noch nie von ihm gehört. Er scheint mir ein rechter Narr zu sein, wenn er soviel Geld in eine aussichtslose Wette stecken will. Aber was, wenn er es doch schaffen sollte? Ich bin nicht hergekommen, um mein Geld aus dem Fenster zu werfen.«

»Es ist leicht verdientes Geld«, wandte Pedraza ein. »Oder könnt Ihr Euch vorstellen, daß es jemanden gelingen sollte, ein Maultier mit der bloßen Faust zu töten?«

»Ich habe gelernt, leicht verdientem Geld gegenüber mißtrauisch zu sein«, entgegnete der Graf von Teguise und beendete damit die Diskussion. »In diesen Breiten erlebt man nicht selten böse Überraschungen. Mir scheint, daß es bei diesem Handel kaum mit rechten Dingen zugehen kann.«

Man versuchte, durch andere Kanäle an das fehlende Geld zu kommen, doch es schien aussichtslos, die restlichen dreihundert Maravedis zusammenzukriegen. Schon verzweifelten selbst die optimistischsten Männer angesichts der Möglichkeit, daß das Gold, das ihnen bereits sicher schien, doch verloren sein sollte.

»Könnt Ihr Eure Forderung nicht auf siebenhundert Maravedis herabsetzen«, fragten sie Cienfuegos, »das ist alles, was wir zusammenkriegen konnten.«

»Tausend und keinen Heller weniger«, antwortete er. »Schließlich riskiere ich meine Gesundheit.«

»Ich glaube, Ihr wollt es gar nicht erst soweit kommen lassen«, sagte der Hauptmann wutentbrannt. »Was spielt es schon für eine Rolle, ob es tausend oder siebenhundert sind?«

»Tausend«, antwortete Cienfuegos und lächelte. Er sah jedem der versammelten Männer in die Augen und setzte dann im Ton eines Mannes, der ein großzügiges Angebot unterbreitet, hinzu: »Aber ich könnte mich bereit erklären, Euch zu vertrauen.«

»Uns zu vertrauen?«

»Ganz recht.«

»Wollt Ihr sagen, daß Ihr unserem Wort vertrauen würdet?«

»Eurer Unterschrift, besser gesagt«, sagte Cienfuegos. »Wenn ich verliere, zahle ich auf der Stelle, wenn Ihr verliert, kassiere ich siebenhundert, und die weiteren dreihundert in einer Frist von, sagen wir, drei Monaten.«

»Ihr scherzt!«

»Ich sagte Euch bereits, daß ich niemals zu scherzen pflege, wenn es um Geld geht. Holt einen Schreiber, und wir setzen die Bedingungen auf.«

Doch soviel Entgegenkommen stimmte mehr als nur einen der Männer mißtrauisch, und viele fragten sich, ob sie nicht doch im Begriff waren, einem Halsabschneider auf den Leim zu gehen. Offenbar war der Mann jeder Situation gewachsen. Schließlich drohten einige, ihr Geld aus dem gemeinsamen Topf herauszunehmen, so daß sich Pedraza eines Tages gezwungen sah, die Männer im Stall der Festung zu versammeln, wo er sie aufforderte, sich selbst an den Maultieren zu versuchen.

Doch sie erreichten nur, daß die armen Tiere so bockig wurden, daß sie nach rechts und links ausschlugen. Dutzende von Fausthieben auf den Kopf verursachten ihnen nicht einmal Kopfschmerzen. Im Gegensatz zu ihren Peinigern, deren Fäuste und Knöchel vor Anstrengung schmerzten. Schließlich hockten sie sich in einer Ecke des Stalles ins Stroh und verbanden ihre Wunden, mittlerweile überzeugt, daß man, was die Wirkung betraf, genausogut mit dem Kopf gegen die Wand rennen konnte.

»Seid ihr jetzt einverstanden?« fragte Pedraza.

Sie nickten.

»Wann?«

»Samstag.«

»Wo?«

»Hier im Stall.«

Cienfuegos akzeptierte Ort und Datum und erschien am folgenden Samstag mit einem Beutel voller Maravedis und seinem gewinnendsten Lächeln vor dem Tor der Festung, wo ihn dreißig nervöse Männer, ein mit Papieren beladener Schreiber und ein paar neugierige Gaffer erwarteten, die sich das kostenlose Schauspiel nicht entgehen lassen wollten.

Während sie durch den großen Hof hineingingen, warf Cienfuegos verstohlene Blicke nach rechts und links und versuchte, sich alle Einzelheiten einzuprägen. Dabei fragte er sich, hinter welchem der vielen vergitterten Fenster man Eva Grumbach wohl gefangenhielt.

Er wirkte so ruhig und gelassen, als ginge er zum Würfeln. Er unterhielt sich mit Pedraza, machte Witze und gab sich so unbefangen, daß mehr als einem der Männer Zweifel kamen. Die Vorstellung, alle ihre Ersparnisse auf einen Schlag zu verlieren, war schrecklich.

Der Stall war riesig. Man hatte eine Fläche abgesteckt, an der das Schauspiel stattfinden sollte. Das robuste Tier war in der Mitte an einen Pfosten gebunden.

»Ein prächtiges Tier«, sagte Cienfuegos. »Schade drum.«

Er legte den Beutel mit den Goldmünzen auf den kleinen Tisch, wo der Schreiber saß. Er hatte die siebenhundert Maravedis der anderen bereits aufgestapelt. Auch die Schuldscheine lagen auf dem Tisch. Nachdem sich beide

Seiten von der Richtigkeit der Aufstellung überzeugt hatten, trat Cienfuegos in die Mitte und zog sein Hemd aus.

Als die Zuschauer den muskulösen Oberkörper erblickten, lief ein Raunen durch die Menge. Cienfuegos ging um das Maultier herum. Langsam verstummten die Zuschauer, bis man in der Stille eine Stecknadel hätte fallen hören können. Cienfuegos begutachtete das Tier, ballte die Hand zur Faust und rieb sie gegen die Handfläche der anderen Hand, als wollte er sie aufwärmen.

»Vergeßt nicht, Ihr habt nur einen Versuch!« rief Pedraza.

»Ich weiß«, entgegnete Cienfuegos knapp. »Deshalb wäre ich Euch sehr verbunden, wenn Ihr Ruhe geben würdet, damit ich mich konzentrieren kann. Wenn das Tier den Kopf nicht senkt, kann ich nicht richtig zuschlagen.«

»Verzeiht!«

Wieder war es totenstill im Stall, und alle blickten gespannt auf Cienfuegos' Faust, die sich langsam hob, während er unaufhörlich auf das Tier einredete und vergeblich versuchte, es dazu zu bringen, sein Mißtrauen aufzugeben und den Kopf zu beugen.

»Nur ruhig, Dickerchen«, murmelte er, »und mach endlich, oder wir werden den ganzen Tag hier herumstehen.« Mit der freien Hand streichelte Cienfuegos dem Tier über die Stirn und drückte sie sanft nach unten. Doch als er sah, daß dies zu nichts führte, packte er es am Unterkiefer und zog.

Schließlich senkte das Maultier für einen kurzen Augenblick den Kopf, lange genug für Cienfuegos, um ihm einen dumpfen Fausthieb genau zwischen die Augen zu versetzen, der im ganzen Stall widerhallte.

Für einen Moment schien die Welt stillzustehen, und alle hielten vor Spannung und Angst den Atem an. Dann, als schon keiner mehr damit rechnete, knickten die Beine des Tieres plötzlich wie Streichhölzer ein, und es brach vor Cienfuegos zusammen.

Der Hirte aus Gomera beschränkte sich darauf, seine

Faust zu reiben und schmerzlich das Gesicht zu verziehen. Dann trat er zum Tisch des Schreibers und nickte.

»Das brave Tier war stark. Um Haaresbreite hätte es mir den Arm gebrochen.« Und an den sprachlosen Pedraza gewandt: »Versteht Ihr jetzt, warum ich mit dem Preis nicht heruntergehen konnte?«

Langsam, als erwarteten sie, daß das Tier plötzlich aufspringen und ausschlagen könnte, kamen die Zuschauer näher. Die Mutigsten überzeugten sich schließlich mit eigenen Augen, daß das Maultier ebenso tot war wie Attilas Roß. Es handelte sich also nicht um einen schäbigen Trick.

»Heiliger Himmel! Was für ein Unmensch!«

»Unglaublich!«

»Mit einem Schlag!«

Die ausgestreckten Beine, die heraushängende Zunge und die glasigen Augen bewiesen, daß das arme Tier wirklich tot war. Jetzt konnte man es nur noch zu Hackfleisch verarbeiten, das am nächsten Tag den Eintopf der Wachmannschaft bereichern würde.

»Wie ist so was möglich?«

Alle blickten auf den Herkules, der sich gemächlich das Hemd zuknöpfte und dann anfing, seinen Gewinn in die Tasche zu stopfen.

»Kraft ist natürlich wichtig, noch wichtiger aber die Stelle, an der man das Tier treffen muß«, antwortete Cienfuegos.

»Und habt Ihr nie daneben gehauen?«

Cienfuegos sah sich um und antwortete: »Einmal, als ich dreizehn war.« Er nahm seine Sachen und verbeugte sich nach allen Seiten. »Es war mir ein Vergnügen, Herrschaften.«

Er wandte sich zur Tür, verfolgt von den bewundernden Blicken der Männer, die noch vor wenigen Minuten fest überzeugt gewesen waren, in kürzester Zeit ihren Besitz zu verdoppeln. Anscheinend konnten sie immer noch nicht glauben, daß das, was sie für unmöglich gehalten hatten, tatsächlich passiert war.

Pedraza und drei der Männer, die von Anfang an dabei gewesen waren, fragten sich, wie sie den Schuldschein, den sie so bereitwillig unterschrieben hatten, einlösen sollten, während der heisere Offizier immer wieder fassungslos den Kadaver untersuchte.

Schließlich sah er auf und rief so laut, daß alle ihn hören konnten: »Hexerei! Es kann nur Hexerei gewesen sein.«

»Zügelt Eure Zunge!« fuhr ihn ein Capitán der Wache an. »Man muß mit Anstand verlieren können. Hier waren nur Geschicklichkeit und Kraft im Spiel. Und wer da dummes Zeug von sich gibt, kriegt es mit mir zu tun, verstanden?«

Nach dieser Drohung verstummte jeglicher Protest. Als die letzten Männer gesenkten Hauptes aus dem Stall traten, erblickten sie Cienfuegos, der auf einer der vielen Bänke im Hof saß und gelangweilt auf die Fenster der Festung starrte.

»Ich glaube, ich schulde Euch allen eine Runde Wein in der Taverne«, sagte er.

»Wir nehmen gerne an, schließlich dürfte es für einige Zeit das letzte Gelage sein.«

»So tragisch ist es auch wieder nicht. Vielleicht habt Ihr das nächste Mal mehr Glück.«

»Es wird kein nächstes Mal geben, Meister ›Eisenfaust‹, darauf könnt Ihr Gift nehmen!«

»Wie hast du das gemacht?« fragte ihn Bonifacio, als sie sich am selben Abend wie üblich hinter der Werft trafen.

»Mit einem einzigen Hieb.«

»Das weiß ich, aber worin bestand der Trick?«

»Was heißt hier Trick?« protestierte Cienfuegos und tat, als sei er beleidigt. »Jetzt heiße ich Guzmán Galeón, die ›Eisenfaust‹. Der meistbewunderte Mann auf der ganzen Insel.«

»Die Prahlerei kannst du dir sparen«, lachte sein Freund.

»Ich kenne dich gut genug. Und so wenig es mich wundert, daß du der stärkste Mann der Insel bist, so wenig kannst du mir weismachen, daß es möglich ist, ein Maultier mit einem einzigen Fausthieb zu erschlagen.«

»Es ist kein Trick. Man muß es nur können.«

»Wie denn?«

»Ich habe es auf meinen Reisen gelernt.« Cienfuegos lächelte und senkte die Stimme. »Erinnerst du dich an die Afrikanerin, von der ich dir erzählte? Sie hieß Azabache.«

»Die Frau, die auf dem ›Großen Weißen‹ verschwand?«

»Genau«, sagte Cienfuegos. »Sie kam aus Afrika und wußte eine Menge über alle möglichen Gifte, denn ihr Stamm verehrte die Schlangen.«

»Jetzt sag bloß nicht, daß du das Tier vergiftet hast?«

»Nicht ganz!«

»Sondern?«

»Azabache wußte alles über Gifte, fast alles«, fuhr Cienfuegos fort. »Doch als sie hierherkam, hörte sie von einem Gift, das *curare* heißt, einer dickflüssigen Paste, die die Eingeborenen der tiefsten Wälder benutzen, um zu jagen. Ihre Pfeile töten auf der Stelle.«

»Du hast mir davon erzählt, aber ich habe geglaubt, du übertreibst.«

»Nein, keineswegs. Das *curare* ist nicht irgendein herkömmliches Gift. Es lähmt und tötet dann, sobald es ins Blut gelangt. Azabache gelang es nie, das Geheimnis dieses Giftes zu entschlüsseln, aber sie fand etwas sehr Ähnliches.«

»Ich verstehe«, antwortete der andere. »Aber trotzdem, wie hast du das Maultier damit umbringen können? Es ist doch kein Blut geflossen.«

Cienfuegos hob die Augenbrauen und lächelte verschwörerisch.

»Ich erinnerte mich an eine alte Hexe, der ich als Sklave dienen mußte, um nicht von den *motilones* umgebracht zu werden. Sie pflegte ihre Fingernägel mit diesem Gift zu bestreichen, und wenn sie angegriffen wurde, tötete sie ihre Feinde, indem sie ihnen einen Fingernagel ins Fleisch bohrte.«

»Du hast dir die Fingernägel mit Gift bestrichen? Hattest du denn keine Angst?«

»Ich habe darauf geachtet, mich nicht zu kratzen«, sagte der Hirte aus Gomera lachend. »Und als ich das Tier am Unterkiefer packte, bohrte ich ihm einen Nagel ins Fleisch. Ich wartete einen Augenblick und streckte es dann mit einem Faustschlag nieder. Ich hätte mir fast den Arm gebrochen, aber es hat geklappt.«

»Und wenn nicht?«

»Dann wäre ich jetzt mein Geld los, aber ich wäre trotzdem in die Festung gekommen und hätte mich mit den Wächtern angefreundet.«

»Mein Gott, stell dir vor, was passiert wäre, wenn sie dich durchschaut hätten.«

»Dann wäre ich nicht nur mein Geld, sondern auch mein Leben los.« Cienfuegos nickte. »Aber das schien mir ziemlich unwahrscheinlich. Auf dieser Insel hat noch nie jemand von *curare* und seiner Wirkung gehört.«

Der hinkende Bonifacio Cabrera schwieg eine Weile und dachte über das nach, was sein Freund ihm soeben erzählt hatte. Schließlich zuckte er die Achseln und sagte: »Ich weiß nicht, ob du ein Irrer oder der klügste Mensch bist, den ich kenne.«

»Ich mußte nur lernen, mit dem Wenigen, das mir gegeben war, zu überleben.«

»Und was unternimmst du als nächstes?«

»Ich werde die Brüder, die mir Geld schulden, unter Druck setzen.«

»Was willst du damit erreichen? Daß sie ihre Schulden bezahlen?«

»Aber nein. Viel mehr als das. Denk daran, daß es Menschen gibt, die sich nicht mit etwas bestechen lassen, was sie noch nie besessen haben, aber zu allem bereit wären, um das, was sie bereits besitzen, nicht zu verlieren.«

»Ich glaube, ich verstehe.«

»Es ist ganz einfach. Dinge, die man nicht für Geld tut, wird man möglicherweise tun, um eine Schuld abzubezahlen. Das ist der Unterschied zwischen Haben und Nichthaben.«

Fray Bernardino de Sigüenza suchte Zuflucht im Fasten und in der Meditation. Er hoffte, daß der Herr sein Flehen erhören und sich seiner erbarmen würde. Nur er konnte ihm den richtigen Weg weisen, denn dies war ohne Zweifel die schwierigste und bitterste Aufgabe, die er je übernommen hatte. Er war ein hingebungsvoller Diener der Kirche, aber manchmal zweifelte er im Innersten seiner Seele an ihren Methoden.

Er war sich darüber im klaren, daß Gouverneur Francisco de Bobadilla ihn nur deshalb ausgesucht hatte, weil er erwartete, daß er, Fray Bernardino de Sigüenza, die Speerspitze für die Heilige Inquisition in der Neuen Welt bildete. Vor allem sollte er genügend Beweise liefern, um die Erhebung einer Anklage gegen Doña Mariana Montenegro zu rechtfertigen.

Die Deutsche hatte ein turbulentes Leben geführt. Sie hatte ihren adeligen Ehemann, einen entfernten Verwandten König Ferdinands, verlassen, um einem schmutzigen Ziegenhirten über den halben Erdball zu folgen. Dieser war als einziger Überlebender nach dem Massaker in Fuerte de la Natividad übriggeblieben. All das kam denjenigen äußerst gelegen, die mit Vorliebe wehrlose Frauen an den Pranger stellten, vor allem, wenn sie so schön waren wie Doña Mariana, und Fray Bernardino de Sigüenza mußte seine ganze Kraft aufbieten, um nicht der Versuchung zu erliegen, den gnadenlosen Henker zu spielen, wie es die Menschen von ihm erwarteten.

Der intelligente und gebildete Frater war vielleicht einer der wenigen Zeitgenossen auf der Insel, die aufgrund ihres scharfen Verstandes das ganze Ausmaß der Schwierigkeiten, die vor Krone und Kirche lagen, erkennen konnten. Er nahm zwar nicht an den Gesprächen der Abenteurer, Seeleute oder Kartenzeichner in den Schenken teil, doch auch er war der Meinung, daß die sogenannten Westindischen Inseln keine Indien vorgelagerte Inselgruppe sein konnten, sondern Teil eines großen unbekannten Kontinents mit unendlich vielen Wäldern, Bergen und Flüssen waren. Und dies ließ alles, was bislang über die Erde gesagt worden war, in einem neuen Licht erscheinen.

Der kleine Franziskaner erkannte rasch, daß Krone und Kirche vor einer Aufgabe ungeahnten Ausmaßes standen. Er befürchtete, daß die Einmischung einer dritten Institution, die weder dem Staat noch der Kirche, sondern auf verwirrende Weise beiden zugleich angehörte, die Stimmung verschlechtern und seine Aufgabe erschweren würde.

Die Entdeckung der Neuen Welt bedeutete natürlich auch das Entstehen einer neuen Rasse, in deren Adern das Blut von Einheimischen, Christen, Juden und Muselmanen fließen würde. Es war absurd anzunehmen, daß sich die Vereinigung all der verschiedenen Glaubensrichtungen nach den strengen, orthodoxen Normen und moralischen Geboten der Heiligen Inquisition richten würde.

Wenn Konrad von Marburg, Raimundo de Peñafort oder Bernardo Guí das Leben in Hispaniola mit seinen halbnackten Wilden, öffentlichen Freudenhäusern und einer Bevölkerung hätten sehen können, die sich höchstens einmal in der Woche wusch, hätten sie keinen Augenblick gezögert, den skandalösen Ort dem Erdboden gleichzumachen und die Einwohner der Kolonie auf den Scheiterhaufen zu bringen. Doch Fray Bernardino de Sigüenza wußte, daß sich die rigide Ordnung des düsteren und kalten Kastilien nicht auf diese heiße und sinnliche Insel übertragen ließ.

»Andere Länder, andere Sitten«, sagte er immer. »Und das erste, was wir lernen müssen, ist, unsere eigenen Gewohnheiten kritisch zu betrachten.«

Doch auf der anderen Seite standen Don Francisco de Bobadilla und diejenigen, die Doña Mariana Montenegro auf dem Scheiterhaufen sehen wollten, denn sie waren überzeugt und würden es immer bleiben, daß ihre altbewährten Traditionen vollkommen waren. Dazu gehörte auch die Heilige Inquisition. Und je eher diese in der Neuen Welt für Recht und Ordnung sorgen würde, um so besser würde es für Gott und die Krone sein.

»Wenn Ihr Zweifel hegt, überlaßt die Angelegenheit jenen, die keinen Zweifel kennen«, hatte ihm sein Beichtvater erklärt, als er seinen Zustand bemerkte. Er vergaß, daß jene, die nie zweifeln, häufig am meisten irren. Wenn, wie man ihn gelehrt hatte, die Wahrheit in Gott, und Gott in der Wahrheit zu finden ist, lag die Lösung seiner Probleme nicht darin, die Verantwortung abzuschütteln und die eigene Unfähigkeit zu akzeptieren, sondern die Wahrheit zu suchen, um Gott zu finden.

Also begab er sich jeden Morgen mit dem gleichen Eifer zu Doña Mariana Montenegro, den er auch angesichts einer schwierigen theologischen Frage an den Tag gelegt hätte. Und jedesmal verzweifelte er erneut an der unleugbaren Tatsache, daß die Frau auf seine Frage einfach keine Antwort wußte.

»Ihr könnt Anklage gegen mich erheben, wenn es Euer Wunsch ist«, hatte Eva Grumbach ihm bei seinem letzten Besuch erklärt. »Aber Ihr werdet es vor Eurem Gewissen verantworten müssen. Von mir werdet Ihr keine Beweise für meine Schuld erhalten. Ich bin Christin und Katholikin; Gott ist mein Zeuge, daß ich mit den Anschuldigungen nichts zu tun habe. Wenn Ihr meint, einen besseren Zeugen gefunden zu haben, so ist das Eure Sache.«

»Unglücklicherweise kann Euer Zeuge vor Gericht nicht erscheinen.«

»Das weiß ich. Aber wenn Ihr Euch zu seinem Haus begebt und demütig vor seinem Altar niederkniet, wird er Euch vielleicht erleuchten und auf den rechten Weg führen.«

»Das versuche ich jeden Tag.«

»Und mit welchem Erfolg?«

»Jedesmal, wenn ich das Gefühl habe, Gott hat mich erhört, frage ich mich, wer bin ich, daß Gott mir die Wahrheit offenbaren soll. Und dann bekomme ich Angst, vor lauter Einbildung und Stolz darüber, daß er zu mir sprechen könnte, der Sünde zu verfallen.«

»Der Herr erhört die Demütigen immer.«

»Bin ich vielleicht nicht demütig genug?«

»Das weiß ich nicht. Und noch weniger, wie ein Mensch, der so zweifelt wie Ihr, hofft, ein Urteil sprechen zu können, denn das erwartet doch der Herr in diesem Fall von Euch.«

»Das habe ich nie geglaubt«, gestand der kleine Frater. »Außerdem sind es im Augenblick nicht der Herr oder die Kirche, die etwas von mir erwarten. Ich bin sicher, daß ich durchaus wüßte, was ich zu tun hätte.« Er wischte sich die Nase und musterte nachdenklich das schmutzige Taschentuch, als könne er darin eine Antwort finden. »Es sind die Menschen, die eine Entscheidung von mir verlangen.«

»Wenn Ihr zweifelt, haltet Euch zurück.«

»Ich fürchte nur, der Gouverneur würde auf der Stelle einen anderen Inquisitor beauftragen, wenn ich den Fall niederlege. Und diesmal würde er wahrscheinlich einen Dominikaner aussuchen, was Eure Chancen ungemein verringern würde.« Er breitete hilflos die Arme aus, wie um anzudeuten, daß die Dinge nun einmal so waren, wie sie waren, und er nichts dagegen tun könne. »Eure einzige Möglichkeit zu überleben besteht darin, daß ich zu dem Schluß komme, es gebe keine ausreichenden Beweise oder Indizien, um Euch der Hexerei anzuklagen. In diesem Fall glaube ich kaum, daß Don Francisco de Bobadilla meine

Autorität untergraben und einen neuen Inquisitor mit dem Fall beauftragen würde.«

»Und wann wollt Ihr eine Entscheidung fällen?«

»Sobald es mein Gewissen zuläßt. Fray Rafael de Pornasio, ein gerechter und verständnisvoller Mann, widmete einem Fall fast acht Jahre, bis er erklärte, das Studium der Alchemie und der Astrologie sei keine Hexerei, wenn man beides als Wissenschaft betreibe und nicht als Mittel benutze, um sich zu bereichern oder Schwarze Magie zu praktizieren.«

»Soll das heißen, daß ich möglicherweise acht Jahre im Kerker verbringen muß?« fragte Eva fassungslos.

»Dies wäre dem Tod auf dem Scheiterhaufen jedenfalls vorzuziehen«, antwortete der Frater. »Aber habt keine Angst. Ich bin nicht Rafael de Pornasio, und die Zeiten haben sich geändert. Wenn Ihr aber mehr mit mir zusammenarbeiten würdet, könnten wir Zeit gewinnen.« In diesem Augenblick kroch eine Laus über seinen Ärmel, und der Frater begutachtete sie scharf. Mit einer schnellen Bewegung fing er sie auf und sah dann zu Eva auf. »Besteht Ihr immer noch darauf, daß niemand das Feuer absichtlich gelegt hat?«

»Ich kenne nicht die ganze Besatzung der *Milagro* mit Namen«, antwortete Eva Grumbach schnell, denn sie hatte Zeit genug gehabt, sich ihre Antworten zu überlegen, um nicht in eine Falle zu tappen. »Ich kann mich nur daran erinnern, daß eine Gruppe von ihnen einen Katapult baute, damit sie die Feuerkugel abschießen konnten. Einer von ihnen muß die Kugel angezündet und ein anderer das Seil gekappt haben, aber wenn ich jemanden Bestimmten mit Namen nennen sollte, müßte ich lügen.«

»Aber Señora! Für wie dumm haltet Ihr mich? Diese Männer waren doch nur Werkzeuge«, sagte Fray Bernardino de Sigüenza. »Versucht nicht, mich zu täuschen.«

»Ich jedenfalls war es nicht. Ich versuche nur klarzustellen, daß das Feuer nicht aus meiner Hand kam, wie der geheimnisvolle Ankläger behauptet, sondern aus einem Katapult.« Sie schwieg einen Augenblick und fuhr dann fort: »Darin besteht doch der Unterschied zwischen Hexerei und Kriegskunst, nicht wahr? Meine Besatzung schlug die des Capitán de Luna im offenen Kampf. Wahrscheinlich ist es die Scham über diese Niederlage, die ihn so wütend macht.«

»Ich sagte Euch bereits, Capitán de Luna hat nichts mit den Anschuldigungen zu tun.«

»Seid Ihr ganz sicher, Vater?«

»Ziemlich sicher.«

»Habt Ihr mit ihm gesprochen?«

»Das halte ich nicht für notwendig.«

»Ihr haltet es nicht für notwendig?« sagte Eva Grumbach empört. »Mein Leben steht auf dem Spiel. Die Kirche, die Inquisition und Ihr seid im Begriff, einen folgenschweren Fehler zu begehen, aber Ihr haltet es nicht für notwendig, den Mann zu verhören, der möglicherweise für all dies verantwortlich ist? Er bleibt im Hintergrund und zieht bei dieser feigen Verleumdung die Fäden. Ich kann Euer Vorgehen nicht verstehen – Ihr behauptet doch, der Wahrheit auf den Grund gehen zu wollen.«

»Wenn der Herr von Adel, der mit unserem König verwandt und obendrein ein guter Freund des Gouverneurs ist, angibt, er habe nichts mit der Angelegenheit zu tun, habe ich nicht das Recht, seine Aussage in Zweifel zu ziehen.«

»Vor Gott sind alle gleich, egal ob König, Adliger oder Bauer.«

»Aber nur vor Gott, nicht vor der Kirche oder dem Gericht.«

»Also werdet Ihr mich verurteilen müssen?«

»Das ist nicht meine Schuld.«

»Ist nicht derjenige, der ein Leben retten kann und es nicht tut, ebenso schuldig wie ein Mörder?«

»Soll der Zeuge auch noch zum Opfer werden?«

»Ist es das? Habt Ihr also Angst?«

»Ja, aber nicht davor, zum Opfer zu werden, sondern aufzuhören, ein Zeuge zu sein«, lautete die verwirrende Antwort des Fraters. »Wer würde in diesem Fall Zeugnis über das abgeben, was geschieht? Wer würde die Wahrheit sagen, wenn nur noch der Mörder übrigbliebe, um sie zu verkünden?«

Von diesem Tag an nahm Eva Grumbach dem Frater gegenüber, den sie bisher nicht viel besser eingestuft hatte als einen Henker, eine andere Haltung an, denn sie hatte erkannt, daß dieser im Inneren seiner Seele ebenso gefangen war wie sie selbst.

Sein widerwärtiges, fast unmenschliches Aussehen, gepaart mit seiner unvorstellbaren Verwahrlosung und dem Schrecken, den ihr der unterirdische Kerker einflößte, hatten sie bisher daran gehindert, jede Hilfe, die der kleine Mönch ihr anbot, anzunehmen. Sie hatte in ihm nur ein widerliches Werkzeug der gefürchteten Inquisition gesehen. Dann aber brachten die Einsamkeit und das ungewöhnliche Verhalten des Franziskaners sie zu der Erkenntnis, daß in diesem Schmutzfink vielleicht ihre einzige Hoffnung aufs Überleben lag.

Seit mehr als einem Monat hatte sie Cienfuegos weder gesehen noch etwas von ihm gehört. Sie hatte keinerlei Kontakt zur Außenwelt, und wenn sie von der Treue ihres Geliebten nicht so fest überzeugt gewesen wäre, hätte sie spätestens jetzt angefangen, an seiner Liebe zu zweifeln und zu glauben, daß das Glück und ihre alten Freunde sich endgültig von ihr abgewandt hatten.

»Welche Neuigkeiten könnt Ihr mir von meiner Familie berichten?« fragte sie eines Tages den kleinen Frater, als dieser gesprächiger als sonst wirkte. »Ich habe das Gefühl, man hätte mich bei lebendigem Leib begraben.«

»Von Capitán de Luna? Gar nichts.«

»Ihr wißt genau, daß ich nicht ihn meine.«

»Wen könntet Ihr sonst meinen, wenn Ihr von Eurer Familie sprecht?« Der kluge Fray Bernardino dehnte die Worte und warf dem emsigen Schreiber einen vielsagenden Blick aus den Augenwinkeln zu. »Soweit ich weiß, habt Ihr weder Eltern, Geschwister noch sonstige Verwandte hier auf der Insel, deren Freiheit oder Besitz durch das Urteil, das die Heilige Inquisition gegen Euch verhängen könnte, gefährdet wären. Falls Ihr verurteilt werdet«, setzte der kleine Frater einschränkend hinzu. Er zögerte und fuhr dann im gleichen Tonfall fort: »Alle anderen, mit denen Ihr nicht blutsverwandt seid, sind nur Freunde oder Bekannte, und über sie darf ich Euch keine Auskunft geben, da sie in diesem Fall keine Rolle spielen.«

»Ich verstehe«, sagte Doña Mariana Montenegro traurig. Das Gefühl der Einsamkeit war so überwältigend, daß sie fast tonlos stammelte: »Alle haben mich verlassen, jetzt bin ich ganz allein.«

»Wer Gott kennt, ist nie allein.«

»Wie soll ich bei Gott Trost finden, wenn seine Vertreter auf Erden sich gegen mich verschworen haben?« gab Doña Mariana Montenegro zurück.

»Hütet Eure Zunge und überlegt Euch, was Ihr sagt«, warnte Fray Bernardino. »Nicht Ihr sollt über die Kirche richten, sondern sie über Euch, vergeßt das nicht. Was Eure Freunde angeht, so weiß ich nur, daß sie die Insel an Bord der *Milagro* verließen, und zwar am selben Tag, als sie von Eurer Verhaftung erfuhren. Wenn ich ehrlich sein soll, so haben sie dadurch nicht viel zu Eurer Verteidigung beigetragen.«

»Die Angst verändert die Menschen.«

»Angst wovor?« fragte der andere verwundert. »Vor mir? Seht mich an! Ich bin nur ein armer Diener des Herrn, der beobachtet, zuhört und keiner Fliege etwas zuleide tut. Aber wenn der Teufel seine Hand im Spiel hatte, könnt Ihr sicher sein, daß ich dahinterkomme.«

»Glaubt Ihr wirklich, der Teufel würde zulassen, daß man

mich hier gefangenhält und schließlich auf dem Scheiterhaufen verbrennt, wenn er tatsächlich die Hand im Spiel hätte und ich seine Dienerin wäre? Wenn er einen ganzen See in Flammen aufgehen lassen kann, würde er es doch auch fertigbringen, die Mauern dieser Festung einstürzen zu lassen.«

»Er kann nur das vollbringen, was der Herr ihm erlaubt.«

»Wenn er ihm erlaubt hat, Menschen zu verbrennen, wird er ihm auch gestatten, diese Tür zu öffnen.«

»Die Wege des Herrn sind zuweilen unerforschlich.«

»Ich glaube, daß Ihr vieles von dem, was geschieht, nicht versteht, Vater.«

Dies traf in der Tat zu, und Fray Bernardino de Sigüenza konnte nicht umhin, es einzugestehen. Er war deprimiert und verzweifelt, denn er war in seinen Nachforschungen kaum weitergekommen. Die Wahrheit, die er suchte, schien ihm immer weiter zu entgleiten. Schließlich nahm er allen Mut zusammen und beschloß, Capitán de Luna vorzuladen, der sich jedoch rundheraus weigerte, der Aufforderung Folge zu leisten.

Der gewissenhafte Frater ließ nicht locker, bis er eines Tages Befehl erhielt, sich unverzüglich zum Alkazar zu begeben und dem Gouverneur persönlich zu erklären, was seine dreiste Hartnäckigkeit zu bedeuten habe.

»Wie könnt Ihr es wagen ...?« war das erste, was Bobadilla ihn fragte. Er wirkte müde und verbittert, vielleicht, weil er im tiefsten Innern seines Herzens spürte, daß die Tage seiner Tyrannei bereits gezählt waren. »Der Graf von Teguise ist eine Nummer zu groß für Euch.«

»Für mich sind alle Menschen zu groß«, antwortete der Frater bescheiden. »Nicht aber für denjenigen, den ich in diesem Fall vertrete, auch nicht der Capitán.«

»Vergeßt nicht, daß ich es war, der Euch diesen Auftrag gab. Also vertretet Ihr mich.«

»Ihr wart es, Exzellenz, der mich mit dieser Angelegenheit

beauftragte, die jedoch nichts mit dem Staat zu tun hat, sondern nur mit der Kirche. Ich diene allein der Kirche und Gott.« Der Frater hielt inne und ließ dem Gouverneur Zeit zum Nachdenken. Dann fuhr er mit bemerkenswerter Gelassenheit fort: »Ihr könnt Doña Mariana Montenegro in den Kerker werfen lassen und sie anklagen. Sobald jedoch Hexerei ins Spiel kommt, entscheidet die Kirche, in diesem Fall ich, über ihre Schuld oder Unschuld.«

»Ich kann Euch von Eurem Auftrag entbinden.«

»Das ist Euer gutes Recht.«

»Dann betrachtet Euch hiermit Eurer Pflichten enthoben.«

»Sehr wohl, Exzellenz«, antwortete der Frater, senkte den Kopf, kratzte sich im Nacken und nahm, ohne den Gouverneur eines Blickes zu würdigen, eine Rolle aus seiner Tasche, die mit Siegel und Stempel versehen war. »Hier habt Ihr das schriftliche und beglaubigte Ergebnis meiner Untersuchung.«

»Was soll das heißen?«

»Ich habe es gestern aufsetzen und beglaubigen lassen. Es besagt, daß ich bei dem jetzigen Stand der Untersuchung keine ausreichenden Beweise erkenne, um einen Prozeß gegen Doña Mariana Montenegro in Gang zu setzen, da einer der Hauptzeugen die Aussage verweigert. Und da dieses Ergebnis vor meiner Entlassung als Inquisitor feststand, müßt Ihr es akzeptieren.«

»Was wollt Ihr damit erreichen?«

»Ihr müßt Doña Mariana Montenegro unverzüglich freilassen, da ein Hauptzeuge die Aussage verweigert. Solange ich die Untersuchung leitete, war ich Oberster Inquisitor, und mein Urteil ist für alle verbindlich.«

»Ihr müßt verrückt geworden sein! Ich habe Euch Eures Amtes enthoben!« schrie Gouverneur Bobadilla wutentbrannt.

»Ich weiß, aber mein Urteil stand schon gestern fest. Hier

bitte, achtet auf das Datum. Wenn Ihr mich des Amtes enthebt, müßt Ihr in Sevilla um Erlaubnis bitten, ebenso wie damals, als Ihr mich zum Inquisitor bestellt habt. Das braucht Zeit. Solange die Bestätigung aus Sevilla hier nicht eintrifft, bin ich Oberster Vertreter der Heiligen Inquisition auf der Insel.«

»Verfluchter Hundesohn!« platzte der Gouverneur heraus. »Ihr versucht, mich zu erpressen!«

»Gewiß nicht, Exzellenz. Ich versuche Euch nur klarzumachen, daß die Inquisition eine geheiligte Institution ist, und kein Weltlicher sollte sich anmaßen, sie für seine Zwecke zu mißbrauchen. Wenn man die Inquisition auf den Plan ruft, muß man sich der möglichen Folgen bewußt sein. Ich habe mich gegen Eure Ernennung gesträubt, doch schließlich hat mein Gewissen mich doch dazu geführt, den Fall anzunehmen. Mir wäre es auch lieber gewesen, wenn die Heilige Inquisition nicht in diesen Winkel der Welt gebracht worden wäre, aber jetzt ist es passiert, und wir alle werden mit den Konsequenzen leben müssen.«

Die katholischen Könige hatten Francisco de Bobadillo ihre Gunst entzogen; es war ihm klar, daß seine Tage als Gouverneur gezählt waren und es nur eine Frage der Zeit war, bis das Schiff mit seinem Nachfolger eintraf. Instinktiv spürte er, welche Gefahr er eingehen würde, wenn er sich jetzt auch noch mit der allmächtigen Kirche anlegte.

Lange Zeit studierte er das Dokument des Geistlichen, das neben ihm auf dem Tisch lag und offenbar eine unsichtbare Drohung zu enthalten schien. Schließlich nickte er versöhnlich.

»Nun gut! Ich muß gestehen, daß ich mit Euch die richtige Wahl traf, denn Ihr habt Euch als zuverlässiger und gerechter Mann erwiesen. Lassen wir also Gras über die Angelegenheit wachsen.« Er deutete auf die Schriftrolle und fuhr fort: »Bewahrt sie auf und setzt Eure Nachforschungen fort.«

»Und was wird mit dem Capitán?« Der kleine Frater ließ sich nicht beirren.

»Er wird Euch morgen empfangen. Ich werde dafür sorgen.«

»Ich verlasse mich auf Euch, Exzellenz.«

»Ihr habt mein Wort. Er wird sein Haus morgen nicht verlassen.«

Und so war es dann auch. Am späten Nachmittag, als die heißesten Stunden des Tages vorüber waren, klopfte Fray Bernardino de Sigüenza an die Tür der *mansión*, wo der Graf residierte. Es war ein hochherrschaftliches Haus, aus Stein gebaut, und Fermina Constante, die hübsche Prostituierte, die mit dem Grafen zusammenlebte, öffnete die Tür.

»Was ist in Euch gefahren, den Grafen zu Siestazeit zu stören?« herrschte sie den kleinen Mann böse an.

Der Geistliche sah die schwangere Frau an und antwortete knapp:

»Der Graf erwartet mich!«

»Seid Ihr etwa der Oberste Inquisitor?«

»Ganz recht, und wenn ich Euch einen guten Rat geben darf, so zügelt Eure Zunge und bringt mich zum Grafen.«

Die Frau ließ ihn eintreten und deutete auf einen langen Gang, der zum Innenhof führte.

»Ihr findet ihn am Ende des Ganges im *Patio*. Ihr könnt ihn nicht verfehlen.«

Das laute Schnarchen des Grafen war nicht zu überhören. Capitán León de Luna lag im Schatten eines Baumes in seiner Hängematte und schlief.

Der Fray zupfte ihn leicht am Ärmel, und sofort schreckte er wütend auf.

»Fray Bernardino de Sigüenza?« wollte er wissen.

»In der Tat.«

»Setzt Euch«, sagte der Graf und warf ihm einen verächtlichen Blick zu. »Ihr habt doch wohl nichts dagegen, wenn ich in der Hängematte liegenbleibe, oder?«

»Gewiß nicht.«

Der Franziskaner holte einen Stuhl, der etwas weiter weg stand, und nahm gegenüber dem Grafen Platz, der ihn immer noch abschätzig beobachtete.

Ein paar Minuten herrschte peinliches Schweigen, das nur von dem unermüdlichen Gekreische eines Papageien unterbrochen wurde. Da der Frater nicht den Anschein machte, das Eis brechen zu wollen, war es der Hausherr, der schließlich ungeduldig das Wort ergriff.

»Nun, es hieß, Ihr wolltet mit mir reden, worauf wartet Ihr jetzt?«

»Es ist ein heikles Thema.«

»Für mich nicht.«

»Es handelt sich um Eure Frau.«

»Sie ist nicht länger meine Frau. Ich verschwende keinen Gedanken mehr an sie.«

»Dennoch habt Ihr mehrere Jahre versucht, Euch an ihr zu rächen.«

»Die Zeit heilt alle Wunden. Außerdem habe ich geschworen, sie nie wieder zu belästigen. Für mich ist sie so gut wie tot.«

»Aber sie lebt.«

»Nicht mehr lange, wenn es stimmt, was ich gehört habe.«

»Das wird davon abhängen, ob der Prozeß gegen sie eröffnet wird oder nicht. Später wird die Heilige Inquisition das Urteil sprechen.«

»Gibt es denn noch Zweifel? Ich darf Euch darauf hinweisen, daß auch ich Zeuge dieser Hexerei gewesen bin, die vielen meiner Männer den Tod brachte. Und wenn jemand eine derartige Sünde begehen kann und mit dem Leben davonkommt, dann müssen sich die Dinge sehr verändert haben.«

»Ihr wünscht ihr den Tod, nicht wahr?«

»Nur wenn ihre Schuld erwiesen ist.«

»Sehr eigenartig. Euer Hauptmann Baltasar Garrote hat fast dieselben Worte benutzt.«

»Es sind die Worte eines jeden gewissenhaften und aufrechten Christen, nehme ich an.«

»Schon möglich. Aber sagt, verehrter Freund, in den vielen Jahren, in denen Ihr mit ihr zusammenlebtet, habt Ihr da nie etwas Außergewöhnliches an ihr bemerkt? Etwas, das Euch hätte mißtrauisch machen müssen oder die Vermutung nahegelegt hätte, daß sie sich mit dem Teufel eingelassen haben könnte?«

»Niemals!«

»Und seid Ihr jetzt nicht überrascht?«

»Nicht im geringsten, denn der Dämon bemächtigt sich der Seelen erst dann, wenn er die Zeit dafür gekommen sieht. In diesem Fall muß er es getan haben, als sie den Ziegenhirten traf. Vielleicht steckt er mit dem Teufel im Bund.«

»Erzählt mir, wie es dazu kam.«

»Da gibt es nicht viel zu erzählen. Ich kämpfte gegen die Aufständischen auf den Nachbarinseln, und als ich von einer Strafexpedition nach Hause kam, erfuhr ich, daß mich meine Frau mit einem Ziegenhirten betrogen hatte. Wenn mich nicht alles täuscht, könnte dieser Hirte den Teufel im Leib haben. Er hat als einziger das Massaker von La Natividad und mehrere Jahre der Sklaverei bei den Menschenfressern überlebt, wie man sich erzählt.«

»Könnte er es nicht gewesen sein, der den See in Brand steckte, statt Doña Mariana Montenegro?«

»Wenn es so wäre, würde sie es doch sagen, oder nicht?«

»Vielleicht schweigt sie aus Liebe.«

»Gibt es eine Liebe, für die man bereit ist, auf dem Scheiterhaufen zu sterben, Vater? Das glaube ich nicht. Nur wenn man mit Luzifer selbst im Bunde steckt.« Capitán León de Luna stand auf und schenkte sich ein Glas Wein aus dem Krug ein, der auf einem Tisch in der Mitte des Patio stand. Er leerte es in einem Zug, ohne dem Mönch etwas anzubieten.

»Ich pflege mein Wort zu halten. Und ich werde nichts unternehmen, um sie noch mehr zu belasten.«

»Aber Ihr würdet auch nichts unternehmen, um sie zu entlasten?«

»Sicher nicht. Wer meine Ehre so in den Dreck zieht, kann keine Gnade von mir erwarten.«

»Selbst wenn es Euch schaden würde?«

»Schaden würde?« wiederholte der Graf verwundert. »Wie kann sie mir jetzt noch schaden?«

»Sie? Ich meine nicht sie«, antwortete das Männchen.

»Sondern?«

»Ihr müßt bedenken, daß ihre Güter und auch die ihrer nächsten Verwandten in den Besitz der Kirche übergehen, wenn sie von der Heiligen Inquisition der Hexerei für schuldig befunden wird. Das hieße, auch Euer Besitz.«

Es war offensichtlich, daß den Grafen dies unerwartet traf, denn er wurde auf einmal kreidebleich. Mit zitternden Händen umfaßt er das leere Glas.

»Das kann doch nicht wahr sein!« rief er verwirrt.

»So lautet das Gesetz!«

»Wir leben seit mehr als zehn Jahren getrennt.«

»Vor der Kirche seid Ihr noch immer Mann und Frau. Normalerweise geht das gesamte Hab und Gut des Mannes und der Kinder in den Besitz der Kirche über, wenn sich herausstellt, daß die Frau eine Hexe war.«

»Das ist ungerecht!«

»Aber so will es das Gesetz.«

»Es ist ein ungerechtes Gesetz.«

»Per definitionem kann ein Gesetz nicht ungerecht sein, denn Gesetze bilden die Grundpfeiler der Gerechtigkeit.« Fray Bernardino de Sigüenza lächelte leicht und fügte hinzu: »Was ungerecht sein kann, ist das System, das diese Gesetze macht, aber das ist eine andere Geschichte. Da müßt Ihr euch an Euren Verwandten, den König, wenden.«

In diesem Augenblick begriff Capitán León de Luna, Graf

von Teguise, so wie viele andere vor ihm, vielleicht zu spät, begriffen hatten, daß der stinkende, schmierige und verlauste Kerl, der hier in seinem Patio saß, in Wirklichkeit ein äußerst schlauer Fuchs war. Gelassen webte der Franziskanermönch sein tödliches Netz und sah dann gleichmütig zu, wie sich sein ahnungsloses Opfer darin verstrickte.

Der Capitán schwieg eine Weile und schwang sich dann auf einen Tisch, als suche er Zuflucht vor der unerwarteten Sintflut, die plötzlich und ohne Vorwarnung über ihn hereingebrochen war. Schließlich murmelte er zornig: »Ich werde mich mit Händen und Füßen dagegen zu wehren wissen, daß mir diese Hexe noch aus dem Grab Schaden zufügt! Ich hasse sie! Gott weiß, wie ich sie hasse!«

»Ihr solltet Euch nicht so gehenlassen. Vergeßt nicht, daß Ihr den Obersten Inquisitor vor Euch habt.«

»Ich fange an zu begreifen, mit wem ich es zu tun habe«, fauchte sein Gegenüber. »Aber im Leben eines jeden Mannes kommt ein Punkt, an dem ihm alles gleichgültig wird.« Der Graf stürzte seinen Wein herunter und schenkte nach. Dann sagte er müde und resigniert: »Seht Euch um! Hier hause ich mit dieser schmutzigen Prostituierten, die ein Kind erwartet, und ich weiß nicht einmal, ob es tatsächlich von mir ist.« Mit dem Glas in der Hand machte er eine ausladende Geste. »Findet Ihr, daß dieses Leben eines Grafen würdig ist, der unzählige Schlachten für sein Vaterland gefochten hat und obendrein mit dem König verwandt ist?« Er schüttelte den Kopf und sagte: »Nein, gewiß nicht! Und all das, weil ich mich wie ein kleiner Junge in eine wunderbare und kluge Frau verliebte, der ich meinen Namen, meine Ehre und mein Leben anvertraute, nur um schändlich betrogen zu werden.«

Er schwieg, als erinnerte er sich an eine längst vergangene Zeit, die nie wieder zurückkommen würde. Fray Bernardino de Sigüenza störte ihn nicht, sondern beschränkte sich darauf, ihn scharf zu beobachten. Wut und Schmerz spiegelten sich in seinem Gesicht und verwandelten den sonst so kräftig und aggressiv scheinenden Mann in ein Häufchen Elend.

»Was habe ich falsch gemacht?« fragte er schließlich, als erwarte er eine Antwort. »Hätte ich sie nicht alleinlassen dürfen? Ich bin Soldat und mußte in den Krieg. Was hätte ich dagegen tun können?«

»Nichts, nehme ich an«, antwortete der Franziskaner.

»Der letzte Feldzug gegen die aufständischen Bewohner der Nachbarinseln dauerte drei Monate. Drei lange Monate voller Hunger und Angst, in denen wir durch Wälder, Berge und Schluchten irrten.« Er hielt inne und sah zu dem Geistlichen auf. »Kennt Ihr die Insel Teneriffa?«

»Ich habe sie nur von weitem gesehen, auf dem Weg hierher.«

»Es gibt einen riesigen Berg dort, den Teide. Er ist schneebedeckt, und in seinem Innern lodert eine Glut, die hin und wieder ausbricht. Dann spuckt der Berg Feuer und Rauch. Die ausströmende Lava bildet die wundersamsten Wege, ein bizarres Labyrinth, das sich glänzend für Hinterhalte eignet. Immer wieder stürzen Felsbrocken aus der Höhe, die einen Unerfahrenen mitreißen können. In diesem Gebiet habe ich Dutzende von Männern verloren, ich selbst wurde schwerverletzt, und nur die Sehnsucht nach meiner Frau hielt mich am Leben.« Der Graf holte tief Luft. »Aber meine geliebte Frau lag in den Armen eines schmutzigen, rothaarigen Ziegenhirten.«

»Rothaarig?« fragte der Mönch erstaunt.

»Er hat rote Haare«, bestätigte der Conte. »Einmal hatte ich ihn genau vor der Flinte, doch sein Haar blendete mich, und ich schoß vorbei. Es waren die Flammen der Hölle, die ihn gerettet haben.«

»Sehr seltsam. Die Bewohner der Kanarischen Inseln sind nicht rothaarig.«

»Dieser jedenfalls hatte rotes Haar, und seine Mutter war

eine Wilde, die nie ihre Berge verließ. Es heißt, sie habe oben auf einem der Gipfel mit dem Teufel verkehrt.«

»Seid Ihr sicher?«

»So wurde es mir erzählt. Überhaupt gehen dort, wo dieser Bastard herkommt, eigenartige Dinge vor. Ein Mann aus Asturien, der hier lebt und auf der *Santa Maria* kam, schwört, daß es der rothaarige Teufel war, der das Steuer in der Hand hielt, als das Schiff auf Grund lief und vom Meer verschluckt wurde.«

»Vielleicht irren wir uns, und wir müßten nicht Doña Mariana Montenegro, sondern diesen rothaarigen Ziegenhirten vor Gericht bringen«, murmelte der Fray nachdenklich. »Es heißt, daß Luzifer gerne von rothaarigen Menschen Besitz ergreift.«

»Dann glaubt Ihr also wirklich, daß es sich um einen Dämon handelt, der menschliche Gestalt angenommen hat?« fragte der Graf verwundert.

»Durchaus!« antwortete der Franziskaner überzeugt. »Es kann sein, daß der Teufel seine Mutter schwängerte, diese Hexe aus Gomera.«

»Und was wird aus einer Frau, die sich mit dem Sohn des Teufels einläßt und ihrerseits ein Kind von ihm erwartet?«

»Das weiß ich nicht«, sagte der Frater besorgt. »Es ist ein Fall, über den nur die allerhöchsten Instanzen der Kirche entscheiden können.«

Obwohl sie die meiste Zeit zusammen verbrachten, im selben Zimmer hinter der Werft von Meister Sixto Vizcaíno schliefen, und alle, mit denen sie zu tun hatten, sich große Mühe gaben, beide gleich zu behandeln, waren Haitiké und Araya zwei völlig unterschiedliche Kinder.

Der neunjährige Haitiké, Cienfuegos und Prinzessin Sinalingas Sohn, war der erste Mestize der Neuen Welt. Er war ein zurückhaltender Junge, und sein Wesen zeigte die Züge, die mit der Zeit eine ganze Rasse charakterisieren würden. Die anmutige Araya dagegen, letzte Überlebende eines zum Untergang verurteilten Stammes, fiel auf durch ihre Aufgeschlossenheit und Lebhaftigkeit. Sie war entscheidungsfreudig, besaß ein enormes Selbstvertrauen und wuchs zu einem herausfordernden jungen Mädchen heran, das auf alle Menschen ihrer Umgebung große Anziehungskraft ausübte.

Haitiké schien sich für nichts anderes zu interessieren als für das Meer, Schiffe und Seekarten, während Arayas Wissensdurst praktisch keine Grenzen kannte. Sie konnte nicht nur perfekt kastilisch lesen und schreiben, sondern beherrschte auch die lateinische und französische Sprache, besaß einige Kenntnisse in der Medizin und sog alles, was sie lernen konnte, begierig in sich auf.

Sie spielten zusammen, machten dabei jedoch ständig Zugeständnisse an die Vorlieben des anderen. Das Mädchen hatte von Anfang an eine beschützende, fast mütterliche Rolle gegenüber Haitiké angenommen, denn der Kleine wirkte völlig verloren, wenn er sich nicht gerade an Deck eines Schiffes befand.

Haitiké wußte, daß Cienfuegos sein Vater war. Er verehrte den Hirten wie keinen anderen, fühlte sich jedoch nach wie vor in der Gegenwart des hinkenden Bonifacio am wohlsten. Irgend etwas stand zwischen Vater und Sohn. Araya dagegen hatte eine besondere Beziehung zu Cienfuegos, nicht zuletzt deswegen, weil sie die vielen Geheimnisse der unbekannten und unermeßlichen Welt jenseits der Küsten ihrer Insel miteinander teilten.

Die undurchdringlichen Wälder, die Wüsten, die hohen Berge und die dunklen Sümpfe auf der anderen Seite des Meeres hatten beide geprägt. Diese Tatsache und auch, daß sie eine Sprache beherrschten, die außer ihnen niemand kannte, schien sie von den übrigen Leuten in ihrer Umgebung zu trennen. Gleichzeitig ergab sich daraus eine gewisse, unsichtbare Verbindung zwischen ihnen.

Araya fühlte sich zu großen Taten berufen: So hatten es die Götter ihres Stammes prophezeit, und Cienfuegos war bislang der einzige, der davon wußte. Cienfuegos dagegen hatte sein Herz an den unendlichen Kontinent verloren, und Araya war die einzige, die dies in seiner vollen Tragweite verstand. Alle übrigen, Doña Mariana Montenegro eingeschlossen, hatten kaum Zugang zu seinem unerklärlichen Wesen.

Trotzdem verbrachten sie sehr wenig Zeit zusammen, denn der Hirte aus Gomera hielt sich tagsüber im Dschungel auf und kam nur manchmal nachts in das Haus des Schiffsbauers, um von Bonifacio die neuesten Nachrichten und Gerüchte auf der Insel zu hören, während Araya den ganzen Tag damit beschäftigt war, ihr Wissen zu vergrößern.

»Ich habe keine Minute Ruhe. Sie wird mir noch ein Loch in den Bauch fragen«, klagte der hinkende Bonifacio, wenn sich Cienfuegos nach den beiden Kindern erkundigte. »Immer dieses Warum? Warum? Manchmal würde ich sie am liebsten ins Meer werfen. Schon jetzt weiß sie über die Schreinerei mehr als der Schiffsbauer Sixto, über die Küche mehr als seine Frau, über die Religion mehr als Pater Anselmo. Wohin soll das noch führen? Was will sie nur mit all dem Wissen?«

»Sie träumt von einem Palast mit goldenen Dächern.«

»Das wundert mich nicht. Sie dürfte schon jetzt die gebildetste Frau auf der Insel sein.«

»Und was macht der Kleine?«

»Er verbringt den ganzen Tag im Hafen oder beim Fischen. Ich kann ihn nicht zum Lernen bewegen.«

»Dann muß man ihn zwingen.«

»Aber wie?«

Es schien in der Tat ein schwieriges Unterfangen, einen Jungen, der sich ständig in irgendwelchen Träumereien verlor, dazu zu zwingen, sich auf die lateinische Sprache oder die Mathematik zu konzentrieren. Haitiké konnte den ganzen Tag vor einem Buch verbringen, ohne irgend etwas daraus zu lernen. Zwar zeigte er niemals Zeichen des Ungehorsams oder der Aufsässigkeit, doch war er mit seinen Gedanken ständig anderswo, selbst wenn er dort blieb, wo man ihn hinsetzte.

Manchmal aber, wenn Bonifacio zu beschäftigt war, um auf ihn aufzupassen, machte er sich leise und unbemerkt davon. Während einer dieser Eskapaden, als er stundenlang am Strand gefischt hatte, dort, wo das trübe Wasser des Ozamaflusses sich mit dem Blau des Meeres vermischte, entdeckte er in der Ferne die vertraute Silhouette eines Segelbootes, das an der Küste entlang aus westlicher Richtung kam und dann Kurs auf die schäbige Pier des Hafens nahm.

Es war ihr Schiff, daran gab es keinen Zweifel, denn vor einem Jahr hatte er zugesehen, wie man den Kiel fertigbaute und das Steuer überprüfte.

Sein Herz begann heftig zu klopfen, und er sprang mit einem Satz auf. Das Boot, das sich der Küste näherte, war in der Tat eins der kleinen Beiboote der *Milagro*. Als es näher kam, sah er, daß es von zwei Seeleuten gerudert wurde, und erkannte am Bug die füllige Gestalt Zoraidas, einer ehemaligen Prostituierten, die mit ihrem Geliebten Juan de Bolas auf Jamaika eine Kolonie gegründet hatte.

Er lief den Strand entlang, half ihr an Land und winkte den beiden Matrosen, die schon wieder auf das offene Meer zuruderten. Dann wandte er sich an Zoraida und fragte aufgeregt: »Wo ist die *Milagro*?«

Die dicke Zoraida strich ihm zärtlich über das dichte dunkle Haar und antwortete, während sie sich in Bewegung setzte: »Sie wartet in sicheren Gewässern. Wo steckt unser Hinkebein?«

»Bei Sixto.«

»Sag ihm, daß ich heute nacht vorbeikomme.«

Als es dunkel wurde, begab sich sich unbemerkt zum Haus des Schiffsbauers. Dort erzählte sie, wie Don Luis de Torres, der Schiffskapitän Moises Salado und die meisten der Seeleute, die mit Doña Mariana Montenegro gesegelt waren, die Flucht ergriffen hatten, als sie erfuhren, daß die ehemalige Gräfin von der Heiligen Inquisition verhaftet worden war. Doch schon nach einem Tag hatte die Mannschaft der *Milagro* ihren voreiligen Entschluß bereut und beschlossen, Kurs auf die Insel Jamaika zu nehmen. Dort waren sie vor Anker gegangen und hatten den weiteren Verlauf der Dinge abgewartet.

»Es gibt nichts Neues«, sagte der hinkende Bonifacio. »Und soweit ich gehört habe, wird es noch sehr lange dauern, bis sich etwas tut. Der Oberste Inquisitor scheint es nicht besonders eilig zu haben.«

»Damit hat Don Luis gerechnet. Er als Konvertit kennt die Heilige Inquisition aus eigener Erfahrung. Ihre Geduld ist grenzenlos. Wohin hat man Doña Mariana gebracht?«

»In die Festung.«

»Gibt es irgendeine Möglichkeit, sie zu befreien?«

»Im Moment nicht.«

»Und was macht Cienfuegos?«

»Er arbeitet daran.«

»Gut«, sagte die Dicke befriedigt. »Genau das hat Don Luis de Torres angenommen. Er läßt euch sagen, daß das Schiff in jeder mondlosen Nacht zwei Meilen flußaufwärts vor Anker gehen wird. Kannst du das Cienfuegos weitergeben?«

»Ja, natürlich. Wie geht es der Mannschaft?«

»Die Männer machen sich große Sorgen um die Señora.«

»Ich wußte, daß sie sie nicht im Stich lassen würden«, erklärte Bonifacio Cabrera. »Auch wenn eine lange Zeit vergangen ist, hätte ich nie geglaubt, daß sie sich ganz davongemacht haben, am wenigsten Don Luis de Torres.«

»Für einen Konvertiten ist die Gefahr doppelt groß, denn nur allzugern würde die Heilige Inqusition ihm etwas anhängen. Man erzählt sich, daß in Valencia die Konvertiten öffentlich verbrannt werden und die Kirche sich all ihren Besitz aneignet.«

Die Dicke schien erleichtert, ihre Botschaft überbracht zu haben, und sagte lächelnd: »Gibt es in diesem Haus denn nichts zu trinken? Wie wäre es mit einem Rum oder etwas Wein, um das Wiedersehen zu feiern?«

Man setzte ihr einen großen Krug mit dem besten Wein vor, der auf der Insel zu bekommen war. Die Dicke trank genüßlich, ganz so, als hätte sie schwere Entbehrungen hinter sich. Schließlich rülpste sie zufrieden und sagte:

»So, jetzt geht es mir besser!« Sie seufzte und fuhr fort: »Aber ich muß gehen. Ich werde einige Tage in Leonor Banderas' Haus verbringen, und jeder wird glauben, ich sei gekommen, um Proviant einzukaufen. Wir müssen auf der Hut sein, denn diese Fanatiker sind zu allem fähig.« Sie erhob sich schwerfällig. »Der Rest ist eure Sache.«

»Wenn es eine Möglichkeit gibt, die Señora zu befreien, wird sie in einer dieser mondlosen Nächte an Bord kommen, darauf kannst du Gift nehmen. Sag es auch der Mannschaft.«

»In meinem Haus auf Jamaika ist sie jederzeit willkommen.«

»Jedenfalls ist es beruhigend zu wissen, daß es fern von Hispaniola eine sichere Zuflucht gibt«, sagte Cienfuegos, nachdem sein alter Freund Bonifacio ihm die Neuigkeit erzählt hatte. »Aber zuerst müssen wir sie aus dieser Festung befreien, und bis jetzt weiß ich nicht einmal, in welcher Zelle man sie gefangenhält.«

»Warst du noch mal dort?«

»Mehrere Male«, antwortete der Hirte aus Gomera. »Aber leider habe ich so gut wie nichts herausfinden können. Sobald das Gespräch auf die Inquisition oder die Gefangenen kommt, werden alle plötzlich furchtbar schweigsam.«

»Ich habe gehört, daß der Inquisitor Bernardino de Sigüenza Capitán de Luna aufgesucht haben soll.«

»Das könnte ein gutes, aber auch ein schlechtes Zeichen sein«, erklärte Cienfuegos. »Und wenn ich nicht um Eva Angst hätte, hätte ich mir diesen Hundesohn schon längst gekauft. Ich bin sicher, daß er alle Fäden in der Hand hält und hinter der Anklage gegen Eva steckt.«

»Es heißt auch, daß der kleine Frater Baltasar Garrote zum zweiten Mal vorgeladen und ihn mächtig in die Enge getrieben haben soll. Die Verhöre dauern angeblich Stunden, doch Näheres läßt sich nicht herausbringen.«

»Wo kann ich ihn finden?«

»Er ist ein gefährlicher Söldner und ein sehr guter Fechter«, warnte Bonifacio seinen Freund.

»Das weiß ich, aber ich will mich nicht mit ihm duellieren. Wo wohnt er?«

»Niemand weiß es genau, doch man munkelt, daß er bei einer maurischen Hure in einem der vielen Hafenbordelle der Stadt Unterschlupf gefunden hat.«

Die Dirne hatte den bezeichnenden Spitznamen »Großmaul«, dem sie alle Ehre machte. Aufgrund ihrer Fähigkeit, mehrere Freier gleichzeitig zu bedienen, hielt sie eine besondere Stellung in dem Freudenhaus inne. Als einzige unter den Prostituierten verfügte sie über ein eigenes Zimmer.

Es dauerte nicht lange, und Cienfuegos hatte herausgefunden, daß Baltasar Garrote, genannt »der Türke«, die gesunde Angewohnheit übernommen hatte, während der heißesten Nachmittagsstunden mit seiner Braut Siesta zu halten. Später machte er einen langen Spaziergang und aß in einer nahe gelegenen Schenke zu Abend. Dann ging er zeitig ins Bett, da er in aller Frühe aufzustehen pflegte, um mit einigen Waffenbrüdern hinter einem schäbigen kleinen Steinhaus Fechtübungen abzuhalten.

Dieses Haus schien seine Bleibe zu sein, denn er begab sich nur auf Umwegen dorthin und vergewisserte sich mehrmals, daß ihm niemand folgte. Die starke Tür war stets verschlossen. Angesichts der Vielzahl von Vorsichtsmaßnahmen, die »der Türke« traf, war es offensichtlich, daß er die Rache der Freunde Doña Mariana Montenegros fürchtete.

Weder die Tür noch die mächtigen Mauern des Hauses ließen sich überwinden. Das einzige Fenster lag fast unter dem Dach und war so klein, daß nicht einmal ein Kind hindurchgepaßt hätte. Cienfuegos mußte den Plan, ihn in seinem Haus zu überraschen, verwerfen. Auch sein ursprüngliches Vorhaben, den »Türken« zu töten, hatte er aufgegeben, denn es hätte niemandem genutzt.

Die einzige Möglichkeit, Eva jetzt noch zu helfen, bestand darin, Baltasar Garrote dazu zu bringen, seine Beschuldigungen zurückzunehmen.

Doch wie sollte man einen Mann, der Hunderte von Schlachten mitgemacht und den Ruf eines unerschrockenen Soldaten hatte, in einem so heiklen Fall zu einem Widerruf zwingen?

»Das schaffst du nie«, warnte Bonifacio seinen Freund. Und Sixto Vizcaíno setzte hinzu:

»Wahrscheinlich bekommt er einen angemessenen Lohn von Capitán de Luna. Dieser Hurensohn läßt sich nicht so leicht einschüchtern.«

»Es muß eine Möglichkeit geben.«

»Mir fällt keine ein«, sagte Bonifacio.

»Jeder hat eine Stelle, an der er verwundbar ist.«

»Was ist mit dieser Hure?« fragte Sixto.

»Kommt nicht in Frage«, antwortete Cienfuegos. »Erstens würde ich in so was nie eine Frau hineinziehen, und zweitens glaube ich nicht, daß sie ihm etwas bedeutet. Es muß etwas Besonderes sein, etwas ganz Besonderes...«

»Was zum Beispiel?«

Cienfuegos zog sich, wie immer in solchen Situationen, in den dichten Wald zurück und begann darüber nachzudenken, wie man einem Mann, der keine Angst zu kennen schien, am besten beikommen konnte. Nachdem er eine ganze Nacht lang die Sterne beobachtet und über ähnliche Fälle auf seiner Heimatinsel nachgegrübelt hatte, glaubte er die Lösung gefunden zu haben.

Im Schein der ersten zaghaften Sonnenstrahlen brach er am Morgen zu den hohen Bergen im Nordwesten auf. Nach einem Marsch von mehreren Stunden erreichte er sein Ziel, einen feuchttropischen Wald, tausend Meter über dem Meeresspiegel. Hier machte er halt und sah sich aufmerksam um. Er ließ seinen Blick über die hohen Wipfel der Bäume schweifen.

Fast einen Tag brauchte er, um das zu finden, was er gesucht hatte. Die gefährlichen Tierchen hausten in den Baumwipfeln und waren schon damals äußerst selten, und es sollte nicht lange dauern, bis sie aufgrund der Rodung riesiger Dschungelabschnitte ganz ausgerottet waren. Doch als Cienfuegos in die Stadt zurückkehrte, trug er in einem kleinen Korb drei winzige Exemplare der Gattung *Desmo-*

dus rotundus oder der echten Vampirfledermaus, von der die Spanier mit Sicherheit noch nie gehört hatten.

Bei Einbruch der Dunkelheit schlich er zu Baltasar Garrotes Haus und zwängte sich durch das kleine Dachfenster. Vier Tage später setzte er sich in die Schenke, wo Baltasar einzukehren pflegte. Er brauchte ihn nur anzusehen, um zu wissen, daß sein raffinierter Plan Früchte trug. Der riesige Kerl mit den breiten Schultern machte einen geschwächten und kränklichen Eindruck. Er hatte keine Kraft mehr, war schlecht gelaunt und bleich wie ein Todgeweihter. Baltasar hatte sogar Mühe, den Löffel zu halten; man konnte förmlich sehen, wie das Leben aus ihm wich.

Cienfuegos beobachtete ihn genau und empfand einen Anflug von Mitleid mit dem Mann. Schließlich stand er auf, trat an den Tisch seines Widersachers und setzte sich zu ihm.

»Verzeiht, Edelmann!«, sagte er mit übertriebener Höflichkeit. »Darf ich Euch eine Frage stellen, von deren Antwort möglicherweise Euer Leben abhängt?«

Baltasar Garrote sah ihn einen Augenblick lang verwirrt an. Vielleicht versuchte er, seine Gedanken zu lesen. Schließlich wiederholte er, als wäre er aus einem tiefen Schlaf erwacht: »Eine Frage, von deren Antwort mein Leben abhängt? Was meint Ihr?«

»Ich meine die kleinen Wunden an Euren Ohrläppchen«, antwortete der Hirte aus Gomera. »Und Eure Gesichtsfarbe. Fühlt Ihr Euch nicht krank und schwach, so als wärt Ihr all Eurer Kraft beraubt?«

»In der Tat«, antwortete der andere überrascht. »Seit Tagen leide ich unter Schwindelanfällen und fühle mich kraftlos, doch weiß ich nicht, was das mit meinen Ohrläppchen zu tun haben soll. Welche Wunden meint Ihr?«

»Diese hier«, sagte Cienfuegos und berührte die Ohrläppchen seines Gegenübers. »Die kleinen Einstiche, die aussehen, als hätte man Euch mit einer Nadel gestochen. Fühlt selbst.«

»Jetzt, da Ihr es mir gezeigt habt, kann ich es fühlen«, sagte Garrote und betastete unruhig seine Ohrläppchen. Dann sah er Cienfuegos in die Augen und sagte: »Doch was, zum Teufel, hat das mit meiner Mattigkeit zu tun? Wer kann diese Einstiche gemacht haben?«

»Der Teufel!«

»Der Teufel?« stotterte »der Türke« erschreckt und ungläubig. »Was wollt Ihr damit sagen?«

»Der Dämon tötet Euch, indem er Euch langsam das Blut aussaugt.«

»Seid Ihr von Sinnen?« rief Baltasar Garrote hysterisch. »Für wen haltet Ihr Euch, daß Ihr mir diesen Unsinn erzählt?«

»Ich heiße Guzmán Galeón. Und ich sage Euch dies, weil ich vor etwa zwei Jahren einen ähnlichen Fall erlebt habe. Mein Vetter wurde auf dieselbe Weise vom Teufel heimgesucht. Er konnte sich gerade noch retten, weil man ihn warnte.«

»Das ist doch absurd!«

»Absurd?« rief Cienfuegos scheinbar empört. »Was soll daran absurd sein? Trifft es nicht zu, daß Ihr Euch abends viel besser fühlt, doch wenn Ihr dann zu Bett geht und morgens aufwacht, wie erschlagen seid?«

»Ja, genauso ist es.«

»Und daß Ihr von Tag zu Tag matter und kraftloser werdet, als wärt Ihr um Jahre gealtert?«

»Auch das ist richtig.«

»Dann werdet Ihr dieselben Einstiche am großen Zeh haben, wenn Ihr ohne Stiefel schlaft.«

»Ich habe nicht darauf geachtet.«

»So seht nach!«

Zitternd streifte der eingeschüchterte Baltasar Garrote seine schweren Stiefel ab und stellte zu seinem Entsetzen fest, daß der große Zeh des linken Fußes tatsächlich die gleichen Einstiche aufwies wie seine Ohrläppchen.

»Mein Gott!« rief er erschrocken.

»Glaubt Ihr mir jetzt? Meinem armen Vetter ist das gleiche passiert.«

»Aber warum? Warum ich?«

»Das könnt nur Ihr selbst beantworten.« Cienfuegos hielt bewußt inne, sah sich unauffällig um, um sich zu vergewissern, daß niemand zuhörte, und flüsterte dem anderen zu: »Könnte es sein, daß Ihr mit dem Teufel verfeindet seid?«

»Mit dem Teufel verfeindet...?« antwortete der andere. »Es versteht sich doch wohl von selbst, daß jeder gute Christ ein Feind des Teufels ist.«

»Gewiß!« stimmte Cienfuegos zu. »Das steht außer Zweifel. Aber manchmal kommt es vor, daß man im Eifer des Gefechts zu weit geht. Habt Ihr den Satan beleidigt?«

»Indem ich ihn verflucht habe, zum Beispiel?« rätselte Garrote.

»Nein, eher, indem ihr ihn angegriffen habt. Ihn oder einen seiner Diener. Es ist allgemein bekannt, daß derjenige, der einem Diener des Satans Schaden zufügt, bitter dafür bezahlen muß...«

»Nein!«

»Aber doch! Wußtet Ihr das nicht?«

»Ich hatte nicht die geringste Ahnung.«

»So ist es aber«, sagte Cienfuegos streng. »Dann wird Euch der Teufel das Blut aussaugen, bis Euer Körper völlig austrocknet und Ihr sterbt.«

Baltasar Garrote, genannt der »Türke«, sank in seinem Stuhl zusammen, gab eine tiefen Seufzer von sich und sagte mit bebender Stimme: »Ich... ich habe vor einiger Zeit eine Hexe angezeigt.«

»Nicht möglich!«

»Doch! Habt Ihr nicht von Doña Mariana Montenegro gehört, die höchstwahrscheinlich von der Heiligen Inquisition verurteilt wird?« Garrote schüttelte verzweifelt den Kopf. »Ich habe sie der Hexerei bezichtigt.«

»Heiliger Himmel!« rief Cienfuegos und heuchelte Bewunderung. »Da habt Ihr Euch den Zorn des Satans ja verdient. Das erklärt natürlich alles.«

»Soll das heißen, daß Doña Mariana Montenegro seine Dienerin ist?« fragte der »Türke« ungläubig.

»Nicht unbedingt«, antwortete Cienfuegos schlau. »Es kann auch sein, daß sie unschuldig ist und es Satan erzürnt hat, weil Ihr seinen Namen mißbraucht habt. Seid Ihr sicher, daß die Frau, die Ihr angezeigt habt, sich der Hexerei schuldig gemacht hat?«

Der »Türke« zögerte lange. Es war offensichtlich, daß er das heikle Thema am liebsten gemieden hätte, doch war er derart erschüttert, daß er schließlich zugab: »Nein, überhaupt nicht.«

»Warum habt Ihr sie dann angezeigt?«

»Sie ist für den Tod vieler meiner Männer verantwortlich, aber das ist eine lange und komplizierte Geschichte.«

»Die Euch einen schrecklichen Tod und das ewige Fegefeuer bescheren wird. Habt Ihr Blutspuren auf Eurem Kopfkissen bemerkt?«

»Ja, gestern!« antworterte der »Türke«. »Aber ich wußte nicht, woher sie stammten.«

»Luzifer saugt Euch das Blut aus und spuckt es sofort wieder aus.« Cienfuegos schwieg einen Augenblick und setzte dann hinzu: »Natürlich ist es nicht Luzifer persönlich. Er schickt winzige Dämonen, die ihm diese Arbeit abnehmen. Aber das Ergebnis ist dasselbe.«

»Und was kann man dagegen machen?«

»Gar nichts, wenn ich ehrlich sein soll.«

»Und wenn ich mit einem Kruzifix einschliefe?«

»Auf den Füßen?«

»Das nicht gerade. Aber über dem Bett oder um den Hals. Ich könnte mit meinen Stiefeln schlafen.«

»Das würde alles nichts nutzen.«

»Wie, zum Teufel, hat sich Euer Vetter retten können?«

»Indem er Frieden mit dem Teufel geschlossen hat.«

»Frieden mit dem Teufel?« rief der arme Mann verdutzt. »Könnt Ihr mir sagen, wie man mit dem Teufel Frieden schließt? Um Frieden mit dem Herrn zu schließen, geht man zur Beichte, aber ich wüßte nicht, wie man das mit dem Teufel regeln sollte.«

»Nun, so etwas wie die Beichte gibt es natürlich nicht, aber es existieren andere Möglichkeiten.«

»Eine böse Tat vielleicht?«

»Was meint Ihr mit einer bösen Tat?« fragte Cienfuegos.

»Bei Gott muß man nach der Beichte etwas Gutes tun, also wird der Teufel etwas Schlechtes verlangen.«

»Um ehrlich zu sein, an diese Möglichkeit habe ich noch gar nicht gedacht«, gestand Cienfuegos. »Aber es scheint mir auch nicht die wirksamste Methode.«

»Was schlagt Ihr also vor?«

»Ich bin nicht sicher, aber wenn Euch die Dämonen weiterhin besuchen, solltet Ihr vielleicht die Anzeige gegen die Hexe zurückziehen.«

»Zurückziehen?« sagte Garrote erschrocken. »Kommt nicht in Frage.«

»Warum nicht?«

»Weil es unmöglich ist. Ich habe persönliche und sehr triftige Gründe.«

»So triftig diese Gründe auch sein mögen, ich bin der Meinung, daß Euch Euer Leben wichtiger sein sollte. Vergeßt nicht, Ihr wandert sonst geradewegs in die Hölle. Ich habe meine Pflicht getan, als ich Euch warnte, alles andere liegt nun bei Euch, und wenn ich ehrlich sein soll, so möchte ich nicht in Eurer Haut stecken, Edelmann.«

Cienfuegos stand auf, verbeugte sich höflich und sah ihm einen Moment lang mitleidig in die Augen. Dann wandte er sich ab und verließ die Schenke mit einer traurigen Geste, die bedeuten mochte, daß er so viel Elend nicht länger mit anschauen wollte.

Baltasar Garrote blieb sitzen, starr wie eine steinerne Statue, so als flösse schon jetzt kein Tropfen Blut mehr in seinen Adern. Die Angst, die ihm bisher völlig fremd gewesen war, hatte ihn fest im Griff. Für einen Soldaten des sechzehnten Jahrhunderts war es leichter, an den Teufel zu glauben, als auf die Idee zu kommen, es könne ein Tier geben, das ihm, statt sich von Pflanzen oder Insekten zu ernähren, nachts das Blut aussaugte.

Ein Vampir konnte in einer Nacht mühelos bis zu siebzig Gramm Blut in sich aufnehmen und wieder ausstoßen, da sein ausgeklügeltes Darmsystem eine sofortige Verdauung ermöglichte. Er näherte sich seinen Opfern nur, wenn sie fest schliefen, betäubte sie zuerst mit einem leichten Gift und ging bei seinem teuflischen Handwerk dann so geschickt vor, daß diese ihn nie bemerkten.

Der kluge Cienfuegos wußte darum, und er wußte auch, daß der zu Tode erschrockene »Türke« noch in derselben Nacht erneut zum Opfer seiner unsichtbaren Gäste werden würde. Daher war er nicht im geringsten überrascht, als der »Türke« am nächsten Morgen noch vor Sonnenaufgang an die Tür Capitán León de Lunas klopfte.

»Du kannst die Anzeige unmöglich zurücknehmen«, platzte sein Gönner heraus, nachdem Garrote ihm erzählt hatte, was er vorhatte. »Dieses dreckige Mönchlein wird annehmen, daß ich dahinterstecke, aus Angst vor dem, was mir blüht, wenn Eva der Hexerei für schuldig befunden wird.«

»Mir ist egal, was der Mönch glaubt«, gab der »Türke« zurück. »Es geht um mein Leben und mein Seelenheil.«

»Die Inquisition läßt nicht mit sich spaßen!«

»Und der Teufel noch weniger.« Baltasar Garrote zeigte ihm zwei neue Einstiche am Ohr, so klein, daß sie kaum zu sehen waren. »Heute nacht habe ich die Tür und das kleine Fenster verschlossen. Ich wäre fast erstickt, aber als ich aufwachte, habe ich dieselben winzigen Stiche und einen großen Blutfleck auf dem Kopfkissen bemerkt.« Garrote schüttelte so heftig den Kopf, daß man hätte meinen können, er bräche jeden Augenblick zusammen. »Was für eine andere Erklärung soll es dafür geben? Nur Geister können durch die Wand gehen!« Er streckte die zittrigen Hände aus. »Ich habe nicht mal mehr die Kraft, ein Glas zu halten. Da ist mir die Heilige Inquisition einerlei.«

»Ist das vielleicht meine Schuld?« fragte der Capitán grimmig.

»Eure Schuld?« wiederholte Baltasar Garrote scharf. »Ihr habt mir diese Suppe eingebrockt, obwohl Ihr wußtet, daß die verdammte Hexe tatsächlich mit dem Teufel im Bunde steckt.«

»Glaubst du das wirklich?«

»Es ist doch mehr als offensichtlich. Sie hat den See in ein brennendes Inferno verwandelt, und jetzt hetzt sie mir die Dämonen auf den Hals.« Er spuckte wütend aus. »Ich habe weder die Muselmanen noch die Christen noch die Wilden gefürchtet. Mein Körper ist voller Narben, wie Ihr sehen könnt. Hundertmal habe ich dem Tod ins Angesicht gesehen. Durch das Schwert zu sterben, ist eine Sache, aber ich habe keine Lust, mir vom Leibhaftigen selbst das Blut aussaugen zu lassen.«

»Wer hat dir das eigentlich eingeredet?«

»Ein rechtschaffener Mann. Man nennt ihn ›Eisenfaust‹, weil er mit bloßer Faust ein Maultier totschlagen kann.«

»Ich habe von diesem Mann gehört. Ist er wirklich so stark, wie man sich erzählt?«

»Er macht nicht den Eindruck, aber etwas muß dran sein, denn er hat die Wette gewonnen. Nicht einmal der Schmied will sich mit ihm anlegen.« Baltasar Garrote seufzte tief und setzte dann mit flehentlicher Stimme hinzu: »Es ist nicht meine Absicht, Euch zu schaden, aber ich muß an mich denken. Ich werde Fray Bernardino aufsuchen und ihm mitteilen, daß ich nicht mehr sicher bin, was in jener Nacht geschah, und daß ich deshalb meine Anzeige zurückziehe. Er soll den Prozeß einstellen.«

»Und was ist, wenn du ihn nicht überzeugen kannst?«

»Zumindest wird der Leibhaftige dann erkennen, daß ich es versucht habe. Ich will ihn nicht länger zum Feind haben.«

»Was, wenn der verdammte Priester vermutet, daß ich dich dazu gezwungen habe?«

»Dann werde ich ihm sagen, daß er sich täuscht.«

»Wie? Indem du ihm erzählst, daß Dämonen hinter dir her sind? Weißt du eigentlich, was dir blüht, wenn die Heilige Inquisition erfährt, daß sich die Dämonen von deinem Blut ernähren, weil du eine falsche Aussage gemacht hast?«

»Ich will es lieber nicht wissen.«

»Dann landen wir alle auf dem Scheiterhaufen, das ist so sicher wie das Amen in der Kirche. Eva, ich, du und die ganze Besatzung.«

»Vielleicht ist der Scheiterhaufen meinem Schicksal vorzuziehen«, sagte Garrote verzweifelt. »Das Feuer läutert die Seele, und ich könnte rein und sauber vor den Herrn treten. Lieber nur einige Augenblicke brennen als eine Ewigkeit.«

»Da bin ich entschieden anderer Meinung«, fuhr ihn der Capitán an. »Das Fegefeuer ist eine ziemlich vage Vorstellung, von dessen Existenz wir eigentlich gar nichts Richtiges wissen. Aber die Scheiterhaufen der Inquisition sind real, und die Menschen, die auf ihnen verbrennen, sind Wesen aus Fleisch und Blut.«

»Trotzdem, Capitán!« erwiderte Baltasar Garrote mit der Entschlossenheit eines Mannes, der eine unwiderrufliche Entscheidung getroffen hat. »Niemand fürchtet die Inquisition und ihre Foltermethoden mehr als ich, aber wenn ich heute nacht erneut Besuch von den verfluchten Dämonen bekomme, suche ich im ersten Morgengrauen den stinkenden Mönch auf und bitte ihn, mir bei der Rettung meiner Seele zu helfen!«

Am folgenden Tag begab sich Baltasar Garrote zu Fray Barnardino de Sigüenza und eröffnete ihm, daß er seine Anzeige gegen Doña Mariana Montenegro zurücknehmen wolle. Der schmuddelige Franziskaner reagierte unwillig, denn diese neue Wendung erleichterte ihm seine Aufgabe keineswegs. Außerdem begriff er den Grund für den abrupten Meinungswechsel des Söldners nicht.

»Warum?« fragte er fast aggressiv.

»Ihr selbst habt mir gesagt, ich solle es mir gründlich überlegen«, gab der »Türke« an. »Vielleicht habe ich zu früh geurteilt, und es gibt eine andere Erklärung für den Brand.«

»Und die wäre?«

»Das weiß ich nicht.«

»Wenn Ihr das nicht wißt, dann besteht doch die Möglichkeit, daß Doña Mariana Montenegro sich mit dem Teufel verbündet hat, nach wie vor. Nichts hat sich geändert!«

»Gewiß«, antwortete der Söldner etwas verwirrt. »Ich will Euch nur sagen, daß die Mächte des Bösen mit dieser Angelegenheit vielleicht gar nichts zu tun haben.«

Es folgte eine lange Pause, in der keiner von beiden etwas sagte. Der Frater dachte nach und fragte dann unvermittelt: »Capitán León de Luna steckt nicht zufällig hinter Eurem Sinneswandel?«

»Nicht im mindesten!« sagte Baltasar Garrote hastig. »Im Gegenteil. Er hat mich über die Folgen aufgeklärt und die Befürchtung geäußert, daß man ihn verdächtigen würde.«

»Das ist nur allzu verständlich, wenn die Anzeige nur wenige Tage, nachdem ich ihm darlegte, welche Konsequenzen eine Verurteilung seiner Frau für ihn haben würde, zurückgezogen wird. Sehr eigenartig, findet Ihr nicht?«

»Ich gebe Euch mein Ehrenwort, daß der Graf nichts damit zu tun hat.«

»In solchen Angelegenheiten hat ein Ehrenwort wenig Gewicht, Don Baltasar«, antwortete der Mönch kalt. »Euretwegen sitzt die arme Frau seit Monaten im Kerker, haben ihre Freunde die Flucht ergriffen, zerbreche ich mir den Kopf und kann vor lauter Zweifeln kaum schlafen. Die ganze Stadt ist aus dem Häuschen.«

»Das tut mir sehr leid.«

»Das genügt mir nicht!« herrschte ihn der kleine Mann an. »Ihr habt viel Schaden angerichtet. Ich will den wahren Grund wissen. Warum habt Ihr diese abenteuerliche Anzeige gemacht, und warum zieht Ihr sie aus heiterem Himmel wieder zurück? Sprecht!«

»Nicht aus heiterem Himmel, sondern aus Überzeugung. Und im übrigen glaube ich nicht, daß es eine schlimmere Strafe gibt als die, die mir mein Gewissen bereitet.«

»In der Tat. Ihr seid leichenblaß und zittert wie Espenlaub«, antwortete der Mönch. »Doch ich glaube nicht, daß Euer Gesundheitszustand auf Gewissensbisse zurückzuführen ist. Denn bislang habt Ihr nicht den Eindruck gemacht, als wüßtet Ihr, was das ist.« Der Fray zögerte und lächelte zynisch. »Wie viele Männer habt Ihr eigentlich auf dem Gewissen, Don Baltasar?«

»Das weiß ich nicht. Ich habe sie nicht gezählt, aber ich habe stets in fairem Kampf getötet.«

»War es vielleicht fair, auf der Seite des maurischen Feldherrn gegen die katholischen Könige zu kämpfen?« fragte der kleine Frater.

»Ich habe niemals gegen die katholischen Könige gekämpft! Ich hatte eine sehr schwierige Rolle übernommen, auf die ich hier nicht weiter eingehen will. Es soll genügen, wenn ich sage, daß die Königin selbst mich gelobt und anerkannt hat, daß durch mein Verhalten weiteres Blutvergießen vermieden wurde.«

»Nun gut«, sagte Fray Bernardino. »Ich will mich nicht in Dinge einmischen, die mit dem vorliegenden Fall nichts zu tun haben. Wenn die Königin Euch verziehen hat, ist die Angelegenheit vergessen. Aber ich bin sehr neugierig auf die Gründe, die Euch veranlaßt haben, die Anzeige zurückzunehmen. Was liegt so schwer auf Eurem Gewissen, daß Ihr nicht einmal ein Schatten jenes Mannes seid, der Ihr noch vor zehn Tagen wart?«

»Vielleicht liegt es daran, daß ich dem Tod so nahe bin.«

»Dem Tod?«

»Überrascht es Euch? Seht mich an! Nicht nur meine Hände zittern, sondern auch die Beine. In der Frühe kann ich mich schon kaum mehr an den vergangenen Tag erinnern, und jeden Morgen wird es schwerer, aus dem Bett zu steigen.«

»Geht zum Arzt, damit er Euch zur Ader läßt.«

»Zur Ader läßt?« wiederholte der andere entsetzt. »Wollt Ihr mich unter die Erde bringen? Ich habe nicht zu viel, sondern zu wenig Blut.«

»Wie wollt Ihr das wissen?« fragte der Franziskaner, der jedes Wort seines Gegenübers sorgfältig abzuwägen schien.

»Seht Ihr nicht meine grüne Gesichtsfarbe? Und die Schwäche meiner Glieder? Man muß kein Arzt sein, um zu sehen, daß ich an Blutarmut leide.«

»Interessant.«

»Was ist daran interessant?« erwiderte der Söldner gereizt. »Habt Ihr etwa eine Schwäche für die Medizin?«

»Mehr für die seelische Verfassung«, entgegnete Fray Bernardino de Sigüenza. »Ehrlich gesagt, höre ich heute zum ersten Mal, daß ein schlechtes Gewissen wie ein Aderlaß wirken kann.«

»Denkt, was Ihr wollt«, lautete die mürrische Antwort. »Ich habe meine Pflicht getan. Jetzt liegt die Entscheidung bei Euch.«

»Ich brauche Zeit zum Nachdenken.«

»Das ist Euer gutes Recht.«

»Es geht nicht um mein Recht, sondern um etwas viel Wesentlicheres«, erklärte der Frater mit drohender Stimme. »Der Oberste Inquisitor Bernardo Guí hat immer wieder vor Rückschlägen gewarnt. Oft verbirgt sich hinter einem Bußfertigen nicht Gott, sondern der Teufel.«

Wenn das überhaupt möglich war, so wurde Baltasar Garrote noch bleicher, und seine Augen verrieten Angst und Schrecken. Er brachte kaum ein Wort heraus und stotterte schließlich: »Malt nicht den Teufel an die Wand, Vater. Ich bin bereit, die Verantwortung für diesen tragischen Vorfall auf mich zu nehmen, und auch die Strafe, die Ihr mir auferlegt. Aber ich weigere mich, die göttliche Eingebung, die mich endlich erleuchtet hat, als Teufelswerk anzusehen.«

»Nur die Heilige Kirche ist befugt zu entscheiden, ob eine Eingebung Gottes Werk ist oder nicht. Maßt Euch nicht Rechte an, die Ihr nicht besitzt. Ich werde diesen Fall eingehend prüfen, und Ihr könnt versichert sein, daß ich alles daran setzen werde, ihn zu lösen.«

»Werdet Ihr die Angeklagte jetzt freilassen?«

»Vorerst besteht kein Grund dazu«, antwortete der Franziskaner knapp.

»Aber warum nicht?«

»Was ist, wenn es der Leibhaftige selbst war, der Euch zu Eurem Widerruf verleitete? Ich muß die Angeklagte weiter befragen, um herauszufinden, ob sie nicht doch mit dem Teufel im Bunde steckt.«

»Wie kann ich das Unheil, das ich heraufbeschworen habe, wiedergutmachen?« fragte der Söldner demütig.

»Kann man einem Toten das Leben wiedergeben oder

einem gehörnten Mann seine Ehre?« Der Frater schüttelte entschlossen den Kopf. »Das hättet Ihr Euch früher überlegen sollen, jetzt ist es zu spät. Ihr habt eine Entwicklung in Gang gesetzt, die nicht mehr aufzuhalten ist.«

»Das liegt einzig und allein an Euch.«

»Da irrt Ihr Euch gewaltig. Mir sind die Hände gebunden. Und jetzt geht! Ich brauche Zeit, um den Herrn um Rat zu bitten.«

»Was kann ich zur Buße tun?«

»Betet zu Gott, und kommt nicht auf den Gedanken, zu fliehen, sonst lasse ich Euch in Ketten legen.«

»Warum sollte ich flüchten? In dieser Verfassung käme ich ohnehin nicht weit.«

Da hatte Baltasar Garrote recht, außerdem war er davon überzeugt, daß der Teufel ihm folgen würde, wohin er auch ging. Nirgends war er sicher vor Gottes Zorn oder der Rache des Teufels.

Er verbrachte den Rest des Morgens in der dominikanischen Kapelle und betete. Am Nachmittag setzte er sich ans Flußufer und verschwendete nicht einen Gedanken an seine maurische Geliebte, die ihm wahrscheinlich noch das letzte Fünkchen Leben aus dem Körper gesogen hätte. Am Abend begab er sich zur Schenke, in der Hoffnung, dem eigenartigen »Eisenfaust« zu begegnen, der seit der Nacht, als er ihn über die Gefahr aufgeklärt hatte, wie vom Erdboden verschluckt schien.

Eine Stunde später sah er ihn in die Schenke treten und stürzte sich auf ihn wie ein Schiffbrüchiger auf eine Planke, die im Wasser treibt. Er bat ihn, sich an seinen Tisch zu setzen.

»Ihr kommt wie gerufen! Der Himmel schickt Euch!« rief Garrote aufgeregt. »Gott hat meine Gebete erhört, ich muß Euch unbedingt sprechen.«

»Wie das?«

»Wem habe ich mein Leben zu verdanken, wenn nicht

Euch?« Er seufzte tief und drückte seinem Gegenüber voller Dankbarkeit den Arm. »Ich habe es getan!«

»Was habt Ihr getan?«

»Ich habe die Anzeige zurückgezogen.«

Cienfuegos sah ihn an und dachte einen Augenblick nach. So sehr er vom Erfolg seines Plans überzeugt gewesen war – nie hätte er gedacht, daß er so schnell Früchte tragen könnte.

»Ist das wahr?« fragte er ungläubig.

»Natürlich. Heute morgen habe ich mit Fray Bernardino de Sigüenza gesprochen.«

»Mit wem?«

»Mit dem Inquisitor?«

»Und?«

»Er hat mir geraten, zu beten.« Baltasar sah dem anderen in die Augen. »Meint Ihr, daß das reicht?«

»Schon möglich. Was gedenkt der Inquisitor mit Doña Mariana Montenegro zu tun?«

»Keine Ahnung. Ich fürchte, er weiß es selbst nicht so genau.«

»Wenn Ihr doch die Anzeige zurückgezogen habt?«

»Scheinbar ist das nicht genug. Doch vergeßt die Angeklagte und sagt mir eins.« Der »Türke« senkte die Stimme und sah sich im Raum um, als wollte er sich vergewissern, daß keiner sie hören konnte. »Glaubt Ihr, daß die Dämonen mich jetzt verschonen werden?«

Cienfuegos hob die Hand, als wollte er Garrote um Ruhe bitten. Er brauchte etwas Zeit, um sich auf die neue Lage einzustellen. Er mußte nachdenken, inwieweit das Geschehene seiner Sache dienlich war.

»Eins nach dem anderem«, sagte er. »Trinkt ein Glas und erzählt mir den genauen Ablauf Eures Gespräches mit dem Inquisitor. Möglich, daß sich daraus Schlüsse auf die Art der Dämonen ergeben.«

Baltasar Garrote tat, wie ihm geheißen, und gab sich alle Mühe, keine Einzelheit auszulassen, die im Gespräch mit

Bernardino de Sigüenza erwähnt worden war. Der Hirte aus Gomera dachte insgeheim, daß es einfacher war, durch ein Nadelöhr zu gehen, als der Heiligen Inquisition ein Opfer zu entreißen.

»Wenn es nicht einmal ausreicht, daß der Zeuge der Anklage seine Anzeige zurückzieht, was muß dann noch geschehen?« fragte Cienfuegos am Ende des Berichts.

»Ich fürchte, daß die Heilige Inquisition nicht so denkt wie wir einfachen Leute«, erwiderte der andere. »Und selbst wenn dieser dreckige Franziskaner nicht viel gemeinsam hat mit Torquemada, so nimmt er doch seine Aufgabe sehr ernst.« Garrote spuckte verächtlich aus. »Er hat den Verdacht, daß Luzifer hinter alldem steckt.«

»Habt Ihr keine Angst vor den Konsequenzen?«

»Angst?« wiederholte der Söldner. »Angst habe ich jeden Abend vor dem Angriff der Dämonen, wenn ich gegen das Einschlafen ankämpfe und dann von Müdigkeit und Erschöpfung überwältigt werde. Und jeden Morgen verspüre ich Panik, wenn ich aufwache und den Blutfleck auf meinem Kissen sehe und merke, wie ich immer schwächer werde. Ehrlich gesagt, ich würde den Tod nicht fürchten, wenn ich nicht genau wüßte, daß ich in die finsterste Hölle komme.« Er schüttelte heftig den Kopf und schloß: »Könnte ich doch nur eine Nacht in Ruhe schlafen.«

»Vielleicht kann ich Euch helfen«, sagte Cienfuegos.

»Wie?«

»Indem ich aufbleibe und über Euren Schlaf wache. Die Dämonen werden es nicht wagen, Euch heimzusuchen.«

»Würdet Ihr das für mich tun?« fragte der andere ungläubig. »Würdet Ihr Euch wirklich den bösen Mächten entgegenstellen, um mein Leben zu retten? Warum?«

»Weil ich ein guter Christ bin, und ein guter Christ ist verpflichtet, seinem Nächsten zu helfen, wenn es ihm nur irgend möglich ist.« Cienfuegos machte eine kurze Pause, um die Spannung zu erhöhen, und setzte dann hinzu:

»Wenn Euch die Dämonen heute nacht wieder heimsuchen, bedeutet es, daß Luzifer noch nicht ganz besänftigt ist. In diesem Fall werde ich über Euren Schlaf wachen, bis Ihr wieder bei Kräften seid. Dann können wir gemeinsam nach einem Weg suchen, wie man diese Frau befreien kann. Wie hieß sie noch?«

»Doña Mariana Montenegro.«

»Genau. Mariana Montenegro. Wenn sie frei ist, werden Euch Luzifers Dämonen endlich in Ruhe lassen.«

»Dann ist es doch wahr!«

»Was?«

»Daß sie eine Satansbraut ist?«

»Hütet Euch vor derartigen Gedanken! Wenn dem so wäre, würde ich keinen Finger für diese Frau krümmen.« Cienfuegos beugte sich vor. »Luzifer selbst hätte sie längst befreit. Offensichtlich will er, daß Ihr das Unheil wiedergutmacht, das Ihr in seinem Namen angerichtet habt.«

»Das verstehe ich nicht.«

»Nun, denkt doch einmal nach. Wie würdet Ihr handeln, wenn ein Schurke sich Eures Namens bedienen würde, um jemandem übel mitzuspielen? Würdet Ihr ihn nicht zwingen, das begangene Unrecht wiedergutzumachen?«

»Wahrscheinlich.«

»Also.«

»Aber der Leibhaftige trachtet nach Bösem, und wenn ich etwas Schlechtes tue und mich dabei seines Namens bediene, müßte es ihn doch freuen?«

»Ich glaube, er ergötzt sich nur an seinen eigenen bösen Taten, doch sollten wir uns jetzt nicht in theologische Diskussionen verstricken. Alles liegt bei Euch, denn es geht um Euer Leben. Also müßt Ihr entscheiden.« Cienfuegos tat, als wäre er der Sache überdrüssig und wandte sich scheinbar gelangweilt ab. »Wie gesagt, ich komme morgen wieder, und wenn Euch die Dämonen dann immer noch zu schaffen machen, werde ich über Euren Schlaf wachen.«

Cienfuegos wußte, daß die widerwärtigen kleinen Vampire in der Nacht ihre einzige Nahrungsquelle aufsuchen würden, da sie im Haus gefangen waren. Am folgenden Morgen glich Baltasar Garrote einer wandelnden Leiche und mußte all seine Kräfte zusammennehmen, um ein paar Schritte zu machen.

Als er die Blutlache auf seinem Kopfkissen sah, packte ihn, der sich bereits am Rande des Wahnsinns befand, das blanke Entsetzen. Er verbrachte den Tag im Schatten einer Palme am Meer und weinte wie ein verirrtes Kind. Er konnte den Gedanken nicht loswerden, bald auf ewig in der tiefsten Hölle zu schmoren. Man muß sich in die Lage eines Menschen zu seiner Zeit und mit seiner Erziehung versetzen, um zu verstehen, wie leicht der Söldner auf Cienfuegos' Streich hereinfiel. Es kam ihm nie in den Sinn, an der Geschichte mit den Dämonen zu zweifeln oder nur das Haus zu wechseln, um all seine Probleme mit einem Schlag loszuwerden. Garrote war fest davon überzeugt, daß ihm die Dämonen bis ans Ende der Welt folgen würden. Für ihn gab es kein Entrinnen.

Cienfuegos war seine einzige Hoffnung auf Rettung und der einzige Mensch auf Erden – abgesehen von Capitán León de Luna, von dem er keine Hilfe erwarten konnte –, der sich für seine verzweifelte Lage und seine Ängste interessierte. Daher wartete Garrote ungeduldig auf den Abend, wo er Cienfuegos in der Schenke treffen und ihn bitten würde, über seinen Schlaf zu wachen und die Dämonen von ihm fernzuhalten. Er war so geschwächt, daß er keinen Bissen herunterbekam, seine Kräfte waren völlig erschöpft. Zudem plagten ihn fürchterliche Rückenschmerzen und eine heftige Migräne.

»Ich sterbe!« flüsterte er mit schwacher Stimme, als sich Cienfuegos neben ihn setzte und Wein bestellte. »Dieser Todeskampf ist schlimmer als alles, was ich mir vorgestellt habe. Es besteht keine Hoffnung mehr, ich werde der Hölle nicht entkommen. Helft mir! Rettet mich vor der Hölle, und Ihr werdet einen ewigen Sklaven in mir haben.«

»Ich will keinen Sklaven, sondern einen treuen Freund«, entgegnete Cienfuegos. »Aber Ihr könnt auf mich zählen.« Cienfuegos rief den Wirt herbei. »Doch zuerst müßt Ihr etwas essen, um wieder zu Kräften zu kommen.«

»Unmöglich.«

»Eine Brühe zumindest.«

Er flößte ihm die Suppe löffelweise ein, wie einem Säugling. Danach trug er ihn auf dem Rücken zu seiner schäbigen Hütte und bettete ihn auf die blutverschmierte Pritsche.

Cienfuegos gab Baltasar Garrote einen Trunk, der ihn in tiefen Schlaf versetzte, und machte sich daran, das Versteck der Fledermäuse zu suchen. Doch nach einiger Zeit mußte er einsehen, daß es zwecklos war, die Tierchen in dem Strohdach finden zu wollen. Er wollte schon aufgeben, als er sich an eine der Lieblingsbeschäftigungen der siamesischen Zwillinge Quimary und Ayapel erinnerte. Er stöberte in seinen Taschen und förderte drei dicke Zigarren zutage, die er sorgfältig zerlegte. Dann häufte er den zerkrümelten Tabak in eine Tonschale und steckte ihn an.

Zehn Minuten später war der verschlossene Raum von dichtem Rauch erfüllt, der langsam zum Strohdach emporstieg, wo sich die Fledermäuse verborgen hielten und schliefen. Nach weiteren zehn Minuten kam die erste aus ihrem Versteck und flatterte orientierungslos durch den Raum. Cienfuegos konnte beobachten, wie sie immer wieder gegen die Wände prallte. Nun sprang er von einer Ecke in die andere und machte Jagd auf die ekligen Tierchen, bis es ihm nach einer Weile gelungen war, alle Fledermäuse mit Hilfe eines Umhangs einzufangen und in einen Korb zu stecken.

Er verbarg den Korb zwischen einigen Büschen in der Nähe der Hütte und legte sich dann auf den weichen Erdboden, um die Nacht unter freiem Himmel zu verbringen.

Als der gebeutelte Baltasar Garrote am nächsten Morgen die Augen öffnete, blickte er auf einen lächelnden Cienfuegos, der ein Kruzifix in den Händen hielt und stolz sagte:

»Sie sind nicht gekommen! Ich habe sie die ganze Nacht in Schach gehalten.«

Baltsar Garrote küßte Cienfuegos voller Dankbarkeit die Hand und rief: »Gott sei Dank! Möge er Euch segnen!«

»Wie fühlt Ihr Euch?«

»Besser, viel besser!«

»Wunderbar. Jetzt werden wir an die frische Luft gehen und uns ein bißchen sonnen. Später wollen wir etwas essen. Wenn es mir heute nacht wieder gelingt, die Dämonen fernzuhalten, könnt Ihr Euch als geheilt betrachten.«

»Wirklich?«

»So wahr ich hier stehe.« Cienfuegos' Dreistigkeit war derart groß, daß sie in dem niedergeschlagenen Söldner fast so etwas wie Enthusiasmus weckte. Der Mann war für jeden Strohhalm, an den er sich klammern konnte, dankbar.

Ein Tag der Ruhe, genug zu essen und zu trinken und eine lange, erholsame Nacht ohne Angst vor unheimlichen Dämonen, die ihm das Blut aussaugten, schenkten dem geschwächten Baltasar Garrote allmählich neue Kräfte. Sein Gesicht gewann an Farbe, und er faßte wieder Hoffnung, nun doch nicht auf ewig im Feuer der Hölle schmoren zu müssen.

»Sobald ich ganz gesund bin, werde ich eine Pilgerfahrt machen und die Heilige Muttergottes um Vergebung bitten«, sagte er und betrachtete nachdenklich den friedlichen Sonnenuntergang hinter den sanftgrünen Bergen des Dschungels, die sich bis zum tiefblauen Meer erstreckten. »Seht Euch das an! Früher habe ich nie darauf geachtet, aber jetzt entdecke ich alles neu.«

»Ja, das Leben ist schön«, antwortete der Hirte aus Gomera. »Aber bedenkt, bevor Ihr Euch vor der Muttergottes auf den Boden werft, müßt Ihr Doña Mariana Montenegro um Vergebung bitten.«

»Warum?«

»Weil Ihr ihr großes Leid zugefügt habt. Solange sie nicht

in Freiheit ist, wird diese Angelegenheit für Euch nicht zu Ende sein.«

»Wollt Ihr sagen, daß die Dämonen wiederkommen könnten?«

»Das weiß man nie.«

»Heilige Muttergottes!« rief Baltasar Garrote. »Alles, nur das nicht. Ich werde verrückt, wenn ich nur daran denke.« Er fuhr sich mit der Hand durch das dichte Haar, das über Nacht ergraut zu sein schien. »Ich werde alles tun, was Ihr wollt. Aber ich glaube nicht, daß man mich zu Doña Mariana Montenegro vorlassen wird. Sie ist noch immer in der Festung.«

»Kennt Ihr niemanden in der Festung?«

»Niemanden, der gewillt wäre, sich der Heiligen Inquisition zu widersetzen.«

»Vielleicht würde der Mönch Euch erlauben, sie zu besuchen?«

»Fray Bernardino?« sagte der andere überrascht. »Nie im Leben! Er würde mich in Ketten legen lassen, wenn er davon erführe. Er meint, daß der Teufel hinter meinem plötzlichen Sinneswandel steckt, und das macht die Sache nur noch komplizierter.«

»Wieso?« fragte Cienfuegos beunruhigt, denn er sah ein neues Problem auf sich zukommen, mit dem er nicht gerechnet hatte.

»Na, er sagt doch, man könne mein Verhalten auch als Beweis dafür sehen, daß Doña Mariana Montenegro tatsächlich eine Gehilfin des Teufels ist.«

»Verflucht!«

»Wie?«

»Verflucht, sagte ich!« Cienfuegos war erregt und ungeduldig. »Wißt Ihr denn nicht, was Euch blühen würde, wenn dieser verdammte Frater den Prozeß eröffnet?«

»Würden dann die Dämonen wiederkommen?« fragte der Söldner erschrocken.

»Darauf könnt Ihr Gift nehmen.«

Cienfuegos stand auf und ging am Strand auf und ab wie ein Raubtier in einem Käfig. Verzweifelt dachte er an all seine Pläne und kam zu dem Schluß, daß es zwecklos wäre, der Heiligen Inquisition mit Vernunft zu begegnen. Es war, als wollte man mit dem Kopf durch die Wand. Wahrscheinlich wäre es nicht einmal Gottes Sohn gelungen, das Herz der Heiligen Inquisition zu erweichen und ihr ein Opfer zu entreißen. Sie kannte einfach kein Pardon. Also kam nur noch eine gewaltsame Befreiung in Frage. Cienfuegos schaute auf die hohen Mauern der Festung, aus der bisher noch niemand hatte entkommen können, und fragte sich zum tausendsten Mal, wie, um alles in der Welt, er hineingelangen und seine Geliebte retten könnte.

Er war ganz auf sich gestellt und konnte mit niemandem rechnen – außer mit dem Hinkebein und vielleicht dem seelisch angeschlagenen Söldner. Er ging zurück und setzte sich neben ihn.

»Ich kann Euch nicht mehr helfen, obwohl ich es gerne getan hätte.« Seine Stimme wirkte ernst und niedergeschlagen. »Diese Angelegenheit wird immer schwieriger und gefährlicher.« Er seufzte laut. »Ich fürchte, Ihr werdet erst Ruhe haben, wenn diese Frau die Freiheit wiedererlangt. Findet Ihr keinen Weg, sie zu befreien, seid Ihr zum Tode verurteilt. Ich würde Euch helfen, aber ich möchte nicht mein eigenes Leben aufs Spiel setzen.«

»Ihr laßt mich im Stich?« wimmerte der andere mit Tränen in den Augen. »Ihr werft mich zurück ins Höllenfeuer, obgleich ich schon fast gerettet schien?«

»Was bleibt mir anderes übrig?« sagte der Hirte aus Gomera bedrückt. »Ich hatte Mitleid mit Euch, und ich war stolz, Euch helfen zu können, aber diese Frau aus der Festung der Heiligen Inquisition zu befreien, ist ein viel zu riskantes und gefährliches Unterfangen. Dem fühle ich mich nicht gewachsen.«

Noch nie zuvor hatte er sich so lange und überzeugend verstellen können. Nicht einmal der gerissenste Inquisitor wäre in jenem Augenblick auf die Idee gekommen, daß das Ganze nichts als ein teuflischer Betrug war.

»Was soll jetzt aus mir werden?« fragte der Söldner entsetzt.

Doch er erhielt keine Antwort. Cienfuegos saß im Sand und sah zu Boden, als suchte er dort nach einer Lösung. Er ließ Baltasar Garrote schmoren und vertraute darauf, daß dessen Phantasie ihm ein entsetzliches Schicksal ausmalen würde.

»Was soll bloß aus mir werden?« wiederholte der andere und brach schließlich in Tränen aus. »Wenn Ihr mich im Stich laßt, wird der Schwarze Engel mein Gebieter sein, bis in alle Ewigkeit. Nicht einmal der Tod wird mich erlösen. Meine Seele ist verdammt.«

»Ihr tut mir leid.«

»Ihr müßt aus Stein sein, wenn mein Schicksal Euch nicht berühren würde. Gewiß hat noch nie ein Mensch etwas derart Schreckliches erlebt. Glaubt Ihr, daß ich meine Seele retten könnte, wenn ich in ein Kloster eintrete?«

»Mitnichten!« rief Cienfuegos besorgt, da er befürchtete, mit seinen düsteren Zukunftsvisionen vielleicht übers Ziel hinausgeschossen zu sein. »Die dicksten Klostermauern können den Satan nicht fernhalten. Das wäre der falsche Weg.« Er machte eine ausholende Geste und fügte hinzu: »Meines Erachtens bleibt Euch nur eins übrig. Ihr müßt dieser Frau zur Freiheit verhelfen.«

»Aber wie?«

»Wir werden schon einen Weg finden.«

»Ihr wollt mir dabei helfen?« rief der »Türke« überrascht.

»Ich will es versuchen.« Cienfuegos gab sich geschlagen. »Was sollte ich sonst tun?« Er sah ihm in die Augen. »Kennt Ihr den Kerkermeister Pedraza?«

»Nur flüchtig.«

»Ich habe gehört, daß er die Wache in der Festung befehligt.«

»Er ist schwierig und sehr mißtrauisch.«

»Ich weiß, aber er schuldet mir Geld.«

»Aus der berühmten Wette mit dem Maultier?«

»So ist es. Vielleicht kann ich ihn überreden, daß er Euch zu Doña Mariana Montenegro vorläßt, damit Ihr sie um Verzeihung bittet.«

»Ihr habt doch selbst gesagt, daß das nicht genügen wird«, protestierte der Söldner.

»Wahrscheinlich, aber zumindest werdet Ihr den ersten Schritt getan haben. Ihr würdet sie sehen und erfahren, wo man sie gefangenhält. Das ist wichtig.«

»Da habt Ihr recht.«

»Soll ich mit Pedraza reden?«

»Ich bitte Euch darum.«

Genau das bezweckte Cienfuegos. Wenn er den mißtrauischen Pedraza darum bat, sähe es wie ein Gefallen für einen guten Freund aus. Dann würde er selbst mit der ganzen Sache nichts zu tun haben.

»Ist Euch bewußt, um was Ihr mich da bittet?« brauste der Soldat auf, als Cienfuegos am folgenden Tag die Angelegenheit ansprach. »Niemand darf einen Gefangenen der Heiligen Inquisition besuchen. Sie werden besser bewacht als die Todfeinde der katholischen Könige. Ich riskiere nicht nur meine Stellung, sondern Kopf und Kragen.«

»Das weiß ich, und wenn es um mich ginge, würde ich Euch nie damit behelligen, aber es geht um Baltasar Garrote, den Mann, der sie angezeigt hat. Er will sie um Verzeihung bitten, um sein Gewissen zu erleichtern.«

»Das hätte er sich vorher überlegen sollen.«

»Das habe ich ihm bereits gesagt, aber wenn ein gebrochener Mann ehrlich bereut, dann ist jeder Vorwurf reine Zeitverschwendung. Ihr müßtet ihn sehen. Er ist nur noch ein

Schatten seiner selbst und steht mit einem Fuß bereits im Grab.«

»Genau da würden wir uns alle wiedersehen, wenn ich Eurer Bitte entspräche.«

»Wirklich schade«, sagte Cienfuegos und nahm die Absage scheinbar gelassen hin. »Ich hätte diesem Unglücklichen gern geholfen und dafür auch jede Bedingung akzeptiert.«

»Jede Bedingung?« fragte Pedraza neugierig und hielt ihn am Arm fest. »Welche zum Beispiel?«

»Nennt mir eine.«

»Die Schulden.«

»Abgemacht. Sobald der ›Türke‹ Doña Mariana Montenegro zu Füßen liegt, zerreiße ich vor Euren Augen den Schuldschein.«

»Ehrenwort?«

»Ehrenwort.«

Sie spürte die ersten Bewegungen des Kindes.

Es lebte, und die Vorstellung, dieses Leben in sich zu tragen, stimmte sie glücklich und ängstlich zugleich. Ein Kind von Cienfuegos – das war stets ihr größter Wunsch gewesen. Doch die Ungewißheit seines Schicksals lastete schwer auf ihren zerbrechlichen Schultern und stürzte sie zuweilen in Einsamkeit und Verzweiflung.

Niemand hatte ihr erklärt, ob der lange Arm der Heiligen Inquisition selbst die Ungeborenen erreichte, oder ob die Grausamkeit derer, die Gefallen an der Folter fanden, vor jenen unschuldigen Wesen haltmachte, die den Schutz des Mutterleibes noch brauchten. Schon jetzt mußte dieses Kind leiden.

Es war ein Teil von ihr, und im Augenblick das wichtigste in ihrem Leben. Um des Kindes willen mußte sie durchhalten. Dieses Kind war der Mittelpunkt ihres Seins, aus dem sie die Kraft schöpfte, um ihr eigenes Leid zu ertragen. Es war unmöglich, daß das Kind von den schrecklichen Ereignissen, die sie langsam zermürbten und ihren Geist trübten, unbehelligt blieb. Es litt, so wie jede Faser ihres Körpers durch die unvorstellbaren Qualen im Kerker litt. Sie und ihr Kind waren noch eins, und sosehr sie sich auch anstrengte, sie konnte nicht verhindern, daß das Kind durch ihren Zustand beeinflußt wurde. So reifte es in einem Klima des Schreckens heran.

Es gab nichts Fürchterlicheres auf der Welt als Gefangene

der Heiligen Inquisition zu sein, denn die Bestrafung des Körpers ging Hand in Hand mit einer Vergewaltigung der Seele, über die zu richten die Inquisitoren sich anmaßten. Schon der Gedanke, daß sie, wie so viele andere vor ihnen, auf dem Scheiterhaufen enden würden, brachte die Opfer an den Rand des Wahnsinns.

Eva Grumbach saß die meiste Zeit in einer Ecke ihrer Zelle und starrte auf den Boden, wo Ratten hin und her huschten. Immer wieder fragte sie sich, warum ein Kind, das die Frucht einer so übermächtigen Liebe war, ein so furchtbares und tragisches Schicksal erleiden mußte. Was hatten sie verbrochen, daß Gott sie dermaßen strafte? Sie hatte ihren Ehemann verlassen und somit gegen Gottes Gebote verstoßen. Doch neun Jahre schmerzlicher Trennung von dem Mann, den sie liebte, und Ungewißheit über sein Schicksal waren offenbar nicht Buße genug. Schon vier Monate nachdem sie sich endlich wiedergefunden hatten, war ihr junges Glück von diesem schrecklichen Fluch zerstört worden.

Ihr Leben war in Gefahr, und auch das ihres Kindes. Vielleicht würden sie sie zusammen verbrennen, aber vielleicht warteten sie auch, bis es geboren war, um es ihr zu entreißen. Sobald es Abend wurde, legte sie sich auf die Holzpritsche. Die fernen Stimmen der Wärter verstummten allmählich, und die Dunkelheit sank herab, während sie sich ihren trüben Gedanken überließ. In diesen Augenblicken fühlte sie sich so einsam, daß sie sich wünschte, den nächsten Tag nicht mehr erleben zu müssen. Gott sollte sie und ihr Kind endlich zu sich holen. In ihrer Verzweiflung führte sie sogar Selbstgespräche.

»Wo bist du?«

»Warum kommst du nicht und befreist mich aus diesem feuchten Kerker, in dem man mich lebendig begraben hat?«

»Rette doch wenigstens dein Kind! Es hat mit alldem nichts zu tun, es ist unschuldig.«

Sie murmelte leise, kaum hörbar vor sich hin, doch innerlich schrie sie so laut, daß Cienfuegos es hören mußte.

Aber er gab kein Zeichen.

Warum nicht?

War denn die Angst vor der Angst so mächtig? Konnte die schreckliche Inquisition einen Mann, der zuvor bereitwillig unzählige Abenteuer bestanden hatte, dermaßen einschüchtern?

Die Inquisition wußte, daß jeder Mensch, der plötzlich völlig abgeschnitten ist von der Außenwelt, das Gefühl gewinnt, im leeren Raum zu treiben. Er wird verletzlich und hilflos wie ein Haifisch, den man ans Ufer zieht, oder ein Adler, dem man die Schwingen stutzt. Die schnellste Methode, sich jemanden gefügig zu machen, besteht darin, das Opfer aus seiner gewohnten Umgebung herauszureißen und ihm alle Bezugspunkte zu nehmen, selbst die von Raum und Zeit. Völlige Orientierungslosigkeit raubt dem Menschen die Kraft, sich zu wehren. So wird sein Wille gebrochen, ohne daß er es weiß.

Die Zerstörung des Geistes wurde von der Heiligen Inquisition zu einer Kunst entwickelt, deren subtile Grausamkeit bis heute einmalig geblieben ist. Und niemand kann leugnen, daß immer diejenigen die schwersten Grausamkeiten erfinden und begehen, die ihre Handlungen als Gottes Willen ausgeben. Der Zweck heiligt die Mittel. Diese Losung war die Rechtfertigung für eine Horde von Fanatikern, die in Wahrheit durchweg gescheiterte Existenzen waren und nur danach zu trachten schienen, anderen Menschen Leid zuzufügen.

Ein Verbrechen gilt nur dann als Verbrechen, wenn es nicht im Namen irgendeines Gottes begangen wird, und jeder Verbrecher ist nur dann wirklich ein Verbrecher, solange er nicht die Schuld auf einen Vorgesetzten schiebt. Die Inquisitoren waren davon überzeugt, ein reines Gewissen zu besitzen und mit ihren Taten Gott dem Herrn zu dienen, ja zu gefallen. Die Verbindung von scharfem Verstand und niedrigsten Instinkten war eine tödliche Waffe, das Resultat eine Schreckensherrschaft, die immer wieder Nachahmer gefunden hat und uns noch heute den Atem stocken läßt.

In welcher Verfassung mußte eine schwangere Frau sein, die erlebte, wie die Tage verstrichen und niemand kam, um sie über ihr Schicksal und das ihres Kindes aufzuklären?

»Wie lange noch?«

Fray Bernardino de Sigüenza beschränkte sich darauf, sie eingehend zu betrachten, als wollte er die Wahrheit an ihren Augen ablesen, als suchte er in ihrem Gesicht nach irgendwelchen Zeichen, die ihm verrieten, ob sie mit dem Teufel in Verbindung stand oder nicht. Manchmal jedoch ließ er sich herab und antwortete: »Die Wochen, die Ihr hier verbringt, sind nur Tropfen im Ozean der Zeit.«

»Aber sie sind alles, was ich habe. Ich brauche sie, um mein Kind zur Welt zu bringen, fern von diesen kalten Mauern und ihrem Elend«, klagte Doña Mariana Montenegro.

»Was sind schon ein paar Wochen oder Monate, wenn Euer Seelenheil und das des Kindes auf dem Spiel steht?«

»Welches Seelenheil meint Ihr? Es ist ein Wunder, daß ich trotz dieser Belastung mein Kind noch nicht verloren habe. Was habt Ihr für eine Auffassung von Gerechtigkeit und Seelenheil? Wenn Unschuldige gemartert werden und Schuldige frei herumlaufen?«

Angesichts der tiefen Verbitterung Doña Marianas konnte der Frater nicht umhin, Mitgefühl zu empfinden, und eines Tages sagte er widerwillig: »Man hat die Anzeige zurückgezogen.«

»Wie? Man hat die Anzeige zurückgezogen? Was mache ich dann noch hier?«

»Warten.«

»Warten worauf?«

»Daß ich eine göttliche Eingebung erhalte, die meine Zweifel zerstreut, ein Zeichen Gottes, wenn Ihr so wollt«, lautete die absurde Antwort. »Ich bin nur ein bescheidener Inquisitor ohne Erfahrung, der nicht weiß, wie er sich gegen die Tücken und Fallen der Dämonen wehren soll, wenn er die Wahrheit sucht.«

»Aber was, wenn dieses Zeichen nie kommt?«

»Dann werdet Ihr hier nicht herauskommen. Aber erschreckt nicht: Sollte es mir nicht gelingen, in angemessener Zeit ein Urteil zu fällen, werde ich die Angelegenheit in erfahrenere Hände geben.«

»Der Inquisition im Königreich?«

»Vielleicht.«

»Bis jemand aus Spanien kommt, können Jahre vergehen.«

»Thomas von Aquin versichert uns, daß jede Strafe gerechtfertigt ist, solange sie dazu dient, den Glauben eines Menschen an Gott zu stärken. Das schlimmste körperliche Leiden ist bedeutungslos, wenn wir unsere Seele damit läutern. Die meisten Heiligen haben Gott erst durch ihr Leiden gefunden.«

»Ich will nicht heiliggesprochen werden, sondern meinem Kind das Leben schenken. Es soll gesund zur Welt kommen. Ich verstehe nicht, warum man mich aufgrund einer lächerlichen Anzeige gefangenhält, die überdies zurückgezogen wurde.«

»Ich dagegen muß herausfinden, ob Satan persönlich den Zeugen dazu gebracht hat, seine Anzeige zurückzuziehen.«

»Hätte es Satan nicht leichter gehabt, wenn er die Anzeige gleich verhindert hätte?«

»Mag sein, aber ich kann nicht in den Kopf des Teufels blicken. Vielleicht hat unser Herr ihm nicht erlaubt, die Gedanken der Menschen zu lesen, und er konnte erst handeln, als er vor vollendeten Tatsachen stand.«

»Ihr wringt Euren Geist aus wie ein altes Weib einen Waschlappen, um auch den letzten Tropfen Schmutzwasser herauszupressen und mich damit zu besudeln«, sagte die ehemalige Gräfin bitter. »Ich frage mich, welch böswillige Macht die Inquisition über die Menschen ausübt, daß sogar ein Mann wie Ihr nicht mehr zwischen Gerechtigkeit und Ungerechtigkeit urteilen kann.«

»Ist denn die Annahme, daß der Zeuge die Anzeige zurücknahm, weil er von einer bösen Macht dazu gezwungen wurde, unberechtigt? Immerhin riskiert er die Folter oder den Scheiterhaufen. Meine Pflicht besteht darin, die Wahrheit herauszufinden.«

»Und was habe ich mit der Angelegenheit zu tun?«

»Sehr viel. Ihr seid die Achse, um die sich das Ganze dreht, und obwohl ich in meinem Innersten fühle, daß Ihr unschuldig seid, will ich mich nicht der Überheblichkeit schuldig machen und meiner eigenen Ansicht mehr Gewicht zugestehen als den üblen Machenschaften des Satans.«

»Ihr sprecht wie ein Dominikaner, nicht wie ein Franziskanzer.«

»Sind wir nicht alle Brüder vor Gott?«

»Ich habe immer gedacht, daß sich Euer Orden mehr um Nächstenliebe und Natur kümmert als um Strafen. Euer Gott schien mir nicht ein Gott des Hasses und der Rache zu sein, sondern ein Gott der Liebe und Vergebung.«

»Hütet Eure Zunge und bedenkt, daß ich nicht als Franziskaner, sondern als Inquisitor hier sitze, obendrein in einem Fall, der mir aufgezwungen wurde. Dabei wäre ich viel lieber im Dschungel, um die armseligen Seelen der Einheimischen zu bekehren.«

»Es muß traurig sein, diese wunderbare Aufgabe vor Augen zu haben und sich mit Anzeigen befassen zu müssen, die nur auf Neid und Habgier beruhen«, sagte Doña Mariana. »Seid Ihr befugt, mir zu sagen, wer mich anzeigte und aus welchem Grund?«

»Leider nicht.«

»Werde ich es eines Tages erfahren?«

»Nicht aus meinem Mund.«

Nicht aus dem Mund des kleinen Fraters, sondern aus dem ihres Anklägers sollte Doña Mariana Montenegro eine Woche später den Grund erfahren. Sie lag im Halbdunkel auf der Pritsche und dämmerte vor sich hin, als sie Schritte auf dem Gang hörte, und kurz darauf wurde die Tür zu ihrer Zelle aufgestoßen.

Mit einem Satz war sie auf den Beinen und erkannte eine müde Gestalt mit einer Kerze in der Hand, die den Raum betrat.

»Was ist los? Wer seid Ihr, und was wollt Ihr zu dieser späten Stunde?«

»Erschreckt nicht, Señora«, hörte sie den Kerkermeister sagen. Seine Stimme klang beschwichtigend, ganz anders als bei Tag. »Ich bin Kerkermeister Pedraza und werde Euch nichts anhaben.«

»Warum tut Ihr dann so geheimnisvoll?«

»Ich riskiere mein Leben.« Er hob die Kerze, um sie besser zu sehen.

»Doch bevor ich weiterspreche, müßt Ihr schwören, kein Sterbenswörtchen von dem zu verraten, was hier gesagt wird.«

Die Einsamkeit und Abgeschiedenheit waren so erdrükkend, daß Doña Mariana Montenegro jede Bedingung angenommen hätte, nur um ein paar Minuten mit jemandem sprechen zu können, der ihr vielleicht ein wenig Hoffnung schenkte.

»Worum handelt es sich?«

»Um einen verbotenen Besuch.«

»Von wem?«

»Das kann ich Euch nicht sagen. Schwört Ihr Stillschweigen?«

»Ihr habt mein Wort.«

Pedraza wandte sich den Männern zu, die draußen im Gang warteten, und gab ihnen ein Zeichen hereinzukommen. Baltasar Garrote, genannt der »Türke«, trat in die Zelle und ging auf Doña Mariana Montenegro zu, während Cienfuegos im Schatten neben der Tür stehenblieb.

Man konnte die Enttäuschung im Gesicht der Deutschen ablesen, als sie einem Unbekannten gegenüberstand. Nachdem sie ihn genau gemustert hatte, fragte sie verwirrt: »Wer seid Ihr, und was wollt Ihr von mir?«

»Ich bin der, der Euch angezeigt hat, und ich suche Eure Vergebung.«

»Meine Vergebung?« wiederholte Eva Grumbach überrascht. »Warum sollte ich jemandem vergeben, der mir so viel Leid zugefügt hat? Verlaßt diesen Raum!«

»Señora, ich bitte Euch.«

»Geht! Möge der Zorn Gottes Euch in die tiefste Hölle stürzen. Wißt Ihr überhaupt, was Ihr uns angetan habt? Nicht nur mir, sondern auch einem unschuldigen und ungeborenen Wesen? Geht!«

Baltasar Garrote zögerte einen Augenblick lang, doch schließlich warf er sich auf die Knie und griff nach ihrer Hand.

»Seid gnädig, Señora«, flehte er. »Um Gottes und des Kindes willen, das Ihr im Leib tragt, verzeiht mir und rettet meine Seele vor der ewigen Verdammnis!«

»Niemals!« Sie sah Pedraza an und sagte: »Schafft ihn fort, sonst vergesse ich meinen Schwur!«

In diesem Augenblick mischte sich Cienfuegos ein. Ohne sich aus dem Schatten zu lösen, damit sie ihn nicht erkannte, sagte er mit einer Ruhe, die ihn seine ganze Kraft kostete: »Ich kenne Euch nicht, noch habt Ihr mich je gesehen. Ich habe mit dieser Angelegenheit nichts zu tun. Doch um Gottes und Eures inneren Friedens willen bitte ich Euch, Señora, erhört das Flehen dieses Mannes.«

Doña Mariana Montenegro lief es eiskalt über den Rükken. Um ein Haar wäre sie schluchzend auf ihren Geliebten zugelaufen, doch sie nahm sich zusammen und gab vor, seine Stimme nicht zu kennen. Nach einigen Augenblicken, die ihr wie eine Ewigkeit erschienen, hatte sie sich wieder gefangen und sagte heiser: »Wer seid Ihr, und was habt Ihr hier zu suchen?«

»Mein Name ist nicht von Belang. Ich bin ein Freund dieses armseligen Menschen. Wenn Ihr mir helft, ihm sein Seelenheil wiederzugeben, werde ich alles tun, um Euch und Euer Kind vor dem Scheiterhaufen zu bewahren.«

»Welche Macht habt Ihr über die Heilige Inquisition?«

»Keine, aber Gott wird sie mir geben. Wie jeder weiß, kann der Glaube Berge versetzen.«

»Laßt die Berge, wo sie sind, und öffnet das Tor.«

»Die Liebe, nicht der Haß öffnet die Türen. Vergebung, nicht Rache. Befreit diesen Mann von seiner Last, und Ihr werdet sehen, daß Euch bald die Ketten abgenommen werden.«

Die ehemalige Gräfin tat, als würde sie nachdenken. Schließlich sagte sie zögernd: »Nun gut! Ich verzeihe Euch, aber nur unter der Bedingung, daß Ihr denselben Fleiß, den Ihr aufbrachtet, um mich zu verleumden, nun darauf verwendet, mich zu retten.«

»Ich schwöre es bei meiner Seele«, antwortete der Söldner erleichtert. »Vom heutigen Tag an wird mir nichts wichtiger sein, als Euch die Freiheit, die Ihr durch mich verloren habt, wiederzugeben.«

»Ich vertraue darauf.«

»Darf ich Eure Hand küssen?«

Widerwillig reichte ihm Doña Mariana Montenegro die Hand. Dann hob sie den Arm in Erwartung des anderen Kavaliers.

Eine ungeheure Spannung erfüllte den Raum, als sich Cienfuegos Doña Mariana näherte, denn beide mußten gegen den unwiderstehlichen Drang ankämpfen, sich um den Hals zu fallen. So konnten sie das, was sie fühlten, nur mit den Augen sagen.

Doch als sie wieder allein in ihrer dunklen Zelle war,

fühlte sie sich nicht mehr so einsam, und die Nacht war nicht mehr ganz so finster wie zuvor. Man hätte meinen können, daß ein helles Licht den Raum erleuchtete, das ihre Augen blendete und sie bis zum Morgengrauen wachhielt.

Der hochgewachsene bärtige Mann mit dem weißen Haar, dem wettergegerbten Gesicht und den dunkel schimmernden Augen, die schon so viele fremde Länder gesehen hatten, saß auf dem Rumpf eines alten Bootes an der Flußmündung und starrte vor sich hin. Er war so gedankenverloren, daß er nicht einmal bemerkte, daß er die ganze Zeit aus sicherer Entfernung beobachtet wurde.

Schließlich kam der Fremde bis auf ein paar Meter heran und fragte vorsichtig: »Maese Juan? Juan de la Cosa?«

Der andere nickte unwillig. Offensichtlich störte ihn der Unbekannte.

»Womit kann ich Euch dienen?« fragte Juan de la Cosa schließlich.

»Ihr könntet mir das Lesen beibringen oder wie man mit einer Sanduhr die Stunden zählt. Ihr könntet mich die Namen der Sterne lehren, der Winde und der Segel.«

»Ehrlich gesagt, ich verstehe nicht ganz, was Ihr wollt«, entgegnete der andere gereizt. »Wer, zum Teufel, seid Ihr?«

»Euer bester Schüler«, klärte ihn der Hirte aus Gomera auf. »Ist Euer Gedächtnis so schwach, daß Ihr Euch nicht mehr an den Schiffsjungen erinnert, dem Ihr mit Hilfe von Mandeln die Zeitmessung beibrachtet?«

Der alte Mann musterte ihn, und plötzlich fiel es ihm wie Schuppen von den Augen.

»Cienfuegos!« rief er völlig verwirrt. »Bei der Heiligen Muttergottes! Das kann doch nicht wahr sein!«

»Es ist wahr, lieber Lehrmeister. Ich freue mich, Euch endlich wiederzusehen.«

Sie umarmten sich lange, zwei Freunde, die sich nach vielen Jahren unerwartet wiedersahen, nachdem jeder geglaubt hatte, der andere müsse schon lange tot sein.

»Mein Gott!« rief der ältere Mann aus und schüttelte ungläubig den Kopf. »Hast du dich verändert! Verzeiht, habt Ihr Euch verändert, sollte ich sagen. Seid Ihr wirklich der Junge, der wie ein Affe von Mast zu Mast gesprungen ist? Was habt Ihr mit Eurem roten Haar gemacht?«

»Ich habe es gefärbt, Maese. Leider zwingen mich widrige Umstände dazu, im Moment nicht allzusehr aufzufallen.«

»Und Doña Mariana Montenegro? Habt Ihr sie gefunden?«

»Sie hat mich gefunden.«

»Wo ist sie?«

Der Hirte aus Gomera wies auf die Silhouette der Festung in der Ferne.

»Dort im Kerker. Die Inquisition hält sie gefangen. Man klagt sie der Hexerei an.«

»Der Hexerei?« rief Juan de la Cosa überrascht und entsetzt zugleich. »Wie ist das möglich? Eine so ehrenhafte Dame wie Doña Mariana kann doch unmöglich eine Hexe sein.«

»Das ist eine lange Geschichte.«

»Sei's drum. Nichts soll mich davon abhalten, sie anzuhören. Und ich werde alles in meiner Macht Stehende tun, um Doña Mariana Montenegro zu helfen.«

Sie aßen in der Taverne »Los Cuatro Vientos« zu Mittag, und zwischen den Gängen erzählte Cienfuegos seinem ehemaligen Lehrmeister, was ihm widerfahren war, seit sie sich vor fast zehn Jahren in Fuerte de la Natividad getrennt hatten.

»Unglaublich!« rief Juan de la Cosa, als Cienfuegos seine Geschichte beendet hatte. »Und ich habe immer geglaubt, daß ich ein aufregendes Leben hatte. Potztausend! Im Vergleich mit dem Euren war meines ein Kinderspiel.«

»Eva, die Euch wie einen Vater verehrt, hat mir von Euren Abenteuern erzählt, doch sie wußte nur, daß Ihr zusammen mit dem alten Haudegen Alonso de Hojeda eine Expedition in unerforschte Gebiete organisiert habt. Seitdem hat sie nichts mehr von Euch gehört und war sehr beunruhigt.«

»Der gute alte Hojeda!« seufzte Juan de la Cosa. »Wie oft sind wir zusammen gesegelt, und ich hoffe, daß wir es wieder tun. Ich habe ihn in Sevilla zurückgelassen, auf der Suche nach einem neuen Geldgeber, der die nächste Expedition finanziert. Er lebt von der Entdeckungslust und hat der Krone so manchen Dienst erwiesen. Er hätte den Ruhm verdient, der jetzt anderen zuteil wird. Ein ehrlicher Mann, der sich durch Geld nie korrumpieren ließ.«

»Seit wann seid Ihr zurück?«

»Schon seit einiger Zeit, doch auch ich muß mich vorsehen. Wenn Gouverneur Bobadilla erfahren würde, daß ich auf der Insel bin, wäre es nicht gut um mich bestellt.«

»Hattet Ihr Verbindung zu den Leuten um ...?«

»Rodrigo de Bastidas«, beendete der alte Navigator den Satz und nickte. »Und wahrscheinlich wißt Ihr, daß der Gouverneur ihn in der Festung gefangenhält. Mich würde er am liebsten auch dort sehen, doch diesen Gefallen will ich ihm nicht tun.«

»Aber Ihr seid Don Juan de la Cosa, der beste Kartenzeichner und Navigator des Königreiches!« Cienfuegos war empört.

»Meint Ihr, daß es einen Barbaren wie ihn beeindruckt, wer ich bin, wenn er nicht einmal davor zurückschreckte, den Admiral der Ozeanischen Meere und Vizekönig von Indien in Ketten nach Spanien zu schaffen? Ach was!« Juan de la Cosa schüttelte den Kopf. »Ich fürchte, dieser Säulenheilige hat es sich zur Aufgabe gemacht, berühmte Persönlichkeiten hinter Gitter zu bringen.«

»Was hat Rodrigo de Bastidas verbrochen?«

»Gar nichts. Er war gerecht, großmütig und konnte keiner Fliege etwas zuleide tun. Menschen wie ihn braucht die Krone, und nicht diese Meute von Verbrechern, die uns regieren, Diebe und Betrüger allesamt. Rodrigo und ich sind monatelang an einem völlig unbekannten Kontinent entlanggesegelt, ohne ein einziges Scharmützel mit den Einheimischen. Die Menschen an diesem Ende der Welt sind friedliebend, aber unser Gouverneur behandelt sie wie gefährliche Wilde.«

»Hier ist Bobadilla in seinem Element.«

»Aber nicht mehr lange. Er hat sich zu viele Feinde gemacht. Man sagt, daß die Könige schon einen Nachfolger ernannt hätten.«

»Das wurde auch Zeit.«

»Leider sind die Schiffe der Krone nicht die schnellsten, und es wird noch eine Weile dauern, bis der Neue auf Hispaniola eintrifft. Ich hoffe aber, daß er noch rechtzeitig kommt, um Rodrigo das Leben zu retten.«

»Ich sehe, daß Ihr viel von diesem Rodrigo haltet, Maese.«

»In der Tat. Obwohl ich ihn am liebsten in den Brunnen geworfen hätte, als er mich in Puerto de Santamaria aufsuchte. Wie konnte er nur auf die Idee kommen, mich als stellvertretenden Kommandanten gewinnen zu wollen, dieser Einfaltspinsel? Meine Wut dauerte ganze fünf Minuten, und dann lagen wir uns praktisch in den Armen.«

»Wie das?«

»Rodrigo ist ein großartiger Mann, er kann sich für etwas begeistern, sein Enthusiasmus kennt keine Grenzen, und er besitzt die seltene Gabe, Menschen zu überzeugen. Jede Dame würde ihm zu Füßen liegen, wenn er es wollte. Und ich habe gesehen, wie mürrische Kaziken, die kein Wort von dem verstanden, was man ihnen erzählte, innerhalb von Minuten dem Charisma dieses Edelmannes erlagen.«

»Merkwürdig.«

»Die Güte spricht aus jedem seiner Worte, und er ist so vornehm, gerecht und ehrlich, daß man nicht umhin kann, ihm seine Seele anzuvertrauen.«

»Ich würde ihn gerne kennenlernen.«

»Und er Euch. Wir müssen nur abwarten, daß er Bobadilla um den Finger wickelt.«

»Das scheint mir allerdings ein schwieriges Unterfangen zu sein.«

»Wir werden sehen.«

»Hoffen wir das Beste, obwohl ich nicht verstehe, wie er in diese mißliche Lage geraten ist, wenn er die Tugenden besitzt, die Ihr beschreibt.«

»Manchmal läßt einen das Glück im Stich«, antwortete Juan de la Cosa, griff nach seinem Krug und trank ihn auf einen Zug aus. Dann wischte er sich mit dem Hemdsärmel über den Mund und wechselte das Thema. »Wir verließen Sevilla bei herrlichem Sonnenschein und nahmen Kurs nach Südwesten. Nach einer ruhigen Überfahrt gelangten wir nach Isla Verde und später an den Maracaibo-See, an dessen Küsten wir kostbare Perlen fanden.«

»Die Gegend ist mir gut bekannt.«

»Dann werdet Ihr wissen, daß die Einheimischen friedlich sind, zumindest waren sie uns gegenüber sehr gastfreundlich. Wir segelten weiter nach Westen und entdeckten die Mündung eines riesigen Flusses. Dort stießen wir auf einen Stamm, bei dem die Männer sich den Penis mit einem Zylinder aus Gold bedecken.«

»Aus reinem Gold?«

»Noch nie ist mir reineres Gold unter die Augen gekommen«, schwärmte Juan de la Cosa. »Wir machten gute Geschäfte, ohne auch nur einen Schuß abzugeben. Wir tauschten Gold und Edelsteine gegen kleine Geschenke. Wir respektierten die Sitten der Einheimischen und sie die unsrigen. Wir erwähnten Christus mit keinem Wort und zwangen sie auch nicht, unseren Königen zu huldigen.«

»Die Befehle der Krone lauten aber anders!«

»Bastidas hat mir klargemacht, daß die Krone sich irrt. Es ist besser, um Freunde als um Vasallen zu werben, und die Einheimischen sollten das Recht haben, ihre eigenen Götter zu verehren, statt unseren Gott anbeten zu müssen, der ihnen völlig fremd ist.«

»Vielleicht habt Ihr recht, aber es klingt nach Verrat.«

»Gewiß. Als Beweis für die Richtigkeit meiner Annahme kann ich nur die unzähligen Verbündeten nennen, die wir machten, und auf die vielen Kostbarkeiten hinweisen, die wir zurückbrachten. Wahre Schätze!«

»Was ist aus ihnen geworden?«

»Wie gewonnen, so zerronnen, lieber Freund!« rief Juan de la Cosa und lachte. »Eines Tages entdeckte ich, daß die Schiffe langsam faulten. Ein winziger Holzwurm, der in diesen Gewässern lebt, hatte sie befallen.«

»Eigenartig. Einmal bediente ich mich dieses Arguments, um einen portugiesischen Kapitän hinters Licht zu führen. Ich hätte nie gedacht, daß so kleine Würmer ein Schiff tatsächlich zerstören können.«

»Und ob! Schon während unserer ersten Fahrt mit Admiral Kolumbus haben wir Bekanntschaft mit diesen Tierchen gemacht, aber dieses Mal setzten sie uns derart zu, daß die Schiffsrümpfe die reinsten Siebe waren. Die Muscheln sind schuld, sie klammern sich am Rumpf fest und dienen den Würmern als Brutplatz.«

»Habt Ihr versucht, sie mit Teer zu bekämpfen, wie damals?«

»Es war zu spät. Das Holz unserer Schiffe schien ihnen besonders zu schmecken. Innerhalb von Wochen waren alle Planken so durchlöchert, daß sie zu Staub zerfielen, wenn man sie anfaßte. Daraufhin sind wir, so schnell wir konnten, nach Jamaika gesegelt und schließlich hier gelandet.« Er schenkte sich nach und trank. »Die Fahrt war die reinste Hölle. Wir hatten ständig Gegenwind und hohen Seegang.

Die Schiffe waren so voll Wasser, daß wir kaum vorankamen. Es ist ein Wunder, daß wir es schließlich doch geschafft haben. Im Norden Jamaikas gingen wir vor Anker und reparierten mit Hilfe der Einheimischen notdürftig unsere Schiffe, um dann Kurs auf Xaraguá zu nehmen.«

»Schade«, sagte Cienfuegos. »Im Südosten der Insel gibt es eine kleine Kolonie von Spaniern. Es sind Abtrünnige, und dort liegt auch Doña Marianas Schiff vor Anker.«

»Hätten wir das gewußt«, seufzte Juan de la Cosa. »Eine Woche lang arbeiteten wir an den Booten und stachen am siebten Tag wieder in See. Nach fünf Tagen erblickten wir dann die Küste von Xaraguá. Gerade noch rechtzeitig, denn unsere Schiffe schafften es nicht mehr bis zum Strand. Sie gingen eine halbe Meile vorher auf Grund.«

»Mit der Küste vor der Nase?«

»Ganz recht, mein Sohn. Das Meer holte sich alles, was wir uns mühsam erkämpft hatten. Glücklicherweise konnten wir drei Truhen mit Gold und Perlen retten, und niemand kam um. Als wir an Land waren, bildeten wir drei Gruppen und machten uns auf den Weg hierher.«

»Und jetzt seid Ihr da.«

»Ich traf mit der letzten Gruppe ein. Gerade noch rechtzeitig, um zu erfahren, daß Gouverneur Bobadilla Rodrigo ins Gefängnis werfen ließ, unter dem Vorwand, er habe unerlaubte Verhandlungen mit den Indios geführt. Außerdem hat er unser Gold und alle Perlen beschlagnahmt.«

»Dann werdet Ihr sie wohl kaum wiedersehen!«

»Das ist nicht gesagt, da das Geld immerhin Rodrigo de Bastidas gehört. Er wird sich schon irgendeinen Trick einfallen lassen, um dem Gouverneur sein Geld wieder abzuknöpfen. Darauf vertraue ich. Er ist klug und ehrlich obendrein. Das ist eine seltene Kombination.«

»Hoffentlich gelingt es ihm.«

»Darauf könnt Ihr Euch verlassen.« Juan de la Cosa wollte noch etwas hinzufügen, hielt jedoch inne, als er sah, daß sich ein junger blonder Mann mit sonnengebräunter Haut näherte, der an seinen Schnurrbartenden kaute. »Sieh einer an!« rief er.

»Einer Eurer Männer?« fragte Cienfuegos.

»Der verrückteste Kerl, den Ihr je gesehen habt. Ein guter Mann und ein hervorragender Matrose. Obwohl ich fürchte, daß er eines Tages am Galgen enden wird.« Er wandte sich dem jungen Mann zu und rief: »Kommt her und trinkt einen Krug Wein mit uns.«

»Nur einen Krug?« fragte der andere enttäuscht. »Warum nicht gleich zwei mit etwas Brot und Käse? Ich habe furchtbaren Hunger.« Er lächelte verschmitzt: »Man hat mich letzte Nacht geschröpft, ich habe keinen Heller.«

»Beim Kartenspiel?«

»Nein. Beim Würfeln. Sie haben mich bis auf die Unterhosen ausgezogen.«

»Das wundert mich nicht. Darf ich Euch vorstellen? Mein guter Freund Guzmán Galeón, auch bekannt als ›Eisenfaust‹. Vasco Núñez de Balboa, den man überall den ›Schluckspecht‹ nennt.«

»›Eisenfaust‹?« sagte der andere. »Kommt mir irgendwie bekannt vor. Seid Ihr zufällig der Mann, der ein Maultier mit einem Fausthieb getötet hat?«

»Gewiß, aber ich versichere Euch, daß es nichts Persönliches war. Nur eine Wette.«

»Bei Jupiter!« rief Balboa, schnappte sich ein Stück Brot und Käse und biß hinein. »Nichts Persönliches«, wiederholte der Mann, der eines Tages den Indischen Ozean entdecken sollte. »Ich wünschte, ich hätte solche Fäuste, um endlich diesem Elend zu entkommen.«

»Das Elend wird Euch bis ins Grab begleiten, wenn Ihr nicht endlich vom Glücksspiel ablaßt«, sagte Maese Juan de la Cosa laut und machte dem Wirt ein Zeichen, mehr Wein und Käse aufzutischen. »Wie sehen Eure Pläne für die Zukunft aus?«

»Pläne für die Zukunft?« wiederholte der andere geringschätzig. »In diesen Zeiten ist schon das Überleben schwer genug. Wenn nicht bald eine Expedition aufbricht, um Gold oder Edelsteine zu suchen, werde ich wohl oder übel als Minenarbeiter enden. Zumindest kriegt man da zu essen, und es heißt, manch einer wäre sogar reich geworden.«

»Vergeßt die Minen«, riet der Hirte aus Gomera. »Es liegt ein Fluch auf ihnen. Wer dort arbeitet, wird verrückt.«

Die berühmten, nach König Salomon benannten Minen bildeten in der Tat eine Welt für sich. Obwohl die Hauptstadt wegen der Goldförderung verlegt worden war, hatten die Minen herzlich wenig mit der Stadt zu tun. In ihnen herrschten eigene Gesetze, und ihre Bewohner kamen nur samstags in die Stadt, um sich zu betrinken, dem Glücksspiel zu frönen, Weiber zu suchen und dabei das Geld, das sie in harter Arbeit verdient hatten, zum Fenster hinauszuwerfen.

Es war allgemein bekannt, daß die Erlöse aus den Minen dem Königshaus zustanden, abgesehen von einem kleinen Prozentsatz, der unter Admiral Kolumbus, der Kirche und dem Gouverneur aufgeteilt wurde. Ein Bergarbeiter erhielt nur einen winzigen Bruchteil dessen, was er gefördert hatte. Trotzdem war es mehr, als andere in fünfzig Jahren harter Arbeit verdienten.

Beträchtlichen Auftrieb bekam das Goldfieber, als ein glücklicher Sevillaner einen Klumpen Gold von der Größe eines Brotlaibes fand. Einen derart großen Fund hatte man noch nie gesehen. Gouverneur Bobadilla taufte ihn »Doña Juana« und schenkte ihn der gleichnamigen Infantin, als wollte er sich einer Gunst versichern, die er doch längst verloren hatte.

Nur wenige wurden durch das Gold wirklich reich und konnten ihre Schätze anlegen. Die meisten Minenarbeiter lebten unter erbärmlichen Bedingungen und wurden wie Sklaven behandelt. Daher war es nicht verwunderlich, daß diese Arbeiter zur untersten Schicht der freien Bürger gehörten.

Auf der Insel war eine strenge Klassengesellschaft entstanden, deren Aufbau dem einer Pyramide glich. Ganz oben thronte der Gouverneur mit den Vertretern der Kirche und des Königshofes. Danach kamen die Beamten des Staates und die Adligen, gefolgt von Handwerkern, Matrosen und freien Bürgern. Die Minenarbeiter standen fast an unterster Stelle, unter ihnen kamen nur noch die Sklaven, die Einheimischen und die Schwarzen, die nun aus Afrika importiert wurden. Eine ungemein wichtige Gruppe bildeten die Schreiber, Anwälte und Notare, ohne die die aufstrebende Kolonie verloren gewesen wäre.

Der Kampf um Land und Titel schien die einzige Beschäftigung zu sein, der die meisten Kolonisten nachgingen. Sie meinten, das Recht zu haben, sich von Ausgestoßenen in ehrenwerte Männer, von Glücksrittern in betuchte Hauptleute und von hungerleidenden Habenichtsen in reiche Adlige zu verwandeln, nur weil sie die beschwerliche Überfahrt auf sich genommen hatten.

»Das Meer hat in einem Jahr mehr Adlige hervorgebracht als die Könige in einem Jahrhundert«, lautete ein häufig zitierter Spruch auf Hispaniola. Die Kolonisten kamen in der Regel aus den niedrigen Schichten und konnten kaum ihren Namen richtig buchstabieren. Nur selten gehörten ihnen Männer höherer Geburt an.

Wer aber besaß das Land, die Indios, das Gold, die Perlen, die Gewürze? Wer hatte das Recht, das Land zu erforschen und die riesigen Reiche zu erobern, die man jenseits des Horizontes im Westen vermutete? Über diese Fragen herrschte keine Einigkeit, und die von der Krone entsandten Richter hatten alle Hände voll zu tun. Die Urteile ließen nicht selten Jahre auf sich warten und waren alles andere als gerecht.

Sich die Neue Welt untertan zu machen, war kein leichtes

Unterfangen. Diejenigen, die dazu berufen waren oder sich berufen fühlten, besaßen weder die Mittel noch die Fähigkeiten, mit den Problemen fertig zu werden. Die Entdeckung war einfach gewesen, die Besiedlung aber entpuppte sich als hoffnungslos kompliziert.

Der übertriebene Hochmut der Entdecker und Kolonisten verleitete sie zu der Ansicht, daß ihre Art zu leben und zu regieren die einzig wahre sei. Daher waren sie weder willens noch in der Lage, nach anderen Formen des Zusammenlebens zu suchen. So war es für sie selbstverständlich, den Einheimischen ihre Sitten und Bräuche mit brutalster Gewalt aufzuzwingen.

Die katholischen Könige kümmerten sich weitaus mehr um ihre Hofintrigen als um den organisierten Aufbau eines Reiches, von dessen Beschaffenheit sie kaum eine klare Vorstellung hatten. Sie regierten die fernen Gebiete, ohne zu wissen, welche Bedingungen dort herrschten und mit welchen Problemen die Siedler zu kämpfen hatten. Das Ergebnis dieser kopflosen Politik war ein grenzenloses Chaos.

Es wurde deutlich, sobald man einen Fuß in die Hauptstadt setzte. Santo Domingo wuchs mit schwindelerregender Schnelligkeit und völlig planlos. Die Stadt war eine Mischung aus Festung und Jahrmarkt, mit Baracken und eilig zusammengezimmerten Hütten, in denen Andalusier und Mallorquiner versuchten, sich an die Hängematten zu gewöhnen. Überall stank es nach Unrat. Schweine, Hunde und Ratten machten den schwarzen Marabus mit den langen Schnäbeln den Müll streitig, und in der mittäglichen Hitze vermischte sich der Gestank der Fäkalien mit dem kräftigen Aroma des Dschungels und der überreifen Früchte.

Das Zuckerrohr, das von den Arabern aus dem Orient nach Andalusien gebracht worden war, wuchs in den heißen und fruchtbaren Gegenden besonders gut. Und es gab schon einige Spanier, die, statt im Urwald nach Gold zu schürfen oder zwischen all den Haifischen im Meer nach Perlen zu tauchen, den Reichtum des neuen Landes im fruchtbaren Boden suchten.

Dazu mußte man jedoch zuerst den Einheimischen das Land wegnehmen und sie dann zwingen, als Tagelöhner oder Sklaven auf ihrem eigenen Grund und Boden zu schuften. Gouverneur Don Francisco de Bobadilla war der einzige, der darüber verfügen durfte, denn er besaß durch königlichen Erlaß die Macht, über das Schicksal der Einheimischen zu entscheiden und Land zu vergeben. In den letzten Monaten seiner Herrschaft, als er sah, daß es mit seinem Mandat auf der Insel unweigerlich zu Ende ging, vergab er Land nur noch an die Meistbietenden.

Im Frühling des Jahres 1502 erreichte die Korruption in der Verwaltung der neuen Kolonien ungeahnte Ausmaße. Alle, die ein verantwortungsvolles Amt bekleideten, wußten, daß ihre Tage gezählt waren, daher bestand ihre einzige Sorge darin, so viel Gold oder Wertsachen wie nur möglich zusammenzuraffen und alle Spuren zu verwischen, bevor Bobadilla abgelöst wurde und der neue Herrscher seine eigenen Vertrauensleute mitbrachte.

Einige postierten sogar Späher am nördlichen Zipfel der Insel, die ihnen Bescheid geben sollten, sobald sie am Horizont die Segel der königlichen Armada mit dem neuen Gouverneur sichteten. Sie wollten nicht einen Tag vergeuden und auf keinen Fall überrascht werden, ohne zuvor alle Dokumente, die ihnen gefährlich werden könnten, verbrannt zu haben.

Der neue Gouverneur, Fray Nicolás de Ovando, Großkomtur des Alcántara-Ordens, hatte der spanischen Krone unzählige Dienste erwiesen und galt als ehrlicher und aufrechter Mann. Selbst Bartolomé de las Casas, Verfasser der *Leyenda negra española* schilderte ihn als einen feinsinnigen Edelmann mit außerordentlichen Führungsqualitäten. Dies galt jedoch nicht für die Einheimischen, denen er unaussprechliches Leid zufügte. Er war ein Mann mittlerer

Statur, trug einen dichten Bart und wirkte sehr autoritär. Er war ein Freund der Gerechtigkeit, aufrichtig, was seine Handlungen und Versprechen anging, und ein unerschrokkener Feind jeglicher Korruption.

Daher war es nicht überraschend, daß die Ankunft eines solchen Mannes allen, die aus Hispaniola einen Selbstbedienungsladen gemacht hatten, ein Dorn im Auge war. Und die Alteingesessenen blickten mit Schrecken zu der Festung auf, in deren dunklen Kerkern sie möglicherweise bald verschwinden könnten.

Die Hauptstadt Santo Domingo glich einem Hexenkessel, in dem Schreiber und Beamte aufgeregt hin und her eilten, um noch in letzter Minute Verträge abzuschließen und die neue Verwaltung vor vollendete Tatsachen zu stellen. Alle Angelegenheiten, die nicht im Interesse der jetzigen Herrscher lagen, wurden liegengelassen. Männern wie Rodrigo de Bastidas, Juan de la Cosa und alle, die sie bei ihren Expeditionen begleitet hatten, blieb nichts anderes übrig, als auf die Ankunft des neuen Gouverneurs zu warten in der Hoffnung, daß ihnen dann Gerechtigkeit widerführe und sie ihr Eigentum zurückbekämen.

»Allein mit dem Inhalt der drei Truhen, die wir gerettet haben, könnten wir diesem Elend entkommen und bis zur nächsten Expedition ein menschenwürdiges Leben führen«, fuhr Balboa fort. »Aber ich fürchte, daß Bobadilla alle Hebel in Bewegung setzen wird, damit wir dieses Geld nie wiedersehen.« Er seufzte tief. »Ich weiß, daß die Arbeit in den Minen tödlich ist, aber ich muß wenigstens einmal am Tag essen.«

»Vielleicht können wir uns gegenseitig helfen«, sagte Cienfuegos.

»Wie das?« fragte der andere interessiert und kaute an seiner Schnurrbartspitze. »Hättet Ihr vielleicht Arbeit für mich?«

»Schon möglich. Seid Ihr wirklich so tapfer, wie Maese Juan de la Cosa sagt? Könnt Ihr gegen Euren eigenen Schatten fechten?«

»Wenn ich meinen Degen einlösen könnte«, antwortete der andere verschmitzt. »Organisiert Ihr eine Expedition?«

»Nein, einen Überfall.«

»Einen Überfall?« sagte Balboa überrascht. »Was wollt Ihr überfallen? Eine Burg oder eine Festung? Die sind rar in dieser Ecke der Welt. Oder handelt es sich um einen portugiesischen Stützpunkt?«

»Portugiesischen Stützpunkt?« wiederholte Cienfuegos, der nicht wußte, was der andere meinte. »Welche Portugiesen meint Ihr?«

»Ach, irgendwelche. Ich habe gehört, daß die Portugiesen riesige Festungen und Handelsniederlassungen auf den Inseln vor der Küste errichten. Sie treiben Handel mit den Einheimischen.« Er kratzte sich nervös den Bart und fuhr fort: »In den Festungen horten sie ihre Waren und bringen sie dann nach Portugal. Ich habe mir schon immer gedacht, daß man da gute Beute machen könnte.«

»Das ist Piraterie!« rief Don Juan de la Cosa empört.

»Piraterie?« sagte Balboa ungläubig. »Seid Ihr sicher?«

»Kein Zweifel.«

»Ich dachte, Piraterie hieße, ein Schiff auf hoher See zu kapern. Doch eine Festung bewegt sich nicht, sie bleibt stets am selben Ort. Und obendrein handelt es sich um portugiesische Festungen.«

Maese Juan de la Cosa runzelte die Stirn und wandte sich mit einer verächtlichen Handbewegung ab, als wollte er Cienfuegos andeuten, daß man mit einem solchen Dummkopf nichts anfangen konnte.

»Wie ich bereits sagte, er wird höchstwahrscheinlich am Galgen enden, aber wenn Ihr ihn für das, was ich denke, einspannen wollt – ich kann für seinen Mut und seine Treue bürgen.«

»Habt Dank für Eure Empfehlung!« sagte Balboa und beugte sich etwas vor. »Aber Ihr laßt mich im dunkeln. Ich schwöre, niemandem etwas zu verraten – sagt mir doch, um welche Art von Überfall es sich handelt.«

Cienfuegos sah ihm in die Augen und kam zu dem Schluß, daß er wirklich die Art von Mann war, den sein ehemaliger Lehrmeister beschrieben hatte. Er blickte aus dem Fenster auf die hohen Festungstürme, die über den Dächern der Stadt aufragten.

»Die Festung von Santo Domingo?« fragte Balboa verwirrt und ungläubig. »Ihr wollt die Festung des Gouverneurs überfallen?«

»Genau!«

»Ihr wollt Don Rodrigo befreien, nicht wahr?«

»Nein.«

»Wen dann?«

»Das werdet Ihr noch früh genug erfahren.«

»Zählt nicht auf mich, wenn es sich um einen Verbrecher oder Feind der Krone handelt«, warnte Vasco Núñez de Balboa.

»Er ist weder ein Verbrecher noch ein Feind der Krone, sondern ein Unschuldiger, für den ich meine Hand ins Feuer lege«, erklärte Juan de la Cosa. »Wenn Ihr an dem Unternehmen interessiert seid, können wir uns einig werden.«

»Natürlich habe ich Interesse!« antwortete Balboa sofort. »Ich habe noch nie ein Gefängnis überfallen. Es ist ein Abenteuer wert. Wann soll es losgehen?«

»Wir werden Euch auf dem laufenden halten.«

»Ich werde meinen Degen benötigen. Ohne ihn kann ich nicht fechten.«

»Ich gebe Euch genug Geld, damit Ihr Eure Spielschulden begleichen und Eure Sachen einlösen könnt. Aber ich gebe Euch nur das Nötigste, da ich um Eure Trunksucht weiß«, belehrte ihn Juan de la Cosa. »Später rechnen wir ab, und Ihr könnt mit dem Geld machen, was Ihr wollt.«

»Einverstanden. Ihr könnt auf mich zählen.«

»Dann sind wir jetzt also zu dritt!« sagte Juan de la Cosa leise.

»Nein!« berichtigte Cienfuegos. »Zu fünft, obwohl einer mächtig hinkt.«

»Bonifacio Cabrera etwa?« fragte Juan de la Cosa und konnte seine Freude nicht verbergen. »Doña Mariana Montenegros Diener?«

»Genau der.«

»Ein guter Kerl und sehr gewitzt«, meinte Juan de la Cosa und nickte. »Aber ich weiß trotzdem nicht, was ein alter Mann, ein Krüppel, ein Verrückter und zwei weitere Männer ausrichten können. Habt Ihr eine Ahnung, wie wir diese Festung stürmen sollen?«

»Nicht die geringste!« gestand Cienfuegos. »Ich bin jetzt ein paarmal drin gewesen und habe fast alle Räume gesehen, auch den, der uns interessiert. Aber wenn ich ehrlich sein soll, ist mir im Moment noch völlig schleierhaft, wie wir reinkommen und heil wieder hinausgelangen können.«

»Wollt Ihr sagen, daß Ihr weder einen Plan noch eine Streitmacht habt?« fragte Balboa lachend. »Das gefällt mir. Improvisierte Abenteuer sind die besten.«

»Versteht Ihr jetzt, warum ich ihn für verrückt halte?« fragte Juan de la Cosa Cienfuegos. »Er hat mal gewettet, einen Hai mit einem Messer erlegen zu können.«

»Potztausend! Und, hat er es geschafft?«

»Natürlich, sonst säße er nicht hier. Er sprang ins Meer und schlitzte einem drei Meter langen Hai den Bauch auf.«

»Der Kerl hat Mut«, sagte Cienfuegos.

»Vor allem, wenn Ihr bedenkt, daß er nicht schwimmen kann. Wir mußten ihm ein Seil um den Bauch binden und über Wasser halten.«

»Verdammt!« sagte Cienfuegos bewundernd. »Wie konntet Ihr Euch darauf einlassen?«

»Ganz einfach, ich habe mir gesagt, wenn der Hai mich

verschlingen will, würde es mir auch nichts helfen, wenn ich schwimmen könnte.«

So konnte es nicht verwundern, daß dieser unerschrokkene Tausendsassa Jahre später schwere Schiffe über die hohen Berge von Panama schleppen ließ, auf der Suche nach dem Meer, das er als erster sehen würde: den Pazifischen Ozean. Cienfuegos kam zu dem Schluß, daß es waghalsige Männer wie Balboa waren, die er für sein Unternehmen benötigte.

»Mit einem Dutzend solcher Burschen würden wir keine Probleme haben, Doña Mariana Montenegro aus dem Gefängnis zu holen«, sagte Cienfuegos zu seinem alten Lehrmeister, während beide zusahen, wie Balboa die Schenke verließ, um mit dem Gold, das er von Juan de la Cosa erhalten hatte, seinen Degen einzulösen.

»Gewiß!« sagte Juan de la Cosa und lachte. »Aber es gibt kein Dutzend Männer wie ihn, zum Glück!«

»Warum zum Glück?« fragte Cienfuegos verwirrt. »Ich denke, Ihr mögt ihn?«

»Das ist richtig. Ich bewundere und schätze ihn, aber ich muß gestehen, daß er zu jenen Menschen gehört, die heute Euer Freund und morgen Euer Feind sein können. Sie taugen ebenso dazu, einen Brand zu löschen, wie eine ganze Stadt in Schutt und Asche zu legen. Noch nie habe ich einen so unberechenbaren Kerl erlebt.« Er hielt inne. »Und Ihr wißt, ein alter Seemann mag verläßliche Winde.« Er trank seinen Krug aus und fügte lächelnd hinzu: »Vertraut ihm, aber haltet ihn im Zaum.«

Wie ein Schwarm großer Möwen tauchten die weißen Segel am südöstlichen Horizont auf. Die Nachricht verbreitete sich in Windeseile über die ganze Insel, vom Palast des Gouverneurs bis zur entferntesten Hütte im Urwald. Sie wurde von der Kanzel verkündet und in den Freudenhäusern der Stadt, in den Schenken und Kneipen am Hafen und in den herrschaftlichen Häusern an den Hängen. Und es klang immer wieder anders – ängstlich, hoffnungsvoll, begeistert oder völlig gleichgültig –, als man überall auf den Straßen rief:

»Ovando kommt!«

Es war in der Tat ein großes Ereignis für die Neue Welt. Mit Ovando kamen weitere zweitausend Siedler nach Santo Domingo, darunter endlich auch angesehene Persönlichkeiten aus dem spanischen Hochadel mit ihren tugendhaften Gemahlinnen; Soldaten und Kirchenmänner, Ärzte und Beamte, Lehrer und Handwerker, Bauern und Prostituierte. Ob Schandfleck oder Zierde der Gesellschaft, sie waren fest entschlossen, in der Neuen Welt eine Heimat zu finden.

Nur einem Passagier der mächtigen Flotte Ovandos war die Mitreise verweigert worden, einem unternehmungslustigen Burschen namens Hernan Cortés. Er hatte sich wenige Tage vor Auslaufen der Flotte ein Bein gebrochen, als er über eine Mauer kletterte, um dem Zorn eines Mannes zu entkommen, dessen Tochter er geschändet hatte.

Alle anderen hatten die beschwerliche Passage überstanden und musterten nun von Bord aus die bräunlichgraue Stadt, das satte, fruchtbare Land mit seinen unzähligen, ineinander verschwimmenden Grüntönen und dem durchdringenden Aroma von Fäulnis und überreifen Früchten. Möglicherweise dachten sie an die nackten Wilden und Raubtiere im Wald, über die sie schon so viele sagenhafte Geschichten gehört hatten.

Don Nicolás de Ovandos Ankunft stand bevor. Unmittelbar nachdem die Nachricht in Santo Domingo bekannt geworden war, hatten sich die Bewohner der Stadt am Hafen versammelt und nach der größten und mächtigsten Flotte Ausschau gehalten, die diese Gewässer je befahren hatte. Es sollten viele Jahre vergehen, bis wieder zweiunddreißig schwere Schiffe auf einmal in einen Hafen der Neuen Welt einfuhren.

»Ovando kommt!«

Cienfuegos erhielt die Nachricht durch seinen Sohn Haitiké. Der hinkende Bonifacio hatte ihn zu dem Versteck im Dschungel geschickt, um Cienfuegos zu holen. Während sie sich nun auf dem Weg zum Hafen der Stadt näherten, fragte sich Cienfuegos, ob und wie dieses Ereignis Evas Befreiung beeinflussen würde. Inwieweit konnte sich der neue Gouverneur in die Angelegenheiten der Kirche einmischen? Und würde er sich überhaupt für das Schicksal einer Fremden interessieren, die Ehebruch begangen hatte und obendrein von der Heiligen Inquisition der Hexerei bezichtigt wurde? Das war kaum anzunehmen.

All dies schoß ihm durch den Kopf, und als sie den Hafen erreichten, war er überzeugt, daß der neue Gouverneur wenig geneigt sein würde, im Fall Doña Mariana Montenegro auch nur einen Finger zu rühren. Von ihm konnten sie keine Hilfe erwarten. Er hatte unendlich wichtigere Probleme, die eine rasche Lösung erforderten; er würde keine Zeit haben für die Bittschrift eines Bürgers von niedriger Geburt. Ovando war nicht die Lösung, und Cienfuegos wußte es.

So würde ihm der Machtwechsel die Sache keineswegs erleichtern. Im Gegenteil. Alles, was er bis jetzt erreicht hatte, konnte durch den neuen Gouverneur zunichte gemacht werden. Als er dann die beeindruckende Flotte stolzer Schiffe am Horizont erblickte, war ihm, als durchbohrte man ihm mit einem glühenden Eisen das Herz.

Diese Schiffe, die aus weiter Ferne kamen, brachten eine Menge Menschen, unbekannte Gesichter, die im Handumdrehen den gewohnten Lebensrhythmus der Inselbewohner am Ozama-Fluß verändern würden; Menschen, die die bisherigen Beamten und Büttel des Gouverneurs Bobadilla ablösen sollten; Menschen, die man erst studieren mußte, wenn man ihre Schwächen herausfinden wollte.

»Mein Gott!«

Er hatte so viel Zeit darauf verwendet, eine feste Beziehung zu den Wächtern der Festung aufzubauen, um herauszufinden, wie das Gefängnis organisiert war, wann die Wachablösung stattfand, welche Offiziere am strengsten waren, und wie man am besten in die Festung gelangte. Jetzt würde die ganze Arbeit umsonst gewesen sein, denn wie sein Vorgänger Bobadilla würde auch der neue Gouverneur die wichtigsten Posten mit Männern seines Vertrauens besetzen.

Der Alkazar des Admirals, die Gefängnisfestung, eine kleine Burg an der Flußmündung und die Waffenkammer waren die vier wichtigsten strategischen Punkte und garantierten die Kontrolle über die Stadt. Daher stand es außer Zweifel, daß der Kerkermeister Pedraza, der heisere Hauptmann und all die anderen Offiziere, die ihm Geld schuldeten, sich nicht mehr lange auf ihrem Posten würden halten können.

Und die, die sie ablösten, würden strenge und unerbittliche Soldaten aus der *meseta* sein, noch gänzlich unbeeinflußt vom feuchtheißen Klima dieser Breiten, das einen immer wieder dazu verleitete, die Dinge nicht so ernst zu nehmen und sie auf einen anderen Tag zu verschieben. Im Gegenteil, wahrscheinlich würden sie noch jenen unbändigen Enthusiasmus in sich tragen, der gewisse Menschen immer wieder dazu treibt, die Welt verändern zu wollen.

Die Schiffe wurden größer, die untergehende Sonne ließ die bronzenen Kanonen aufblitzen, und man konnte bereits die bunten Fähnchen und Standarten an Bord erkennen.

Die rasche Dämmerung der Tropen, die den Tag fast unmittelbar zur Nacht werden ließ, zwang die Flotte, Rast zu machen und vor den Toren der Stadt zu ankern. Es waren so viele Schiffe, daß sie ohnehin nicht alle Platz in dem kleinen Hafen gefunden hätten. Die Zuschauer aus der Stadt kehrten enttäuscht in ihre Häuser zurück, als sie sahen, daß ein Schiff nach dem anderen die Segel einholte und den Anker warf – nur einen Steinwurf von der Stadt entfernt.

Trotzdem wurde die Nacht zu einem einzigen Fest. Die Lichter der vielen Schiffe, auf denen die Passagiere lachend und singend das Ende der langen Überfahrt feierten, lockten die Stadtbewohner wieder an den Strand. Auch sie hatten etwas zu feiern: das bevorstehende Ende der langen und strengen Herrschaft Bobadillas. Die Nacht hallte wider von unzähligen Schmähliedern auf den alten Gouverneur.

Doch es dauerte nicht lange, und die Lieder verwandelten sich in Drohungen und rachsüchtige Hetztiraden. Francisco de Bobadilla saß in der Waffenkammer des Alkazar und mußte miterleben, wie das Geschrei von Minute zu Minute anschwoll und diejenigen, die ihm zuvor bedingungslos ergeben waren, sich nun von ihm abwandten.

Alle Soldaten und treuen Diener verschwanden in dieser Nacht aus dem Palast. Don Francisco de Bobadilla, Ritter des Calatrava-Ordens, Gouverneur und ehemaliger Vertrauter der katholischen Könige, verbrachte die einsamsten Stunden seines Lebens. Er besaß weder Freunde noch Verwandte, die ihm zur Seite hätten stehen können. So mußte er es geduldig über sich ergehen lassen, daß sich das Volk vor seinem Palast versammelte und ihn schreiend und singend an seine unzähligen Verbrechen erinnerte.

»Der Dieb muß gehen! Der Dieb muß gehen! An den Galgen mit ihm!« schrie die Masse ein übers andere Mal. »Der Dieb muß gehen! Der Dieb muß gehen! An den Galgen mit ihm.«

Wahrscheinlich fragte sich Don Francisco de Bobadilla in jener Nacht, welch teuflische Macht das Gold der Insel auf seinen Willen ausgeübt hatte, und wie es möglich war, daß er sein strenges asketisches Leben so gänzlich über Bord hatte werfen können. Er hatte Sevilla mit nichts als einer Kleidertruhe und seinem guten Namen verlassen. Und nun, kaum zwei Jahre später, mußte er gesenkten Hauptes, gedemütigt und beschämt wegen des Ausmaßes seines Vermögens, das auf hunderttausend *castillanos* in Gold und zwölf Säcke Perlen geschätzt wurde, sein Urteil erwarten. In kürzester Zeit war er einer der wohlhabendsten Männer von ganz Europa geworden. Doch nutzte ihm dieser Reichtum nicht viel in einer Gesellschaft, in der jeder, der nicht über die Gunst der Könige verfügte, als Außenseiter galt. Geiz und Habsucht hatten ihn zu einem Sklaven seines eigenen Reichtums gemacht. Er besaß alles und hatte doch nichts davon.

Er ging in ein Nebenzimmer und starrte auf die lange Reihe der bis zum Rand gefüllten Truhen. Vielleicht fragte er sich in diesen Minuten, ob es sich lohne, seine Seele durch den Verzicht auf all dies wiederzugewinnen.

Was würde er der Königin sagen?

Würde sein Gesicht vor Scham erröten, wenn er vor den katholischen Königen auf die Knie fiel und vor aller Augen gestand, daß er am anderen Ende der Welt zu einem der habgierigsten Untertanen der Krone geworden war?

Was würde er dem strengen König Ferdinand antworten, wenn dieser ihn für seine Handlungen zur Rechenschaft zog und für den Vertrauensbruch, den er begangen hatte, tadelte?

»Der Dieb muß gehen! Der Dieb muß gehen! An den Galgen mit ihm...«

Das Geschrei drang in alle Zimmer und sogar bis in die Kellergewölbe des Alkazar. Er zitterte bei dem Gedanken daran, was geschehen würde, wenn die aufgebrachte Menge den Palast stürmte.

Er versuchte sich vorzustellen, wie er mit Gold und Edelsteinen das schönste Schloß von ganz Valladolid erbauen würde, doch vergeblich. Vielleicht, so schoß es ihm plötzlich durch den Kopf, hatte der neue Gouverneur Ovando das unterschriebene Todesurteil bereits in der Tasche.

Er hatte stets gewußt, daß er eines Tages sterben mußte, doch sollte es ein ehrenhafter und würdiger Tod sein, mit einer Prozession von frommen Mönchen, die ihn zu seiner letzten Ruhestätte trugen, während sie seine Verdienste und unzähligen Tugenden besangen. Doch jetzt fürchtete er plötzlich einen schändlichen Tod, mitten auf der Plaza, unter dem Spott der unbarmherzigen Menge. Und später würden sie seine Leiche als abschreckendes Beispiel ausstellen, bis sich der Kopf vom Rumpf löste.

Cienfuegos hatte sich unter die Menschen gemischt, die draußen sangen, schimpften, mit faulen Eiern warfen und die Fenster einschlugen. Er dachte darüber nach, wie einsam der Gouverneur sein mußte und daß nicht einmal alles Gold der Insel genügen würde, um diese bitteren Stunden aufzuwiegen.

Eine Stunde vor Sonnenaufgang beschloß er zu handeln. Sobald die ersten Lichtstrahlen den Horizont erhellten, würden die Schiffe in den Hafen einfahren.

Am frühen Morgen, als die meisten Inselbewohner noch am Strand warteten und beobachteten, wie die vielen Schiffe langsam in die Flußmündung einliefen und Seite an Seite anlegten, klopfte ein Dutzend schwerbewaffneter Männer, angeführt von einem Offizier, an das Tor der gefürchteten Festung und verlangte nach dem Befehlshaber.

»Was wollt Ihr?« fragte der arme Mann verängstigt.

»Auf Befehl des neuen Gouverneurs Don Nicolás de Ovando seid Ihr aufgefordert, die Festung unverzüglich zu übergeben!« brüllte der Offizier.

»Kann ich den Befehl sehen?« fragte der andere.

»Hier habt Ihr ihn!«

An der Echtheit der Dokumentenrolle bestand kein Zweifel. Sie enthielt den Befehl, die Festung mit allen Gefangenen unverzüglich an die Offiziere des neuen Gouverneurs zu übergeben. Strenge Strafen wurden allen angedroht, die sich diesen Befehlen widersetzten oder sie zu boykottieren versuchten. Das Dokument war gesiegelt und trug die Unterschriften der katholischen Könige und des Gouverneurs Ovando.

Die Erinnerung an den Machtwechsel, der sich vor nicht allzulanger Zeit vollzogen hatte, als die Gebrüder Kolumbus versuchten, Bobadilla zu trotzen und sich dieser dann heimtückisch gerächt hatte, stand dem Mann, der damals zu den Nutznießern gehört hatte, noch deutlich vor Augen. Der wachhabende Offizier dachte einen Augenblick nach und entschied, daß es keinen Zweck hatte, sich zu widersetzen. Daher salutierte er und sagte: »Auf Befehl des neuen Gouverneurs übergebe ich Euch hiermit die Festung.«

»Im Namen der katholischen Könige übernehme ich die Verantwortung für die Festung«, antwortete der andere.

»Welches sind die weiteren Befehle?« fragte der abgelöste Offizier.

»Weitere Befehle liegen nicht vor«, lautete die Antwort. »Aber wenn Ihr auf den guten Rat eines Waffenbruders hören wollt, würde ich an Eurer Stelle erst einmal im Urwald verschwinden und abwarten, bis sich die Wogen hier geglättet haben.«

»Ihr meint sofort?«

»Das rate ich Euch.«

Der Offizier und seine Soldaten machten sich eilig aus

dem Staub. Als der blonde Mann mit dem ungepflegten Bart die Schlüssel in den Händen hielt, stieß er einen triumphierenden Schrei aus, warf seinen Hut in die Luft und rief: »Öffnet alle Gefängnistüren. Die Diebe sollen laufen, so schnell ihre Beine sie tragen können.«

Dann wandte er sich an Cienfuegos, der sich im Hintergrund gehalten hatte, um von der Wache nicht wiedererkannt zu werden.

»Auftrag erfüllt«, sagte er stolz.

Cienfuegos, Balboa, der hinkende Bonifacio, Maese Juan de la Cosa und sogar der »Türke«, der es kaum fassen konnte, wie sie durch eine List und ohne jedes Blutvergießen in den Besitz der Festung gelangt waren, umarmten sich jubelnd. Ein einfaches Dokument, durch die fachmännische Hand eines ausgezeichneten Kartenzeichners wie Juan de la Cosa gefälscht, und ein paar hungerleidende Habenichtse, die für eine Silbermünze bereit waren, durch dick und dünn zu gehen, hatten genügt, um die als uneinnehmbar geltende Festung im Handstreich zu nehmen.

»Wie werde ich Euch jemals vergelten können, was Ihr für mich getan habt?« fragte Baltasar Garrote bewegt.

»Ihr seid mir nichts schuldig«, entgegnete der Hirte aus Gomera. »Aber Ihr solltet so schnell wie möglich zum Kloster eilen und Bernardino de Sigüenza mitteilen, daß Doña Mariana auf höheren Befehl freigelassen wurde und er die ganze Angelegenheit besser vergessen sollte.«

»Jetzt gleich?«

»Unverzüglich! Stellt Euch vor, was passieren würde, wenn er Verdacht schöpft und verlangt, Doña Mariana Montenegro wieder einzusperren?«

»Und was wird aus ihr?«

»Ich werde dafür sorgen, daß sie gut versteckt wird, bis ich eine Möglichkeit sehe, sie unerkannt von der Insel fortzubringen«, antwortete Cienfuegos und versetzte ihm einen Stoß. »Beeilt Euch. Wir werden in Kontakt bleiben.«

Einige Gefangene erschienen bereits im Hof und blinzelten in das grelle Tropenlicht. Sie konnten nicht fassen, daß sie frei waren, und man mußte ihnen gut zureden, damit sie so schnell wie möglich im dichten Urwald untertauchten. Während immer mehr Menschen aus dem Gefängnis herausgelaufen kamen, drängte sich Cienfuegos auf der Suche nach Eva durch die Menge und in die Festung hinein.

Sie hatten kaum Zeit, sich zu umarmen, dann trug der Hirte aus Gomera sie hastig die steilen Treppen hinab nach draußen und hob sie auf einen Karren, den der hinkende Bonifacio vor das Tor der Festung gefahren hatte.

Zwei Stunden später, als die Truppen des neuen Machthabers Ovando vor den Toren der gefürchteten Festung erschienen, um deren Übergabe zu fordern, blieb ihnen nichts anderes übrig, als ein menschenleeres Gebäude zu besetzen, das nur noch von Ratten bewohnt wurde.

Cienfuegos wußte nur allzugut, daß es noch nicht viel hieß, aus der Festung entkommen zu sein – im Handumdrehen konnte man wieder im Kerker sitzen. Ganz gleich, wie gutmütig der neue Gouverneur sein mochte, eine derartige Schmach würde er nicht einfach hinnehmen. Wenn er einen Gefängnisausbruch vor der eigenen Nase duldete, stand seine Autorität von Anfang an auf wackligen Beinen. Zwar waren die meisten Häftlinge schlichtweg persönliche Feinde Don Francisco de Bobadillas, doch befanden sich auch Gefangene der Krone und, im Fall von Doña Mariana Montenegro, der allmächtigen Heiligen Inquisition darunter.

Cienfuegos verlor keine Zeit. Er holte Araya und Haitiké ab und steuerte den Karren über schmale, unwegsame Waldpfade Richtung Westen. Nach einigen Stunden erreichten sie einen Fluß, wo ein Dutzend Krieger der Prinzessin Anacaona, der Bonifacio eine Botschaft hatte überbringen lassen, auf sie warteten.

An die zweihundert Kilometer zerklüfteter Berglandschaft und dichten Dschungels trennten die Stadt Santo Domingo von Xaraguá, dessen Lage dem heutigen Haiti entspricht. Der Hirte aus Gomera hielt diesen Ort für das einzig sichere Versteck auf der Insel. Unter Prinzessin Anacaonas Schutz konnte Eva nichts geschehen, und immerhin würde es noch zehn Tage dauern, bis die *Milagro* wie verabredet bei Neumond an der Flußmündung des Ozama-Flusses vor Anker gehen sollte.

Er wußte, daß sie Hispaniola so schnell wie möglich verlassen mußten, doch dazu brauchten sie ein Schiff. Mehr noch sorgte er sich um Evas seelischen und körperlichen Zustand. Drei schreckliche Monate hatte sie, von der Außenwelt völlig abgeschnitten, in einer dunklen und feuchten Zelle verbracht.

Doña Mariana Montenegro war bleich und verstört, und nichts ließ darauf schließen, was für eine stolze und energische Frau sie einmal gewesen war. Man hätte meinen können, daß sie sogar vor dem Tageslicht zurückschreckte, als fürchtete sie, jeden Augenblick wieder eingekerkert zu werden. Die mutige Entschlossenheit, mit der sie dem Inquisitor Bernardino de Sigüenza begegnet war, fiel in sich zusammen wie eine Sandburg, die dem stetigen Ansturm des Meeres nicht gewachsen ist.

Sie hatte sich an Cienfuegos geklammert und ihn angefleht: »Laß nicht zu, daß man mich wieder in den Kerker bringt, laß nicht zu, daß unser Kind in dieser Finsternis zur Welt kommt! Tu etwas! Lieber will ich sterben, als wieder eingesperrt zu werden.«

Und Cienfuegos versprach es, überzeugt, daß er sein Wort halten konnte, während sich die Gruppe einen Weg durch den verschlungenen Urwald bahnte, auf Pfaden, die nur die Einheimischen kannten. Sie mieden offenes Gelände, um von niemandem bemerkt zu werden.

Das Nachtlager schlugen sie in einer Höhle am Fuß eines hohen Berges auf. Beim Essen fiel Cienfuegos auf, daß Eva sichtlich an Kraft verloren hatte. Die Entbindung stand in wenigen Wochen bevor. Eva hatte hohes Fieber und phantasierte. In ihren Alpträumen sah sie sich von Flammen umgeben, die langsam ihren Körper und den ihres Kindes verschlangen, und nur Araya, die ihr zärtlich die Hand auf die Stirn legte, vermochte sie für kurze Zeit zu beruhigen.

Haitiké war nervös und gereizt, doch die kleine Araya nahm alles gelassen und selbstverständlich hin, denn sie wußte, daß das Leben aus immer wieder neuen Herausforderungen bestand. Für Araya war der lange Marsch nichts anderes als ein Spaziergang, und ihre einzige Sorge galt Evas Zustand, da sie die ehemalige Gräfin liebte wie ihre eigene Mutter.

Trotz ihrer Gefühle für Eva war nicht zu übersehen, daß das Mädchen am besten mit Cienfuegos zurechtkam. Die beiden verstanden sich ohne Worte. Cienfuegos seinerseits war von Tag zu Tag stolzer auf sie, denn selbst in den heikelsten Augenblicken bewies sie große Reife und Sensibilität.

Er beobachtete sie am Krankenbett. Wie sie Evas Hand hielt, wenn diese einen heftigen Schmerz verspürte, wie sie ihr den Schweiß von der Stirn wischte und beruhigend auf sie einsprach. Jede ihrer Bewegungen erschien ihm wunderbar und erhaben. Sie war zerbrechlich und anmutig zugleich, eine echte kleine Prinzessin, die auf ihre Krone wartete. Immer wieder fragte sich Cienfuegos, wer dieses seltsame Geschöpf war und warum Gott es zuließ, daß ein Volk mit solchen Kindern ausgerottet wurde.

Mittlerweile mochte sie an die dreizehn Jahre alt sein, und ihr Körper nahm allmählich weibliche Formen an. Sie war nicht groß, doch ihre Proportionen waren so harmonisch, daß sie viel größer und attraktiver wirkte, als sie in Wahrheit war. Ihre Haut schimmerte sehr hell, ihr Haar war tiefschwarz, die Augen honigfarben, länglich und ausdrucksvoll. Ein exotisches, beunruhigendes Flair umgab sie; es war nicht zu übersehen, daß ihre Anwesenheit die tapfersten Krieger und edelsten Ritter in Verlegenheit brachte.

Diese Nacht wurde sehr lang, und mehr als einmal fürchtete der Hirte aus Gomera, die Frau zu verlieren, die er über alles liebte. Immer wieder fragte er sich, vor Angst wie gelähmt, welchen Sinn sein Leben noch haben könnte, wenn Eva aus dieser Welt verschwände. Im Morgengrauen nach der schlaflosen Nacht gelobte er, ein für allemal mit dem verhaßten Capitán León de Luna abzurechnen. Sein böser

Fluch sollte nicht länger wie ein Schatten über ihnen schweben und ihnen das Leben zur Hölle machen. Aber zuerst mußte er Eva in Sicherheit bringen.

Zweifellos war es der Capitán gewesen, der Baltasar Garrote dazu verleitet hatte, Eva der Hexerei anzuklagen. Cienfuegos war davon überzeugt. Auch wenn León hoch und heilig geschworen hatte, seine ehemalige Frau in Ruhe zu lassen, würden sein grenzenloser Haß und seine Rachsucht ihn daran hindern, dieses Versprechen zu halten. Wenn er sie in neun Jahren nicht hatte vergessen können, würde er sie nie vergessen, und offenbar war nicht einmal die Neue Welt groß genug, um sie vor ihm in Sicherheit zu bringen.

Der Hirte aus Gomera hatte nie daran gedacht, einen Menschen kaltblütig umzubringen. Bisher hatte er höchstens aus Notwehr töten müssen, wenn keine andere Verteidigung möglich gewesen war. Doch in dieser verzweifelten Nacht, die einfach nicht enden wollte, sah er schließlich ein, daß es nichts anderes wäre als gerechtfertigte Notwehr, wenn er den Grafen aus dem Weg schaffte.

Zudem wollte er Eva Grumbach heiraten, damit ihr Kind nicht als Bastard zur Welt kam und sich später seiner Abstammung würde schämen müssen. Der Tod León de Lunas schien der einzige Weg zu sein, die unglückliche Verbindung zwischen dem rachsüchtigen Capitán und der Deutschen zu lösen.

Als die ersten Sonnenstrahlen in den Eingang der Höhle fielen, stand Cienfuegos auf und beschloß, daß sie sich vorerst verstecken würden, bis Eva genügend Kräfte gesammelt hatte, um die Flucht fortsetzen zu können. Er schickte einen jungen Krieger zu Prinzessin Anacaona, um ihr mitzuteilen, wo sie sich befanden und in welcher Lage Eva war, und postierte die anderen an verschiedenen strategischen Punkten, um Wache zu halten und ihn beim geringsten Anzeichen von Gefahr zu verständigen.

Drei lange Tage harrten sie in der Höhle aus und warteten.

In dieser Zeit schien sich Evas Zustand allmählich zu bessern. Cienfuegos, Araya und Haitiké pflegten sie so hingebungsvoll, daß es Tag und Nacht keinen Augenblick gab, in dem sie unbeaufsichtigt war.

Des Nachts schwärmten die Krieger aus und jagten Affen, Leguane und kleine wilde Hunde, aus denen sie eine wohlschmeckende und nahrhafte Suppe bereiteten. Tagsüber fischten sie in einem nahe gelegenen Fluß, der von den Bergen kam und zum Meer floß. Weit und breit war niemand zu sehen, und so verbrachten sie, wenn man von ihrer Sorge um Eva einmal absah, einige ruhige Tage.

Eines Nachmittags traf Anacaona ein, von einem halben Dutzend Männern auf einer Sänfte getragen und begleitet von dreißig Kriegern. Sie hatte ihren Medizinmann mitgebracht, und Cienfuegos merkte bald, daß die Prinzessin große Zuneigung für Eva empfand und sich aufopfernd um sie kümmerte.

»Kehre so bald wie möglich in die Stadt zurück und gib dem Kapitän des Schiffes Anweisung, sie in etwa drei Monaten in Xaraguá abzuholen«, riet sie Cienfuegos. »Im Moment ist sie nicht in der Lage, eine Seereise auf sich zu nehmen. Es wäre lebensgefährlich.«

»Wird sie sich erholen?«

Die hochgewachsene Einheimische, deren turbulentes und schwieriges Leben bereits die ersten Spuren in ihrem Gesicht hinterlassen hatte, obwohl sie noch immer eine schöne Frau war, warf ihm einen langen Blick zu. Dann wandte sie sich ihrem Medizinmann zu, der neben Eva kniete, um sie zu untersuchen, und auf ihre Frage schweigend nickte.

»Yauco ist davon überzeugt, und ich traue ihm weit mehr zu als euren Medizinmännern, die nicht viel mehr können, als einen Kranken zur Ader zu lassen. Doña Mariana ist in guten Händen, und dein Kind wird gesund und kräftig zur Welt kommen. Du kannst beruhigt gehen.«

»Und die Männer des neuen Gouverneurs?«

»Mein Reich ist groß, und die Wälder sind unwegsam. Nicht einmal das Heer deines Königs, so mächtig er sein mag, würde sie im Dschungel finden. Ich verspreche dir, daß Doña Mariana Montenegro und dein Kind an Bord sein werden, wenn das Schiff in drei Monaten von Xaraguá ablegt.«

Nicht der leiseste Hauch eines Zweifels schwang in den Worten der Prinzessin mit. Obwohl sie nur eine halbnackte Einheimische war, vertraute Cienfuegos ihr mehr als seinen eigenen Leuten. Dennoch blieb er noch drei weitere Tage bei Eva, bis eine deutlichere Besserung ihres Gesundheitszustandes eingetreten war.

Doña Mariana Montenegro schien über den Berg zu sein. Die aufopfernde Pflege ihrer Familie und der stärkende Sud, den der Medizinmann ihr gab, ließen sie wieder zu Kräften kommen, so daß Cienfuegos ein beruhigendes Gespräch mit ihr führen konnte, bevor er aufbrach.

»Warum mußt du jetzt fort?« fragte sie traurig. »Werden wir jemals länger als drei Monate zusammen verbringen?«

Cienfuegos wollte ihr nicht erzählen, daß er sich entschieden hatte, ihren Mann, Capitán de Luna, umzubringen, daher lenkte er ihre Aufmerksamkeit auf Themen, die sie genauso beschäftigten.

»Du weißt, daß wir auf Hispaniola nie sicher sein werden. Wir können der Frage nach unserer Zukunft nicht länger ausweichen. Ich will als erstes Kontakt zu der Mannschaft aufnehmen.«

»Das könnte auch Bonifacio tun.«

»Gewiß«, räumte Cienfuegos ein. »Was er aber nicht kann, das ist die Mannschaft, Don Luis de Torres und Kapitän Salado davon zu überzeugen, mit uns eine Kolonie zu gründen, abseits von der Macht der Krone und der Inquisition.«

»Glaubst du, das wäre das Beste für uns?«

»Ja, das glaube ich. Welche andere Alternative gäbe es? Nach Europa zurückkehren?«

»Auf keinen Fall!« sagte sie. »Nach Europa könnten wir nie zurück. Weder Haitiké noch Araya würden sich dort wohl fühlen, und du am allerwenigsten.« Sie schüttelte den Kopf. »Unsere Zukunft liegt hier in der Neuen Welt, die Frage ist nur, wo?«

»Das wird davon abhängen, wie viele sich uns anschließen und über welche Mittel wir verfügen.« Cienfuegos machte eine weit ausholende Geste. »Das Meer ist voller herrlicher Inseln, auf denen eine kleine Kolonie ein paradiesisches Leben führen könnte. Man muß nur den richtigen Ort finden.«

»Wir werden zu viele Männer und zu wenige Frauen sein. Das wird Ärger geben«, wandte Eva ein.

»Wir müssen Frauen suchen.«

»Wie? Willst du sie auf dem Sklavenmarkt kaufen? Oder rauben?« Eva zuckte die Achseln. »Ich bin da eher skeptisch.«

»Vielleicht kann Anacaona uns helfen«, sagte Cienfuegos ohne große Überzeugung.

»Aber ich werde sie nicht darum bitten«, entgegnete Eva aufgebracht. »Vor wenigen Jahren, als wir hier ankamen, wären Hunderte von Frauen stolz gewesen, sich tapferen spanischen Edelmännern anzuschließen.« Sie seufzte tief. »Und dann kam alles ganz anders. Die Männer entpuppten sich als Egoisten, und die wenigen einheimischen Frauen, die überlebten, sind heute Sklavinnen oder billige Huren in heruntergekommenen Hafenbordellen. Unsere tapferen spanischen Edelleute waren nichts anderes als habgierige Blutsauger, die sich in nichts von den Tieren unterscheiden.«

»Vielleicht können wir sie davon überzeugen, daß es auch Spanier gibt, die sie wie europäische Frauen respektieren würden.«

»Ich fürchte, dafür ist es zu spät. Zumindest auf dieser Insel. Und nach dem Massaker, das wir mit unseren Krankheiten und unseren Kriegen angerichtet haben, braucht Anacaona alle Frauen, die Kinder bekommen können, um den Fortbestand ihres Volkes zu sichern.« Man konnte sehen, daß Evas Kräfte nachließen und es sie große Anstrengung kostete, die Worte auszusprechen. »Nein!« schloß sie. »Bitte Anacaona nicht um Frauen. Laß dir etwas anderes einfallen.«

So suchte Cienfuegos nach einer anderen Lösung, doch er mußte bald einsehen, daß Eva recht hatte. Es blieb nichts anderes übrig, als Prostituierte zu kaufen oder ein einheimisches Dorf zu überfallen und sich Frauen zu rauben. Im stillen mußte er lachen, als er sich die Gesichter der Mannschaft ausmalte, wenn sie zufällig ein Karibendorf erwischen sollten und ihnen nur Kannibalinnen mit verkrüppelten Waden und messerscharfen Zähnen in die Hände fielen.

»Wenn wir uns irgendwo niedergelassen haben, wirst du nach Europa reisen, um Frauen zu suchen«, eröffnete er eines Abends Bonifacio. »Ich bin sicher, daß es viele Frauen gibt, die bereit sind, hier ein neues Leben anzufangen.«

»So wie ich aussehe, wird keine mitkommen«, erwiderte Bonifacio und lachte. »Welche Frau hätte schon Lust, das Paradies mit einem hinkenden Zwerg zu teilen?«

»Hör auf mit dem Unsinn. Wir würden ihnen eine Welt voller Glück bieten, nicht zu vergleichen mit dem erbärmlichen Leben, das sie dort führen. Wie viele Mädchen würden lieber hier leben, als für Herren arbeiten, die sie schlechter behandeln als Tiere? Dort sind sie nur Leibeigene, über deren Leben andere entscheiden.«

»Ich weiß nicht«, sagte Bonifacio. »Es ist eine wunderbare Vorstellung, daß alle Menschen zusammenleben könnten, ohne einander auszubeuten. Aber eine Gesellschaft, in der alle Brüder sind, in der es weder Geld noch Eigentum gibt, scheint mir fast unmöglich.«

»Die Einheimischen leben so. Ich habe es auf dem Festland selbst gesehen und hier auch, als wir ankamen.«

»Als wir ankamen!« sagte der andere. »Aber sobald wir irgendwohin kommen, ändern sich die Dinge, und leider nicht zum Guten. Es liegt an uns. Wir können nicht so leben. Kaum hören wir von Gold, Perlen oder Edelsteinen, werden wir zu Tieren. Wir lieben die Macht und den Reichtum, und jeder von uns zieht einen Sack Gold einem Sack Weizen vor.«

»Warum?«

»Das ist etwas, was weder du noch ich beantworten können«, antwortete Bonifacio leise. »Vielleicht sind wir nicht gebildet oder intelligent genug, um ein so komplexes Problem zu lösen. Aber wir wissen, daß es da ist. Irgendeine Lösung wird sich schon finden.«

»Ich kann einfach nicht glauben, daß sich irgend jemand gegen ein Leben in Frieden entscheiden würde, nur weil es dort weder Geld noch Besitz gibt«, sagte Cienfuegos nachdenklich.

»Ich bin nur ein ungebildeter Inselbewohner«, antwortete Bonifacio. »Aber ich war immer der Meinung, daß es Geld und Macht sind, die Menschen zu der Annahme verleiten, sie seien besser als andere. Wenn man diesen Menschen ihr Gold nimmt, raubt man ihnen zugleich ihre Daseinsberechtigung. Was würde der Geizkragen zählen? Womit könnte der Angeber protzen? Womit die Mächtigen die Armen demütigen? Was du vorschlägst, ist so widernatürlich, wie im Wasser leben zu wollen.«

»Ich hätte nie gedacht, daß du ein solcher Pessimist bist.«

»Vielleicht liegt das daran, daß du so viele Jahre fern von diesem Inferno gelebt hast«, antwortete Bonifacio vorwurfsvoll. »Ich habe bereits die Gründung von zwei Städten und die Ausrottung fast eines ganzen Volkes erlebt. Ich habe so viele Verbrechen und so viel Elend gesehen, daß es müßig wäre, sie hier aufzuzählen. Und wenn du gesehen hättest, wie Vizekönige, Gouverneure und Kirchenmänner für ein bißchen Macht morden ließen, wie sich angesehene Hofdamen für ein Körnchen Gold verkauften, wärst auch du ein Pessimist.« Er nickte in Richtung von Evas Lager. »Sie ist der einzige Mensch, dem ich blind vertraue.«

»Ich werde Capitán León töten«, sagte Cienfuegos leise, aber entschieden. Bonifacio zuckte nicht mal mit der Wimper.

»Das hätten wir schon längst tun sollen«, antwortete er.

»Es ist meine Sache.«

»Kann ich dir helfen?«

»Wenn zwei am Tod eines Menschen beteiligt sind, wird es Mord«, sagte Cienfuegos. »Ich muß es allein erledigen, von Mann zu Mann und ohne fremde Hilfe.«

»Er weiß sehr gut mit Waffen umzugehen«, warnte ihn Bonifacio. »Besser als der ›Türke‹ und du zusammen.«

»Das ist mir klar.«

»Was hast du vor?«

»Das weiß ich noch nicht.«

Bonifacio mußte lächeln.

»Du machst mir immer angst, wenn du etwas ausheckst. Ich möchte nicht in der Haut des Capitáns stecken. Wann brechen wir auf?«

»Bei Sonnenaufgang, bevor Eva und die Kinder aufwachen.«

»Warum so früh?«

»Weil ich Abschiede hasse!«

Santo Domingo hatte sich verändert.

Das fiel ihnen sogleich auf, ohne daß sie auch nur ein Wort mit irgend jemandem wechseln mußten. Es lag nicht nur an der großen Anzahl neuer Einwohner, sondern vor allem daran, wie eifrig diese vergessen zu machen suchten, daß die Stadt noch vor kurzem ein unbedeutendes Provinznest gewesen war.

Überall wurden Häuser aus Holz und auch aus Stein gebaut, wo zuvor nur Strohhütten gestanden hatten. Neue Straßen wurden angelegt und an den wichtigen Kreuzungen Straßenlaternen aufgestellt. In der Stadtmitte war ein riesiger Markt entstanden, wo man vom einfachen Nagel bis zum seidenen Umhang alles kaufen konnte, was das Herz begehrte.

Zweiunddreißig riesige Schiffe hatten ihre Weinfässer auf der Insel entladen, Hunderte von neuen Kaufleuten suchten geschäftig nach geeigneten Räumen, um ihre Waren zu lagern, Dutzende von Familien verzweifelt nach einem Dach über dem Kopf, etwa zwanzig Schwarzröcke nach Seelen, Tausende von Abenteurern nach Schätzen, die sie entdekken, und unzählige Prostituierte nach Betten, in denen sie großzügige Freier empfangen konnten.

Das Goldfieber schien für kurze Zeit dem Baufieber gewichen zu sein, und die alten Kolonisten, die mit der zweiten Expedition von Kolumbus gekommen waren, trauten ihren Augen nicht.

Doch es gab ohnehin nur wenige Überlebende der ersten Stunde. Viele waren dem Fieber, den »Wilden«, den Raubtieren oder den Schlangen zum Opfer gefallen, die meisten aber inneren Machtkämpfen erlegen. Vizekönig Kolumbus hatte unzählige seiner Untertanen auf dem Gewissen, und auch sein Nachfolger Bobadilla war nicht zimperlich gewesen. Schließlich hatten viele Kolonisten die Neue Welt wieder verlassen und waren enttäuscht nach Hause zurückgekehrt.

Maese Juan de la Cosa gehörte zu den wenigen, die schon bei der ersten Expedition dabeigewesen waren. Er hatte die Siedlung Natividad und die Gründung der später aufgegebenen Hauptstadt Isabela noch gut im Gedächtnis. Und als Cienfuegos und Bonifacio ihm draußen vor dem Eingang zur Taverne »Los Cuatro Vientos« begegneten, wies er auf einige Handwerker, die in der Nähe arbeiteten, und sagte lächelnd: »Wie findet Ihr das? Wenn die Galicier und die Katalanen kommen, blüht der Handel auf. Und dann wird niemand mehr fortwollen.« Seine letzten Worte klangen bitter.

»Was habt Ihr anderes erwartet?«

»Ich weiß nicht. Ich hatte gehofft, daß das Ganze nur das kurzlebige Abenteuer einer Handvoll Wahnsinniger sei. Aber wenn ich sehe, wie sie schuften, muß ich einsehen, daß es mehr als nur ein Abenteuer ist. Jetzt bauen sie Häuser, die tausend Jahre überdauern sollen.«

»Und das gefällt Euch nicht?«

»Es ist, als würde man mich eines Traumes berauben.«

»Damit habt Ihr ja schon traurige Erfahrungen gemacht. Was ist mit Bastidas geschehen und mit Eurem Gold?«

»Es war so, wie ich Euch vorhersagte. Er hat Bobadilla überredet, es uns wiederzugeben. Doch letztlich werden die Könige darüber entscheiden, wie es zu verteilen ist.«

»Ihr kehrt also nach Spanien zurück?«

»Sobald die Flotte in See sticht, obwohl es mir sehr schwer fällt, in Begleitung des ehemaligen Gouverneurs und seiner diebischen Anhängerschaft zu reisen.«

»Ich hätte sie lieber im Kerker gesehen«, sagte Cienfuegos und lächelte. »Ich hatte schon ein Plätzchen für sie reserviert.«

»Um alle einzusperren, hätten zehn Gefängnisse nicht ausgereicht«, sagte Juan de la Cosa lachend. »Außerdem will sich Ovando nicht die Finger verbrennen. Er schickt alle nach Sevilla und läßt die Könige entscheiden, was mit ihnen geschehen soll.«

»Scheint mir nicht die schlechteste Idee zu sein«, sagte Bonifacio und lehnte sich zurück, als der Wirt einen deftigen Eintopf auf den Tisch stellte. »Der Haß hat die Menschen hier auf Hispaniola entzweit. Ich glaube, daß es das beste ist, wenn man einen neuen Anfang macht.«

»Man erzählt sich, daß Königin Isabela dem Admiral Kolumbus verziehen habe. Angeblich hat sie ihm erlaubt, eine neue Expedition zu organisieren, um in nordwestlicher Richtung eine Route nach Zipangu zu finden. Die einzige Bedingung war, daß er Santo Domingo nicht betritt.«

»Das darf doch nicht wahr sein!« sagte Cienfuegos entsetzt. »Man läßt ihn nicht in der Stadt vor Anker gehen, die er gegründet und in der er als Vizekönig residiert hat?«

»Nicht er hat sie gegründet, sondern sein Bruder«, erinnerte ihn de la Cosa. »Aber das läuft praktisch auf dasselbe hinaus. Santo Domingo ist der einzige Stützpunkt auf dieser Seite des Ozeans, und die Stadt verdankt ihre Existenz dem Admiral. Andererseits finde ich es sehr klug, daß man den Admiral von ihr fernhält. Dieser alte Löwe ist rachsüchtig und würde nur neue Probleme schaffen.«

»Aber es ist ein harter Schlag gegen seine Ehre«, sagte Cienfuegos. »Ich kann mich erinnern, daß der Admiral wie kein anderer auf seinen Ruf bedacht war.«

»Die eigene Insel nicht aufsuchen zu dürfen«, meinte der hinkende Bonifacio, »das ist wirklich schlimm. Sein Reich! Wußtet Ihr, daß er sogar mit dem Gedanken spielte, sich zum König von Haiti erklären zu lassen?«

»Unsinn! Nur Geschwätz!« fuhr Juan de la Cosa dazwischen. »Und verlogen wie das Gerücht, er hätte die Insel den Genuesen übergeben wollen. Ich kenne ihn gut. Ich war bei den ersten beiden Expeditionen dabei. Er ist ein vorzüglicher Seemann, ein widerwärtiger Kapitän und ein grenzenloser Geizkragen, aber ein Verräter ist er nicht. Dafür lege ich meine Hand ins Feuer.«

»Wie hat Ovando reagiert, als er das leere Gefängnis entdeckte?« fragte der Hirte aus Gomera.

»Soweit ich gehört habe, hat er nicht ein Wort dazu gesagt. Kein Wunder. Ein Wutausbruch hätte nur allen gezeigt, daß man ihn zum Narren gehalten hat, noch bevor er zwei Stunden auf der Insel war. Doch fürchte ich, daß er nicht zu denen gehört, die eine Schmach ungestraft lassen. Ich jedenfalls will unter keinen Umständen hierbleiben, denn immerhin könnte es sein, daß er herausfindet, wer die Urkunde gefälscht hat.«

»Nur wir drei wissen davon, und Ihr könnt versichert sein, daß es von uns niemand erfahren wird.«

»Das weiß ich. Trotzdem rate ich zur Vorsicht. Vor allem Doña Mariana Montenegro sollte so schnell wie möglich Hispaniola verlassen.«

»Wißt Ihr von irgendeiner Insel, auf der wir eine Kolonie gründen könnten?« fragte Bonifacio.

»Die ›Gärten der Königin‹ südlich von Kuba bestehen aus Tausenden von wunderbaren Inseln. Auch Margarita wäre kein schlechter Zufluchtsort, wenngleich dort wahrscheinlich demnächst Perlentaucher aufkreuzen und die Insel in ein Bordell verwandeln werden.«

»Und Borinquen?«

»Liegt für meinen Geschmack zu nah an den Inseln der Kannibalen. Mit ihren großen Kanus können sie mühelos bis dorthin gelangen.«

»Die Kariben gefallen mir nicht«, sagte Cienfuegos. »Ich kriege eine Gänsehaut, wenn ich nur an sie denke. Wir werden uns südlich von Kuba umsehen. Habt Ihr Lust, Euch anzuschließen?«

Der Mann, der die erste Karte des neuen Kontinents gezeichnet hatte, schüttelte den Kopf:

»Wäre ich zwanzig Jahre jünger, könntet Ihr auf mich zählen. Ich hätte mir eine junge kräftige Frau gesucht und ein neues Leben angefangen. Ich hätte einen Mittelweg gefunden zwischen dem, was ich als junger Mann in der Alten Welt lernte, und dem, was ich später in der Neuen Welt erfuhr. Aber jetzt ist es zu spät. Jetzt kann ich nur noch die Wunder dieser neuen Zeit bezeugen.«

»Glaubt Ihr wirklich, daß es Wunder sind?« fragte der hinkende Bonifacio. »Hat es Euch so viel bedeutet, den Ozean zu überqueren und dieses Land zu entdecken?«

»Offen gestanden ja«, antwortete Juan de la Cosa. »Bald ist es zehn Jahre her, daß wir aus dem Hafen von Palos ausliefen und das Meer der Finsternis mit unbekanntem Ziel überquerten. Doch was ich dann sah, hat alle meine Erwartungen übertroffen.« Er hielt inne, kratzte sich selbstvergessen an der Schläfe, als könnte ihm das helfen, sich besser zu konzentrieren, und sagte: »Ich habe soeben eine Karte von einem Kontinent fertiggestellt, der meiner Meinung nach die Durchfahrt nach Westen versperrt. Und einen neuen Kontinent entdeckt man nicht jeden Tag. Ich bin überzeugt, daß es wundersame Zeiten sind, in denen wir leben.«

»Aber welche Rolle spielt Kolumbus dabei?«

»Die vornehmste und die niedrigste zugleich«, sagte der andere, ohne zu zögern. »Große Männer haben immer zwei Gesichter, und Kolumbus ist zweifellos einer von ihnen. Er hatte eine Vision, und selbst wenn er sich in vielen Punkten geirrt hat, wären wir nie hierhergekommen, hätte er nicht den ersten Schritt getan.«

»Ihr seid also überzeugt, daß er als großer Mann in die Geschichte eingehen wird?« fragte Cienfuegos, und als sein Gegenüber schweigend nickte, fuhr er fort: »Dann werdet auch Ihr als erster Kartenzeichner der Neuen Welt Erwähnung finden.«

»Wer wird sich morgen noch daran erinnern, daß es Juan de la Cosa war, der die erste Karte der Neuen Welt zeichnete? Eine Karte überdies, in der es von Fehlern nur so wimmelt. Doch die sind nicht zu vermeiden, wenn man unter dem Kommando eines launischen Admirals steht, der planlos umhersegelt, statt methodisch vorzugehen, wie es mein Beruf erfordert.«

»Für wie groß haltet Ihr den neuen Kontinent?« wollte Bonifacio wissen.

»Das kann ich nicht beantworten«, mußte der andere gestehen. »Wahrscheinlich werden wir es nie erfahren, vielleicht nicht einmal unsere Kinder und Kindeskinder. Bislang haben wir nur eine sehr vage Ahnung von seiner Küste. Und niemand ist bisher so tief in das Landesinnere eingedrungen wie Cienfuegos.« Er sah seinen Freund nachdenklich an und fragte: »Sind die Bergketten wirklich so hoch, wie Ihr sagt?«

»Sie sind höher als der Teide und erstrecken sich weiter, als das Auge reicht. Die Gipfel waren immer schneebedeckt.«

»Unvorstellbar. Dann muß es sich in der Tat um einen riesigen Kontinent handeln. Allein die Ausmaße seiner Berge und Flüsse zeugen davon. Es soll Mündungen geben, die so groß sind, daß man von einem Ufer aus das andere nicht sehen kann.«

»Ja. Ein Indio aus Maracaibo, den ich für völlig glaubwürdig halte, erzählte es mir. Er brauchte ein ganzes Jahr, um bis zum ›Fluß, der alle Meere speist‹ zu gelangen. Dieser Fluß ist so groß, daß man fast einen Tag braucht, um die Mündung zu überqueren. Don Juan, gibt es in Europa solche Flüsse?«

»In Europa?« wiederholte Juan de la Cosa verwundert und schüttelte den Kopf. »Nein, nicht daß ich wüßte! Aber als Vicente Yañez Pinzón auf dem Weg hierher vom Kurs abkam und nach Süden segelte, gelangte er in eine Süßwassergegend, die sich später als die Mündung eines riesigen Flusses entpuppte, so breit, daß man von einem Ufer aus das andere nicht sehen konnte.«

»Das ist doch absurd!« wandte der hinkende Bonifacio ein. »So etwas gibt es nicht. Dann wäre es ein Meer oder ein See.«

»Pinzón beharrte darauf, daß es ein Fluß war, und ich habe keinen Grund, an seiner Behauptung zu zweifeln.«

»Wenn das stimmt, könnte dieser Kontinent größer sein als Europa.«

»Warum nicht?« antwortete Juan de la Cosa. »Aber ein Wissenschaftler wie ich darf sich nicht auf Spekulationen einlassen. Er braucht zuverlässige Daten, und die müssen erst einmal gewonnen und überprüft werden. Auf die bloße Beschreibung eines Cienfuegos oder Pinzón allein darf er nicht bauen.«

»Wie wird man ihn wohl nennen?« fragte Bonifacio neugierig. »Man wird ihm einen Namen geben müssen. Europa, Afrika, Asien … Wie wird dieser heißen?«

»Gute Frage«, gab der ehemalige Navigator zu. »Ich habe sie mir selbst oft gestellt, während ich an meiner Karte arbeitete. Ehrlich gesagt war ich sogar versucht, ihn zu taufen, aber es fiel mir kein Name ein. Ich wollte ihn nicht Kolumbien taufen, das widerstrebte mir, denn es ist nicht Kolumbus' Land, sondern das des spanischen Reiches. Außerdem bin ich nicht dazu befugt: Es ist Sache der Könige, dem Erdteil einen Namen zu geben.«

»Warum sollte er nicht Neuspanien heißen?«

»Wie sieht es aus, wenn die Tochter um ein Vielfaches größer ist als die Mutter? Nein, das geht nicht!« antwortete Juan de la Cosa.

»Jemand, der weniger gewissenhaft wäre als Ihr, hätte dem neuen Kontinent schon längst seinen eigenen Namen gegeben«, sagte Cienfuegos zu Juan de la Cosa.

»Meint Ihr?« gab dieser zurück. »Um Gottes willen!

Tierra de la Cosa! Das klingt nach nichts. Es wäre geradezu lächerlich, und außerdem habe ich nicht den geringsten Ehrgeiz.«

»Aber Ihr und Don Alonso de Hojeda wart die ersten, die behaupteten, es handele sich um einen neuen Kontinent und nicht um Zipangu vorgelagerte Inseln«, sagte Bonifacio. »Daran kann ich mich noch gut erinnern.«

»Das ist richtig«, antwortete Juan de la Cosa. »Und ich werde auch nie vergessen, wie der Admiral uns dafür zurechtwies und unsere Fähigkeiten in Zweifel zog. Aber ich will ihm den Ruhm, den er verdient, nicht streitig machen.«

»Auch wenn er Euch noch immer angreift und darauf besteht, daß es sich um Inseln handelt und dieser Kontinent nicht existiert?«

»Der Admiral irrt, aber ich habe nicht ein ehrbares Leben geführt, um dann als derjenige in die Geschichte einzugehen, der Admiral Kolumbus seinen wohlverdienten Ruhm gestohlen hat. Wenn schon, so will ich um meiner eigenen Verdienste willen geehrt werden.«

»Ihr habt Euch nicht verändert«, sagte Cienfuegos. »Ihr seid mein bester Lehrmeister gewesen, und ich kann mich glücklich schätzen, denn ich hätte auf der ganzen Welt keinen würdigeren finden können.«

»Jeder ist so, wie er geboren wird«, lautete die schlichte Antwort. »Unser Verhalten hängt nicht davon ab, ob das Leben uns einen historisch bedeutsamen Platz zuweist oder nicht. Unser Gewissen bewertet schlechte Taten nicht im Verhältnis zu anderen, sondern nur in bezug auf uns selbst.«

Fray Nicolás de Ovando erwies sich vom ersten Augenblick an als aufrechter und ehrlicher Mann, zugleich jedoch als erbitterter Rassist mit einer schon krankhaften Abneigung gegen die nackten Einheimischen. Ihr bloßer Anblick erweckte bereits seinen Widerwillen.

Was die Fähigkeiten des neuen Gouverneurs betraf, Ordnung in die wirren Geschäfte der Kolonie zu bringen, so schienen die katholischen Könige von Spanien die richtige Wahl getroffen zu haben. Doch für einen Gouverneur der Neuen Welt besaß Fray Nicolás de Ovando weder den notwendigen Weitblick noch die Toleranz, um zwischen der Neuen und der Alten Welt vermitteln zu können und jedem Bürger, ungeachtet seiner Herkunft, Gerechtigkeit widerfahren zu lassen.

Zur Verteidigung jener, die Ovando für diese schwierige Aufgabe auserwählt hatten, sei gesagt, daß sie – wie Ovando selbst – wenig oder gar keine Ahnung hatten, wie man sich den Einheimischen gegenüber verhalten sollte. Etwaige moralische Bedenken wurden bald von wirtschaftlichen Erwägungen verdrängt, und der Schaden, der dadurch entstand, daß man die Indios beraubte und versklavte, sollte tiefe, unauslöschliche Narben im Verhältnis zwischen Einheimischen und Spaniern hinterlassen.

Bis zu jenem unvergeßlichen Frühling des Jahres 1502 hatten sich die Übergriffe auf die einheimische Bevölkerung im Vergleich zu dem, was unter der Herrschaft des Fray de

Ovando folgen sollte, in Grenzen gehalten. Noch lebten Spanier und Insulaner verhältnismäßig friedlich nebeneinander, doch dies änderte sich nun mit einem Schlag. Der neue Gouverneur brachte grenzenlosen Haß mit auf alles, was nicht spanisch war, und selbst die Spanier, die auf der Insel lebten, bekamen dies deutlich zu spüren.

Wer mit einer Einheimischen verheiratet war oder offene Sympathie für die Insulaner bekundete, wurde von allen öffentlichen Ämtern ausgeschlossen. Er galt als unerwünschte Person und wurde diskriminiert. Selbst die loyalen Kaziken, die den Spaniern geholfen und an ihrer Seite gekämpft hatten, verloren über Nacht sämtliche Privilegien und Einflußmöglichkeiten.

Santo Domingo war noch weit davon entfernt, eine eigene Identität zu finden. Im Augenblick war die Stadt eine verwirrende Mischung aus den traditionellen Lebensformen der Einheimischen und den von den Eroberern mitgebrachten Sitten. Doch dies mißfiel dem neuen Gouverneur, und er befahl, sie binnen weniger Monate in eine rein europäische Stadt zu verwandeln, ohne daran zu denken, daß die Natur in diesen Breiten eigene Ansprüche stellte. Und bald, schon sehr bald, sollte sich die Natur zu Wort melden.

Im Augenblick wurde auf der Insel gebaut, als befände man sich in Kastilien oder Andalusien. Die »unstreitige« Vorherrschaft der Spanier über die Indios wurde dadurch besiegelt, daß man die Einheimischen aus ihren Hütten vertrieb und aus der Stadt jagte. Auf ihrem Grund und Boden errichtete man dann die neuen Steinhäuser. Die alteingesessenen Siedler warnten vor den schrecklichen Konsequenzen, die ein solches Verhalten nach sich ziehen konnte, doch Ovando war sich seiner Sache sicher und duldete wie seine Vorgänger keinen Widerspruch. Da er von den katholischen Königen berufen worden war, glaubte er, daß seine Art zu regieren über jeden Zweifel erhaben wäre.

Cienfuegos hatte zu viele eigene Probleme, um sich um die

Zukunft der Kolonie zu kümmern, die ihm ohnehin gleichgültig war. Er hatte nur einen Gedanken: Hispaniola so schnell wie möglich zu verlassen. Doch wenn er mit seinen Freunden zufällig darauf zu sprechen kam, kritisierte er die neue Politik und nannte sie engstirnig, da sie die Erschließung des Kontinents gefährdete.

»Die Einheimischen werden nach Kuba, Jamaika oder gar Tierra Firme flüchten und niemals vergessen, wie wir sie behandelt haben. Und wenn wir später irgendwohin kommen, wird man uns garantiert nicht mehr mit offenen Armen empfangen, wie es hier am Anfang der Fall war.«

»Das sagst du? Der einzige Überlebende von Fuerte de la Natividad?« rief Bonifacio überrascht. »Haben deine friedlichen Eingeborenen da etwa kein Massaker veranstaltet?«

»Dieses Massaker hatten wir uns selbst zuzuschreiben«, korrigierte ihn der Hirte aus Gomera. »Die Insulaner waren friedliche Menschen, bis der damalige Gouverneur Diego de Harana begann, sie wie Tiere zu behandeln, ähnlich wie Ovando es jetzt tut. Da haben sie sich gewehrt und sich bitter an uns gerächt. Ich würde mich nicht wundern, wenn sich diese Tragödie über kurz oder lang wiederholte.«

Cienfuegos gehörte sicherlich zu jenen, die am besten beurteilen konnten, welche Schwierigkeiten die Spanier im Landesinneren erwarten würden. Er kannte den Kontinent und hatte ihn in allen Himmelsrichtungen bereist. Da er jedoch wußte, daß weder der Gouverneur noch seine Ratgeber ihm den geringsten Glauben schenken würden, behielt er sein Wissen für sich. Er äußerte sich nicht in der Öffentlichkeit, sondern beschränkte sich darauf, als stummer Zeitzeuge die Geschehnisse zu beobachten und abzuwarten.

»Mir genügt es, wenn ich Capitán León de Luna erledigen kann und eine Handvoll mutiger Menschen finde, um eine Kolonie zu gründen«, erzählte er seinem alten Lehrmeister. »Wenn wir erst unsere Insel haben, werden wir schon zurechtkommen und eine Gesellschaft aufbauen, wie sie Bastidas vorschwebte.«

Cienfuegos hatte viel von dem Mann aus Sevilla gelernt, der jetzt frei war und darauf wartete, mit der Flotte des Königs nach Spanien zurückzukehren. Und er hatte sich selbst davon überzeugen können, daß alles, was Juan de la Cosa ihm über die Wärme, Intelligenz und Menschlichkeit des Schreibers aus Triana erzählt hatte, zutraf.

Rodrigo de Bastidas war ein offener und freundlicher Mann und vollkommen unfähig, einen Degen zu führen. Er war ein miserabler Reiter und ein noch schlechterer Seemann. Nie wäre man auf die Idee gekommen, daß er sich dazu eignen könnte, eine Expedition in fremde Länder anzuführen. Doch sein flüchtiges Auftauchen in der Geschichte zeugt davon, daß Vernunft und Eintracht oft größere Siege erringen können als die stärksten Armeen.

Hätte es mehr Männer wie Rodrigo de Bastidas und weniger wie Ovando, Pizarro oder Lope de Aguirre gegeben, dann wäre die Eroberung der Neuen Welt wahrscheinlich ganz anders verlaufen, und die Beziehungen zwischen den so verschiedenen Völkern hätten sich in den darauffolgenden Jahrhunderten anders entwickeln können.

Während seiner langen und erfolgreichen Expeditionen in unbekannte Welten hatte Juan de la Cosa die Möglichkeit gehabt, sich mit dem Charakter der karibischen Einheimischen vertraut zu machen. Er wußte, wie fest sie daran glaubten, daß eines Tages höhere Wesen über die Wellen der Meere geflogen kämen, um sie ins Paradies zu führen.

Dieser Traum von mächtigen Göttern schien nicht nur in ihren Herzen, sondern auch in ihrer Erinnerung verankert zu sein. Daraus schloß er, daß in früheren Zeiten weise und großherzige Menschen aus dem Osten gekommen sein mußten, die tiefe Spuren in den Seelen dieser aufrichtigen Menschen hinterlassen hatten.

»Für sie hat das Fremde immer etwas Magisches«, versicherte Bastidas. »Wir sollten daran denken, daß mit der Entfernung auch das Geheimnis zunimmt. Wir selbst empfinden mehr Ehrfurcht vor einer Kartenlegerin aus dem Orient als vor einer aus Sevilla. Die Götter müssen im Olymp wohnen, damit man sie als echte Götter akzeptiert.«

»Wollt Ihr damit sagen, daß wir uns als Halbgötter ausgeben sollten?«

»Sich als Halbgötter auszugeben, ist nicht dasselbe, wie sich wie Halbgötter zu benehmen«, antwortete der andere. »Wenn wir sie mit Güte, Respekt und Verständnis behandelten, würden sie uns als Halbgötter betrachten, ohne daß wir ihnen etwas vorgaukeln müßten. Zweifellos wurden sie von denen, die vor uns hier waren, in dieser Art und Weise behandelt. Während meiner Expedition mußten wir kein einziges Mal zu den Waffen greifen, um unsere Ziele zu erreichen. Wenn wir nur Handel treiben und unseren Glauben verbreiten wollen, sollten wir Jesus Christus vor Augen haben. Er hat nie Gewalt benötigt, um die Herzen seiner Anhänger zu erobern.«

»Trotzdem haben andere Reisende ganz andere Erfahrungen gemacht und sind keineswegs so freundlich empfangen worden wie Ihr«, gab Cienfuegos zu bedenken.

»Ich weiß, und ich kann es verstehen«, antwortete Rodrigo de Bastidas. »Aber das führe ich darauf zurück, daß der primitive Mensch instinktiv spürt, ob ein Fremder sich mit freundlichen Absichten oder voller Angst und Aggression nähert. Sie haben noch natürliche Instinkte. Auch meine Hunde beißen oder lassen sich streicheln, je nachdem, wie man ihnen begegnet.«

»Dann haltet Ihr sie für nicht mehr als eine Art Tier?« warf Bonifacio in das Gespräch.

»Für mich ist ihre animalische Natur viel edler und menschlicher als unsere Vernunft«, entgegnete Juan de la Cosa. »Die Zivilisation hat uns viele Tugenden ausgetrieben, die sich bei ihnen erhalten haben.«

Der Hirte aus Gomera hörte Rodrigo de Bastidas gern zu, denn im Inneren seines Herzens teilte er dessen Ideen und Ansichten. Die Zeiten jedoch ließen keine philosophischen Gespräche zu, sondern drängten ihn zu Taten. Cienfuegos mußte seine Familie in Sicherheit bringen, denn ihr Leben war offensichtlich in Gefahr.

Ungeduldig wartete er auf jene Neumondnacht, die es der *Milagro* erlauben würde, sich ohne großes Risiko der Flußmündung zu nähern. Als es dämmerte, brach er in Begleitung seines guten Freundes Bonifacio zum Strand auf, wo sie ein leichtes Kanu versteckt hatten.

Als der leuchtende Mond sich über die dunklen Wolken am Himmel erhob, paddelten die beiden bereits auf dem Meer, das in dieser Nacht glatt wie ein Spiegel dalag. Es hätte eine angenehme und sorglose Fahrt werden können, wären nicht kurz darauf die Rückenflossen zweier riesiger Haie dicht hinter ihnen aufgetaucht, die ohne weiteres in der Lage dazu schienen, das zerbrechliche Kanu mit einem Hieb zum Kentern zu bringen.

»Die suchen ihr Abendessen!« lachte der hinkende Bonifacio in einem vergeblichen Versuch, seine Angst zu überwinden. »Sollten wir nicht lieber umkehren?«

»Zu spät. Aber wenn du ihnen dein schlimmes Bein opferst, lassen sie uns vielleicht in Frieden«, witzelte Cienfuegos. »Es taugt doch sowieso nichts.«

»Hör auf mit deinen dummen Scherzen. Sie machen mich nervös«, entgegnete Bonifacio gereizt.

»Sieh einfach nicht hin«, riet Cienfuegos.

»Das nutzt gar nichts. Ich mache mir vor Angst fast in die Hosen.«

Es dauerte nicht lange, da tauchte ein dritter Hai auf und kurz darauf ein vierter, und die Reise kam ihnen vor wie der Kreuzweg am Karfreitag. Vorneweg zwei zittrige Gestalten an Bord eines wackligen Kanus, die sich kaum trauten, die Paddel ins Wasser zu tauchen, da sie befürchten mußten, daß ein Hai ihnen den Arm abbiß, und dahinter eine Vielzahl von dreieckigen Flossen, die sich auf der Wasseroberfläche hoben und senkten.

»Wir müssen umkehren, bevor es wirklich zu spät ist!« flüsterte Bonifacio erregt. »Die Wolken werden immer dichter, und man kann bald nicht mehr die Hand vor Augen sehen, verdammt!«

»Beruhige dich. Wir sind bald da.«

»Woher willst du das wissen?«

»Ich kenne mich in diesen Gewässern aus.«

Sie waren noch keine drei Meter weitergepaddelt, da hielt Bonifacio mitten in der Bewegung inne und rief mit lauter, ängstlicher Stimme: »Herr im Himmel! Spürst du dasselbe wie ich?«

»Halb so wild«, beruhigte ihn Cienfuegos. »Kein Kanu ist hundertprozentig dicht. Es kann vorkommen, daß mal etwas Wasser durchsickert. Mach dir keine Sorgen. Wir schaffen es schon.«

Sie paddelten weiter – zwei Schiffbrüchige auf einem endlosen Meer, das von hungrigen Haien wimmelte. Die Nacht war schwarz, der Mond verschwand hinter einer dichten Wolkenwand, und bald erloschen auch die winzigen Lichter von Santo Domingo in der Ferne.

Schließlich zogen sie die Paddel ein und ließen sich treiben. Reglos, aber aufs äußerste gespannt lauschten sie auf Geräusche, die die Ankunft des Schiffes verrieten. Die Haie begannen, um das Kanu zu kreisen; immer näher kamen sie, und immer bedrohlicher erschienen sie ihnen, immer entschlossener, das Kanu anzugreifen.

Es verging eine lange Zeit, die ihnen wie eine Ewigkeit vorkam, doch schließlich hörten sie in weiter Ferne jemanden singen.

Der Sänger wurde auf einem Saiteninstrument begleitet, und seine altvertraute Weise glitt über das Wasser. Es klang, als sänge ein Engel. Nie hatten sie etwas so Schönes und

Ermutigendes gehört wie diesen himmlischen Gesang, der immer näher kam.

Sie paddelten in die Richtung, aus der die Musik ertönte, und bald tauchte aus der Dunkelheit der Rumpf eines Schiffes auf. Cienfuegos und Bonifacio begannen laut zu rufen, und der Sänger verstummte.

»Wer da?« rief er.

»Cienfuegos und Bonifacio Cabrera!« rief der hinkende Bonifacio. »Aber beeilt euch, verflucht noch mal!«

»Was soll das heißen?«

»Wir haben ein Leck und sind von hungrigen Haien umzingelt. Zündet eine Laterne an!«

Kapitän Salado verbot die Laterne, befahl jedoch, die Männer auf der Stelle an Bord zu nehmen. Fünf Minuten später standen sie an Deck, umringt von der neugierigen Mannschaft, die ihnen nach der ersten Begrüßung trockene Kleider gebracht hatte.

Man bot ihnen einen starken bitteren Likör an, den die dicke Zoraida eigenhändig aus Waldkräutern zubereitet hatte, und dann ließen sich Don Luis de Torres und Kapitän Salado von Cienfuegos und Bonifacio berichten, was in den letzten Monaten auf Hispaniola geschehen war. Auf die Bitte zu erzählen, wie es ihnen selbst ergangen sei, antwortete Don Luis: »Hier hat sich nicht viel getan. Wir haben uns darauf beschränkt, das Schiff versteckt zu halten und auf Befehle zu warten. Das Leben auf Jamaika ist sehr ruhig. Um ehrlich zu sein, zu ruhig für meine Männer. Wir fangen an, vieles zu vermissen. Als wir Hispaniola Hals über Kopf verlassen mußten, konnten wir nur das mitnehmen, was wir am Leib trugen.«

In der Tat bestand ihre Kleidung nur noch aus Lumpen, und die Mannschaft erinnerte kaum mehr an die stolzen Männer, die Doña Mariana einst angeheuert hatte. Doch die Disziplin an Bord schien nicht gelitten zu haben, und der tüchtige Kapitän Salado hielt die Zügel fest in der Hand.

»Ich glaubte, Zoraida würde Euch Verpflegung bringen«, sagte Cienfuegos.

»Gewiß, aber es war immer nur das Notwendigste. In der Stadt selbst gab es ja kaum etwas zu kaufen.«

»Mittlerweile gibt es alles in Hülle und Fülle. Ovandos Schiffe waren bis zum Rand gefüllt, aber die Preise, die jetzt verlangt werden, sind unbezahlbar. Ein einfaches Wams kostet viermal so viel wie in Sevilla, und für einen Degen bezahlt man das Zehnfache.«

»Die Preise spielen keine Rolle«, sagte Don Luis de Torres. »Die Flüsse von Jamaika führen Unmengen von Gold, und die Einheimischen haben nichts dagegen, wenn wir es uns nehmen.« Er öffnete eine große Truhe, die mit kleinen Säckchen gefüllt war. »Damit werden wir uns kaufen, was wir am dringendsten brauchen.«

»Vor allem Frauen!« rief der Koch von hinten.

»Wir haben zu wenige Frauen, das sorgt für immer neuen Ärger.«

»Die Frauen, die ihr für Geld kaufen könnt, werden dieses Problem kaum lösen«, entgegnete Cienfuegos.

»Mag sein, aber ohne Frauen dürft Ihr nicht mit uns rechnen«, beharrte der Koch. »Wir brauchen starke Frauen, die beim Häuserbau mit anpacken können und uns viele Kinder gebären.«

»Ich bezweifle, daß Ihr in Santo Domingo solche Frauen findet. Alle, die nicht verheiratet sind, gelten als Huren.«

»Ich habe nichts gegen Huren!« rief ein Seemann aus Murcia. »Zoraida war eine, und ich glaube nicht, daß man sich eine bessere Weggefährtin wünschen kann.«

»Zoraidas gibt es nur wenige«, sagte der hinkende Bonifacio. »Zumindest in Santo Domingo.«

»Dann werden wir sie eben woanders suchen müssen«, sagte Cienfuegos und wandte sich Kapitän Salado zu. »Wie lange würdet Ihr brauchen, um nach Spanien zu segeln und wieder zurück?«

»Ein paar Monate«, antwortete der wortkarge Kapitän nach einigem Überlegen. »Drei vielleicht.«

Der Hirte aus Gomera musterte die Mannschaft, die ihn gespannt beobachtete, und sagte schließlich lächelnd: »Tja, wer in einem Monat keine Braut findet, der findet auch in einem Jahr keine. Würdet ihr es versuchen wollen?«

Ein begeistertes Murmeln ging durch die Menge, bis Cienfuegos sich an Luis de Torres wandte und fragte: »Was meint Ihr? Vielleicht liegt die Lösung darin, nach Spanien zu fahren, sich ein paar kräftige Frauen zu suchen, die zu einem Abenteuer bereit sind, und dann auf einer dieser herrlichen Inseln eine friedliche Kolonie zu gründen.«

»Klingt verlockend«, erwiderte der andere und fragte Kapitän Salado: »Was haltet Ihr davon, Kapitän?«

»Wir müßten sofort auslaufen. Ich habe das Gefühl, daß die Zeit der Hurrikane bevorsteht.«

»Ich mache mir Sorgen um Doña Mariana. Schließlich ist es ihr Schiff«, wandte der Konvertit ein.

»Sie braucht noch vier Monate, um das Kind zur Welt zu bringen und sich einigermaßen zu erholen«, erklärte Cienfuegos. »Bonifacio und ich werden sie pflegen. Mitte August könnten wir Euch in Xaraguá erwarten.«

»Die Vorstellung, ohne sie zu fahren, gefällt mir nicht«, sagte der Konvertit leise. »Der Arm der Inquisition ist lang, und wenn man sie schnappt, wird sie auf dem Scheiterhaufen enden.«

»Anacaona hat uns Schutz gewährt.«

»Und wer wird Anacaona schützen?« gab Don Luis zurück. »Wie Ihr erzählt habt, macht sich auf Hispaniola die Intoleranz breit, und Anacaona ist die wichtigste Führerin der einheimischen Bevölkerung. Man wird sie sehr schnell entmachten.«

»Ich glaube nicht, daß Ovando es wagen würde, sie anzurühren. Es würde unweigerlich zu einem Aufstand führen.«

»Gerade deshalb ist sie in höchster Gefahr«, erwiderte

Luis de Torres. »Ovando wird versucht sein, alle übriggebliebenen Kaziken auf der Insel zu beseitigen, um seine Herrschaft zu festigen. Was würde dann mit der Prinzessin geschehen?«

»Keine Ahnung«, gab Cienfuegos zu. »Ich weiß nur, daß es niemandem gelingen wird, Xaraguá in vier Monaten zu erobern, auch nicht Ovando. Dazu bräuchte er ein riesiges Heer, über das er nicht verfügt.«

»Noch nicht!« berichtigte ihn der Konvertit. »Aber Ihr müßt damit rechnen, daß er in Xaraguá einfallen wird, sobald er genügend Soldaten beisammen hat. Santo Domingo soll der Stützpunkt werden, von dem aus man den Rest des Kontinents unterwerfen wird. Zuerst muß Ovando Herr der Lage sein, einen Aufstand auf Hispaniola wird er nicht riskieren wollen. Francisco Roldans Rebellion hat schon deutlich vorgeführt, was derartige Feindseligkeiten anrichten können. Deshalb glaubt mir, Prinzessin Anacaonas Tage sind gezählt.«

»Ich glaube, Ihr habt recht«, räumte Cienfuegos ein. »Aber ich bin sicher, daß wir noch Zeit haben. Zwischen Santo Domingo und Xaraguá liegen mehr als dreißig Meilen hoher Gebirge und dichten Dschungels, die die schweren Geschütze der Spanier unmöglich überwinden können. Dort sind die einheimischen Krieger den Soldaten des Gouverneurs haushoch überlegen.«

»Ich gebe mich geschlagen«, sagte Don Luis de Torres. »Und da Ihr so viele Jahre im Dschungel überlebt habt, kenne ich niemanden, der unter diesen Umständen geeigneter wäre, auf Doña Mariana Montenegro aufzupassen, als Euch.« Er wandte sich der Mannschaft zu. »Wer dafür ist, nach Spanien zu segeln, erhebe die Hand.«

Eine überwältigende Mehrheit entschied sich dafür, und nur der alte Bootsmann sagte: »Ich werde nicht mehr wiederkommen. Ich bin alt und müde und will meine letzten Tage in der Heimat, bei meinen Enkeln, verbringen.«

»Jeder soll selbst entscheiden, ob er bleiben oder mit uns zurückkehren will!« rief Don Luis de Torres. »Jeder erhält seinen Anteil Gold und kann in Spanien bleiben. Doch wir müßten im voraus wissen, wer von euch dem Beispiel des Bootsmannes folgen will.«

»Wenn Ihr gestattet, würde ich lieber hier von Bord gehen und in Santo Domingo bleiben«, sagte ein kleiner Mann, den alle den »Kauz« nannten, weil er eine gewisse Ähnlichkeit mit einer Eule hatte. »Offensichtlich ist die Gefahr vorbei, und wir können zurück.«

Kapitän Salado fuhr dazwischen. »Kommt nicht in Frage. Wie ich dich kenne, wirst du als erstes zum Gouverneur laufen und ihm für ein paar Goldtaler verraten, wo sich Doña Mariana Montenegro versteckt hält.« Er zögerte und fuhr dann fort: »Du bist der einzige, den ich nicht von Bord lasse, und du kannst froh sein, wenn ich dich nicht den Haien zum Fraß vorwerfe.«

»Aber Kapitän!« rief der Matrose empört.

»Noch ein Wort, und es ist um dich geschehen«, unterbrach ihn Salado wütend.

Der »Kauz« schien zu verstehen, daß die Drohung ernst gemeint war und von der Mehrzahl der Besatzung gebilligt wurde. Er schwieg und verschwand dann wie eine Ratte in den unteren Räumen des Schiffes.

»Laß ihn nicht aus den Augen«, sagte der Bootsmann zu einem der Matrosen. »Der Kapitän hat recht. Er könnte versuchen, ein Beiboot zu stehlen und nach Santo Domingo zu entkommen, um uns zu verraten.«

Den Rest der Nacht verbrachten sie damit, die Reise in die alte Heimat zu organisieren und zu planen. Sie besprachen, wie sie in Spanien vorgehen und in welcher Bucht von Xaraguá sie sich später wiedertreffen würden. Wenige Stunden vor Sonnenaufgang befahl Kapitän Salado, ein Beiboot mit Segeln ins Wasser zu lassen, das Cienfuegos und Bonifacio nach Santo Domingo zurückbringen sollte. Als sie sich verabschiedeten, war die Mannschaft bereits damit beschäftigt, das Schiff auf die lange Reise über den Ozean vorzubereiten.

»Wir werden auf Borinquen haltmachen, um Wasser und Proviant aufzunehmen. Von dort segeln wir direkt nach Vigo. Und im August holen wir Euch in Xaraguá ab, so Gott will.« Das waren die letzten Worte, die Cienfuegos von dem treuen Kapitän hörte.

Nachdem die dringlichsten Probleme der Machtergreifung gelöst waren und der neue Gouverneur mehr Zeit hatte, lud Fray Nicolás de Ovanda seinen einstigen Kommilitonen Fray Bernardino de Sigüenza zum Abendessen ein. Zwar wußte er, daß dessen schmutziges Äußeres und der Gestank, den er verströmte, ihm den Appetit verderben würden, doch brannte er darauf, seinen alten Studienfreund von der Universität zu Salamanca wiederzusehen. Er war einer der wenigen Männer auf der Insel, denen er vertrauen konnte.

Während des Essens bat er ihn um einen ausführlichen Bericht über die Lage auf Hispaniola. Schließlich kam er auch auf eine gewisse Doña Mariana Montenegro zu sprechen, die, wie er gehört hatte, von der Inquisition der Hexerei verdächtigt wurde, und erkundigte sich nach dem Stand der Ermittlungen.

Schweigend hörte er dem schmutzigen Mönch zu und unterbrach ihn nur hin und wieder, um eine gezielte Frage zu stellen. Im Anschluß an den Nachtisch begaben sie sich in die gemütliche Bibliothek und genossen einen vorzüglichen Kirschlikör, den der Gouverneur aus Spanien mitgebracht hatte. Das war seine einzige Schwäche.

»Inwieweit könnte Capitán de Luna etwas mit dem Verschwinden seiner Frau zu tun haben?« fragte der Gouverneur.

»Ich weiß es nicht«, antwortete Bernardino de Sigüenza. »Zweifelsohne haßt er sie wie die Pest, aber er hat auch

Angst davor, daß sie als Hexe verbrannt wird, denn dies würde bedeuten, daß er Titel und Besitz verliert. Immerhin ist er ihr Ehemann.«

»Wo hält er sich jetzt auf?«

»Das ist uns nicht bekannt. Aber einen Zusammenhang mit dem Verschwinden seiner Frau habe ich nicht entdeckt. Er könnte ebenso aus Angst vor Euch untergetaucht sein. Vergeßt nicht, daß er eine Zeitlang Bobadillas rechte Hand war.« Der Frater zögerte einen Moment und fuhr dann fort: »Der Wahrheit halber will ich aber nicht verschweigen, daß er sich von Don Francisco abwandte, als dieser begann, seine Macht zu mißbrauchen. Er hat sich nie an irgendwelchen schmutzigen Intrigen beteiligt.«

»Also gehört er Eurer Meinung nach nicht zu jenen, die auf meiner schwarzen Liste stehen müßten?«

»Keineswegs. Er besitzt kein Land auf Hispaniola, hat nie einheimische Sklaven beantragt und handelt auch nicht mit Gold oder Perlen, soweit mir bekannt ist. Auch von der Politik hat er sich stets ferngehalten.«

»Und seine rechte Hand? Dieser Söldner, der unter dem Spitznamen ›Türke‹ bekannt ist?«

»Das ist ein höchst undurchsichtiger Kerl. Er ist ebenfalls verschwunden, allerdings erst, nachdem er die Dreistigkeit besaß, zu mir zu kommen und mir zu berichten, man hätte Doña Mariana Montenegro auf Euren Befehl hin freigelassen.«

»Ich werde nach ihm suchen lassen. Unglücklicherweise kennen meine Leute die Insel noch nicht, und denjenigen, die sie gut kennen, kann ich nicht vertrauen.« Der neue Gouverneur betrachtete nachdenklich sein Glas und die rote Flüssigkeit, die ihm so viel Behagen verschaffte, und setzte hinzu: »Wie Euch nicht entgangen sein dürfte, ist die Stadt Santo Domingo in zwei Lager geteilt, eines mit den Anhängern Bobadillas, das andere mit meiner Gefolgschaft.«

»Bobadilla hatte nie Anhänger«, erwiderte der Frater. »Nur Mitläufer. Aber ich verstehe, daß sie nicht bereit sind, auf ihre Privilegien zu verzichten. Was habt Ihr mit ihnen vor?«

»Ein Schiff mit den Anführern wird morgen früh nach Spanien auslaufen, aber von den dreihundertsechzig Mann, die auf meiner schwarzen Liste stehen, bleibt die Mehrzahl auf der Insel, was mir große Sorgen bereitet. Deshalb wird meine erste Aufgabe darin bestehen, mit der Vetternwirtschaft ein für allemal aufzuräumen. Die Macht der Krone muß wiederhergestellt werden, koste es, was es wolle, und dabei zähle ich auf Eure unschätzbare Hilfe, Fray Bernardino.«

»Was kann ein armer Franziskaner wie ich, der sich nie um Politik gekümmert hat, schon ausrichten?« fragte Fray Bernardino beunruhigt.

»Ihr werdet mir mit Rat und Tat zur Seite stehen«, antwortete Ovando. »Das Verhalten der Menschen ändert sich zwar nicht, aber es wird doch von der unmittelbaren Umgebung beeinflußt. Die Umgebung hier ist reich an Land, Sklaven und verborgenen Schätzen, und es ist nicht leicht, all dies gerecht zu verteilen, vor allem, wenn man berücksichtigt, daß Gott und die Krone stets bevorzugt werden müssen.«

»Bislang waren die einzigen, die bevorzugt wurden, die dreihundertsechzig Mann auf Eurer schwarzen Liste, die Euch jetzt so viel Kopfzerbrechen bereiten.«

»Das weiß ich sehr wohl«, sagte der neue Gouverneur, stand auf und schritt nervös auf und ab. »Die meisten haben überhaupt kein Schamgefühl. Sie haben sich mit Eingeborenenweibern eingelassen, und jetzt ist die Insel voller Bastarde.« Fray Ovando setzte sich wieder. Nachdem er sein Glas geleert hatte, schwieg er eine Weile, als wollte er seinem Gegenüber Zeit lassen, sich auf das, was folgen sollte, vorzubereiten. Schließlich sagte er entschlossen: »Ich kann nicht die halbe Insel in den Kerker werfen lassen, daher werde ich ein Dekret erlassen, wonach alle Spanier, die Kinder mit einer Einheimischen haben, die Frau heiraten müssen.«

»Heiraten?« wiederholte Fray Bernardino de Sigüenza verwirrt. »Aber dann würdet Ihr diese Halbwilden, die fast nackt herumlaufen, zu Damen erheben. Die meisten sind nicht einmal getauft.«

»So dürft Ihr das Dekret nicht interpretieren, lieber Freund«, entgegnete Ovando.

»Wie dann? Welchen anderen Status könnten die Ehefrauen spanischer Untertanen haben?«

»Über den Status entscheide ich im Namen der Krone«, entgegnete Fray Ovando barsch. »Ich rechne auf Eure Diskretion, deshalb kann ich Euch ins Vertrauen ziehen. Sobald die Ehen geschlossen sind, werden nicht etwa die Indiofrauen zu Damen, sondern die Männer verlieren ihre Privilegien und werden wie Einheimische behandelt. Versteht Ihr?«

»Gewiß, Ihr wollt sie zu Indios degradieren. Was habt Ihr davon, außer daß Ihr Euch eine Menge Feinde machen werdet?«

»Ich werde freie Hand haben und alle enteignen. Sie werden alles verlieren, was sie sich unter Bobadilla zusammengestohlen hatten.«

»Ein geschickter Zug«, räumte Fray Bernardino ein.

»Ja, mein Lieber. Wir brauchen sehr viel Geschick, um die Lage auf der Insel so rasch wie möglich in den Griff zu bekommen.«

»Aber verstieße eine solche Diskriminierung nicht gegen die Gesetze der Krone?«

»Ob etwas legal oder illegal ist, hängt stets von den Gesetzen und deren Interpretation ab. In diesem Fall werde ich das Gesetz erlassen, und wer meine Autorität in Frage stellt, den lasse ich mitten auf der Plaza hängen. So bin ich meine Kopfschmerzen bald los.«

»Es fällt mir schwer, in Euch meinen alten Studiengefährten aus Salamanca wiederzuerkennen«, sagte Fray Bernardino unvorsichtig.

»Ich erkenne mich selbst nicht wieder«, gestand der neue Gouverneur. »Aber ich hätte auch nicht geglaubt, Euch als Inquisitor wiederzusehen.«

»Bobadilla hat mich gezwungen, gegen meinen Willen. Ich wäre Euch sehr dankbar, wenn Ihr mich von dieser schweren Pflicht entbinden könntet. Sie belastet mein Gewissen.«

»Habt Ihr Zweifel, was die Schuld der Angeklagten anbelangt?«

»Große, allzu große Zweifel«, sagte Fray Bernardino, und sein Ton ließ den Gouverneur Ovando aufhorchen. »Ich ringe ständig mit mir, da ich nicht weiß, ob ich ihre Unschuld akzeptiere, weil sie unschuldig ist, oder weil mich der Leibhaftige dazu verführt.«

»Um Gottes willen, Fray Bernardino!« rief Ovando entsetzt. »Niemals hätte ich Euch für einen Anhänger Thomas von Aquins oder Raimundo de Peñaforts gehalten.«

»Das bin ich auch nie gewesen, doch wenn man mich in die Rolle des Inquisitors drängt, muß ich mich den Spielregeln beugen und mich so verhalten, wie Inquisitoren sich vielleicht verhalten würden.«

»Haltet Ihr das für opportun?«

»Was meint Ihr mit opportun?«

»Haltet Ihr es für angebracht, die Welt mit Ideen zu vergiften, die nur zu Tod und Verwüstung führen?«

Fray Bernardino de Sigüenza wußte nicht, was er darauf antworten sollte. Lockte ihn der Gouverneur in eine Falle, oder meinte er es ehrlich? Er schwieg eine Zeitlang und fragte dann vorsichtig: »Spielt Ihr vielleicht auf die Heilige Inquisition selbst an?«

»Ich spiele auf etwas an, das ich lieber nicht beim Namen nenne, obwohl ich weiß, daß dieses Gespräch unter uns bleibt. Ich hoffe, Ihr versteht mich. Wenn ich mich auf dieser Seite der Welt durchsetzen will, muß ich freie Hand haben. Ich will nicht, daß die Heilige Inquisition über mir hängt wie ein Damoklesschwert.« Fray Ovando schenkte sich nach und nahm gelassen einen Schluck. Er überlegte, und als er wieder zu sprechen begann, wählte er seine Worte äußerst vorsichtig. »Das Regieren an sich ist schon schwer, aber wenn man sich die Herrschaft teilen muß, wird es unmöglich. Habe ich mich deutlich genug ausgedrückt, verehrter Freund?«

»Wenn ich richtig verstanden habe, wollt Ihr einen aufsehenerregenden Prozeß vermeiden.«

»Und was fällt Euch dazu ein?«

»Ich wäre froh, Euch ein Dokument übergeben zu dürfen, dessen Annahme der Gouverneur Bobadilla damals verweigerte. Darin habe ich zum Ausdruck gebracht, daß ich den Fall zurückgebe, da ich mich nicht imstande fühlte, ein Urteil gegen Doña Mariana Montenegro zu fällen.« Fray Bernardino de Sigüenza blickte auf und fügte etwas verwirrt hinzu: »Um ehrlich zu sein, bin ich ziemlich ratlos. Da ist die Sache mit dem See, der plötzlich in Flammen aufging, dann dieser undurchsichtige Baltasar Garrote, der Gefahr läuft, auf dem Scheiterhaufen zu landen, weil er die Frau retten will, die er zuvor angezeigt hat. Zu viele Ungereimtheiten.«

»Vielleicht hat man ihm Geld geboten?«

»Es gibt Dinge, die man nicht für alles Gold dieser Insel tun würde. Kein Mensch würde es wagen, sich gegen die Heilige Inquisition zu stellen«, antwortete der Franziskaner nach einigem Nachdenken. »Ich frage mich, was ihn dazu veranlaßt hat, seine Anzeige zurückzunehmen.«

»Eine schwierige Frage, zugegeben. Ihr könnt versichert sein, daß ich nicht vorhabe, Euch unter Druck zu setzen oder Eure Gewissensfreiheit zu beeinträchtigen, aber ich bitte Euch zu bedenken, ob es nicht besser wäre, eine

Macht, die uns viele Probleme bereiten könnte, von Santo Domingo fernzuhalten.«

Fray Bernardino de Sigüenza kehrte in seine bescheidene, stickige Zelle zurück und legte sich auf die schmale Pritsche, die von Ungeziefer wimmelte. Stundenlang wälzte er sich schlaflos hin und her und dachte darüber nach, was ihm der Gouverneur gesagt hatte und welche Konsequenzen sein Tun haben könnte.

Fray Bernardino haßte die Rolle, die er in dieser absurden Komödie menschlicher Leidenschaften spielte. Er verabscheute die Intrigen bei Hof ebenso wie die Zweideutigkeit der Kirchenlehren. Eine Weile war er fast versucht, mit einem der Schiffe, die in den nächsten Tagen nach Spanien auslaufen sollten, nach Hause zurückzukehren, um in einem ruhigen und abgeschiedenen Kloster Zuflucht zu suchen, bis der Herr ihn zu sich holte.

Was er erlebte, war nicht das missionarische Abenteuer, von dem er träumte, seit er von der Entdeckung der Neuen Welt gehört hatte. In seiner Frömmigkeit war ihm die Rolle, die er als frischgebackener Inquisitor hatte spielen müssen, ebenso zuwider wie die als Ratgeber des neuen Gouverneurs. Er hatte davon geträumt, über einsame Dschungelpfade zu schreiten, auf der Suche nach Seelen, die er im Namen Gottes hätte bekehren können, oder von einem heroischen Tod, der ihn geradewegs ins Paradies führen würde, nie aber hatte er damit gerechnet, im Palast des Gouverneurs herumzusitzen, umgeben von kostbaren Brokatdecken und silbernen Tellern.

Er wußte zwar, daß die Wege des Herrn mitunter unerforschlich sind, fragte sich aber doch, warum es ihm so schwer gemacht wurde, die Seelen der Einheimischen für Gott zu gewinnen. Warum konnte ihm diese Qual, die mit seiner eigentlichen Aufgabe nichts zu tun hatte, nicht erspart bleiben?

Er weigerte sich, einem Staat zu dienen, der seine Untertanen zu rechtlosen Leibeigenen degradierte, um sie dann mühelos enteignen zu können; er konnte nicht verstehen, warum Fray Nicolás de Ovando seine Frömmigkeit, die über jeden Zweifel erhaben war, gegen einen Teller Linsen eingetauscht hatte, selbst wenn der Teller aus Silber war.

Bei Morgengrauen ging er müde und niedergeschlagen zum Hafen und beobachtete nicht ohne eine gewisse Bitterkeit, wie die Menschen ihr Hab und Gut an Bord schafften. Als dann eine Kompanie Soldaten anrückte, um schwere Truhen mit Gold, Silber, Perlen und Edelsteinen, die vom früheren Gouverneur und seinem Klan dem jungfräulichen Land entrissen worden waren, sicher an Bord zu bringen, erfaßten ihn Ekel und Abscheu.

Die eine Hälfte würde die leeren Kassen der Krone füllen – nur mit viel Glück würde etwas davon zur Insel zurückfinden –, und die andere Hälfte war die Beute einer rücksichtslosen Bande, die keine Skrupel gekannt hatte, als es darum ging, sich auf Kosten anderer zu bereichern.

»Sollen sie alle am Galgen enden!« murmelte eine Frau, die sah, wie einige von Bobadillas Vertrauten um die Kisten und Truhen standen und nervös überwachten, wie diese über das kurze Stück gehoben wurden, das die Pier vom Schiff trennte.

Kurz darauf brachten noch mehr Soldaten den Goldklumpen an Bord, den ein glücklicher Minenarbeiter gefunden hatte. Wahrscheinlich würde er zu Ringen und Ketten verarbeitet werden, und Fray Bernardino beobachtete das Ganze mit heimlichem Ingrimm.

Plötzlich wurde dem stinkenden Franziskaner bewußt, was diese Szene bedeutete: Er sah die Zukunft einer Welt, die durch ganze Heerscharen systematisch ihres Reichtums beraubt werden würde; die wenigen, die jetzt ins Königreich zurückkehrten, waren nur die Vorhut.

Er kannte sie sehr gut, denn er war mit Bobadillas Flotte auf die Insel gelangt. Er konnte sich noch genau an zwei arme Teufel erinnern, die in Lumpen und halb verhungert gekommen waren, auf der Suche nach einer Chance, sich ihr Leben mit ehrlicher Arbeit zu verdienen. Zwei Jahre später hatten sie als Sklavenhändler ein Vermögen verdient, stolzierten in seidenen Umhängen und Hüten, die mit den teuersten Federn geschmückt waren, durch die Straßen der Stadt und versuchten, ihre Angst hinter dem Schleier des Wohlstands zu verbergen.

»Ja, sie gehören an den Galgen«, sagte er leise vor sich hin, obwohl er wußte, daß dies kein besonders christlicher Wunsch war. Er wandte sich ab und ging über den langen weißen Strand, der sich nach Süden hin erstreckte.

Er liebte es, hier entlangzuspazieren, im Schatten der hohen Palmen. Der Blick verlor sich in der Ferne, die Seele war bei Gott. Irgendwo setzte er sich ans Ufer und löschte seinen Durst mit der Milch einer grünen Kokosnuß, bis ihn das unbeschreibliche, immer wieder neuartige Schauspiel des Sonnenuntergangs überwältigte.

An jenem Tag jedoch zwang ihn etwas, seine Routine zu ändern. Gerade als er dabei war, mit Hilfe eines langen Messers eine Kokosnuß zu spalten, blieb sein Blick am Horizont haften, wo fast unmerklich einige Punkte Gestalt annahmen.

Bald erkannte er vier Segelboote mittlerer Größe, keins über sechzig Tonnen schwer. Sie waren erheblich kleiner als die mächtigen Schiffe der Krone, mit denen der neue Gouverneur Ovando eingetroffen war. Da der Frater wußte, daß man auf der Insel keine andere Flotte erwartete, folgerte er, daß es sich um Kolumbus' Flotte handeln mußte.

»Mein Gott!« rief er laut. »Das muß der Admiral sein.«

Er hatte das Gerücht gehört, daß der Vizekönig von Indien und Admiral der Ozeanischen Meere, Seine Exzellenz Christoph Kolumbus, seit Monaten eine vierte Reise vorbereitete. Diese Expedition sollte endlich die sagenhafte Nordwestpassage zu den Reichen des Großen Khan finden. Die katholischen Könige hatten ihm jedoch nicht gestattet, auch nur einen Fuß auf die Insel zu setzen.

Andererseits waren die Farben seiner Flagge zu bekannt, als daß man sie hätte verwechseln können, und als die vier kleinen Karavellen eine Meile vor der Küste die Segel einholten und den Anker auswarfen, war Fray Bernardino de Sigüenza sicher, daß Kolumbus sich auf einem der Schiffe befand.

Die Schiffe waren auf die Namen *Capitana, Santiago, Vizcaína* und *Gallega* getauft. Im Schein der untergehenden Sonne ließ man aus letzterem ein Beiboot zu Wasser, und vier Männer ruderten mit Hauptmann Pedro Terreros an der Spitze langsam auf den Hafen zu. Dieser bat um eine Audienz beim Gouverneur, der so wütend war, daß er um Haaresbreite befohlen hätte, das Feuer auf die Eindringlinge zu eröffnen.

»Ich habe Befehl der Könige, Kolumbus unter keinen Umständen das Betreten der Insel zu gestatten«, war das erste, was der Gouverneur sagte, als Pedro Terreros vor ihm kniete. »Was soll dieser Akt des Ungehorsams, wenn er doch weiß, daß er Hispaniola nicht betreten darf?«

»Wir sehen uns durch höhere Umstände gezwungen, Eure Exzellenz um Hilfe zu bitten«, entgegnete der Hauptmann.

»Und die wären?«

»Erstens ist eins der Schiffe in einem erbärmlichen Zustand. Die *Gallega* ist so gut wie manövrierunfähig und hält die ganze Expedition unnötig auf. Wie Ihr wißt, hat der Admiral die Aufgabe, einen Seeweg nach Zipangu zu finden. Aber mit dieser Karavelle ist es aussichtslos.«

»Wie kommt es, daß ein so erfahrener Seemann wie der Admiral dies nicht vorhersehen konnte?«

»Es war kein besseres Schiff zu haben, und wir wurden uns der Größe des Problems erst bewußt, als wir bereits auf hoher See waren. Die *Gallega* ist falsch konstruiert, sie bekommt beim kleinsten Gegenwind Schlagseite, und wir mußten unser ganzes Können aufbieten, um das Schiff über Wasser zu halten.«

»Was wollt Ihr nun von mir?«

»Daß Ihr uns die Karavelle gegen eines Eurer Schiffe umtauscht. Der Admiral ist bereit, die Differenz aus eigener Tasche zu zahlen. Ein erfahrener Kapitän kann die *Gallega* ohne weiteres nach Spanien zurückbringen. Sie sollte nur nicht im Geschwader segeln, da sie zu langsam ist.«

»Meine Schiffe sind im Geschwader gekommen und werden auch im Geschwader zurückkehren. Ich kann es mir nicht leisten, sie den gierigen Portugiesen und Engländern in den Rachen zu werfen.«

»Aber es handelt sich um einen sehr wichtigen Dienst an der Krone Spaniens«, wandte der Hauptmann ein. »Die Könige haben den Admiral damit beauftragt, und wenn Ihr Euch weigert, uns zu helfen, kommt dies einem Verrat gleich.«

»Hütet Eure Zunge, wenn Ihr nicht wollt, daß Eure Reise hier endet«, warnte ihn der Gouverneur zornig. »Für wen haltet Ihr Euch? Verrat wäre es, wenn ich ein Wort breche, das ich dem König persönlich gegeben habe. Sollte sich ein Schiff des Admirals Hispaniola nähern, werde ich es versenken lassen. Und genau das werde ich tun, wenn der Admiral morgen früh noch da ist. Habe ich mich deutlich genug ausgedrückt?«

»Durchaus. Doch bitte ich Euch, diese Entscheidung noch einmal zu überdenken.«

»Es gibt nichts zu überdenken«, entgegnete der Gouverneur und wies auf die Tür. »Das ist mein letztes Wort.«

»Dürfen wir wenigstens in der Bucht bleiben, bis der Sturm vorbei ist?«

»Welchen Sturm meint Ihr?« fragte Ovando überrascht und sah durch das große Fenster des Palastes auf den wolkenlosen Himmel, der sich mittlerweile dunkelrot gefärbt hatte. »Ich sehe keinerlei Anzeichen für einen Sturm.«

»Der Admiral ist sich ganz sicher«, antwortete der andere etwas schüchtern. »Er kennt sich besser als wir in diesen Breiten aus, und er behauptet, daß uns ein starker Hurrikan bevorsteht.«

»Ein was?«

»Ein Hurrikan. So nennen die Einheimischen den Sturm. Ein böser Geist, der so starke Winde erzeugen kann, daß sie Häuser und Schiffe fortreißen.«

»Jetzt ist es aber genug!« Die Geduld des Gouverneurs schien erschöpft zu sein. Sein Gesicht war rot angelaufen vor Wut, und seine Stimme klang heiser. »Der Admiral glaubt, er hätte es mit einem Idioten zu tun, wie? Zuerst erzählt Ihr mir von einem Schiff, das sich kaum über Wasser halten kann, obwohl es bis hierher kam. Und dann dieses Märchen von einem Hurrikan, obwohl kein Lüftchen geht und nicht eine Wolke am Himmel zu erkennen ist.« Er schüttelte den Kopf und fügte hinzu: »Ich kann verstehen, daß der Admiral die Insel gerne betreten und den Alkazar besucht hätte, den er selbst errichten ließ, aber ich hätte nie geglaubt, daß er sich zu derart plumpen Lügen versteigen würde.« Er seufzte laut. »Geht und sagt ihm, er soll diese Breiten so rasch wie möglich verlassen. Ich wünsche ihm viel Erfolg bei seiner Expedition.«

»Wann wird Eure Flotte auslaufen?«

»Morgen um die Mittagszeit.«

»Der Admiral rät davon ab. Er sagt, Ihr sollt die Schiffe in einer geeigneten Bucht in Sicherheit bringen und warten, bis der Hurrikan vorbei ist.«

»Hinaus, oder ich vergesse mich!«

»Exzellenz!«

»Hinaus!« brüllte der Gouverneur mit überschnappender Stimme. »Bei Sonnenaufgang sind Eure Schiffe verschwunden, oder ich lasse sie auf den Grund des Meeres versenken.«

Am Morgen des dreißigsten Juni 1502 hatten Kolumbus' Schiffe die Bucht verlassen.

Trotzdem hatte der Admiral sein wichtigstes Ziel erreicht. Die Bewohner von Santo Domingo, die Zeuge gewesen waren, als man ihn in Ketten nach Spanien schaffte, hatten gesehen, daß er mitsamt einer Flotte triumphierend zurückgekommen war. Nicht aus Angst vor den Kanonen des Gouverneurs, die ihn ohnehin nicht erreicht hätten, lichtete er die Anker, sondern weil sein sechster Sinn als Seefahrer ihm riet, etwa fünfzehn Meilen von der Hauptstadt entfernt in einer geschützten Bucht vor dem nahenden Unheil Zuflucht zu suchen.

In Santo Domingo herrschte seit dem Morgengrauen hektische Betriebsamkeit. Der strenge Gouverneur Ovando hatte das unverzügliche Auslaufen der Flotte befohlen. Die Offiziere standen an der Pier und sahen zu, wie die letzten Fässer mit Trinkwasser und dann die Passagiere mit kleinen Beibooten an Bord der wartenden Schiffe gebracht wurden, während die Kapitäne auf den Achterdecks standen und das geschäftige Treiben mißtrauisch verfolgten.

Die Luft roch nach Jod.

Aus Südosten wehte eine seltsame, für die Jahreszeit ungewohnte Brise, die die Seeluft und sogar die aufdringlichen Gerüche des Dschungels vertrieb. Eine unheimliche Atmosphäre herrschte an Bord. Als die ersten Passagiere an Deck waren, überkam sie das grausige Gefühl, sich unwiderruflich den Schrecken des heimtückischen Ozeans ausgeliefert zu haben.

Diejenigen, die am Strand standen und ihre Landsleute insgeheim darum beneidet hatten, die Rückfahrt in die Zivilisation antreten zu können, waren nun froh, an Land bleiben zu können. Die Gemüter der Menschen wurden plötzlich und unerklärlicherweise von einer großen Unruhe erfaßt.

Cienfuegos ging früh zum Hafen, um sich dort von Maese Juan de la Cosa und Rodrigo de Bastidas zu verabschieden. Als er das spiegelglatte Meer, die rotgezackten Ränder der Wolken und die metallische Farbe des Himmels sah und die aufgeladene Atmosphäre bemerkte, meinte er zu seinen Freunden: »Wenn Ihr mich fragt, ich würde heute auf keinen Fall auslaufen.«

Auch Juan de la Cosa waren die Anzeichen des nahenden Unwetters nicht verborgen geblieben. Er kannte sich in den Gewässern der Karibik aus und hatte viele Jahre die Küste des neuen Kontinents befahren. Daher nickte der Navigator aus Santoña besorgt und pflichtete ihm bei: »Ihr habt recht. An einem solchen Tag sollte man den sicheren Hafen nicht verlassen.«

»Warum nicht?« fragte Bonifacio, der in diesem Augenblick zu ihnen trat. »Das Meer ist glatt wie ein Spiegel, und kein Lüftchen regt sich.«

»Der Wind wird nicht lange auf sich warten lassen.«

»Warum seid Ihr so sicher, Maese?«

»Ich bin mit dem Wind aufgewachsen. Alles, was ich im Leben erreicht habe, verdanke ich ihm. Erst wenn mein letztes Stündlein schlägt, werde ich nicht mehr in der Lage sein, seine Tücken zu erkennen«, antwortete Juan de la Cosa. »Ich muß auf der Stelle mit dem Gouverneur sprechen.«

Doch Fray Nicolás de Ovando hatte nichts übrig für Vorahnungen oder Gefühle. Er dachte nur so weit, wie es ihm seine Bücher oder seine nicht allzu große Erfahrung erlaubten. Daher weigerte er sich hartnäckig, die Hirngespinste eines offensichtlichen Anhängers des Admirals ernst zu nehmen, der den Teufel an die Wand malte, obgleich der Himmel wolkenlos war und kaum eine Brise ging.

»Die Flotte läuft aus, egal ob Ihr an Bord seid oder nicht«, rief er. »Daran gibt es nichts zu rütteln.«

»Geht nicht an Bord«, riet Cienfuegos, als er von der unnachgiebigen Haltung des Gouverneurs hörte. »Ich fürchte, es braut sich ein Hurrikan zusammen wie damals, als Fuerte de la Natividad dem Erdboden gleichgemacht wurde und wir von Canoabós Kriegern überfallen wurden. Es war, als hätte sich die Welt in ein Tollhaus verwandelt. Der Wind riß Bäume aus, als wären es Grashalme, und die Wellen türmten sich auf wie Berge.«

»Unser ganzes Hab und Gut befindet sich an Bord«, gab Rodrigo de Bastidas zu bedenken.

»Dann wird es mit der Flotte verlorengehen«, sagte Cienfuegos entschieden. »Aber Ihr könnt zumindest Euer Leben retten.«

»In meinem Fall ist das unmöglich. Ich muß an Bord, ob ich will oder nicht. Ich soll als Zeuge auftreten, und wenn ich mich weigere, wird man mich zwingen«, entgegnete Rodrigo de Bastidas.

»Noch habt Ihr Zeit, im Dschungel zu verschwinden«, sagte Cienfuegos.

Bastidas zuckte die Achseln und antwortete gleichmütig: »Flucht entspricht mir nicht. Wenn Gott bestimmt hat, daß ich auf dem Grund des Meeres ende, dann wird er schon wissen, warum.« Er wandte sich seinem Freund zu. »Was werdet Ihr tun, Maese?«

»Ich will versuchen, den Gouverneur zumindest davon zu überzeugen, daß wir sofort auslaufen und Kurs auf die Insel Saona nehmen müssen. Wenn es wirklich ein Hurrikan ist, finden wir nur Zuflucht in den Buchten, die von Süden her geschützt sind.«

Sie verabschiedeten sich hastig, als ahnten sie bereits, daß sie sich nie wiedersehen würden. Cienfuegos hatte das traurige Gefühl, zwei zum Tode verurteilte Freunde zu umarmen.

Eine Stunde später setzte die Karavelle *La Guquía* mit Don Juan und Bastidas an Bord die Segel und nahm Kurs nach Südosten. Cienfuegos atmete erleichtert auf, legte seinen Arm um Bonifacios Schultern und sagte: »Wenn sie rechtzeitig nach Saona gelangen, kann ein Navigator wie Juan de la Cosa das Schiff retten, aber ich sage dir, nicht für alles Gold der Welt wäre ich mit an Bord gegangen.« Er hielt einen Augenblick inne und setzte dann hinzu: »Aber auch hier auf dem Land werden wir nichts zu lachen haben.«

Bonifacio wollte etwas sagen, doch zögerte er, als er sah, daß der alte Gouverneur Francisco de Bobadilla auf dem Kai erschienen war, begleitet von einer Kompanie Soldaten. Es war unmöglich zu sagen, ob sie ihn beschützten oder als Gefangenen bewachten.

Er wirkte wie ein Schlafwandler und schien die wütende Menge, die sich am Hafen versammelt hatte und ihn zweifellos aufgeknüpft hätte, wäre die Eskorte nicht gewesen, nicht einmal wahrzunehmen. Er starrte vor sich hin wie ein Betrunkener, der auf ein konkretes Ziel zugeht, aber meint, es nie erreichen zu können, sosehr er sich auch anstrengt.

Die Tragik in Francisco de Bobadillas wirrer Geschichte lag darin, daß er, ein aufrechter und ehrlicher Mann, einer Versuchung erlegen war, die ihm letztendlich keinen Nutzen brachte, seine moralischen Werte aber vollkommen zerstörte.

Jeder Tag, an dem er seinen Reichtum vergrößerte, hatte zu seinem Ruin beigetragen. Vielleicht wußte er im stillen sogar, daß der Posten eines Gouverneurs eigentlich zu anspruchsvoll für ihn war. Und als er merkte, daß er sich gegen Männer behaupten mußte, die ihm intellektuell überlegen waren, versuchte er, seine Unterlegenheit durch das Anhäufen von Gold und Silber wettzumachen.

Die Strafe, die sein Nachfolger Ovando oder, nach seiner Rückkehr nach Spanien, die Könige über ihn verhängen würden, war nichts im Vergleich zu der, die er sich selbst auferlegte. Ganz langsam begriff er, daß ihm vom Schicksal ein ehrenvoller Platz in der Geschichte zugedacht gewesen war, den er durch seine Habgier und seine Dummheit verspielt hatte. Was blieb, war die Schande. Wen konnte er für seine zahllosen Fehler verantwortlich machen? Wie sollte er sich von seiner Schuld reinwaschen?

Die Einsamkeit, die einem klugen Menschen den richtigen Weg zu weisen vermag, ist dem törichten keine Hilfe. Und es war offensichtlich, daß Don Francisco de Bobadilla ein einsamer Mann gewesen war, trotz der vielen Schmeichler und Speichellecker in seiner Umgebung. Er hatte zwar den Gipfel der Macht erklommen, doch seinen beschränkten Horizont nie erweitern können.

Die Macht kann die Großen erhöhen und die Kleinen erniedrigen, und in einer Unzahl von Fällen hat die Geschichte gezeigt, daß ein mittelmäßiger Mensch kaum neue Tugenden entwickelt, wenn das Schicksal ihn mit einer großen Verantwortung betraut. Im Gegenteil, häufig kommen in einer solchen Lage seine Laster erst recht zum Vorschein.

Tränen der Reue hätten zu nichts geführt, und ein letzter Rest Stolz hinderte ihn daran, vor der wütenden Menge, die ihn beschimpfte, auf die Knie zu gehen und sie um Verzeihung zu bitten. Er schritt aufrecht an ihr vorbei und tat, als sei er von der Richtigkeit seines Handelns völlig überzeugt.

Nach ihm brachte man auch Francisco Roldán an Bord, jenen traurigen Rebellen, der stets unzufrieden gewesen war und nur in seinem eigenen Reich hätte glücklich werden können – einer von unzähligen kleinen Despoten, die noch kommen und eine echte Plage für die Neue Welt werden sollten. Schließlich schleppten schwerbewaffnete Soldaten Guarionex, den letzten Kaziken der Insel, in Ketten auf eines der Schiffe. Dieser stolze Häuptling und Krieger hatte als einziger versucht, die Eroberer daran zu hindern, Hispaniola vollends in ihren Besitz zu bringen.

So lief ein Schiff nach dem anderen aus. Zwar kannten die spanischen Seeleute die Gewässer nicht und hatten noch nie etwas von einem Hurrikan gehört, doch spürten sie instinktiv, daß eine schreckliche Gefahr unmittelbar bevorstand.

Mittlerweile war ein starker Wind aufgekommen, dessen wütendes Heulen die Matrosen in den Masten und Segeln erschaudern ließ. Die Wolken am Horizont waren rot wie geronnenes Blut, und das Blau des Meeres wurde unmerklich zu einem metallisch glänzenden Grau. Dann peitschte der Wind die Gischt auf.

Albatrosse und Seemöwen waren vom Himmel verschwunden und suchten im Landesinneren Schutz, Hunde jaulten, und den Katzen sträubte sich das Fell. Die Papageien im Dschungel kreischten so laut, daß man hätte meinen können, sie wollten einander vor der bevorstehenden Katastrophe warnen.

Gouverneur Fray Nicolás de Ovando beobachtete vom Balkon des Alkazar aus das Auflaufen der stolzen Flotte, die die Könige ihm anvertraut hatten. Doch jetzt spürte auch er den beklemmenden Druck auf der Brust. Bei dem Gedanken, daß die düsteren Prophezeiungen des verhaßten Admirals sich erfüllen könnten, glaubte er zu ersticken. Nicht einmal einem eigensinnigen und rechthaberischen Mann wie Ovando konnte es entgehen, daß diese Welt gänzlich anders war als die vertraute alte, daß die Natur hier Launen besaß, von denen man in Europa wenig Ahnung hatte. Einen Augenblick lang war er sogar versucht, seine Meinung zu ändern und den Befehl zu geben, die Flotte in der Flußmündung in Sicherheit zu bringen. Diese Unentschlossenheit sollte seine gesamte tragische Zukunft auszeichnen.

Vor Kolumbus, Terreros und Juan de la Cosa zugeben zu müssen, daß er sich geirrt hatte, erschien ihm schlimmer, als die möglichen Konsequenzen seines Starrsinns tragen zu müssen. Obgleich die vielen verzweifelten Gesichter am Strand nur auf ein Zeichen von ihm warteten, glaubte er wie viele Spanier, daß ein Mann von Charakter niemals einen Fehler zugeben oder einen einmal getroffenen Entschluß revidieren darf. So sah er zu, wie eine Karavelle nach der anderen die Segel setzte, die Anker lichtete und sich in die Gruppe von Schiffen einreihte, die aufs offene Meer hinausfuhren.

Die Menschen am Strand und am Hafen, die eben noch laut gerufen hatten, schwiegen. Kein einziges Taschentuch war zu sehen. Auf einen Schlag waren die Schmährufe gegen den ehemaligen Gouverneur verstummt. Man hätte meinen können, daß alle, bis hin zum gleichgültigsten Zuschauer, plötzlich bemerkt hatten, daß sie Zeugen einer tragischen und sinnlosen Tragödie wurden, die in diesem Augenblick noch zu verhindern gewesen wäre.

Hunderte von Seeleuten, Männern, Frauen und Kindern gingen in einen Tod, der sich mit unmißverständlichen Zeichen angekündigt hatte und nicht einmal vom unerfahrensten Stadtmenschen hätte übersehen werden können. Die wenigen Einheimischen, die noch nicht in den Höhlen des Dschungels Schutz gesucht hatten, beobachteten fassungslos den selbstmörderischen Exodus dieser Verrückten, die hochmütig genug waren, dem Geist des Bösen zu trotzen, obwohl dieser seine Wut bereits offenbart hatte.

Don Francisco de Bobadilla stand am Heck der *Capitana* und beobachtete, wie sich die Stadt, die einst ihm gehört hatte, für immer in der Ferne verlor. Das Deck unter seinen Füßen bebte, als sei es ein lebendiges Wesen, das die Gefahr spürte. Die Planken knarrten und ächzten, als wollten sie sich dagegen verwahren, daß der Wille eines einzigen gewissenlosen Mannes sie der sicheren Vernichtung übergab. Wie kam es, daß sich keiner gegen die Obrigkeit auflehnte, obgleich diese offensichtlich inkompetent war? Wie kam es, daß keinem der achtundzwanzig Kapitäne das Leben seiner

Besatzung wichtiger war als der Befehl eines Gouverneurs, dessen Macht auf dem Land endete?

Ein einziger, der sich darin erinnert hätte, daß man einem überlegenen Feind aus dem Weg geht, wenn man überleben will, hätte genügt, um den Rest seinem Beispiel folgen zu lassen. Doch Stolz, Angst und vielleicht auch die Scham, der erste zu sein, hielten sie davon ab, den entscheidenden Befehl zu geben, obwohl er ihnen das Leben hätte retten können.

Riesige Wellen rollten über den Strand und umspülten die hohen Palmen, die sich im starken Wind bogen. Die roten Wolken waren jetzt fast violett und jagten mit ungeheurer Geschwindigkeit über die Insel, als versuchten sie, dem teuflischen Ungeheuer zu entfliehen. Sie waren die ersten Vorboten des nahenden Unheils und verwandelten im Nu den hellen Tag in dunkelste Nacht. Über das Meer flatterte warme Gischt.

Die Menschen, die ins Landesinnere flüchteten, sahen ein, daß es keinen Zweck hatte, über das Schicksal derer zu klagen, die jetzt auf hoher See mit dem Tod kämpften. Sie mußten um ihr eigenes Leben fürchten, denn niemand wußte, ob diese Zeichen nicht das Jüngste Gericht ankündigten.

Die Schiffe verschwanden im Osten, während die Stadtbewohner, die nicht in den Wald geflüchtet waren, in ihren Steinhäusern Schutz suchten, deren Dächer im Wind klapperten.

Eine dicke Frau schrie vor Angst auf, als sie von einer Bö gepackt und fortgerissen wurde, und eine Strohhütte, an deren Wänden der Wind rüttelte, stürzte wie ein Kartenhaus zusammen.

Der Hurrikan war da. Einer von unzähligen in der Geschichte der Stadt Santo Domingo, die genau auf der Route dieses gefährlichen Naturphänomens gebaut worden war. Und die Wucht seiner Vorboten zeigte an, daß er nicht nur das Leben der Menschen auf hoher See bedrohte, sondern auch unter der Stadtbevölkerung seine Opfer finden würde. Die Gewalt, mit der er über die Insel hereinbrach, war derart überwältigend, daß sich kein Bewohner der Stadt noch irgendwo sicher fühlen konnte.

Der Kapitän der *Santa María* war der erste, der den verhängnisvollen Irrtum erkannte und den Befehl zur Rückkehr gab. Die Seeleute kletterten auf die Masten, und der Rudergänger warf das Steuer herum, doch der Wind knickte die dicken Balken um, als wären es Streichhölzer. Die Karavelle wurde von einer riesigen Welle erfaßt und kenterte auf der Stelle. Innerhalb von Minuten war das Schiff im Meer versunken. Siebenundvierzig Seeleute ertranken vor der Küste von Hispaniola, fast in Sichtweite von Santo Domingo.

Fray Nicolás de Ovando schloß sich in seinen Räumen ein.

Das gleiche Schicksal ereilte kurz darauf ein schwerbeladenes und kaum manövrierfähiges Schiff, was weiteren sechsundfünfzig Menschen das Leben kostete.

Die Lehmhütten der Einheimischen waren im Nu vom Erdboden verschluckt. Angst und Schrecken bemächtigte sich der Menschen.

Der Wind entwurzelte einen riesigen Kapokbaum und schleuderte ihn über die Plaza der Stadt wie einen Strauch durch die Wüste. Der nördliche Turm der gefürchteten Festung verschwand im Maul eines unsichtbaren Drachen; die Leiche des Wächters wurde später eine Meile entfernt im Dschungel gefunden. Eine hohe Welle erfaßte die *Indomable*, sie zerbarst in zwei Teile. Mit der Karavelle gingen dreiundfünfzig Seeleute unter.

Als das Unwetter von Stunde zu Stunde heftiger wurde, lösten sich die Glocken der Kathedrale aus ihrer Verankerung und fielen krachend zu Boden. Der Himmel war tiefschwarz.

Männer, Frauen und Kinder kauerten ängstlich in den

Gewölben des Alkazar. Sie hielten sich die Ohren zu, nur um das tödliche Dröhnen nicht mehr hören zu müssen. Meter für Meter gewann das Meer an Boden, und die Gischt legte sich wie ein Schleier über die Stadt. Zwei Schiffe, die im Hafen ankerten, wurden von den brandenden Wellen gegen den Kai geschleudert und zerschellten. Die *San Patricio* hatte Glück, sie wurde von einer turmhohen Welle in die Luft gehoben und Hunderte von Metern über das Wasser getragen, bis sie schließlich am Strand in tausend Stücke zersplitterte. Dreizehn Seeleute überlebten.

Die *Buensuceso* dagegen ging mit Mann und Maus unter.

Der ehemalige Gouverneur Don Francisco de Bobadilla erkannte schnell, daß sein Leben, seine Ehre, sein ganzes Hab und Gut verloren waren, und fragte sich verzweifelt, warum in aller Welt er so viel Unrecht hatte begehen müssen.

Die meisten Passagiere beteten, andere fluchten.

Fray Nicolás de Ovando hatte sich in seine Privatgemächer zurückgezogen und redete sich mühsam ein, daß ihn bei dieser unerwarteten Katastrophe, die nun hundertfünfzigtausend Goldmünzen, über dreißig Schiffe und zahllose Menschenleben kosten würde, keine Schuld traf. Niemand hatte Schuld daran.

In diesen verzweifelten Stunden kam er zu dem Schluß, daß es mehr bedurfte als Ehrlichkeit, Gerechtigkeit und Entschlossenheit, um eine Insel wie Hispaniola zu regieren. Man mußte sich auch der Hilfe Gottes versichern, und nun war es offensichtlich, daß Gott sein Gesicht von ihm abgewendet hatte.

Der einsichtige Kapitän der *Guquía* hatte das Kommando dem erfahrenen Navigator Juan de la Cosa überlassen, und dieser brachte das Schiff sicher an die Küste von Saona, bevor der Sturm seinen Höhepunkt erreichte und der Geist des Bösen wie ein Fluch über das ganze Land fiel.

Die restlichen Schiffe waren nur noch Spielbälle in der Gewalt eines Ungeheuers, ihre Segel zerrissen, die Steuerruder gebrochen und die Besatzungen zum Tode verurteilt. Jetzt dachte jeder nur an sich.

Die Gischt bildete einen dichten Vorhang, der die Sicht auf wenige Meter beschränkte, der Regen fiel in Strömen und überflutete die Kammern der wenigen Schiffe, die noch auf der Wasseroberfläche tanzten. Bäche wurden zu reißenden Strömen. Die Fluten spülten die Leichen der Seeleute an den Strand und trieben die Körper der in den Flüssen Ertrunkenen hinaus ins Meer. An der Mündung des Ozama tobte ein furchtbarer Kampf zwischen dem Süßwasser, das ins Meer strömte, und dem Salzwasser, das wie eine Springflut über das Land fegte.

Es war ein furchtbares Chaos.

Die *Capitana* sank langsam, als hätte das Schicksal Don Francisco de Bobadilla einen raschen, schmerzlosen Tod nicht gegönnt. Ohnmächtig mußte er mit ansehen, wie eine seiner Schatztruhen nach der anderen ins Meer geworfen wurde, in dem vergeblichen Versuch, das Schiff über Wasser zu halten.

Francisco Roldán fesselte sich an einen abgebrochenen Mast, in der Hoffnung, an den Strand getrieben zu werden.

Im Inneren des Schiffes sah der in Ketten gelegte Guarionex erwartungsvoll dem Tod entgegen, der ihn mit seinen Peinigern auf eine Ebene stellte und ihn von der Schmach erlösen würde, in Spanien wie ein Tier ausgestellt zu werden. Ihm war das gleiche Schicksal beschieden wie jenem anderen großen Kaziken, Canoabó, der vor vielen Jahren auf seinem Weg ins Exil Schiffbruch erlitten hatte.

Cienfuegos und der hinkende Bonifacio kauerten in einem verlassenen Bergwerk und wußten, daß sie gegen das zügellose Wüten der Natur nichts ausrichten konnten.

Nur dem Navigator Juan de la Cosa war es gelungen, seine Karavelle in eine Bucht auf der windgeschützten Seite der Insel Saona in Sicherheit zu bringen. Alle anderen Schiffe wurden vom Meer verschluckt, zusammen mit dem größten

Schatz, den man bislang aus der Neuen Welt ins spanische Königreich hatte bringen wollen. Wegen der Torheit eines Mannes mußte fast tausend Menschen das Leben verlieren.

Schließlich kam die trügerische Ruhe im Auge des Hurrikans, und die wenigen Überlebenden, die wie Roldán darum kämpften, die Küste zu erreichen, wurden eine leichte Beute für die Haie.

Die Bewohner von Santo Domingo, die sich bereits in Sicherheit wähnten, kamen aus ihren Häusern und starrten entsetzt auf das verheerende Ausmaß der Katastrophe. Von ihrer prächtigen Stadt war nicht viel übriggeblieben. Für einige Augenblicke erschien auch Fray Nicolás de Ovando auf dem Balkon seines Palastes, dann verkroch er sich wieder in seine Gemächer. Fray Bernardino de Sigüenza eilte durch die Straßen, um den Sterbenden die Letzte Ölung zu erteilen. Doch die Ruhe währte nicht lange, der Wind holte nur Atem. Dann tobte der Hurrikan den ganzen Tag und die ganze Nacht.

Cienfuegos hatte gesehen, wie der Wirbelsturm direkt über Santo Domingo hinwegfegte und dann nach Norden weiterzog. Der östliche Teil der Insel war kaum berührt worden; vor allem Xaraguá blieb wie durch ein Wunder vom Hurrikan verschont, so daß Eva und die Kinder zu keiner Zeit gefährdet gewesen waren.

Da die *Milagro* schon vor einer Woche mit Kurs nach Nordosten ausgelaufen war, half er in den ersten Tagen nach der Katastrophe der Bevölkerung von Santo Domingo bei den Aufräumarbeiten. Die Menschen schienen unter Schock zu stehen und konnten das Geschehene noch nicht fassen. Sie hatten nicht einmal die Kraft, ihre Toten zu begraben oder für die Verwundeten zu sorgen. Über der ganzen Stadt hing der Geruch des Todes, und überall herrschte Seuchengefahr.

Räuberbanden trieben ihr Unwesen in den Straßen der Stadt und plünderten die Ruinen der Häuser, andere streiften am Strand entlang in der Hoffnung, das Meer würde ihnen einen Teil des Reichtums, der mit den Schiffen versunken war, wiedergeben. Doch sie fanden nur Treibgut und furchtbar zugerichtete Leichen. Dabei mußten wenige Meilen von der Küste entfernt die Reichtümer, die der ehemalige Gouverneur Bobadilla und sein Gefolge unrechtmäßig erworben hatten, auf dem Meeresgrund liegen.

Niemand wußte, ob sich auch nur ein Schiff hatte retten können, und da es vier Monate dauerte, bis endlich die erlösende Nachricht in Hispaniola eintraf, daß das Schiff mit Juan de la Cosa und Rodrigo de Bastidas an Bord den Hafen von Cádiz sicher erreicht hatte, trauerte der Hirte aus Gomera aus ganzem Herzen um seine Freunde, denen er so viel zu verdanken hatte.

Bonifacio Cabrera schien, was das Schicksal der *Guquía* anbelangte, viel zuversichtlicher zu sein. Sein Vertrauen in Maese Juan de la Cosa war grenzenlos, und so war er dann auch überzeugt, daß nicht einmal ein Hurrikan dem Navigator etwas anhaben konnte.

Gouverneur Ovando, der sich in seiner Einschätzung der Lage so furchtbar geirrt hatte, bewies gänzlich unerwartet Geistesgegenwart, als er eine Generalamnestie für all die Gefangenen erließ, die sich nicht an Plünderungen beteiligt hatten. In einem zweiten Dekret ordnete er an, daß die neue Stadt am gegenüberliegenden Ufer errichtet werden sollte. Dort würde sie vor zukünftigen Hurrikanen besser geschützt sein. Er öffnete die königlichen Schatzkammern und stellte seine Männer in den Dienst der Gemeinschaft. Mit diesem geschickten Schachzug konnte er davon ablenken, daß eigentlich er für das Unglück der Flotte verantwortlich war.

Eine Woche später segelten Kolumbus' Schiffe an Santo Domingo vorbei und nahmen Kurs nach Westen. Das Meer war glatt wie Seide, die Sonne brannte unerbittlich, und eine leichte Brise trieb die Flotte stetig voran. In diesem Augenblick konnte niemand ahnen, daß sie einem der heftigsten Stürme entgegensegelten, die je in den Geschichtsbüchern verzeichnet wurden, daß sie sieben Monate lang ziellos über das Meer treiben würden, bis sie an den Küsten der Nachbarinsel Jamaika strandeten.

Doch für die Bewohner von Santo Domingo gehörte Kolumbus bereits der Vergangenheit an. Es war ein Kapitel ihrer Geschichte, das sie vergessen wollten, so wie die Erinnerung an den schrecklichen Hurrikan, der über sie hinweggefegt war. Das Leben begann wieder einmal von vorn.

Eine neue Stadt entstand, neue Straßen und neue Plazas. Die Häuser wurden jetzt nur noch aus Stein gebaut, mit soliden Fundamenten und festen Dächern, die kein Wind fortblasen konnte. Tag und Nacht waren die Bewohner auf den Beinen, und keiner gönnte sich auch nur eine Stunde Rast. Selbst die erbittertsten Feinde des neuen Gouverneurs kamen allmählich aus ihren Dschungelverstecken, und als deutlich wurde, daß ihnen keinerlei Strafen drohten, ganz gleich, welche Verbrechen sie begangen hatten, reihten sie sich in die Gruppe derjenigen ein, die mit allen Kräften am Wiederaufbau arbeiteten.

Zehn Tage später bat Cienfuegos beim Gouverneur um eine Audienz und fragte, ob die Generalamnestie auch die Gefangenen der Heiligen Inquisition einschloß.

»Das ist eine schwierige Frage«, räumte Ovando ein, dessen Macht da aufhörte, wo die der gefürchteten Inquisition begann. »Wenn es nach mir ginge, könnte Doña Mariana Montenegro sich frei auf der Insel bewegen. Würde mich jedoch ein fanatischer Dominikaner auffordern, sie einzusperren, wäre ich in großer Bedrängnis.«

»Weshalb?«

»Weil Fray Bernardino de Sigüenza sich noch nicht darüber im klaren ist, ob er den Prozeß gegen sie eröffnen soll oder nicht. Und solange sie unter Verdacht steht, darf ich sie eigentlich nicht aus der Haft entlassen.«

»Wenn es so ist, dann bittet doch Fray Bernardino de Sigüenza um eine baldige Entscheidung, damit Doña Mariana weiß, woran sie ist.«

»Ich kann ihn nicht unter Druck setzen. Er muß in Ruhe entscheiden, und er muß sich nur vor sich selbst und seinem Gewissen verantworten. So will es das Gesetz. Doch glaubt mir, ich persönlich würde die Angelegenheit lieber heute als morgen vom Tisch haben.«

»Darf ich versuchen, ihn zu überzeugen?«

»Überzeugen?« fragte Ovando verwundert. »Wie ich

hörte, könnt Ihr ein Maultier mit einem Faustschlag töten, was Euch den Namen ›Eisenfaust‹ eingetragen hat, aber Fray Bernardinos Kopf ist um einiges härter.«

»Ich würde es gerne versuchen.«

»Es sind Eure Zeit und Eure Nerven«, sagte der Gouverneur achselzuckend. »Ich weiß nicht, welche Beziehung Ihr zu der Angeklagten habt und will es auch nicht wissen, aber wenn Ihr Fray Bernardino überzeugen könnt, den Fall abzuschließen, würde es mich freuen.«

Cienfuegos dachte drei Tage lang über seinen Plan nach, und als er dann unterwürfig vor dem stinkenden Franziskaner kniete, wußte er genau, was er zu sagen hatte.

Als erstes gab er unter dem Schutz des Beichtgeheimnisses zu, den See mit Hilfe einer schwarzen Masse in Brand gesteckt zu haben. Er erzählte dem Frater, wie er von den einheimischen Indios gelernt hatte, mit dem *mene* umzugehen, und gestand auch, daß er der Vater des Kindes war, das Doña Mariana erwartete. Schließlich beichtete er, wie er Baltasar Garrote dazu gebracht hatte, seine Anzeige zurückzuziehen.

Der arme Frater traute seinen Ohren nicht. Für ihn war das die absurdeste Beichte, die er je gehört hatte. Er weigerte sich, dem Geständnis des Hirten aus Gomera Glauben zu schenken und sagte mitleidig:

»Ich verstehe Eure guten Absichten, mein Sohn, wenn Ihr tatsächlich der Vater dieses unglücklichen Kindes seid. Aber glaubt nicht, daß Ihr die Macht habt, einen See in Brand zu stecken und einen Mann wie Baltasar Garrote umzustimmen. Und wenn Eure Geschichte mit den Fledermäusen stimmte, wärt Ihr tatsächlich einen Pakt mit dem Teufel eingegangen.«

»Aber wenn ich Euch beweise, daß ich ihn ohne die Hilfe des Leibhaftigen überzeugte, würdet Ihr mir dann auch das mit dem *mene* glauben?« fragte der Hirte aus Gomera.

»Schon möglich …«, antwortete Fray Bernardino.

»Dann paßt gut auf, Vater«, sagte Cienfuegos und holte aus einem mitgebrachten Korb eine der unheimlichen kleinen Bestien.

»Was für ein ekelhaftes Tier!« entfuhr es dem Frater, und er wich zurück. »Was ist das?«

»Eine Vampirfledermaus aus dem Dschungel. Diese Tierchen ernähren sich ausschließlich von dem Blut ihrer Opfer«, erklärte Cienfuegos.

»Unmöglich!«

»Wartet! Ich schloß drei von diesen kleinen Tieren in der Hütte von Baltasar Garrote ein und hatte keine Mühe, ihn davon zu überzeugen, daß unsichtbare Diener des Teufels ihm langsam das Blut aussaugen.«

All das war offensichtlich zuviel für einen einfachen Kirchenmann, der von Cienfuegos' Fähigkeiten der Irreführung keine Ahnung hatte. Doch als der Hirte aus Gomera dem ekelerregenden Tier das Maul öffnete und die spitzen Zähne zeigte, kratzte sich der Frater inbrünstig die schrundigen Arme.

»Heilige Muttergottes!« rief er.

»Glaubt Ihr mir jetzt?«

Was konnte er einem Mann antworten, der Beweise brachte, die auch den hartgesottensten Inquisitor erbleichen ließen? Wie sollte er auf diese seltsamen Naturwunder reagieren? Noch nie hatte er mit derartigen Dingen zu tun gehabt.

»Gott steh mir bei!« sagte er verwirrt und bekreuzigte sich dreimal hintereinander. »Heiliger Franziskus!«

»Hört endlich auf und beantwortet meine Frage, oder ich sorge dafür, daß sie Euch beißt«, sagte Cienfuegos ungeduldig. »Glaubt Ihr mir jetzt?«

»Nehmt dieses Tier fort. Ich muß nachdenken«, antwortete der Frater fast hysterisch. »Wo habt Ihr dieses Ungeheuer gefunden?«

»Im Dschungel, das sagte ich Euch bereits.«

»Und sie fliegen frei umher?«

»So frei wie die Vögel.«

»Gibt es viele davon?«

»Auf Tierra Firme findet man sie zu Tausenden. Hier auf Hispaniola dagegen sind sie rar.«

Der verlauste Frater bekreuzigte sich erneut.

»Was für eine Hölle dieses Land ist«, sagte er heftig. »Moskitos, Schlangen, Haie, Hurrikans und jetzt das. Saugen sie einem wirklich das Blut aus?«

»In vier Tagen können sie einen gesunden Mann töten.«

»Mein Gott!«

»Und ich will Euch noch etwas verraten«, fuhr Cienfuegos fort, da er merkte, daß er den hartnäckigen Widerstand Fray Bernardinos allmählich aufweichte. »Da Ihr das Beichtgeheimnis wahren müßt, kann ich Euch sagen, wie ich das Maultier tötete. Ich bohrte meine scharfen Fingernägel, die ich zuvor in ein Gift getaucht hatte, in den Hals des Tieres.« Cienfuegos zeigte ihm die ausgestreckten Hände und machte eine rasche Bewegung. »Ich bräuchte Euch nur ein wenig zu kratzen, und Ihr wärt ein toter Mann.«

»Ewige Verdammnis!« rief der andere und sprang auf. »So etwas ist mir ja noch nie untergekommen. Säßen wir nicht bei der Beichte, würde ich den Gouverneur veranlassen, Euch auf der Stelle festzunehmen und in den Kerker zu werfen.«

»Das kann ich mir denken«, lächelte Cienfuegos. »Deshalb sage ich es Euch unter dem Siegel der Beichte.«

»Ihr seid eine Gefahr für die Öffentlichkeit«, murmelte der Frater, schneuzte sich erneut und versuchte, seine Ruhe wiederzugewinnen. »Verschwindet und nehmt dieses eklige Ungeheuer mit«, sagte er ärgerlich.

»Nicht bevor Ihr mir die Absolution erteilt und mir sagt, ob Ihr mir glaubt oder nicht.«

»Die Absolution?« wiederholte der Franziskaner empört.

»Ihr seid in ein Gotteshaus eingedrungen, habt mich mit einem Dämon und Hexengift bedroht und verlangt die Absolution? Einen Tritt in den Hintern werde ich Euch erteilen, wenn Ihr nicht sofort verschwindet.«

Die Entrüstung des Fraters hielt bis spät in die Nacht an. Dann saß er schließlich allein in seiner Zelle und grübelte lange darüber nach, was ihm dieser seltsame Tag, den er sicherlich niemals vergessen würde, gebracht hatte. Er brauchte Zeit und seine ganze Vernunft, um die Argumente des dahergelaufenen Schafhirten anzuerkennen, der in der Lage schien, selbst das heiligste Sakrament in den Schmutz zu ziehen. Dabei konnte er im Inneren seiner Seele nicht umhin, Bewunderung für diesen Mann zu empfinden, der sich derart raffinierter Tricks bedient hatte, um die geliebte Frau zu retten.

Noch wollte er nicht akzeptieren, daß es eine Flüssigkeit gab, die das Meer in ein brennendes Inferno verwandelte. War es möglich, daß es irgendwo auf der Erde eine Art Öl gab, das, vielleicht mit Alkohol vermischt, diese Eigenschaft entwickelt hatte?

Doch in dieser Welt, in der innerhalb kürzester Zeit ein schöner Tag zu einer wahren Apokalypse werden konnte und mitten in einer Flaute plötzlich Winde entstanden, die eine ganze Flotte und eine Stadt vernichten konnten, kam ihm alles möglich und unmöglich zugleich vor.

Es war eine Welt, in der sich widerliche, vampirgleiche Fledermäuse von Menschenblut ernährten und ein Maultier starb, weil man es mit Hexengift unter den Fingernägeln vergiftete. Eine Welt jenseits des Meeres der Finsternis, das über Jahrtausende hinweg das Bekannte vom Unbekannten, die Realität von der Phantasie geschieden hatte.

Fray Bernardino de Sigüenza konnte dies akzeptieren und auch, daß die absurde Geschichte über Doña Mariana Montenegro ihm keineswegs helfen würde, mehr Licht in die Beziehungen zwischen Gott, Menschen und Dämonen zu bringen. Im Gegenteil: Das Wenige, das er verstanden zu haben meinte, war nun erneut verschleiert worden.

Eine Zeitlang hatte er geglaubt, ein klares Indiz dafür gefunden zu haben, daß satanische Mächte den zu Tode erschreckten Baltasar Garrote geplagt hatten. Er war schließlich bereit gewesen, auf dem Scheiterhaufen zu enden, um ihrem Einfluß zu entkommen. Doch jetzt stellte sich heraus, daß es der Einfluß eines widerlichen Tieres war, dem die Natur die Gabe geschenkt hatte, seinen Opfern des Nachts unbemerkt das Blut auszusaugen.

Es war eine herbe Enttäuschung für jemanden, der ernsthaft nach der Wahrheit suchte und dabei immer wieder nur auf die Wirklichkeit in einer neuen seltsamen Verkleidung stieß. Für das Gute und das Böse, die ihn so sehr beunruhigten, war dabei offensichtlich kein Platz vorgesehen.

Doch mit seinem scharfen, analytischen Verstand erkannte Fray Bernardino de Sigüenza schnell, daß es möglicherweise eine plausible Erklärung für die übernatürlichsten Geheimnisse gab. Vielleicht war es nur eine Frage der Zeit, des Studiums und der Geduld, bis ein Mysterium nach dem anderen enthüllt wurde.

Jetzt löste sich das Rätsel Stück für Stück vor ihm auf und rückte seine falschen Annahmen zurecht. Man hätte meinen können, daß es ihm eine unendliche Befriedigung verschaffen müßte, doch das Gegenteil war der Fall. Fray Bernardino war niedergeschlagen; er fand einfach keine Ruhe mehr.

Einmal mehr war ihm der Satan durch die Finger geschlüpft. Am Morgen, nach einer schlaflosen Nacht, wurde ihm bewußt, wie hochmütig er gewesen war, als er glaubte, weiter gekommen zu sein als die größten Theologen und Heiligen. Daraufhin zog er sein Hemd aus, nahm eine Peitsche aus dem Schrank und geißelte sich, bis sein Rücken mit blutigen Striemen bedeckt war.

Später zog er sich an und begab sich gesenkten Hauptes zum Alkazar des Gouverneurs Ovando.

»Heute nacht ist Capitán de Luna in Leonor Banderas' Haus gesehen worden.«

»Ich glaubte, er sei mit Fermina Constante zusammen.«

»Das stimmt auch, aber sie hat gerade ein Kind bekommen.«

»War Baltasar Garrote bei ihm?« fragte Cienfuegos.

»Der ›Türke‹ hält sich noch im Dschungel versteckt«, antwortete Bonifacio Cabrera. »Soweit ich gehört habe, hat sich der Capitán mit einem der Mädchen vergnügt, einen Krug Wein getrunken und ist wieder gegangen.«

»Wo wohnt er jetzt?«

»Warum vergißt du ihn nicht?« fragte Bonifacio fast flehentlich. »Es ist so viel geschehen, und wir, die Überlebenden, sollten versuchen, einen neuen Anfang zu machen.«

»Genau das will ich ja«, antwortete Cienfuegos gereizt. »Aber wie kann man in Ruhe leben, wenn es jemanden gibt, der fest entschlossen ist, deinen Freunden zu schaden? In einem Monat ist es zehn Jahre her, daß der Capitán in den Bergen von Gomera mit seinen Hunden Jagd auf mich machte. Und jedesmal, wenn ich durch eine einsame Gasse gehe, muß ich fürchten, in einen Hinterhalt zu geraten.« Cienfuegos schüttelte traurig den Kopf. »Nein! Dieser Spuk muß ein Ende haben.«

»Indem du ihn tötest?«

»Wenn es keine andere Möglichkeit gibt.«

»Wie? Wirst du es sein, der ihm in einer Gasse auflauert?

Das kann ich mir nicht vorstellen. Und anders hast du keine Chance, ihn zu erledigen.«

»Warum nicht?«

»Das weißt du ganz genau. Er ist von den besten Fechtlehrern unterrichtet worden, während du ein einfacher Hirte bist, der höchstens mit einer Keule umzugehen versteht.«

»Kain tötete seinen Bruder Abel mit einer Schleuder, und Abel war ganz offensichtlich ein Riese.«

»Das waren nicht Kain und Abel, sondern David und Goliath, du Dummkopf«, berichtigte ihn der andere. »Obwohl es auf dasselbe hinausläuft. Ich bin sicher, daß auch der Capitán diese Geschichte kennt, und er wird nicht zulassen, daß du ihn mit einem Stein bewirfst. Er wird sich etwas einfallen lassen.«

»Ich weiß, daß es nicht leicht sein wird«, gestand Cienfuegos und kratzte sich am Kopf. »Nichts von dem, was mir durch den Kopf geht, ist brauchbar, solange ich ihm mit dem Schwert in der Hand begegnen muß.«

»Dann gib es lieber auf.«

»Gibst du etwa auf, wenn du vor einem Problem stehst?« sagte Cienfuegos verärgert. »Das ist nicht meine Art. So schnell gebe ich mich nicht geschlagen.«

»Welche andere Möglichkeit gibt es denn?«

»Ich werde Fechtunterricht nehmen«, erwiderte Cienfuegos störrisch. »Wenn andere es lernen können, warum nicht ich?«

»Weil du Monate brauchen würdest, um ein guter Fechter zu werden. Vielleicht sogar Jahre! Und wenn er dich tötet, würden Doña Mariana und die Kinder wieder vor dem Nichts stehen.« Bonifacio legte seinem Freund die Hand auf die Schulter. »Laß uns nach Xaraguá fahren. Dort sind wir in Sicherheit, und wenn uns das Schiff abholt, werden wir diese Insel suchen, um eine eigene Kolonie zu gründen. Dann können uns weder der Capitán noch König Ferdinand selbst etwas anhaben.«

Bonifacio Cabrera meinte es zweifellos gut, doch er konnte Cienfuegos nicht überzeugen. Der Graf hatte dreimal das Meer der Finsternis überquert, bis er sie dann im Maracaibo-See stellte. Er würde sie überall finden, und wenn er bis zur Hölle gehen mußte. Davon war Cienfuegos überzeugt. Capitán de Luna würde nie aufgeben, und er, Cienfuegos, konnte mit einer derartigen Bedrohung nicht leben.

Daher ging er in die Taverne »Los Cuatro Vientos« und fragte Vasco de Núñez de Balboa geradeheraus: »Was würden mich einige Fechtstunden bei Euch kosten?«

»Das Leben!« lautete die Antwort.

»Das Leben?« wiederholte Cienfuegos verwirrt. »Was, zum Teufel, meint Ihr?«

»Wenn Ihr fechten lernen wollt, dann müßt Ihr es richtig lernen, sonst spießt Euch Euer erster Gegner auf wie einen Weinschlauch. Mit einigen Stunden ist es nicht getan.« Balboa nahm Cienfuegos' Einladung zu einem Glas Wein dankend an und fuhr fort. »Hört auf meinen Rat: Greift nie zu einer Waffe, es sei denn, Ihr beherrscht sie tatsächlich. Sonst wendet sie sich nur gegen Euch selbst.«

»Ein weiser Rat.«

»Ich war schon immer ein Meister darin, gute Ratschläge zu geben, obwohl ich mich selbst nie daran gehalten habe«, sagte Balboa und lachte. »Aber ich bin in einer so mißlichen Lage, daß ich dazu neige, Euer Angebot anzunehmen, auch wenn ich davon überzeugt bin, daß es Euch nichts nutzen wird.«

»Ihr nehmt also an?«

»Unter einer Bedingung.«

»Und die wäre?«

»Daß Ihr keinen Degen führt, bis ich es Euch erlaube.«

»Abgemacht.«

»Es wird mir weh tun, wenn man Euch aufschlitzt, aber der Hunger zwickt noch mehr. Vollpension? Einschließlich Wein?« fragte er verschmitzt.

»Geht in Ordnung. Wann fangen wir an?«

»Warum nicht sofort?«

Zuerst mußten sie zu Justo Camejos Pfandhaus gehen und Balboas Degen einlösen. Dort verkaufte ihnen der Besitzer auch einen zweiten. Er hatte einem jener Unglückseligen gehört, den die Springflut des Hurrikans in den Tod gerissen hatte. Noch am selben Nachmittag machte sich Balboa auf einer menschenleeren Lichtung in der Nähe des Flusses an die schwierige Aufgabe, dem Hirten aus Gomera das Fechten beizubringen.

Nach einer Stunde ließen sie sich erschöpft und keuchend zu Boden fallen.

»Und?« fragte Cienfuegos.

»Tja«, antwortete Balboa. »Um ehrlich zu sein, ich habe noch nie jemanden gesehen, der so ungeschickt im Umgang mit dem Degen ist wie Ihr. Ihr haltet ihn in der Hand wie einen Knüppel, mit dem man Teppiche klopft.«

»Ja. Mit einem Stock kann ich umgehen«, sagte Cienfuegos. »Auf Gomera ist der Stockkampf eine Art Nationalsport. Ich bin mit einer Stange in der Hand großgeworden.«

»Das hier ist kein Stockkampf«, wies ihn der Mann aus Jerez zurecht. »Der Degen muß locker in der Hand liegen. Drückt Ihr zu fest, erwürgt Ihr ihn. Haltet Ihr ihn aber zu lasch, schlägt man ihn Euch aus der Hand.«

»Ich werde es schon lernen!«

»Das bezweifle ich«, entgegnete Balboa und zuckte die Achseln. »Ich weiß, daß ich gegen meine eigenen Interessen handle und mein gerade gewonnenes Dach über dem Kopf aufs Spiel setze, doch ich schätze Euch und will Euch warnen. Ihr seid nicht zum Fechten geboren.«

»Ich danke Euch für Eure Ehrlichkeit, aber sie kann meine Entscheidung nicht umstoßen«, sagte Cienfuegos. »Ich bin bereit zu üben, bis mir der Arm abfällt.«

»Warum versucht Ihr nicht, ihm den Kopf einzuschlagen? Härter als der eines Maultieres kann er nicht sein.«

»Ihr kennt Capitán de Luna nicht. Laßt uns weitermachen.«

»Wie Ihr wollt.«

Doch es war ein vergebliches Unterfangen, so aussichtslos, wie einem Blinden das Bergsteigen beibringen zu wollen. Der Hirte aus Gomera ging auf seinen Gegner los, als wollte er ihn mit einem Schlag in Stücke hauen. Jedesmal wich der andere geschickt aus und schlug ihm den Degen kräftig aus der Hand. Der Degen flog mehr durch die Luft, als ihn zu bedrohen.

»Mit Glück durchbohrt er den Grafen, wenn er fällt, aber genausogut kann er Euch aufspießen«, scherzte Balboa.

Cienfuegos brauchte fünf Tage, bevor er einsah, daß ihn Gott trotz seiner einwandfreien körperlichen Verfassung und seiner schnellen Reaktionen nicht zum Fechter berufen hatte. Eine ganze Nacht zerbrach er sich den Kopf darüber, wie er den Grafen zum Duell fordern konnte.

In den wenigen Fechtstunden, die Balboa ihm gab, konnte er den Umgang mit dem Degen nicht lernen, doch sie vermittelten ihm eine vage Vorstellung, worum es bei dieser Kunst ging. Er lernte, wie jemand, der wie Capitán de Luna die meisterlichen Fechtschulen besucht hatte, sich verteidigen oder angreifen würde. Es gab eine Reihe von Varianten, die sich meistens aus der Situation ergaben und deren Wirksamkeit vom Geschick und Reaktionsvermögen des jeweiligen Gegners abhingen.

»Nach dem, was Ihr mir über den Grafen erzählt habt«, erklärte ihm Balboa eines Tages, »handelt es sich um einen Berufssoldaten, der sein Leben damit verbracht hat, gegen die aufsässigen Guanchen zu kämpfen. Er wird lieber mit dem Schwert kämpfen als mit einem leichten Degen, der viel größere Geschicklichkeit erfordert. Daher müßt Ihr mit schnellen, direkten Hieben von oben, unten oder von der Seite rechnen. Ist er groß?«

»Ziemlich groß.«

»Größer als Ihr?«

»Nein.«

»Kräftig gebaut?«

»Ja.«

»Ist er schnell und beweglich?«

»Das nicht. Er ist über vierzig, und ich glaube nicht, daß er in letzter Zeit sehr viel trainiert hat. Er liebt den Wein, das Essen und die Weiber.«

»Wie alle!« lachte Balboa. »Ist er Rechts- oder Linkshänder?«

»Rechtshänder.«

»Dann wird die Mehrzahl seiner Angriffe der Stelle zwischen Eurer linken Schulter und Eurem Hals gelten. Natürlich wird er auch auf die Beine und den Oberkörper zielen, aber im Grunde genommen weiß er, daß der tödliche Schlag von oben kommen muß.«

»Ich verstehe. Könnt Ihr mich so angreifen, wie er es wahrscheinlich tun wird?«

»Es entspricht nicht meiner Kampfweise, aber ich will es versuchen.«

Sie übten zwei anstrengende Tage lang, und als Cienfuegos den Eindruck hatte, für ein Duell gewappnet zu sein, wusch er sich die Farbe aus dem Haar. Am nächsten Morgen lauerte er dem Grafen in einer Waldlichtung auf.

Er hatte erfahren, daß Capitán de Luna jeden Morgen vor der größten Hitze ausritt und durch diese Lichtung kam. Als er ihn sah, sprang er hinter einem Gebüsch hervor und versperrte ihm den Weg. Capitán León de Luna zügelte sein Pferd und musterte ihn aus einer Entfernung von fünf Metern.

»Du bist also der berühmte Cienfuegos, von dem es heißt, er verstecke sich hinter Weiberröcken? Was hat dich bewogen, dein Verhalten zu ändern, wenn man fragen darf?« rief er spöttisch.

»Wir müssen uns unterhalten.«

»Unterhalten?« sagte der andere überrascht. »Worüber denn? Ich unterhalte mich nicht mit Menschen niedriger Geburt. Ich töte sie, wenn sie nicht feige sind und weglaufen. Und du kannst verdammt schnell laufen, das muß man dir lassen.«

»Na schön. Jetzt bin ich hier und habe nicht die Absicht wegzulaufen«, sagte Cienfuegos ruhig. »Ihr seid nicht mehr der gefürchtete und allmächtige Capitán auf Gomera, und ich nicht der kleine Junge, dem Ihr die ganze Insel auf den Hals gehetzt habt.« Er sah ihm in die Augen. »Habt Ihr Mut genug abzusteigen?«

»Und ob!« antwortete Capitán de Luna, sprang aus dem Sattel und schlug dem Tier auf die Kruppe, damit es aus dem Weg ging. »Willst du mich etwa fordern?«

»Nur für den Fall, daß Ihr Euch weigert, für immer nach Spanien zurückzukehren.«

»Zurückzukehren!« wiederholte der Conte verächtlich. »Zum Teufel! Du bist nicht nur unverschämt, sondern auch strohdumm. Seit Jahren warte ich auf diesen Augenblick. Glaubst du, daß ich ihn mir jetzt entgehen lasse und die Flucht ergreife?«

»Ihr sollt nicht fliehen, sondern nach Spanien segeln und uns in Frieden lassen. Eva erwartet ein Kind, und wir wollen es in Ruhe aufziehen. Was geschehen ist, kann man nicht rückgängig machen, und es ist so lange her, daß es lächerlich wäre, deshalb jemanden zu töten.«

»Lächerlich?« schrie Capitán de Luna empört. »Daß es mit der Ehre eines dreckigen Ziegenhirten nicht weit her ist, wundert mich nicht. Aber für einen Edelmann aus Aragón ist die Ehre das höchste Gut. Jetzt stehen wir uns gegenüber, und einer wird für immer in diesem Wald zurückbleiben!«

»Überlegt es Euch ein letztes Mal«, sagte Cienfuegos. »Wir haben einander genug Leid angetan, und viel zu viele unschuldige Menschen mußten unseretwegen sterben, obwohl sie mit diesem Streit nichts zu tun hatten. Lassen wir es dabei bewenden.«

»Niemals!« rief der andere und führte die Hand zum Schwert. »Zieh!«

»Ich habe weder Degen noch Schwert.«

Erst da bemerkte der Conte, daß sein Feind in der Tat unbewaffnet war. Er wirkte nicht wie jemand, der sich duellieren wollte, sondern wie ein friedlicher Pilger, der sich auf einen langen Stock stützte.

»Was soll der Unsinn?« fragte der Graf verärgert. »Ein neuer Trick? Du bist ein Feigling! Du weißt, daß ich einen unbewaffneten Mann nie angreifen würde.«

»Unbewaffnet bin ich nicht.«

»Ach nein! Und womit gedenkst du zu kämpfen? Mit dem Stock etwa?«

Cienfuegos nickte stumm, was seinen Rivalen noch wütender machte. Der Graf zog das Schwert und trat einige Schritte auf den Hirten zu.

»Mit einem Stock. Du Hurensohn! Glaubst du, du könntest einen spanischen Edelmann mit einem Stock verprügeln wie einen Hund?«

»Meine Vorfahren haben auf diese Weise viele spanische Edelmänner getötet«, gab Cienfuegos zurück. »Ihr könnt mich also getrost als bewaffnet ansehen.«

Capitán León de Luna hielt inne und dachte an die vielen grausamen Schlachten, die er auf den Kanarischen Inseln gegen die wilden Guanchen geführt hatte. Auch sie waren mit Steinschleudern, Keulen und Stöcken bewaffnet gewesen. Schließlich hob er sein Schwert und rief: »Du hast es nicht anders gewollt. Bete, wenn du kannst.«

Worte waren überflüssig. Jetzt galt es, auf jede Bewegung des Gegners zu achten. Die geringste Ablenkung, der kleinste Fehler konnte den Tod bedeuten, denn beide Männer waren überzeugt, daß nur einer den Wald lebendig verlassen würde.

Capitán de Luna handhabte sein scharfes Schwert aus Toledo mit eindrucksvoller Leichtigkeit. Seine Bewegungen waren schneller, als Cienfuegos erwartet hatte, und standen denen Balboas in nichts nach.

Cienfuegos blieb vorerst in der Defensive. Er hielt einen Stock von etwa zwei Metern Länge und sechs Zentimeter Dicke in den Händen, die linke Faust oben und die rechte unten, so wie es der Stellung der Stockkämpfer auf den Kanarischen Inseln entsprach.

Bald mußte Capitán de Luna feststellen, daß es nicht leicht sein würde, den Hirten zu erledigen. Sein Gegner wich den Angriffen jedesmal geschickt aus. Man hätte meinen können, daß er instinktiv vorausahnte, wie der Graf angreifen würde. Außerdem waren Cienfuegos' Reflexe um vieles schneller als die seinen, und überdies schien er mittlerweile einige Kenntnisse in der Fechtkunst gesammelt zu haben.

Er war nicht wie die einheimischen Wilden, die sich Hals über Kopf in den Angriff warfen, ohne Plan und ohne Dekkung, und dann von den disziplinierten Soldaten der Spanier abgeschlachtet wurden. Er kämpfte auch nicht wie die wilden Guanchen, die, nachdem man ihre Insel erobert hatte, blindlings in den Tod gingen, da sie mehr mit dem Herzen als mit dem Verstand kämpften. Aber er war auch kein heißblütiger Fechter, der mit seinem Gegner abrechnen will, koste es, was es wolle.

Im Gegenteil, er schien eiskalt und berechnend. Seinen grünen Augen entging nichts, sein muskulöser Körper konnte sich im Bruchteil einer Sekunde von Verteidigung auf Angriff umstellen.

Der Graf war ein kräftiger Mann, den das Leben gestählt hatte. Er wußte mit dem Schwert umzugehen, doch in allen anderen Belangen war ihm sein Gegner überlegen. Nachdem ein weiterer Angriff des Grafen abgeschmettert worden war, trat dieser einige Schritte zurück, um seine Strategie zu überdenken. Plötzlich schoß ihm ein Gedanke durch den

Kopf, und er konnte sich die Frage nicht verkneifen: »Bist du etwa der Kerl, den sie ›Eisenfaust‹ nennen?«

»Derselbe.«

»Der Kerl, der Baltasar Garrote eingeredet hat, die Dämonen würden ihm das Blut aus den Adern saugen?«

»Ja.«

»Wie hast du das gemacht?«

»Das ist eine lange Geschichte. Seid Ihr müde?«

»Ganz im Gegenteil!«

Doch das war eine Lüge. Capitán de Luna zeigte erste Anzeichen von Erschöpfung. Er war kein junger Mann mehr und hatte seit Jahren nicht mehr an Feldzügen teilgenommen. Sein Arm wurde allmählich schlaff. Auch das Atmen machte ihm Schwierigkeiten; er begann zu keuchen.

Schließlich schien er einzusehen, daß er einen letzten tödlichen Hieb gegen seinen Feind führen mußte, wenn nicht alles umsonst gewesen sein sollte. Capitán León de Luna umklammerte das Schwert mit beiden Händen, hob es hoch und holte aus, in der Hoffnung, den Stock zu spalten und Cienfuegos den Kopf einzuschlagen.

Doch mit dem, was jetzt geschah, hatte er nicht gerechnet. Sein Gegner hielt den Stock mit beiden Händen über dem Kopf und parierte den Hieb. Entgegen allen Vermutungen brach der Stock nicht entzwei, und das Schwert federte so heftig zurück, daß es dem Capitán fast aus den Händen geschleudert wurde. Der Graf mußte vor Schmerzen den Griff lockern und trat ein paar Schritte zurück.

»Wie ist das möglich?« rief er, nachdem er sich wieder gefaßt hatte. »Woraus besteht dieser verdammte Stock?«

»Seine Seele ist aus Stahl.«

»Seine Seele aus Stahl? Was soll das heißen?«

»Daß es kein gewöhnlicher Stock ist. Ich habe ihn längs aufgeschnitten und mit einer daumendicken Stahlstange gefüllt«, sagte Cienfuegos. »Noch so ein Schlag, und Euer Schwert ist zerschmettert.«

»Verfluchter Hundesohn!«

»Habt Ihr geglaubt, ich sei ein Halbwilder, der sich einfach in Stücke hauen läßt?« fragte Cienfuegos. »Mein Großvater war ein Guanche, aber ich habe seit unserem letzten Zweikampf eine Menge dazugelernt.« Er hielt inne. »Noch ist es nicht zu spät. Ihr könnt die Insel verlassen.«

»Niemals!«

»Seid nicht töricht.«

»Deine Stunde ist gekommen.«

Capitán de Luna stürzte sich erneut auf seinen Feind, doch er hatte seinen Elan und seine Kraft verloren. Zudem schüchterte ihn jetzt die gefährliche Waffe seines Gegners ein, so daß seine Angriffe mehr von Angst als von Stärke zeugten.

Cienfuegos, der stärker und jünger war als er, wich seinen Angriffen immer wieder aus und wartete darauf, daß sein Gegner sich gänzlich verausgabte. In diesem Moment schlug er mit aller Härte zu, und der Graf stürzte zu Boden. Cienfuegos trat zurück und rief: »Um Gottes willen, ergebt Euch! Ich will nicht gezwungen sein, einen Mann mit einem Stock totschlagen zu müssen.«

Capitán León de Luna lag auf dem Boden und blutete. Er hatte vier gebrochene Rippen und konnte kaum noch etwas erkennen vor Schmerz und Wut. Mühsam stand er auf und griff nach seiner Waffe, um sich wieder in den Kampf zu stürzen, doch hatte er den Tod bereits vor Augen.

Ein Schlag gegen die Kehle raubte ihm den Atem und warf ihn wie einen leblosen Sack erneut zu Boden.

»Verdammter Hurensohn!« fluchte er und spuckte Blut. »Tausendfach sollst du verdammt sein!«

Es wurde ein Blutbad, ein schauriges Gemetzel. Mit dem nächsten Schlag brach Cienfuegos ihm den Kiefer, dann stach er dem Grafen das linke Auge aus, und schließlich holte er aus und zerschmetterte ihm mit dem gehärteten Stock den Kopf, so daß das Hirn herausquoll.

Traurig und erniedrigt vom Anblick seines Opfers schleuderte Cienfuegos seine Waffe ins Gebüsch und verließ gesenkten Hauptes die Lichtung. Er zitterte am ganzen Körper. Sein schrecklicher Sieg erfüllte ihn mit unvorstellbarem Grauen.

Fray Nicolás de Ovando befahl, Guzmán Galeón, auch bekannt unter dem Namen »Eisenfaust«, rufen zu lassen. Als dieser vor ihm erschien, sagte er ohne große Umschweife: »Ich weiß nicht, wie Ihr das geschafft habt, aber Fray Bernardino de Sigüenza hat die Untersuchung gegen Doña Mariana Montenegro eingestellt.«

»Heißt das, daß sie nach Santo Domingo zurückkehren kann?«

»Nein!« lautete die Antwort. »Die Anzeige wegen Hexerei ist fallengelassen worden, doch es gibt noch einige Punkte, die der Aufklärung bedürfen. Deshalb sollte sie Hispaniola fernbleiben.« Der strenge Gouverneur machte eine Pause, als müßte er tief Luft holen, und setzte dann hinzu: »Ich habe beschlossen, Doña Mariana und Euch für fünf Jahre von der Insel zu verbannen.«

»Aber warum?« fragte der Hirte aus Gomera. »Wenn man uns nichts vorwerfen kann, warum verbannt Ihr uns dann?«

»Ich habe meine Gründe und brauche sie Euch nicht zu erklären«, sagte der Gouverneur unmißverständlich. »Ihr habt einen Monat, um die Insel zu verlassen. Solltet Ihr Euch danach noch hier aufhalten, werdet Ihr unverzüglich festgenommen und aufgehängt.«

»Das ist ungerecht.«

»Auf dieser Seite des Ozeans entscheide ich darüber, was gerecht und was ungerecht ist. Zwar hat Fray Bernardino de Sigüenza die Anzeige gegen Doña Mariana zurückgenommen, doch sind wir beide der Meinung, daß Eure Anwesenheit auf der Insel nur Probleme mit sich bringen wird.« Er stieß einen tiefen Seufzer aus. »Und ich kann Euch versichern, daß es mir im Moment an Problemen nicht mangelt.«

Er griff nach einer kleinen Glocke und klingelte, worauf ein Sekretär erschien. Das Gespräch war beendet, und Cienfuegos blieb nichts anderes übrig, als dem Mann zu folgen und das Arbeitszimmer des Gouverneurs zu verlassen. Jede Diskussion mit ihm schien zwecklos.

Immerhin hatte er ja selbst bereits den Entschluß getroffen, die Insel zu verlassen. Es war vorauszusehen, daß er in große Schwierigkeiten geraten würde, sobald man die Leiche des Grafen im Wald fand. Und es würde nicht lange dauern, bis Fermina Constante Alarm schlug, weil der Vater ihres Kindes verschwunden war.

Cienfuegos begab sich zu Sixto Vizcaínos Werft und befahl Bonifacio Cabrera, alle Vorbereitungen für die Flucht zu treffen.

»Bist du immer noch davon überzeugt, daß es das beste ist, eine einsame Insel zu suchen?« fragte ihn sein Freund, nachdem er ihm die Einzelheiten erklärt hatte.

»Mehr denn je«, sagte Cienfuegos überzeugt. »Hier sind wir unerwünscht, und in Spanien haben wir nichts verloren. Wir müssen nach Xaraguá zurück und dort auf die *Milagro* warten.«

»Sie wird nicht vor einem Monat zurück sein.«

»Ich weiß, aber ich glaube nicht, daß man uns dort aufspüren wird. Ovandos Arm ist lang, aber du und ich wissen, daß er nicht bis nach Xaraguá reicht. Noch nicht.«

Sie verabschiedeten sich von dem getreuen Sixto und dem draufgängerischen Balboa und machten sich am nächsten Morgen in aller Frühe auf den Weg. Zuvor hatten sie noch das restliche Geld Doña Mariana Montenegros aus seinem Versteck geholt.

Sie hatten eine recht ruhige Reise, obwohl sie sich vor den

zahlreichen Deserteuren und Wegelagerern, die im Dschungel lauerten, in acht nehmen mußten. Den ganzen Weg über sprachen sie kaum ein Wort miteinander. Offensichtlich stand Cienfuegos noch immer unter Schock. Zum ersten Mal im Leben hatte er auf kaltblütige und brutale Weise einen Menschen getötet.

Er warf sich jetzt vor, daß er die Leiche einfach im Wald hatte liegenlassen, wo das Ungeziefer sich über sie hermachen würde, und fragte sich, inwieweit er für das Leid mitverantwortlich war, das diesen unglücklichen Menschen getroffen und letztendlich in den Tod getrieben hatte. Er hatte ihm ohne jede Vorwarnung die Frau, die Ehre und das Leben genommen. Cienfuegos war sich seiner Mitschuld an dieser Tragödie durchaus bewußt.

Wenn er die Augen schloß, sah er noch immer den zersplitterten Schädel seines Gegners vor sich und das blutige Hirn, das auf dem Waldboden lag. Das Bild ließ ihn nicht mehr los; er befürchtete, daß es ihn sein Leben lang verfolgen würde.

»Ich wollte ihn nicht töten«, murmelte er eines Morgens, in der Hoffnung, es würde ihm helfen, wenn er es aussprach. »Ich wollte nicht, daß es so weit kommt. Bis zuletzt habe ich gehofft, er würde nachgeben. Im Grunde genommen habe ich ihn bewundert.«

»Was sagst du da?« entgegnete der hinkende Bonifacio ungläubig. »Er hat dich gehaßt wie die Pest. Um ein Haar hätte er erreicht, daß man Doña Mariana auf dem Scheiterhaufen verbrennt. Wie kannst du einen solchen Menschen bewundern?«

»Trotzdem war er ein ehrlicher Mann«, sagte Cienfuegos. »Er muß sie so sehr geliebt haben, daß ihr Verlust ihm den Verstand raubte. Ich kann das verstehen. Eva zu verlieren ist schlimmer, als das eigene Leben zu verlieren, glaub mir.«

»Was er fühlte, war keine Liebe mehr. Es war Enttäuschung, Haß und verletzter Stolz.« Bonifacio zeigte keinen

Funken Mitgefühl für den Mann, den er dafür verantwortlich machte, daß sie ihr glückliches Leben in Santo Domingo aufgeben mußten. »Als er noch am Leben war, habe ich dich gebeten, ihn zu vergessen. Und das tue ich jetzt, wo er tot ist, immer noch. Der Graf ist selbst an seinem Schicksal schuld, er verdient kein Mitleid.«

»Man merkt, daß nicht du derjenige warst, der ihm den Schädel spalten mußte wie eine Kokosnuß.«

»Weil ich nicht die Gelegenheit dazu hatte«, widersprach Bonifacio. »Hätte ich sie gehabt, hätte ich keine Sekunde gezögert. Ich kenne da keine Gewissensbisse. Wir leben in einer schwierigen Zeit, einer Zeit, in der das Meer Tausende von Menschen verschluckt und unsere Landsleute ständig von Seuchen und Kriegen dahingerafft werden.« Er hielt inne. »Und wenn du in einem Monat nicht von Hispaniola verschwunden bist, knüpft man dich auf. Zum Teufel mit dem Capitán! Er hat sein Schicksal selbst verschuldet. Du mußt an dich und Doña Mariana denken.«

Cienfuegos hätte ihm liebend gerne gehorcht und die Erinnerung an jenen Morgen, an dem er gezwungen gewesen war, den Capitán ins Jenseits zu befördern, aus seinem Gedächtnis gelöscht. Doch ungeachtet all der Entbehrungen und Gefahren, die er hinter sich hatte, war sein Herz unschuldig wie das eines Kindes geblieben. Sein Freund Bonifacio konnte sagen, was er wollte, es änderte nichts an der Tatsache, daß er einen Menschen kaltblütig erschlagen hatte, nachdem er ihm alles geraubt hatte, was für ihn einen Wert besaß.

Sie setzten ihren Marsch fort und sprachen das Thema nicht mehr an. In den folgenden Tagen verwandelte sich die Reise erst wegen der hohen Berge, später wegen der Sümpfe in eine schreckliche Strapaze, vor allem für den armen Bonifacio, der an solche langen Märsche nicht gewohnt war. Wenn er sich am späten Abend unter einen Baum legte, schloß er auf der Stelle die Augen und schlug sie erst am

Morgen wieder auf, wenn sich die ersten Lichtstrahlen durch das dichte Laub stahlen.

Ein warmer, schmutziger Regen verwandelte den undurchdringlichen Dschungel in ein Dampfbad. Bald verloren sich alle Pfade im Schlamm. Bonifacio mußte sich noch mehr anstrengen, und Cienfuegos begann, sich um den seelischen und körperlichen Zustand seines treuen Jugendfreundes zu sorgen.

Es dauerte nicht lange, bis der Regen zu einer echten Sintflut wurde. Nichts ist schrecklicher als das ständige Prasseln unzähliger Tropfen auf nassen Blättern. Es wird zu einem ohrenbetäubenden Lärm, der einem alle Sinne raubt. Nach einer Weile hat man das Gefühl, der Kopf sei nur noch eine riesige Trommel, auf die man unentwegt einschlägt.

Xaraguá befand sich im Westen, doch die hohen Bäume und die dichten Wolken verwehrten ihnen die Sicht. Sie konnten nicht einmal ausmachen, wo die Sonne auf- oder unterging. Und so kam es, daß sogar Cienfuegos, der sich im Dschungel sehr gut auskannte, schließlich die Orientierung verlor.

Sie hatten sich verirrt.

Es schien absurd, fast lächerlich, doch in dieser Welt aus Morast, Tausenden von Bäumen, die sich in nichts unterschieden, und einem Himmel, der nicht viel mehr als eine abweisende dunkle Dunstschicht war, hätten sich selbst die Brieftauben verirrt.

Bonifacio Cabrera schien von Tag zu Tag verwirrter. Die feuchte Hitze war unerträglich, er aber zitterte am ganzen Leib vor Kälte. Er hatte hohes Fieber und verlor zeitweilig das Bewußtsein. Manchmal mußte Cienfuegos ihn durch den unwegsamen Wald tragen.

Dann versank der Hirte aus Gomera noch tiefer im Schlamm und kam nur mühsam voran. Alle zwanzig Meter mußte er stehenbleiben und sich ausruhen. Allmählich begann auch er, das Gefühl für die Zeit und die Realität zu verlieren.

Jedesmal, wenn er einen umgestürzten Baum oder eine Stelle fand, die noch nicht vollkommen durchnäßt war, rastete er ein paar Stunden mit seinem Freund und aß ein wenig von dem Trockenfleisch, das sie als Proviant mitgenommen hatten. Doch nicht einmal während dieser Ruhepausen gelang es Cienfuegos, einen klaren Gedanken zu fassen. Es war, als hinderten ihn die Geräusche des Regens daran, sich auf irgend etwas zu konzentrieren.

Am dritten Tag sah er etwas Helles auf dem Waldboden aufblitzen. Als sie es erreichten, stellte er entsetzt fest, daß es sein Dolch war, den er zwei Tage vorher verloren hatte. Sie waren die ganze Zeit im Kreis gelaufen.

Norden, Süden, Westen und Osten überlagerten sich in seinen Träumen. Er wäre nicht imstande gewesen zu sagen, in welche Richtung sie sich bewegten oder wie viele Meilen sie am Tag zurücklegten. Cienfuegos hätte alles für eines dieser Geräte gegeben, mit denen Maese Juan de la Cosa navigierte und die immer nach Norden zeigten.

Mit einem Kompaß hätte er vielleicht den Weg aus dem grünen Labyrinth gefunden. Doch hier unten, unter sechzig Meter hohen Bäumen, über deren Wipfel eine dicke Watteschicht hing, war es unmöglich, die vier Himmelsrichtungen voneinander zu unterscheiden.

Um Mitternacht hörte der Regen auf. Das eintönige Hämmern wich einer Totenstille. Doch der Wolkenschleier war auch im Morgengrauen noch so dicht, daß sie nicht feststellen konnten, wo die Sonne aufgegangen war.

Bonifacio sah aus wie eine Leiche, und Cienfuegos hatte das ungute Gefühl, daß er jeden Augenblick das Atmen aufgeben würde, wenn sie den Dschungel nicht bald verließen. Sie durften nicht länger im Kreis herumlaufen.

Er begriff, wie entscheidend es war, Ruhe und einen kühlen Kopf zu bewahren. Sie durften sich nicht der Verzweiflung überlassen, die unweigerlich in den Wahnsinn führte und das Schicksal so vieler vor ihnen besiegelt hatte, die sich in den tropischen Urwäldern verirrten. Sie besaßen genügend Proviant und Trinkwasser – es gab keinen Grund, den Mut zu verlieren.

Er erinnerte sich an seinen Lehrmeister Papepac, der ihm beigebracht hatte, wie man im tiefsten Dschungel überlebte. Er überlegte, was sein alter Freund in einer solchen Lage getan hätte, obwohl Papepac immer gewußt hatte, wo er sich befand, und nie in eine solche Situation geraten wäre.

Überall suchte der Hirte aus Gomera nach einem Hinweis, der ihm etwas über ihren Standort hätte verraten können, aber er sah nur eine dichte Masse von Vegetation, bewohnt von bunten Papageien, grünen Leguanen und dunklen Affen, die sich von Ast zu Ast schwangen.

Die Papageien plapperten den ganzen Tag und flogen ziellos umher, die Affen kreischten und lausten sich in den hohen Baumwipfeln, während die Leguane reglos auf den Ästen der Bäume lagen. Auf dem Boden gab es nur Frösche und ein paar Schlangen. Das Licht war diffus und schattenlos, so daß man auch tagsüber nicht feststellen konnte, wo die Sonne stand.

Bonifacio öffnete einen Augenblick lang die Augen.

Er hatte hohes Fieber.

Die Stunden vergingen.

Papageien plapperten, Affen kreischten und die Leguane rührten sich nicht, in der Hoffnung, doch noch einen Lichtstrahl zu erhaschen. Reglos hockte Cienfuegos neben seinem Freund.

So verging die Nacht. Am Morgen hatte sich nichts in seiner Umgebung verändert, trotzdem war er davon überzeugt, die Lösung gefunden zu haben. Er stand auf und hob den Körper seines Freundes wie einen Sack auf seine Schultern. Dann machte er sich auf den Weg, im festen Glauben, nach Westen zu marschieren.

Den ganzen Morgen ging er in die Richtung, die der, in die die Leguane blickten, entgegengesetzt war. Als er meinte, es sei Mittag, ließ er die Leguane zur Rechten, und gegen Abend achtete er darauf, die Tiere im Rücken zu haben.

Unter normalen Umständen wäre er ständig im Kreis gelaufen und unweigerlich wieder an dem Punkt gelangt, an dem er losgegangen war. Doch Cienfuegos war ein guter Beobachter, und es war ihm nicht entgangen, daß die Leguane nicht immer an derselben Stelle verharrten, sondern sich im Lauf eines Tages langsam um den Baumstamm herum bewegten.

Alle Leguane taten dies, ganz gleich, wie weit sie voneinander entfernt waren. Also mußte das Phänomen einen konkreten Grund haben. Wahrscheinlich waren sie als Kaltblüter den ganzen Tag auf der Suche nach dem günstigsten Einfallswinkel der Sonnenstrahlen, um sich an ihnen zu erwärmen.

Wie von einem Instinkt oder einer uralten Gewohnheit getrieben, suchten die geduldigen Reptilien morgens die Ostseite des Stammes, wanderten dann langsam der Mittagssonne entgegen, und abends erhaschten sie die letzten warmen Strahlen aus dem Westen. Die Tatsache, daß der Himmel von Wolken bedeckt war, schien ihr Verhalten nicht im geringsten zu beeinflussen, vielleicht, weil selbst durch die dichte Wolkenschicht noch genügend Wärme zu ihnen drang, oder weil sie keine Sekunde verpassen wollten, falls die Sonne noch herauskommen sollte.

So ließ sich Cienfuegos von den widerwärtigen Echsen, denen er nie zu nahe kam, den Weg weisen, und am Abend des dritten Tages gelangte er zu einer Lichtung. In der Ferne konnte man das leuchtende Blau des Meeres sehen, wo soeben die glühende Sonne versank.

Xaraguá.

Endlich hatten sie die Küste des mythischen Königreiches erreicht, in dem die berühmte Prinzessin Anacaona herrschte. Den letzten Hort des Widerstandes gegen die spanischen Invasoren auf der Insel, den Ort, an dem sich ein schändlicher Verrat ereignen und die Frau, die er liebte, ihm ein Kind gebären sollte.

Und Bonifacio Cabrera lebte.

»Xaraguá ist der schönste Ort, den Gott auf Erden schuf. In den dichten Wäldern geht mein Volk auf die Jagd, und auf den sanften Hügeln können wir anbauen, was wir brauchen. Das saubere, warme Meer beschenkt uns überdies mit einer Vielzahl von schmackhaften Fischen. Darüber hinaus ist Xaraguá der Ort, wo unsere Vorfahren ruhen. Hier kamen vor vielen hundert Jahren die Väter unseres Volkes zur Welt, hier wird unsere Geschichte am Leben erhalten.

Es ist ein reiches Land, Majestät, großzügig gegenüber denen, die seit Jahrhunderten hier leben, aber es hat weder Gold noch Perlen, noch Diamanten – nichts von dem, was Eure Hauptleute so anzieht und um dessentwillen sie die ganze Insel unterjocht haben.

Dies ist auch kein Sklavenland, Majestät. Hier leben Menschen, die in Freiheit geboren wurden und frei bleiben wollen. Das soll jedoch nicht heißen, daß sie nicht bereit wären, Euch als höchste Autorität anzuerkennen, solange Ihr ihnen erlaubt, weiterhin selbst über ihr Schicksal und ihr Land zu bestimmen.

Als Königin von Xaraguá bitte ich Euch – von gleich zu gleich –, uns als Eure Untertanen auf diesem Fleckchen Erde in Frieden leben zu lassen. Unser Land hat Eurem Volk nichts zu bieten, meinem Volk aber sichert es das Überleben. Ich flehe Euch an, versucht nicht, uns mit Hilfe von Gewalt zu unterdrücken, es würde nur Opfer kosten und zu unnötigem Blutvergießen führen.«

Prinzessin Anacaona diktierte Bonifacio Cabrera diesen Brief, den er anschließend Fray Nicolás de Ovando überbrachte, damit dieser die Botschaft an Ihre Katholische Majestät, die Königin von Spanien, weiterleitete. Doch das Schreiben sollte seine Empfängerin nie erreichen. Der Gouverneur von Hispaniola empfand es als Zumutung, daß man ihn aufforderte, den Brief »einer nackten Wilden« weiterzubefördern, zumal sie die Unverschämtheit besaß, sich direkt an die Königin zu wenden. Immerhin war er die höchste Autorität auf der Insel und der einzige Vertreter der Krone.

Seine Nachforschungen hatten ergeben, daß es auf der Insel tatsächlich weder Gold noch Perlen noch Diamanten gab; nicht einmal das von den Spaniern so begehrte Brasilholz war dort zu finden. Doch konnte er keinesfalls dulden, daß eine »federgeschmückte« Indianerin die Frechheit besaß, sich mit der Königin Spaniens auf eine Stufe zu stellen.

Zweifellos war Fray Nicolás de Ovando der intoleranteste Gouverneur, den die spanische Krone bisher in die Neue Welt geschickt hatte. Zudem steckte er im Moment in einer Krise, so daß er noch reizbarer war als sonst. Es war ihm nicht entgangen, daß die meisten seiner Untertanen ihn für den Verlust der Flotte verantwortlich machten, die mit Gold, Perlen und anderen kostbaren Schätzen bei dem großen Hurrikan gesunken war. Unzählige Menschen hatten den Tod gefunden, und fast jeder Einwohner Santo Domingos klagte über den Verlust eines Verwandten.

Daher verwunderte es nicht, daß er alle Dokumente, von denen er meinte, sie könnten in die Hände der Könige gelangen, sorgfältig unter die Lupe nahm. Der Brief, den die Prinzessin an die Königin sandte, bildete keine Ausnahme.

Als Ovando Sevilla verließ, hatte er präzise Anweisungen von der spanischen Krone erhalten: Er sollte Gouverneur Bobadilla ablösen, das Königreich mit Gold, Perlen und Gewürzen versorgen und die Herrschaft der spanischen

Krone auf der Insel Hispaniola festigen und weiter ausbauen.

Gold, Perlen, Gewürze und sogar Bobadilla selbst lagen jetzt mitsamt der Flotte auf dem Grund des Meeres. So blieb ihm nichts anderes übrig, als den letzten Teil seines Auftrages zu erfüllen, wollte er sich nicht den Zorn derjenigen zuziehen, die ihn mit dieser Mission betraut hatten.

Er dachte nicht daran, den Brief einer Einheimischen zu befördern, die die Unverschämtheit besaß, sich als Königin der Insel zu bezeichnen, obwohl es, wie jeder wußte, keine andere Autorität gab als ihn selbst.

In diesem Sinne äußerte er sich auch vor seinem Freund und Berater Fray Bernardino de Sigüenza bei einem ihrer regelmäßigen gemeinsamen Abendessen.

»Kolumbus' und Bobadillas Hauptfehler lag darin, daß sie zu lange zögerten, bei den Einheimischen hart durchzugreifen. Deshalb konnten sich deren Widerstandsnester bis heute halten.« Er schüttelte verächtlich den Kopf und fuhr fort: »Es ist ein Jahrzehnt her, daß wir dieses Land besetzt haben, und immer noch gibt es Aufmüpfige wie dieses Frauenzimmer Anacaona, die sich weiterhin die Rechte einer Königin anmaßt. Wenn wir ein Weltreich errichten wollen, dürfen wir so etwas nicht tolerieren.«

Der kleine Frater war trotz der wiederholten Ermahnungen seines Freundes und ehemaligen Kommilitonen noch immer ein äußerst übelriechender und verwahrloster Mensch, andererseits aber auch sehr gutmütig und überaus intelligent. So zögerte er keinen Augenblick, den radikalen Theorien seines Gouverneurs zu widersprechen.

»Gottes Reich basiert auf Frieden und Verständnis«, erklärte er. »Mit Unterdrückung und Gewalt kann man nur ein irdisches Reich aufbauen. Ich bin stets davon ausgegangen, daß man uns hierher geschickt hat, um die Heilsbotschaft zu verkünden, und nicht, um die Grenzen des Reiches auszuweiten.«

»Ich muß doch sehr bitten!« unterbrach ihn der Gouverneur ungeduldig. »Ihr wollt doch nicht das ganze Leben Euren Hirngespinsten nachhängen. Das, was ich sage, steht in keinem Widerspruch zu unserem missionarischen Auftrag. Ihr müßt einräumen, daß meine Aufgabe Eurer Arbeit vorangehen muß. Damit die Kirche Gläubige bekommt, müssen wir erst einmal Untertanen aus ihnen machen.«

»Dann werden sie nie echte Gläubige sein, sondern Knechte, denen nichts anderes übrigbleibt, als das zu akzeptieren, was ihre Herren ihnen aufzwingen. Ich dagegen wünsche mir, daß sie Christus lieben ohne jeden Zwang oder Druck.«

»Dieser Generation von Wilden ist es einerlei, ob sie Christus, Mohammed oder Buddha anbeten. Sie werden das tun, was wir ihnen befehlen. Erst die Kinder ihrer Kinder, die von Anfang an dem richtigen Glauben angehören, werden echte Christen sein. Unter ihnen wird es Heilige geben, die der Kirche alle Ehre machen«, entgegnete der Gouverneur voller Überzeugung. »Immer schön der Reihe nach. Zuerst die Eroberung, dann die Bekehrung. Wenn wir es umgekehrt machen, müssen wir gegen Glaubensbrüder kämpfen, und das würde unserem Schöpfer wohl kaum behagen.«

»Ihr habt in Salamanca und Valladolid studiert«, lachte Fray Bernardino. »Und ich wette, daß Ihr an beiden Universitäten den Ruf eines brillanten Rhetorikers erworben habt.«

»Das will ich als Kompliment auffassen, da es aus Eurem Munde kommt«, antwortete Ovando leicht pikiert. »Aber lassen wir dieses Thema. Erzählt mir lieber, was Ihr von dieser Anacaona haltet.«

»Zweifellos handelt es sich um eine sehr ungewöhnliche Frau. So unterschiedliche Männer wie der brutale Kazike Canoabó, der ehrenwerte Capitán Alonso de Hojeda und der zaudernde Bartolomé Kolumbus haben sich in sie verliebt.« Der Franziskanermönch zog ein schmutziges Taschentuch aus dem Ärmel seiner Kutte und schneuzte sich mit verschmitztem Lächeln. »Und das sind nur die bedeutendsten. Sie hat noch vielen anderen den Kopf verdreht.«

»Ich weiß durchaus Bescheid über ihr unsittliches Leben und ihre Laster, Fray Bernardino. Von Euch will ich wissen, wie weit sie in der Lage wäre, die Kräfte des Widerstandes unter sich zu vereinen.«

»Welche Kräfte des Widerstandes?« erwiderte Fray Bernardino und erhob sich langsam. »Soweit ich weiß, steht nur ein harmloser Brief der Prinzessin an die Königin zur Debatte.«

»So harmlos auch wieder nicht!«

»Ach nein?«

»Ganz und gar nicht! Oder ist Euch entgangen, daß von Blutvergießen die Rede ist? Wer harmlos ist, wird nicht von Blutvergießen sprechen.«

»Sie meint das Blut ihres eigenen Volkes, nicht das der Spanier.«

»Glaubt Ihr denn wirklich, sie würden sich wie die Lämmer abschlachten lassen? Wenn es zum Kampf kommt, werden auch eine Menge von unseren Leuten sterben müssen.«

»Natürlich«, räumte Fray Bernardino ein und ging nachdenklich im Zimmer auf und ab. »Aber es liegt doch wohl auf der Hand, daß die Prinzessin keinen Krieg sucht.«

»Das sehe ich nicht so.«

»Ihr solltet lieber zugeben, daß Ihr es nicht so sehen wollt«, konterte der Frater mutig, »und das ist unrecht.«

»Ich darf Euch daran erinnern, daß Ihr als Berater hier seid, nicht als Kritiker«, fauchte der Gouverneur ärgerlich und goß sich ein Glas seines geliebten Kirschlikörs ein. »Sagt mir, was Ihr von dieser Indianerin haltet, und spekuliert nicht über Pläne, über die ich mir selbst noch nicht im klaren bin.«

Fray Bernardino, der von Flöhen und Läusen geplagt wurde, wandte sich ab und kratzte sich genüßlich zwischen den Beinen. Dann entgegnete er dem Gouverneur: »Die wichtigste Aufgabe eines Beraters besteht darin, dafür zu sorgen, daß keine verheerenden Fehler begangen werden. Denn wenn die Katastrophe erst mal ihren Lauf genommen hat, helfen Worte wenig.« Er hielt inne und setzte nach kurzem Nachdenken hinzu: »Und in diesem Fall, so scheint mir, würde eine bewaffnete Auseinandersetzung böse Konsequenzen haben.«

»Meine Hauptleute sind da allerdings ganz anderer Meinung.«

»Das glaube ich gern. Ein Soldat ohne Krieg ist wie ein Priester ohne Kirche«, murmelte der Frater. »Es hängt ganz von Euch ab, auf wen Ihr hören wollt, aber hütet Euch vor denen, die Hintergedanken haben.«

»Im Moment höre ich nur auf Euch.«

»So wie auf den Wind, der morgen schon nicht mehr weht. Ich darf Euch daran erinnern, daß die katholischen Könige mehrmals in aller Öffentlichkeit bekundet haben, daß unsere Interessen, ganz gleich, wie wichtig sie sein mögen, denen der Einheimischen unterzuordnen sind.«

»Ja, in der Öffentlichkeit!« hob Ovando hervor. »Meine geheimen Befehle aber lauten, um jeden Preis für Ordnung und Sicherheit zu sorgen und die Macht zu festigen. Denn solange wir hier nicht fest im Sattel sitzen, können wir es uns nicht leisten, das Festland anzugreifen.«

»Angreifen – was für ein brutaler und gewalttätiger Begriff«, sagte Fray Bernardino. »Mir graut, wenn ich daran denke, wozu diese anfänglich wunderbare christliche Mission verkommen könnte. Jeden Tag kommen mehr Soldaten an und immer weniger Priester.«

An dieser Tatsache führte kein Weg vorbei, und sogar einem so redegewandten Mann wie Gouverneur Ovando fielen keine Argumente ein, die sie hätten entkräften können. Auch er war beunruhigt, daß jeden Monat Hunderte von Schiffen voll verzweifelter Abenteurer im Hafen anlegten, die sich von der Neuen Welt eine rasche Lösung ihrer Probleme erhofften.

Der nicht versiegende Zustrom von Mäulern, die gestopft werden mußten, von Körpern, die eine Bleibe suchten und Händen, die ehrliche Arbeit tun wollten, bereitete ihm allmählich einiges Kopfzerbrechen. Den größten Teil seiner Zeit verbrachte der Gouverneur mittlerweile mit zahllosen Bittstellern, die ihn mit ihren absurden Fragen belästigten und von seinen eigentlichen Aufgaben abhielten.

Es gab schon viel zu viele Hauptleute, Soldaten, Anwälte, Bauern, Händler, Vagabunden und Prostituierte, und zugleich fehlte es an Ärzten, Handwerkern und Architekten, die am Aufbau der Hauptstadt der Neuen Welt hätten mitwirken können.

»Man schickt mir den Abschaum!« sagte Ovando bitter. »Es kommen lauter Versager und Tagediebe, dabei bräuchte man für eine derartige Aufgabe die besten Köpfe, die Spanien aufzubieten hat.«

Doch die meisten seiner Landsleute, die über ein gesichertes Einkommen verfügten, zogen es vor, in Toledo, Sevilla oder Barcelona zu bleiben, statt die lange beschwerliche Reise in eine unsichere Zukunft zu wagen.

Insgeheim vermißte Fray Ovando die vielen jüdischen Handwerker und Intellektuellen. Und manchmal dachte er wehmütig an die Fortschritte, die er hätte machen können, wenn einige dieser hervorragenden jüdischen und maurischen Männer ihm zur Seite gestanden hätten, die zehn Jahre zuvor von der Iberischen Halbinsel verbannt worden waren. Doch darüber sprach er mit niemandem, nicht einmal mit seinem Freund Fray Bernardino. Man hatte die fähigsten Leute hinausgeworfen, Männer, die ihr Handwerk beherrschten, Spaß an der Arbeit hatten und etwas zustande brachten. Ganz anders als diese unnützen Hidalgos, die sich in Kneipen herumtrieben und von den Abenteuern schwärmten, die sie demnächst bestehen würden.

Für Fray Nicolás de Ovando waren die Spanier ein Volk, das ständig davon träumte, sich eine wunderbare Zukunft aufzubauen, aber nie aus seiner entsetzlichen Gegenwart herausfand. Jedesmal, wenn er auf den Balkon seiner Festung trat und auf das Irrenhaus hinabschaute, zu dem die Hauptstadt Santo Domingo geworden war, raufte er sich die Haare und flehte Gott an, er möge ihm helfen, etwas Ordnung in dieses Chaos zu bringen.

Man hatte ihn beauftragt, ein Reich zu errichten, mit Hilfe von Männern, die nur an Zerstörung dachten und offensichtlich von dem Gedanken beseelt waren, alles dem Erdboden gleichzumachen.

»Was ich brauche, sind weniger Soldaten und mehr Maurer und Handwerker«, sinnierte er. »Weniger Armbrüste und mehr Maurerkellen, weniger Kavalleriepferde und mehr Lastesel.«

Er sagte das, obwohl er genau wußte, daß er das Land mit dem Schwert in der Hand erobern mußte, bevor er daran gehen konnte, eine Stadt zu bauen. Und er wußte auch, daß Santo Domingo nur der Anfang war, der Stützpunkt, von dem sich ein endloser Strom von Abenteurern aufmachen würde, den Kontinent zu erobern. Bei dieser Vorstellung lief ihm ein Schauder über den Rücken.

Gouverneur Fray Nicolás de Ovando war Großkomtur des Alcántara-Ordens und hatte an den Universitäten von Salamanca und Valladolid promoviert. Er war zweifellos ein gebildeter und vorsichtiger Mann, doch hatte er einen gravierenden Fehler. Er ließ sich von einer grenzenlosen Intoleranz leiten, die ihn zu einer verwirrenden und widersprüchlichen Gestalt machte. Obwohl er sich vom Scheitel bis zur Sohle als Spanier fühlte und sein Vaterland über alles liebte, empfand er tiefe Abscheu und Verachtung für die meisten seiner eigenen Landsleute.

Dabei verachtete Ovando in Wirklichkeit weniger sein Volk als die Unwissenheit, die sich über die ganze Gesellschaft gebreitet hatte. Der Krieg gegen die maurischen Invasoren hatte fast acht Jahrhunderte gedauert, und jetzt versteifte man sich darauf, allen Fortschritt, den der Islam gebracht hatte, zunichte zu machen, ohne etwas Neues an dessen Stelle setzen zu können.

Es waren noch keine fünfzehn Jahre seit der Wiedereroberung von Granada und der Vertreibung der Muselmanen und Juden vergangen, und schon war man dabei, alle Spuren, die die beiden Kulturen in der spanischen Gesellschaft hinterlassen hatten, mit äußerster Brutalität zu beseitigen. Dieser Vorgang, der mit äußerster Gründlichkeit vorangetrieben wurde, nahm manchmal derart absurde Ausmaße an, daß man darüber fast hätte lachen können, wenn er nicht so tragische Folgen gehabt hätte.

Selbst die scheinbar unbedeutendste Geste oder Nachlässigkeit, etwa wenn man an einer früheren Moschee oder Synagoge vorbeiging, ohne verächtlich auf den Boden zu spucken, konnte einen in Gefahr bringen. Eine einfache Anzeige genügte, um den unschuldigsten Menschen vor das gefürchtete Tribunal der Heiligen Inquisition zu bringen.

Fray Nicolás de Ovando hielt sich für einen guten Christen. Sein Glaube entsprang einer inbrünstigen Liebe zu Gott, nicht der Furcht vor dessen Rache. Vielleicht fühlte er sich deshalb Frater Bernardino de Sigüenza so verbunden, der den Glauben kompromißlos über alle politischen Überlegungen stellte.

Trotzdem durfte Fray Ovando nie vergessen, daß er eine politische Mission zu erfüllen hatte und zwischen zwei Stühlen saß. Er war ein Kirchenmann, aber auch der Vertreter der Krone auf Hispaniola.

»Unser Zeichen ist das Kreuz«, schloß er. »Und wenn Ihr genau hinseht, ist jedes Kreuz ein Schwert, das seine scharfe gefährliche Seite verbirgt. Wir müssen zum Schwert greifen, solange es nötig ist, und es später begraben, um ewigen Frieden zu erlangen.«

Der schmutzige Frater aber wollte nicht glauben, daß der Frieden ein Baum war, der nur dann gute Früchte trug, wenn man ihn mit Blut bewässerte. Deshalb verstärkte er seine Anstrengungen, den Freund davon zu überzeugen, daß er Prinzessin Anacaona und ihr winziges Reich Xaraguá verschonen solle.

»Vergeßt nicht, daß ein toter Feind oft viel gefährlicher ist als ein lebendiger«, gab der kleine Frater zu bedenken.

Die Geburt war schwerer als alles, was Doña Mariana je erlebt hatte.

Ihr vorgerücktes Alter – immerhin war sie bereits vierunddreißig –, die kürzlich erst überwundene Krankheit und die unzähligen Strapazen, die sie während der Schwangerschaft in den gefürchteten Kerkern der Heiligen Inquisition hatte durchmachen müssen, hatten ihre Spuren hinterlassen. Dazu kam die Flucht durch die Berge und den undurchdringlichen Dschungel.

Nur der »Medizin« des alten Hexenmeisters Yauco und der unermüdlichen Hingabe, mit der Cienfuegos, Araya und Prinzessin Anacaona sie gepflegt hatten, war es zu verdanken, daß sie die schwere Geburt überlebte. Sie waren keine Minute von ihrem Lager gewichen. Als sie sich schließlich erholt hatte und wieder aufstehen konnte, hatte sie kaum noch etwas mit der energischen jungen Frau gemein, die sie einmal gewesen war.

Sie versank in eine tiefe Melancholie, die Anacaona zunächst auf die übermäßige Anstrengung bei der Geburt zurückführte. Doch als Cienfuegos beobachtete, daß ihre Niedergeschlagenheit nicht weichen wollte, begann er, sich ernste Sorgen zu machen. Doña Mariana Montenegro, die früher so voll Lebensmut und Zuversicht gewesen war, starrte nun den ganzen Tag apathisch vor sich hin und antwortete gleichgültig und einsilbig auf Fragen. Dies stimmte Cienfuegos traurig. Er litt mehr als während der vielen einsamen

Jahre seiner Odyssee durch den endlosen Dschungel der Neuen Welt.

Es kam ihm vor, als verweigere ihm das Schicksal ein Glück, auf das er Anspruch zu haben glaubte. Sein Leben lang hatte es ihm Fallen gestellt, die er erfolgreich umgangen hatte. Jetzt schickte es sich an, ihn auf eine letzte Probe zu stellen, der er womöglich nicht gewachsen sein würde.

Es gibt nichts Verwirrenderes auf der Welt als die Gedankengänge eines Menschen. Deshalb ist es nicht verwunderlich, daß selbst der kluge Hirte aus Gomera nicht verstand, was im Kopf seiner Frau vor sich ging.

Zum Glück war das neugeborene Kind kräftig und gesund und schien seinem Vater wie aus dem Gesicht geschnitten; nur die strahlenden Augen hatte es von seiner Mutter geerbt. Sie war nicht einmal imstande, ihm die Brust zu geben, und mußte auf die Dienste einer Indiofrau zurückgreifen. Das war einer der Gründe, warum sie sich unnütz, alt und verbraucht vorkam.

Goldene Blume versuchte, ihr Mut zu machen, und erzählte, daß auch sie nicht die Kraft gehabt hätte, ihr jüngstes Kind zu stillen. Doch war dies kein Trost für Doña Mariana. Wehmütig betrachtete sie die gesunde und wohlgeformte Prinzessin, der niemand ansah, daß sie bereits Großmutter war. Im Gegenteil: Obwohl sie um einiges älter sein mußte als Eva, war sie immer noch sehr anziehend und konnte jedem Mann den Kopf verdrehen. Sie selbst war sich dieser Tatsache sehr wohl bewußt und setzte sie bei der Verteidigung ihres Königreiches ein, das von Monat zu Monat stärker in Bedrängnis geriet.

Die Prinzessin war stark, mutig, intelligent und aggressiv. Wahrscheinlich war sie die einzige aus ihrem Volk, die die wahren Absichten der Eindringlinge durchschaut hatte. Sie hatte sich die Mühe gemacht, ihre Bräuche und Sitten zu studieren und ihre Sprache zu erlernen, um sie später um so besser bekämpfen zu können.

Sie wußte, daß sie nichts Gutes von den Eroberern zu erwarten hatten, die zügellos und grenzenlos habgierig waren. Sie haßte sie wegen des Leidens, das sie über ihr Volk brachten, und doch konnte sie nicht umhin, ihnen Respekt zu zollen und in gewissen Dingen nachzueifern.

Prinzessin Anacaona liebte den ehrenwehrten Alonso de Hojeda immer noch ebenso leidenschaftlich, wie sie den Gouverneur Ovando und all die scheinheiligen Heuchler verabscheute, die sich wegen ihrer nackten Brüste aufregten. Doña Mariana Montenegro jedoch, diese einfühlsame und verständnisvolle Frau, hatte sie vom ersten Augenblick an in ihr Herz geschlossen. Später war sie sogar zu ihrer Freundin und Beraterin geworden.

Deshalb zögerte sie nun nicht, die schwierigen Geschäfte ihres Reiches zu vernachlässigen, das sich zunehmend durch die Invasoren bedroht sah, um ihrer Freundin zu helfen, die in einer tiefen Schwermut versunken war.

»Warum benimmt sie sich jetzt, da wir endlich in Sicherheit sind, so seltsam? Ich verstehe das nicht«, sagte Cienfuegos entmutigt.

»Vielleicht mußte sie zu lange stark sein«, erklärte die Prinzessin. »Jetzt, da der Druck fortgefallen ist, bricht sie zusammen und fällt in ein tiefes Loch.«

Den wahren Grund für ihre Melancholie kannte nicht einmal Eva selbst. Während der langen, einsamen Spaziergänge, die sie am Strand unternahm, fragte sie sich häufig, warum Schwermut und Trübsinn gerade jetzt über sie hereingebrochen waren. Gerade jetzt, da sie endlich ihr Ziel erreicht hatte und mit dem Mann zusammenlebte, den sie über alles liebte. Auch sie begriff nicht, warum sie ihr Glück nicht mehr genießen konnte.

Das Schlimmste an der Schwermut ist, daß sie einen Menschen scheinbar grundlos überwältigt. Er sieht keine Möglichkeit, dagegen anzukämpfen, obwohl nur er allein den dichten Nebel von trüben Gedanken lichten könnte. Der sehnlichste Wunsch der schönen Deutschen war in Erfüllung gegangen. Sie hatte einen Sohn von Cienfuegos zur Welt gebracht. Doch es schien, als hätte sie sich mit der Geburt des Kindes vollkommen verausgabt und alle Illusionen über das Leben verloren. Sie fühlte sich leer und kraftlos.

Sie lebte an einem paradiesischen Ort, auf einem Hügel etwa eine Meile vom Dorf der Einheimischen entfernt. Dort stand eine geräumige Hütte direkt neben einem kleinen Bach mit glasklarem Wasser. Ringsum wuchsen Blumen und Palmen. Sie lebte mit Cienfuegos, dem Mann, den sie liebte, und dem Sohn, den sie sich so sehr gewünscht hatte. Araya und Haitiké waren ständig in der Nähe, um ihr jeden Wunsch von den Augen abzulesen. Selbst Bonifacio Cabrera, ihr treuer alter Diener, kümmerte sich um sie, wenngleich er sich nur langsam von den Strapazen der Flucht durch den Dschungel zu erholen schien.

Was fehlte ihr denn noch?

Diese Frage stellte sie sich Tag und Nacht aufs neue, ohne eine Antwort zu finden. Sie fand keine plausible Erklärung für ihre Niedergeschlagenheit, und das deprimierte sie nur noch mehr. Aus diesem Teufelskreis gab es scheinbar kein Entrinnen.

Verzweifelt wehrte sie sich gegen Gespenster, die nicht einmal der Erinnerung entsprangen, wie es normalerweise der Fall ist bei solchen Phänomenen, sondern scheinbar aus dem Nichts kamen, aus einer inneren Leere, die sich eines Menschen bemächtigt, der sich aus einem unerfindlichen Grund schuldig fühlt. Der schreckliche Tod des Capitán León de Luna war für ihre damals ohnehin angegriffene geistige Verfassung nicht gerade zuträglich gewesen, denn trotz allen Leids, das ihr Mann ihr in den letzten Jahren zugefügt hatte, war nicht zu leugnen, daß die Trennung von ihr ausgegangen war. Ja, ganz recht: Sie hatte ihn ins Unglück gestürzt und war deshalb für sein tragisches Ende verantwortlich.

Schließlich gab es eine weitere, auf den ersten Blick scheinbar unbedeutende Tatsache, die aber einer empfindsamen Frau wie Doña Mariana sehr zu schaffen machte. Während sie aufgrund der Strapazen, der Gefangenschaft und der schwierigen Geburt um Jahre gealtert war, verwandelte sich der acht Jahre jüngere Cienfuegos in eine Art Halbgott, bei dessen Anblick die schönsten Mädchen der Insel die Fassung verloren.

Für die Einheimischen, die an kleingewachsene Männer mit dunklen Augen gewöhnt waren, war Cienfuegos mit seinem roten Haar und den grünen Augen ein Adonis. Die jungen Frauen umschwärmten ihn wie die Fliegen. Zwar zweifelte Eva nicht eine Sekunde an seiner Treue, dennoch ließ ihr diese neue Entwicklung keine Ruhe.

Es ging hierbei nicht nur um Eifersucht auf ein paar junge Dinger, die sich am Strand oder in den Büschen mit jedem amüsiert hätten, der ihnen gefiel, sondern auch um die Erkenntnis, daß sie als Frau den Höhepunkt ihres Lebens hinter sich hatte. Nun blieb ihr nur noch die Aussicht auf den unaufhaltsamen körperlichen Zerfall, während Cienfuegos noch nicht einmal seine Jugend hinter sich hatte.

»Ich war mir immer im klaren darüber«, vertraute sie Prinzessin Anacaona bei einer der wenigen Gelegenheiten an, da sie das Bedürfnis empfand, über sich und ihre Probleme zu sprechen. »Ich habe diesen Altersunterschied immer für gefährlich gehalten. Doch ich war egoistisch und habe es verdrängt. Jetzt ist diese Gefahr plötzlich aufgeblüht wie eine schwarze Rose, und ich kann an nichts anderes mehr denken.«

»Aber er liebt dich«, entgegnete die Prinzessin. »Er liebt dich mehr als sein eigenes Leben.«

»Ich weiß«, antwortete Eva. »Und trotzdem gehen Gefühle und Natur zuweilen verschiedene Wege.«

»Das verstehe ich nicht.«

»Du verstehst es sehr gut«, sagte Eva bestimmt. »Du bist eine schöne Frau und hast Erfahrung genug, um es zu verstehen. Die Liebe, die du für Alonso de Hojeda empfindest, hat mit den Nächten, die du in den Armen deiner Krieger verbringst, nichts zu tun.«

»Hojeda ist weit weg. Du bist hier.«

»Auf eine Art bin ich genauso weit weg wie Hojeda.«

»Wo denn?«

»Ich habe keine Ahnung«, gestand Doña Mariana resigniert. »Ich versuche herauszufinden, wo sich meine Gedanken herumtreiben, wenn sie nicht bei mir sind, aber ich schaffe es nicht.«

»Ihr Christen seid seltsame Leute.«

Doch in Wirklichkeit war das keine Frage der Religion, der Rasse oder Kultur, sondern ein viel verzwickteres Problem. Sie hatte das Gefühl, ein Leben lang hinter einem verrückten Traum hergejagt zu sein, und als sie ihn endlich zu fassen glaubte, war er ihr wieder aus den Händen geglitten.

Ihr Glück hatte nur kurze Zeit gewährt, jene wenigen Tage, die sie mit Cienfuegos verbracht hatte, bevor sie von der Heiligen Inquisition unter Anklage gestellt und eingesperrt worden war. Jetzt war sie frei, und dennoch wurde sie das Gefühl einer entsetzlichen, namenlosen Bedrohung nicht los.

Oft saß sie vor dem Eingang der Hütte und sah zu, wie Cienfuegos mit den Kindern spielte. Nachts lag sie wach und starrte auf seinen Körper, der aussah, als sei er von göttlicher Hand gemeißelt. Obwohl sie wußte, daß er ihr gehörte, und sie darauf brannte, sich ihm hinzugeben, war sie nicht fähig dazu. Sie hatte das Gefühl, daß es für eine Frau in ihrem Alter ein Sakrileg, eine Sünde wäre, wenn sie ihn berührte.

Doch es bereitete ihr unzweifelhaft Lust, ihn im Morgenlicht zu betrachten, wenn sein Körper langsam von den ersten Sonnenstrahlen liebkost wurde. Dann wärmte sie sich an ihren Erinnerungen an längst vergangene Tage, als sie sich an der Lagune von Gomera geliebt hatten. Schon damals hatte sie seine straffe Haut und die starken Muskeln bewundert.

Sie erinnerte sich an das Gefühl, das sie empfunden hatte, als er in ihren jungen, vom Alter noch unberührten Körper eingedrungen war. Und es schmerzte sie, wenn sie jetzt daran dachte, wie sehr sich alles verändert hatte, daß sie sich ihm nicht mehr wie früher hingeben konnte.

Ihre Haut war nicht mehr glatt, ihr Fleisch nicht fest, und die Beine, mit denen sie seine Lenden umklammert hatte, besaßen keine Kraft mehr. Selbst das Verlangen, die Lust, die Intensität ihrer Orgasmen hatten nachgelassen.

Sie hatte das Gefühl, ihren Liebhaber zu betrügen, da sie ihm nichts mehr zu bieten hatte. Er verschleuderte seine Energie. All das machte ihr zu schaffen, vor allem aber die Tatsache, daß sie ihre eigene Leidenschaft verloren hatte.

Sie liebte Cienfuegos über alles und wünschte ihm das Beste, was sie sich vorstellen konnte. Gleichzeitig mußte sie sich aber auch mit der Tatsache abfinden, daß sie nicht mehr das Beste war. Sie wollte ihn glücklich machen wie damals an der Lagune und haßte sich, weil es ihr nicht mehr gelang. Dies ließ sie immer mehr in Schwermut versinken, bis sie das Gefühl hatte, von ihr verschlungen zu werden.

Cienfuegos war geduldig und verständnisvoll. Er gab die Hoffnung nicht auf, daß der Körper, den er nach wie vor begehrte, eines Tages mit der gleichen Lust auf seine Liebkosungen reagieren würde wie früher. Aber es gab auch Tage, an denen er sich zurückgestoßen fühlte und resignieren wollte. Die süße Höhle, in der er Geborgenheit suchte, verwandelte sich in eine kalte Hölle, und er konnte nur ohnmächtig zuschauen.

Da er sein ganzes Leben einsam durch die Welt gewandert war, suchte er Wärme und Frieden zwischen Evas Brüsten, aber diese Wärme und dieser Friede waren verschwunden und konnten ihm keinen Trost mehr bieten.

Für ihn gab es keine anderen Frauen, denn er lebte nur in der Erinnerung daran, wie Eva gewesen war. Er wußte, daß ihm keine andere das schenken konnte, was sie ihm damals gegeben hatte. Er bemerkte weder die Falten in ihrem Gesicht noch die erschlaffenden Brüste, noch den Umstand, daß ihre Haut nicht mehr so straff war. Alles, was er sah, war ein unvergleichlich schönes Gesicht und Augen, die klar waren wie das Wasser der Karibik.

Cienfuegos blieb nichts anderes übrig, als auf die Rückkehr der *Milagro* aus Spanien zu warten und zu hoffen, daß sich Eva bis dahin einigermaßen erholt hatte. Obwohl die Galgenfrist, die Ovando ihnen zum Verlassen der Insel eingeräumt hatte, verstrichen war, schien Cienfuegos nicht besonders unglücklich darüber, daß das Schiff so lange auf sich warten ließ. Er wußte, daß sie im Moment Hispaniola nicht verlassen konnten; folglich mußten sie auch den Plan, irgendwo eine Kolonie zu gründen, vorerst verschieben.

Es schien sehr unwahrscheinlich, daß die Soldaten des Gouverneurs sie in den dichten Wäldern von Xaraguá aufspüren würden. Hier waren sie in Sicherheit und konnten in aller Ruhe abwarten, bis Eva wieder zu Kräften gekommen war. Denn in ihrem jetzigen Zustand wäre sie keine Hilfe, sondern nur eine Last.

Der alte Yauco kochte einen Sud aus wilden Pilzen, der zeitweilig zu wirken schien, doch Cienfuegos und Bonifacio Cabrera trauten dieser Art von Medizin nicht zu, langfristig das erwünschte Resultat zu bringen.

»Sie liegt den ganzen Tag im Rausch«, wandte Cienfuegos ein. »Und irgendwann kommt dann der Augenblick, wo sie ohne das Zeug nicht mehr leben kann.«

»Sie braucht Zeit«, beschwichtigte ihn Bonifacio.

»Das ist keine Frage der Zeit, sondern des Willens. Und ich fürchte, daß das, was Yauco ihr zu trinken gibt, ihren Willen noch mehr schwächt. Ich muß sie zu einer Reaktion zwingen, aber ich weiß nicht wie.«

»Betrüg sie!«

»Was hast du gesagt?«

»Du sollst sie betrügen«, wiederholte Bonifacio gelassen. »Laß sie glauben, daß du mit einer anderen ins Bett gehst. Vielleicht reagiert sie, wenn sie denkt, daß sie dich verlieren könnte.«

»Oder sie bricht völlig zusammen«, entgegnete Cienfuegos. »Obwohl ich manchmal das Gefühl habe, daß sie genau das will. Sie erweckt den Anschein, als legte sie es geradezu darauf an, daß ich mich nicht mehr für sie interessiere. Aber so funktioniert das leider nicht.«

»Seltsam, daß zwei Menschen deswegen nicht glücklich sein können, weil sie sich zu sehr lieben«, sagte Bonifacio. »Eigentlich müßte das Leben logischer sein.«

»Das ist doch nicht meine Schuld.«

»Niemand gibt dir die Schuld. Aber ihre Schuld ist es auch nicht. Wenn ihr zusammen seid, seht ihr manchmal aus wie Mutter und Sohn, und das weiß sie.«

»Und was soll ich dagegen tun?«

»Du kannst wohl nichts tun.«

Doch Cienfuegos wollte sich so leicht nicht zufriedengeben. Als er am nächsten Tag zum Strand kam und sah, wie Eva sich wieder einmal in dem kleinen silbernen Spiegel betrachtete, riß er ihn ihr aus der Hand und schleuderte ihn ins Meer.

»Hör endlich auf, den ganzen Tag in den Spiegel zu sehen und nach Falten zu suchen. Der einzige Spiegel, den es in deinem Leben geben sollte, bin ich«, sagte er wütend. »Es zählt nur, wie ich dich sehe, sonst nichts.«

»Und wie soll ich wissen, wie du mich siehst, wenn ich keinen Spiegel habe? Nur er kann mir die Wahrheit sagen.«

»Die Wahrheit?« fragte Cienfuegos. »Welche Wahrheit? Die Wahrheit, die ein Stück Glas erzählt, das von Gefühlen keine Ahnung hat? Oder die Wahrheit, die du darin sehen willst?«

»Die einzige Wahrheit, die es gibt. Ein Spiegel lügt bekanntlich nicht.«

»Wer hat dir bloß diesen Unsinn erzählt?« entgegnete Cienfuegos. »Ein Spiegelbild ist zum Beispiel seitenverkehrt. Das ist bereits die erste Lüge.«

»Und die zweite?«

»Er macht einem weis, daß er ein echtes menschliches Wesen zeigt. Schon möglich, daß er dir Falten zeigt, aber er sagt nichts darüber, daß es für jede Falte einen Grund gibt und daß du deine grauen Haare mir zu verdanken hast.« Er streckte die Hand aus und strich ihr zärtlich über die Wange. »Aber ich weiß es. Jede Falte und jedes graue Haar bedeuten mir etwas, und ich liebe dich heute noch mehr als früher, als du keine Falten hattest. Damals warst du nur ein wunderschönes Mädchen, das ich begehrte. Jetzt bist du eine Frau, die ich über alles liebe.«

Eva lächelte und sagte: »Und wenn ich daran denke, daß ich nicht mal deine Sprache verstand, als wir uns kennenlernten.«

Cienfuegos setzte sich neben sie, nahm ihre Hand und sah ihr in die Augen. »Ich will dir etwas sagen, was du nie vergessen sollst. Seit wir uns ineinander verliebten, haben wir viel Leid über andere Menschen gebracht. Es ist sogar Blut geflossen. Wir dürfen nicht zulassen, daß all die Schmerzen umsonst gewesen sind.«

»Ich weiß nicht, ob ich das richtig verstanden habe.«

»Nun, es ist ganz einfach. Wenn wir uns damals nicht begegnet und ineinander verliebt hätten, wäre ich heute noch auf Gomera und würde meine Ziegen hüten. Und du wärst die reiche und angesehene Gräfin von Teguise. Ich hätte mir meine zehnjährige Odyssee durch den Dschungel erspart, und dein Mann und weitere fünf oder sechs arme Teufel, die ich umbringen mußte, wären noch am Leben.« Er küßte ihre Handfläche und setzte hinzu: »Daß du jetzt all dies in Frage stellst, nur weil du älter geworden bist, scheint mir grausam. Es paßt nicht zu einer so feinfühligen Frau wie dir.«

Was weder der Sud des alten Yauco noch die guten Ratschläge Prinzessin Anacaonas oder Bonifacios zustande gebracht hatten, gelang Cienfuegos mit diesen offenen Worten. Von nun an gab Eva sich mehr Mühe, wieder die Frau zu werden, die sie einmal gewesen war.

Sie bat Haitiké, der schwimmen konnte wie ein Fisch, ihr den Spiegel wiederzubringen, doch jetzt benutzte sie ihn nicht mehr, um darin nach Falten zu suchen, sondern um sich für den Mann, der sie über alles liebte, so hübsch zu machen, wie sie konnte.

Um diese Zeit erhielten sie die beunruhigende Nachricht, daß sich Gouverneur Ovando zu einem »Freundschaftsbesuch« in Xaraguá angesagt hatte.

»Warum?« fragte Cienfuegos. »Warum macht sich jemand, der in Santo Domingo so viele Probleme hat, auf die lange, beschwerliche Reise hierher?«

»Vielleicht bringt er die Antwort der Königin auf meinen Bittbrief«, sagte Anacaona.

»Spanien ist weit weg«, antwortete Cienfuegos. »Es ist noch zu früh für eine Antwort, vor allem, wenn man bedenkt, wieviel Zeit man sich normalerweise bei Hof läßt.«

»Vielleicht will er mich nur kennenlernen«, überlegte die Prinzessin. »Immerhin ist er ein Mann.«

»Nein. Zu dieser Art von Männern gehört er nicht«, entgegnete Cienfuegos lächelnd. »Fray Nicolás de Ovando ist in erster Linie Gouverneur, dann Kirchenmann, und im übrigen der kälteste Mensch, den ich je kennengelernt habe. Trau ihm nicht über den Weg.«

»Ach, Cienfuegos!« antwortete die Prinzessin. »Ich habe gelernt, den Spaniern nicht über den Weg zu trauen, seit ich mit eigenen Augen gesehen habe, wie Capitán Alonso de Hojeda den Häuptling Canoabó einlud, sein Pferd zu besteigen und ihn dann vor den Augen seiner Krieger entführte.«

Sie hielt inne und warf ihr langes pechschwarzes Haar zurück. »Ich habe Bartolomé Kolumbus gekannt, und zwar zur Genüge, den verlogensten Hund auf der ganzen Insel. Auch Francisco Roldán und andere, über deren Missetaten man wochenlang erzählen könnte. Keine Angst. Ich werde Ovando einen gebührenden Empfang bereiten, aber ich werde mich von ihm nicht hinters Licht führen lassen. Hier in Xaraguá kann er mir nichts anhaben.«

Cienfuegos hätte gerne die Zuversicht der Prinzessin geteilt, doch er wußte, daß Männer wie Gouverneur Ovando nie einen unüberlegten oder unnötigen Schritt taten. Wenn der Mann freiwillig die mühsame Reise über die halbe Insel auf sich nahm, dann führte er etwas im Schilde.

Er beschloß, für den Notfall eigene Vorkehrungen zu treffen und brachte einen Vorrat an Proviant, Trinkwasser und anderen wichtigen Dingen auf eine benachbarte Insel. Es war besser, auf alles gefaßt zu sein.

»Ovando hat zwar versprochen, daß er uns an den Galgen bringen wird, falls wir auf Hispaniola angetroffen werden, doch Gonave hat er nicht erwähnt, obwohl die Insel nur einen Steinwurf von uns entfernt ist«, sagte er zu Bonifacio Cabrera. »Wahrscheinlich weiß er nicht einmal, daß es sie gibt.«

»Wenn Ovando dich zu fassen bekommt, wird er dich nicht gleich baumeln lassen. Alles hängt davon ab, ob es ihm nutzen würde und in welcher Stimmung er ist. Das ist der Vorteil, wenn man Gouverneur ist. Man kann tun und lassen, was man will, und ist niemandem Rechenschaft schuldig.«

Da hatte er sicher recht, das wußte auch Cienfuegos. Die Gesetze der spanischen Krone erlaubten alles mögliche, solange es nur zum Wohl des Staates war. Den Untertanen blieb nichts anderes übrig, als sich den Entscheidungen zu beugen, ganz gleich, wie ungerecht sie waren. Gouverneur Ovando war der oberste Vertreter der Krone in der Neuen

Welt, und natürlich hielt er das Zepter fest in der Hand. Seinen Befehlen oder Launen widersetzte man sich nicht so schnell.

Die Insel Gonave war keineswegs ein vollkommen sicherer Ort. Aber im Moment schien sie wie geschaffen, der kleinen Gruppe Schutz zu bieten. Das Land war unwegsam, und die Männer des Gouverneurs würden es schwer haben, eine Handvoll Flüchtlinge mit ihren einheimischen Führern aufzuspüren, wenn diese sich gut zu verstecken wußten. Außerdem bot die Insel einen ausgezeichneten Ausblick auf das offene Meer. Kein Schiff, das von dort kam, würde ihnen entgehen. Und sie erwarteten nun jeden Tag die Ankunft der *Milagro*, die von ihrem Versteck aus mit einem einfachen Kanu erreichbar wäre.

Sobald Cienfuegos seine Familie in Sicherheit gebracht hatte, tat er das, was er gewohnt war. Er wartete ab. Er verbarg sich auf einem Hügel oberhalb des Dorfes und beobachtete zwei Tage später die Ankunft des Gouverneurs und seiner Eskorte. Offensichtlich hatten sie einen Teil der Reise per Schiff zurückgelegt und waren dann zu Fuß an der Küste weitermarschiert. Ihr Schiff ankerte in einer Bucht weiter südlich und konnte die Hauptstadt von Xaraguá innerhalb eines halben Tages erreichen.

Ovando selbst, der wie die meisten seiner christlichen Zeitgenossen eine große Abneigung gegen das Meer hatte, war zu dem Schluß gelangt, daß es viel mehr Eindruck machte, wenn er hoch zu Roß in das letzte angeblich freie Reich auf der Insel einzog. An Bord eines Schiffes wurde ihm nur schlecht, und er wollte nicht wie ein betrunkener Matrose an Land torkeln, sondern es wie ein Sieger, umgeben von seinen edelsten Capitanes, betreten.

So erschien die Truppe beritten und unter lautem Trommelwirbel am Strand. Cienfuegos fiel sofort auf, daß alle, abgesehen von Frater Bernardino de Sigüenza und einem Schreiberling, kriegserfahrene Soldaten waren.

Seltsame Abordnung, dachte er, in der kein einziger bedeutender Bürger von Santo Domingo vertreten ist. Auf ihn machte es eher den Eindruck einer Strafexpedition als eines Freundschaftsbesuches.

Er war schon drauf und dran, die Prinzessin noch einmal vor einem möglichen Hinterhalt durch die Spanier zu warnen, als er sah, wie sich aus einem Palmenhain unweit seines Verstecks eine große Zahl von Kriegern löste und in Kampfstellung ging. Das beruhigte ihn wieder.

Der Prunk, mit dem die Prinzessin Gouverneur Ovando empfing, stand dem des spanischen Gefolges in nichts nach. Sie selbst ließ sich von zwanzig nur mit Lianenröcken bekleideten Jungfrauen in einer gewaltigen Sänfte tragen, die sich über die Gesetze der Schwerkraft hinwegzusetzen schien.

Bald wetteiferten die Flöten der Einheimischen mit den Trommeln der Spanier, und Cienfuegos hatte auf seinem Beobachtungsplatz das Gefühl, als handele es sich nicht etwa um die Begegnung zweier Völker, sondern zweier Truthähne, die mit ihrem farbenfrohen Gefieder versuchten, dem Rivalen zu imponieren.

Die Stimmung war äußerst gespannt. Man konnte sehen, daß sowohl die Prinzessin als auch der Gouverneur nur darauf warteten, daß der andere den ersten Schritt tat und entweder seine friedlichen Absichten bekundete oder zum Angriff überging. Doch da weder Ovando von seinem Roß stieg noch die Prinzessin von ihrem Thron, wußte keiner, wie es weitergehen sollte. Diese peinliche Situation hätte zu einem Eklat geführt, hätte sich nicht das Pferd des Gouverneurs plötzlich beim Anblick des zahmen Ozelots, der wie eine Hauskatze neben Prinzessin Anacaona saß, nervös aufgebäumt.

So blieb Ovando nichts anderes übrig, als sich vom Pferd zu schwingen. Nach der Begrüßungszeremonie verschwanden beide Anführer mitsamt ihrem Gefolge in der größten

Hütte. Cienfuegos beobachtete, wie Fray Bernardino de Sigüenza, den offensichtlich alle vergessen hatten, allein zum Strand ging, wo er sich auf einen umgestürzten Baumstamm setzte und seine Litaneien murmelte. Er zog einen Rosenkranz aus der Tasche und ließ ihn durch die Hand gleiten, während er gedankenverloren auf das weite Meer sah, wo jetzt blutrot die Sonne unterging.

Plötzlich hatte Cienfuegos eine Eingebung. Während der Himmel in loderndem Glanz erstrahlte, brütete er seinen Plan aus, und als die ersten zögernden Schatten nach der Insel griffen und der schmuddelige Franziskanermönch aufstand und sich zum Dorf begab, um nach seinem Quartier zu fragen, wußte Cienfuegos genau, was er tun würde.

Im Schutz der Dunkelheit suchte er seinen Freund Bonifacio auf, um ihm den Plan zu erläutern.

»So was kann auch nur dir einfallen«, sagte Bonifacio belustigt.

»Wirst du mir helfen?«

»Na klar.«

So kam es, daß sich Bonifacio im Morgengrauen des nächsten Tages zu der Hütte stahl, wo der Frater schlief, und ihn vorsichtig weckte. Kaum hatte er die Augen aufgeschlagen, bat Bonifacio: »Vater, ich flehe Euch an, kommt mit mir. Ein Christ schwebt in Lebensgefahr und bedarf der heiligen Sakramente.«

Wie nicht anders zu erwarten, sprang der kleine Frater sofort auf und folgte Bonifacio. Dieser führte ihn zu einem geheimen Pfad, auf dem sie etwa eine halbe Stunde lang immer tiefer in den dichten Dschungel vordrangen. Dann standen sie plötzlich vor Cienfuegos, der an einer Biegung auf sie wartete.

»Um Gottes willen!« rief der Frater entsetzt. »Ihr schon wieder!«

»So ist es, Hochwürden. Und ich bin wirklich erfreut.«

»Nun, da geht es mir offen gestanden anders«, grunzte der

kleine Frater. »Ihr seid der letzte Mensch, den ich sehen möchte.«

»Ich hätte nie gedacht, daß jemand wie Ihr so nachtragend sein kann«, lachte Cienfuegos. »Schließlich habe ich doch kein Verbrechen begangen.«

»Meint Ihr etwa, es sei kein Verbrechen, sich über das Sakrament der Beichte lustig zu machen?« entgegnete das Mönchlein wütend. »Ihr habt die Beichte für Eure Zwecke mißbraucht, statt sie als das zu respektieren, was sie ist.«

»Ich gestehe und bitte Euch gleichzeitig um Vergebung.« Cienfuegos versuchte aufrichtig, sich mit dem kleinen Frater zu versöhnen, da er ihn trotz seines Schmutzes und Gestanks sympathisch fand. »Um Vergebung und um Eure Hilfe.«

»Ich bin nicht gekommen, um Euch zu helfen, sondern um einem Sterbenden die Letzte Ölung zu erteilen«, brummte der Franziskaner mißmutig. »Bringt mich also zu ihm.«

»Verzeiht«, unterbrach Bonifacio mit einer knappen Bewegung des Kopfes. »Aber ich habe nicht von einem Sterbenden gesprochen, sondern von jemand, der sich in Lebensgefahr befindet.«

»Ist das nicht dasselbe?« rief der Frater vorwurfsvoll.

»Durchaus!« mischte sich Cienfuegos ein. »Ich befinde mich in Lebensgefahr, denn wenn mich Euer Gouverneur Ovando zu fassen bekommt, bin ich ein toter Mann.«

»Es handelt sich also wieder mal um einen Eurer schmutzigen Tricks«, sagte der Frater und schneuzte sich ungehalten die Nase. »Was soll dann der Blödsinn mit den Sakramenten? Welche Sakramente meint Ihr überhaupt?«

»Alle Sakramente!« antwortete Cienfuegos.

»Alle Sakramente?« wiederholte der kleine Frater, als habe er sich verhört.

»So ist es. Ich will, daß Ihr mich tauft, mir die Beichte abnehmt und die heilige Kommunion verabreicht. Dann sollt Ihr mich mit Eurer ehemaligen Gefangenen Doña Mariana Montenegro trauen. Und wenn wir schon einmal dabei sind, könnt Ihr mir eigentlich auch gleich die Letzte Ölung verpassen, falls Gouverneur Ovando beschließt, mich aufzuknüpfen.«

»Heilige Muttergottes!«

»Laßt die Muttergottes aus dem Spiel. Fangen wir lieber an, sonst werden wir nie fertig.«

»Mein Gott! Wollt Ihr wirklich behaupten, daß Ihr nicht getauft seid?«

»Einmal habe ich mich selbst getauft, aber ob das gültig war?«

»Ich weiß nicht, was ich Euch darauf antworten soll. Es hängt wohl von den Umständen ab.« Angesichts der Möglichkeit, den aufmüpfigen Cienfuegos zur Herde seines Herrn zurückführen zu können, schien der kleine Frater die Selbstbeherrschung wiederzugewinnen. »Viel schwerer wiegt in den Augen Gottes, daß Ihr mich damals um die Absolution gebeten habt, ohne getauft zu sein, und mir das obendrein verheimlicht habt.«

»Ist das wirklich so schlimm?« fragte Cienfuegos. »Würdet Ihr Euch weigern, einem Heiden die Beichte abzunehmen, wenn er Euch darum bäte?«

»Jedenfalls müßte ich ihn zuerst einmal taufen. Solange er nicht dem rechten Glauben angehört, kann er natürlich auch nicht von dessen Vorteilen profitieren.«

»Schon möglich«, antwortete Cienfuegos. »Aber seitdem ist eine Menge Wasser den Ebro hinabgeflossen, und mittlerweile braucht Ihr Euch ohnehin nicht mehr an das Beichtgeheimnis zu halten. Ovando will mich hängen lassen, weil ich seine Befehle mißachtet habe.« Er sah ihm in die Augen. »Werdet Ihr tun, worum ich Euch gebeten habe?«

»Das muß ich mir erst überlegen.«

»Bedenkt, daß es nicht nur um mich geht, sondern auch um meine Kinder, die Ihr ebenfalls taufen sollt. Außerdem kann Doña Mariana nicht in ständiger Sünde leben. Ihr müßt uns trauen. Oder wollt Ihr das Risiko eingehen, fünf Seelen zu verlieren, nur weil Ihr wütend auf mich seid?«

»Ihr seid der unverschämteste Mensch, dem ich je begegnet bin«, antwortete Fray Bernardino und fügte resignierend hinzu: »Ihr seid hinterlistig wie der Teufel. Wo stecken denn Eure Kinder?«

»Von hier ist es zu Fuß etwa eine Stunde entfernt.«

»Dann führt mich dorthin. Aber ich schwöre Euch, wenn das wieder einer Eurer Streiche ist, werde ich Euch nicht taufen, sondern auf der Stelle exkommunizieren.«

So marschierten sie los, Cienfuegos und der hinkende Bonifacio gutgelaunt und fröhlich pfeifend, während der Frater alle Mühe hatte, seinen Ärger zu verbergen. Doch als Cienfuegos an einem kleinen Fluß haltmachte, ein Stück Kernseife aus seinem Beutel nahm und ihn respektlos zum Baden aufforderte, platzte dem Frater der Kragen.

»Was sagt Ihr da?« rief er wütend.

»Ihr sollt ein Bad nehmen!«

»Niemals!«

»Wenn Ihr Eure Mission ernst nehmt und die Menschen bekehren wollt, dann müßt Ihr ein für allemal den Dreck loswerden. Oder hat Euch noch niemand gesagt, daß man Euch auf zwanzig Meter Entfernung am Gestank erkennt?«

»Wer zu viel badet, begeht eine Sünde.«

»Und wer zu wenig badet, muß Buße tun. Wenn Ihr wirklich glaubt, der liebe Gott würde auch so stinken, dann seid Ihr auf dem Holzweg. Bei Euch handelt es sich eher um Schweißfüße und zuviel Knoblauch.«

»Ihr beleidigt meine Würde!«

»Und Ihr meine Nase. Ich weiß nicht, wie wir das mit der Würde lösen können, aber meiner Nase kann mit ein wenig Seife geholfen werden. Also, bringen wir es hinter uns.«

»Ich denke nicht daran!«

»Ich sage Euch, wir werden so lange nicht aufbrechen, bis

Ihr gebadet habt. Also laßt uns nicht noch mehr Zeit vergeuden. Oder soll ich Euch Beine machen?«

»Ihr würdet es nicht wagen!«

»Ihr solltet mich besser kennen, Vater. Auf geht's!«

Er hob das zappelnde Männlein auf, umklammerte es mit einem Arm, während er die Kernseife in der anderen Hand hielt. So ging er zum Bach hinunter.

»Laßt sofort los!« schrie der kleine Frater außer sich und strampelte heftig mit den Beinen. »Ihr sollt mich loslassen!«

Doch Cienfuegos stellte sich taub, bis sie in der Mitte des seichten Flusses waren. Dort ließ er den Frater hinunter und riß ihm die schmutzige Kutte vom Leib. Das Wasser stand dem kleinen Mönch fast bis zum Hals, und er konnte nur noch traurig zusehen, wie die Strömung seine Kleider davonwirbelte.

»Bei Johannes dem Täufer!« rief Frater Bernardino ängstlich. »Was soll ich jetzt anziehen?«

»Sobald Ihr gebadet habt, werdet Ihr neue Kleidung bekommen, aber Ihr könnt auch gerne nackt herumlaufen wie die Wilden.«

Sobald Fray Bernardino sich nackt im Wasser sah, gab er jeden Gedanken an Widerstand auf. Wortlos griff er nach der Seife und begann sich damit abschrubben.

Cienfuegos ging ans Ufer zurück und sah zu, wie sich das glasklare Wasser immer mehr trübte, während Bernardino de Sigüenza sich den Schmutz, der sich über Jahrzehnte angesammelt haben mußte, vom Körper wusch.

Kreidebleich und zitternd kam er dann heraus, die Hände schamhaft vor den Geschlechtsteilen. Cienfuegos musterte ihn zufrieden und zog eine weiße Kutte aus seinem Beutel, die er ihm überreichte. Der andere starrte darauf und sagte erschrocken:

»Weiß! Ihr könnt nicht erwarten, daß ich etwas Weißes anziehe.«

»Was ist denn Schlechtes daran?«

»Ich bin doch kein Dominikaner!«

»Stellt Euch nicht so an, Vater. Besser ein sauberer Dominikaner als ein schmutziger Franziskaner. Ich glaube nicht, daß Gott auf die Kleidung schaut, sondern nur auf das Gewissen. Und Euer Gewissen ist sicher so rein wie Euer Körper jetzt.«

Eine Stunde später standen sie vor der Hütte. Doña Mariana Montenegro hatte Mühe, in dem weißgekleideten Frater den gefürchteten Inquisitor wiederzuerkennen, der sie im Kerker von Santo Domingo verhört hatte.

»Seid Ihr es wirklich?« fragte sie und traute ihren Augen nicht. »Fray Bernardino de Sigüenza?«

»Ja. Oder sagen wir besser, das, was von ihm übriggeblieben ist«, antwortete Sigüenza traurig. »Diesem Ungeheuer hier habe ich eine Mordsgrippe zu verdanken, die ich wohl kaum heil überstehen werde.«

Wie um seinen Worten Nachdruck zu verleihen, nieste er heftig und wischte sich die Nase mit dem Ärmel ab. Dann fuhr er fort: »Um die Wahrheit zu sagen, ich freue mich, trotz des unfreiwilligen Bades, daß Ihr in Freiheit und wohlauf seid.«

»Habt Ihr etwa kein Interesse mehr, mich als Hexe auf dem Scheiterhaufen zu verbrennen?« fragte die Deutsche herausfordernd.

»Das wollte ich nie, und das wißt Ihr auch ganz genau. Es war die undankbarste Aufgabe, die man mir jemals übertragen hat. Ihr könnt mir glauben, daß ich nicht zum Inquisitor berufen bin.«

»Ja, ich weiß, aber was macht Ihr dann im Gefolge des Gouverneurs?«

»Ich bin einer seiner Berater.«

»Ihr?« sagte Cienfuegos überrascht. »Ich hatte keine Ahnung. Was für Ratschläge gebt Ihr ihm denn?«

»Solche, die mir mein gesunder Menschenverstand eingibt und die mit meinem Gewissen zu vereinbaren sind«, antwortete der Frater pikiert. »Aber ich glaube nicht, daß Euch das wirklich interessiert. Bringen wir lieber hinter uns, wozu ich hergekommen bin. Die Taufe zuerst, die Trauung lassen wir für später.«

»Trauung?« fragte Doña Mariana überrascht. »Welche Trauung?«

»Unsere natürlich!« sagte Cienfuegos. Der Tonfall, in dem sie diese Frage gestellt hatte, irritierte ihn.

»Unsere Trauung?« wiederholte Eva. »Soweit ich weiß, haben wir noch nie übers Heiraten gesprochen.«

»Schon möglich«, entgegnete der Hirte aus Gomera. »Aber wir leben zusammen und haben einen Sohn. Du bist verwitwet und ich ledig. Da liegt es doch auf der Hand, daß wir heiraten, oder?«

»Ich war bereits einmal verheiratet«, gab Eva scharf zurück. »Und ich war keine gute Ehefrau. Warum sollte ich ein Risiko eingehen? Es könnte sich wieder als Fehler erweisen. Es läuft doch gut, so wie es ist.«

»Es läuft überhaupt nicht!« unterbrach Cienfuegos, der die Absichten der Deutschen allmählich zu durchschauen glaubte. »Und außerdem leben wir in Sünde.«

»Von welcher Sünde sprichst du eigentlich? Du bist nicht einmal katholisch«, antwortete sie trotzig. »Und seit wann kümmerst du dich um derartige Fragen?«

»Seit heute. Fray Bernardino wird mich taufen, und dann bin ich Christ. Ich habe nicht vor, in Sünde zu leben.« Er hielt inne und schaute den Frater an, der die Szene mit gemischten Gefühlen beobachtete. »Dein ganzes Leben hast du dir gewünscht, daß wir Mann und Frau werden, und jetzt, da dein Wunsch endlich in Erfüllung gehen soll, sträubst du dich dagegen. Was, zum Teufel, ist in dich gefahren? Warum hast du deine Meinung geändert?«

»Weil ich nicht glaube, daß es eine gute Idee ist.«

»Findest du es vielleicht besser, daß unser Sohn ein uneheliches Kind ist?«

»Bestimmt nicht!« antwortete Eva sichtlich erregt. »Aber ich finde es auch nicht gut, daß wir etwas tun, was wir eigentlich nicht wollen, nur damit er es nicht ist.«

»Ich will diese Ehe mehr als alles andere auf der Welt«, sagte Cienfuegos. »Ich wollte dich schon immer heiraten. Warum weigerst du dich?«

»Komm schon. Das weißt du sehr gut.«

»Nein, weiß ich nicht.« Cienfuegos ließ sich nicht aus der Ruhe bringen. »Erklär es mir.«

»Ich könnte deine Mutter sein«, sagte sie schließlich leise.

»Und hältst du dich deshalb für überlegen?«

»Natürlich nicht! Aber es wäre weniger eine Hochzeit als eine Adoption.«

»Das ist das Schlimmste, was du mir jemals gesagt hast«, sagte Cienfuegos wütend. »Was hat die Liebe mit dem Altersunterschied zu tun? Das ist ja, als würde man die Intelligenz von der Körpergröße eines Menschen abhängig machen.«

»Dem kann ich nur zustimmen«, mischte sich plötzlich Fray Bernardino de Sigüenza ein. »Euer Verhalten ist einer intelligenten Frau nicht würdig, mein Kind. Im Kerker erschient Ihr mir klüger.«

»Ihr solltet Euch nicht in diese Angelegenheit einmischen, Frater. Ihr habt keine Ahnung, worum es hier geht.«

»Das weiß ich sehr wohl, meine Liebe«, antwortete der Frater unbewegt. »Es geht um das Alter. Und wenn es ums Alter geht, so laßt Euch sagen, daß ich älter bin als Ihr beide zusammen.« Er schaute seine ehemalige Gefangene mitfühlend an und nahm ihre Hand, um ihr Mut zu machen. »Ich weiß, was in dir vorgeht«, fuhr er vertraulicher fort. »Er ist jünger als du, und dein hartes Schicksal ist nicht spurlos an dir vorübergegangen. Aber das sind Äußerlichkeiten. Das wichtigste ist doch, daß dieser Mann dich über alles liebt. Er hat unzählige Male sein Leben für dich aufs Spiel gesetzt, und ich bin mir sicher, daß er sich die Zukunft ohne dich nicht vorstellen kann. Vergiß deine Sorgen und Befürchtungen und heirate ihn. Du wirst es bestimmt nicht bereuen.«

»Und was, wenn ich alt bin und er jung und attraktiv bleibt?«

»Dann wirst du eben alt sein, und das ist immer noch besser als tot.« Frater Bernardino de Sigüenza nieste und fuhr fort. »Ich kann nicht verstehen, warum sich die Frauen immer so viele Sorgen wegen der Zukunft machen. Ich glaube, daß ihr viel produktiver wärt, wenn ihr mehr an die Gegenwart denken würdet. Wenn ihr eine Kathedrale bauen müßtet, würdet ihr Frauen wahrscheinlich eher an den Tag denken, an dem sie einstürzt, als an die Jahrhunderte, die sie überdauern wird.« Er drückte ihre Hand. »Antworte mir ganz ehrlich. Liebst du diesen Mann, ja oder nein?«

»Natürlich!«

»Liebst du diese Frau?« fragte er dann Cienfuegos.

»Mehr als mein Leben.«

»In diesem Fall erkläre ich euch zu Mann und Frau«, murmelte der Frater und schlug das Kreuz über ihnen. »So, das war's.«

»Aber wie denn?« protestierte Doña Mariana. »Wollt Ihr mir etwa weismachen, daß Ihr uns eben getraut habt?«

Bernardino de Sigüenza nickte lächelnd.

»Bis daß der Tod Euch scheidet.«

»Unmöglich. Einfach so?«

»Wenn Ihr wollt, kann ich noch ein Vaterunser für Euch beten, aber notwendig ist es nicht. Wenn es um Leben und Tod geht, darf ich die Zeremonie verkürzen.«

»Und wer befindet sich hier in Lebensgefahr?«

»Ihr. Wenn Euch Ovando zu fassen bekommt, läßt er Euch hängen.«

»Das Ganze kommt mir ziemlich seltsam vor«, murmelte Eva mißtrauisch. Sie war mit dem Gang der Ereignisse überhaupt nicht glücklich. »Seid Ihr auch sicher, daß diese Trauung gültig ist?«

»Für mich ist sie es, und auch für Euren Mann. Und da wir zwei gegen eine sind, seid Ihr überstimmt.«

»Ihr macht Euch lustig über mich.«

»Keineswegs, meine Tochter. Wenn ein Bischof eine Ehe auflösen kann, in der es fünf Kinder gibt, werde ich doch wohl in der Lage sein, Euch zu trauen. Manchmal habe ich ein Dutzend Paare gleichzeitig getraut, ohne nach ihren Namen zu fragen.«

Der kleine Frater schien Doña Mariana mit seiner Erklärung nicht überzeugen zu können, aber im Grunde wollte sie das auch gar nicht. Cienfuegos hatte recht gehabt: Seit Jahren hatte sie sich nichts sosehr gewünscht, wie seine Frau zu werden, obwohl sie gerade so getan hatte, als sei sie ganz und gar dagegen.

Verliebte wünschen sich, zusammen alt zu werden, doch sie hassen die Vorstellung, der Partner könnte jung bleiben, während ihre eigenen Kräfte unaufhaltsam schwinden. Offensichtlich ist es einfacher, sich mit dem eigenen körperlichen Verfall abzufinden als mit der Tatsache, allein altern zu müssen.

Manche Menschen hassen ihr eigenes Altern nur deshalb, weil ihnen bewußt wird, daß es andere belastet. Sie machen eine Erfahrung durch, die allen bevorsteht. Aber ob man sein Alter als erträglich ansieht oder nicht, hängt allein vom Temperament und natürlich von den jeweiligen Lebensumständen ab.

Doña Mariana Montenegro stand kurz vor ihrem fünfunddreißigsten Lebensjahr, in einer Zeit, in der die Menschen nicht viel älter als ein halbes Jahrhundert wurden. Sie hatte so viel durchgemacht, daß sie sich bereits am Ende ihres Lebens wähnte, obwohl sie gerade einem Kind das Leben geschenkt hatte.

Doch vielleicht machte ihr gerade die Geburt dieses Kindes bewußt, daß sich der Kreis ihres Lebens allmählich schloß.

Wie auch immer, es schien fast zwecklos, sie von diesem Gedanken abbringen zu wollen, der sich trotz aller Anstrengungen, sie vom Gegenteil zu überzeugen, immer mehr zu einer fixen Idee entwickelte. Zwar erlebte sie manchmal noch Augenblicke, in denen sie Mut faßte und zuversichtlich in die Zukunft blickte, doch in ihrem Innersten hatte sie bereits resigniert und wurde von einer Bitterkeit zerfressen, die sie bis an ihr Lebensende nicht mehr ganz loslassen sollte.

Cienfuegos verstand das, ohne etwas dagegen tun zu können. Sicher, die Ehe war ungleich und außergewöhnlich, aber was machte es schon aus, was die Leute sagten oder dachten? Er liebte Eva nach wie vor und war überzeugt, daß sie alle Hindernisse überwinden könnten, die das Alter ihnen in den Weg legte.

Ein großes Glücksgefühl durchströmte ihn, als der Frater die Taufformel sprach. Doch noch während er demütig vor ihm kniete, stand wie aus der Erde gestampft plötzlich ein kleiner Indianerjunge vor ihnen und überbrachte die grauenvolle Nachricht, daß Ovando und seine Männer die Prinzessin gefangengenommen hatten.

»Wie ist das möglich?« fragte Cienfuegos erregt.

»Die Prinzessin hat ein großes Fest gegeben. Sie hat ihre schönsten Gedichte rezitiert und bis spät in die Nacht gesungen. Die Spanier schienen ganz ruhig und zufrieden, doch plötzlich gab Ovando ein Zeichen, woraufhin seine Männer die Hütte in Brand steckten. Dann zogen sie ihre Messer, die sie am Körper versteckt hatten, und fingen an, die unbewaffneten Krieger niederzustechen. Acht oder zehn Mann stürzten sich auf die Prinzessin und legten sie in Ketten«, berichtete der Junge vollkommen aufgelöst.

»Ich habe sie gewarnt!« rief Cienfuegos wutentbrannt. »Tausendmal habe ich sie gewarnt. Man kann den verfluchten Spaniern nicht über den Weg trauen.«

»Ihr seid auch Spanier«, erinnerte ihn Fray Bernardino, der genauso überrascht schien wie die anderen.

»Aber ich fühle mich schon lange nicht mehr als Spanier!« gab Cienfuegos grimmig zurück. »Ich bin ein Guanche oder Gomero, aber nie werde ich mich mit Menschen identifizieren, die eine wehrlose Frau hinterhältig überfallen und in Ketten legen, obwohl sie als Freunde aufgenommen wurden.«

»Wir müssen ihr helfen«, unterbrach Eva. »Wir müssen alles tun, was in unserer Macht steht, um Ovando davon zu überzeugen, daß er einen schwerwiegenden Fehler begeht. Sie will nur Frieden.«

»Das können wir vergessen!« sagte Fray Bernardino verächtlich. »Ich habe versucht, ihn davon zu überzeugen, aber es hat nichts gefruchtet. Jetzt, da er die lange Reise auf sich genommen und die Prinzessin überlistet hat, wird es noch schwerer sein. Er wird sie aufhängen.«

»Dazu ist er nicht fähig!«

»Ovando ist zu allem fähig«, antwortete der Frater ruhig. »Er hat nur das Wohl der Krone im Sinn, und er meint tatsächlich, daß es der Krone nutzt, wenn Anacaona tot ist.«

»Das ist doch absurd«, sagte Doña Mariana. »Wie kann sie mit den wenigen Kriegern, die sie hat, der Krone gefährlich werden?«

»Natürlich kann sie das nicht«, räumte der Frater ein. »Aber die Machthaber sehen die Dinge nicht so wie die einfachen Leute. Die meisten Menschen leben gern mit anderen zusammen und teilen, die Herrschenden jedoch hassen die Vorstellung, ihre Macht teilen zu müssen. Sie sehen in allem eine Bedrohung.«

»Ihr sprecht, als seien Machthaber keine Menschen.«

»Zumindest benehmen sich die meisten nicht wie Menschen. Ihre Macht verleitet sie zu dem Fehlschluß, daß sie wichtiger seien als andere, und sie merken gar nicht, wie sehr sie sich damit selbst erniedrigen. Sie haben ein völlig schiefes Weltbild.«

»Das hindert sie aber nicht daran, ihre Feinde aufzuhängen«, unterbrach ihn Cienfuegos mit erregter Stimme. »Mir ist es egal, was Ovando oder der König denken. Jetzt zählt nur noch, daß die Spanier Prinzessin Anacaona in ihrer Gewalt und Xaraguá praktisch besetzt haben. Wir sind hier in höchster Gefahr.«

»Du denkst doch nicht daran zu fliehen?« fragte ihn Eva.

»Auf keinen Fall. Aber das Wichtigste ist jetzt, erst einmal dich und die Kinder in Sicherheit zu bringen. Danach werde ich sehen, was ich für die Prinzessin tun kann.«

»Ihr werdet nichts für sie tun können, mein Sohn«, sagte Frater Sigüenza traurig. »Der Gouverneur hat einen Fehler begangen, als er sie gefangennahm, aber er kann sich jetzt keinen weiteren leisten und sie wieder freilassen.«

»Glaubt Ihr etwa, ich würde seelenruhig zusehen, wie man einen Menschen hängt, der so viel für uns getan hat?« entgegnete Cienfuegos knapp.

»Nein, bestimmt nicht. Ich kenne Euch gut genug, um sagen zu können, daß Ihr alles versuchen werdet. Aber ich sehe nur eine einzige Chance für die Prinzessin. Ich muß mit dem Gouverneur sprechen und ihn davon überzeugen, daß es besser wäre, sie nach Spanien zu schicken, als sie hinrichten zu lassen.«

»Für Anacaona wäre ein Leben in Gefangenschaft schlimmer als der Tod«, wandte Doña Mariana ein.

»Aus der Gefangenschaft kann man entlassen werden, aber gegen den Tod ist kein Kraut gewachsen, mein Kind. Betet zu Gott, daß ich gute Argumente finde, um den Gouverneur umzustimmen.«

»Gott hat keine Hand gerührt für all die Christen in Not. Da wird er auch nichts für eine bloße Heidin tun«, murmelte Cienfuegos. »Eure Absicht ist sehr ehrenvoll, Vater, aber ich fürchte, daß Ovando sie nicht am Leben lassen wird, wenn wir nicht schnell handeln.«

»Was wollt Ihr schon unternehmen?« fragte der Frater

verstimmt. »Wollt Ihr Euch etwa den Soldaten des Gouverneurs entgegenstellen oder die Krieger der Prinzessin gegen Eure eigenen Landsleute führen?«

»Ich habe Euch bereits gesagt, Vater, daß Männer, die eine wehrlose Frau hinterhältig gefangennehmen, nicht meine Landsleute sind.«

»Blut ist dicker als Wasser, mein Sohn«, erwiderte der Frater. »Ihr könnt es drehen und wenden, wie Ihr wollt, Ihr ändert nichts daran. Ich will gestehen, daß es Augenblicke gibt, in denen auch ich meine Herkunft gern verleugnen würde, aber wie soll man sich von dem Blut, das einem durch die Adern rinnt, lossagen – könnt Ihr mir das verraten?« Der Frater zuckte resigniert die Achseln und fuhr fort. »Ihr solltet Eure Familie in Sicherheit bringen und dafür sorgen, daß man mich auf schnellstem Weg zu Ovando bringt. Er ist im Augenblick nur von Fanatikern umgeben, daher wäre es ratsam, wenn jemand ihn zügeln würde.«

»Ich selbst werde Euch hinführen«, sagte Cienfuegos. »Bonifacio Cabrera weiß, wohin er meine Frau und die Kinder bringen kann. Sie warten dort auf mich.« Er wandte sich zu Eva und umarmte sie. »Ich werde alles für die Prinzessin tun, was nur möglich ist. Vertrau mir.«

Am nächsten Morgen, noch ehe die Sonne aufgegangen war, stiegen Bonifacio, Eva und die Kinder in zwei große Kanus und paddelten zur südlichsten Spitze der Insel Gonave. Cienfuegos und Fray Bernardino machten sich auf den Weg zurück ins Dorf der Einheimischen.

Dutzende von alten Frauen und Männern und auch viele Kinder kamen ihnen entgegen. Sie waren auf der Flucht vor den spanischen Soldaten. Cienfuegos, der ihre Sprache sprach, übersetzte für Fray Bernardino, was die Einheimischen erzählten. Der Mönch traute seinen Ohren nicht, als die jungen Mädchen, halbe Kinder noch, berichteten, wie die Soldaten sie in einer Hütte eingesperrt und sich stundenlang an ihnen vergangen hatten.

»Das kann doch nicht wahr sein!« rief er angewidert. »Diese Kinder lügen. Sie müssen lügen.«

Cienfuegos zeigte ihm die sichtbaren Spuren der Mißhandlungen am Körper der Mädchen.

»Und was sagt Ihr hierzu?« fragte er den Mönch. »Sind das etwa die Spuren von Sakramenten? Nein. Das können die Soldaten nur mit Einverständnis Eures Gouverneurs wagen. Wenn es sich um spanische Kinder handelte, würden die Schuldigen auf der Stelle gehenkt. Aber da diese Mädchen eine dunkle Haut haben und halbnackt herumlaufen, darf man sie vergewaltigen und sogar töten.«

»Heilige Muttergottes...«

»Hört auf mit Eurer Heiligen Muttergottes«, fiel Cienfuegos ihm ins Wort. »Wenn Ihr immer noch glaubt, daß Menschen, die zu so etwas fähig sind, Erbarmen mit der Prinzessin haben werden, müßt Ihr verrückt sein.«

»Ovando hat von alldem keine Ahnung«, antwortete der Frater mit erstickter Stimme. »Da bin ich mir sicher.«

»Wenn ein Herrscher nicht sieht, was seine Männer tun, dann nur, weil er es nicht sehen will«, entgegnete Cienfuegos. »Euer Freund Ovando unterscheidet sich nicht von Kolumbus und Bobadilla, auch wenn er in Salamanca studiert hat.« Er wies auf die Mädchen, die zusammen mit einer alten Frau ihre Flucht fortgesetzt hatten, und sagte: »Habt Ihr Euch diese Menschen angesehen? Habt Ihr den Schrekken in ihren Augen bemerkt? Als wir die Neue Welt entdeckten, waren diese Menschen fröhlich und zutraulich. Sie hielten uns für Götter. Jetzt entdecken sie allmählich, daß wir keine Götter sind, sondern Dämonen. Wir bringen nur Unheil und Tod über sie.«

»Vielleicht war es der Krieg«, warf Fray Bernardino ungläubig ein. »Man weiß, daß...«

»Was für ein Krieg, Vater?« unterbrach ihn Cienfuegos rüde. »Vergeßt nicht, daß ich zu denen gehöre, die als erste auf die Insel kamen. Und hier hat uns niemand mit Krieg empfangen.« Cienfuegos hielt inne und setzte dann hinzu: »Und auch Prinzessin Anacaona will nichts weiter als in Frieden leben.«

Schweigend gingen sie weiter und hielten erst dann inne, als sie in der Ferne die Dächer der ersten Hütten sahen. Sie trennten sich am Wegesrand. Der Franziskaner umarmte Cienfuegos und zeichnete ihm ein Kreuz auf die Stirn. »Möge Gott Euch beschützen, mein Sohn. Betet für mich. Betet, daß dieser Heuchler mich nicht einsperren läßt, wenn er hört, was ich ihm zu sagen habe.«

Fray Bernardino de Sigüenza hatte keineswegs zuviel versprochen. Kaum war er vor Seine Exzellenz, Gouverneur Ovando getreten, überschüttete er ihn auch schon mit den gröbsten Beleidigungen.

Woher der schüchterne Frater die Schimpfwörter nahm und vor allem den Mut, sie dem Vertreter der Krone an den Kopf zu werfen, blieb ein Geheimnis. Die Chroniken gehen nicht darauf ein, wohl aber auf die Tatsache, daß die anwesenden Hauptleute sich fragten, warum der Gouverneur solch eine Dreistigkeit durchgehen und den Kirchenmann nicht einfach in den Kerker werfen ließ.

Vielleicht lag es an der Freundschaft der beiden Männer; vielleicht wußte Ovando in seinem Innersten, daß er schuldig war, vielleicht hatte ihn die Anschuldigung, daß seine Soldaten derartige Greueltaten begangen haben sollten, sprachlos gemacht. Trotzdem war es ein unerhörter Vorgang: Zum ersten Mal in der Geschichte der Neuen Welt hatte sich ein von der spanischen Krone eingesetzter Gouverneur wegen der Mißhandlung von Einheimischen in aller Öffentlichkeit von einem Kirchenmann Vorhaltungen machen lassen müssen.

Um diese Konfrontation zwischen Kirche und Staat sollte sich in den kommenden Jahrhunderten die gesamte Überseepolitik der spanischen Krone drehen. Ihre Auseinandersetzungen wiederholten in ewigen Variationen den unseligen Streit zwischen Fray Bernardino de Sigüenza und Gouverneur Fray Nicolás de Ovando über die Besetzung von Xaraguá und die Gefangennahme der Prinzessin Anacaona.

Fray Bernardino bezichtigte Ovando und seine Männer, die Einheimischen zu behandeln, als seien sie wilde Tiere, ihre Rechte mit Füßen zu treten und sich nicht darum zu kümmern, daß sie, genau wie die Spanier, Kinder Gottes waren.

Kurz gesagt, man verfuhr mit den Einheimischen wie mit Ketzern, nicht wie mit Heiden. Dieser kleine Unterschied war sehr wichtig, denn die katholischen Könige hatten die Ketzer und Ungläubigen zu ihren Feinden erklärt, nicht aber die Heiden. Sie galten als unglückliche Wilde, die man bekehren mußte, weil sie nicht die Möglichkeit gehabt hatten, den richtigen Gott kennenzulernen. Den Spaniern, die sich selbst für gute Christen hielten, fiel damit die Aufgabe zu, sie geduldig und verständnisvoll zum richtigen Glauben zu führen.

Man mußte die Muselmanen, Juden und Katharer mit derselben Inbrunst hassen, mit der man die Schwarzen in Afrika und die Indianer in der Neuen Welt lieben mußte, denn in den Augen der katholischen Könige war es ebenso verdienstvoll, die einen zu massakrieren, wie die anderen zu bekehren.

Allerdings waren das Regeln, an die sich kein Mensch hielt, und Fray Bernardino de Sigüenza dachte nicht daran, dies hinzunehmen. Prinzessin Anacaona war noch nicht getauft worden. Man konnte ihr nicht vorwerfen, eine Ketzerin zu sein. Außerdem gehörte sie weder der muselmanischen noch der jüdischen Religion an. Man durfte sie also auch nicht als Ungläubige verurteilen. Sie war nur eine einfache Heidin. Und das hieß, daß man sie beschützen, verteidigen und ihr die Möglichkeit geben mußte, getauft zu werden. Ihr eine Falle zu stellen und sie hinzurichten, verstieß gegen die Erlasse der katholischen Könige.

»Habt Ihr verstanden?« schloß der mutige Franziskaner seine Tirade.

»Ich habe Euch verstanden«, antwortete der andere ungerührt. »Nur fürchte ich, daß Ihr nicht verstanden habt, daß den Königen die Gesetze einerlei sind.«

»Was wollt Ihr damit sagen?«

»Wenn sich Anacaona weiterhin als Königin von Xaraguá ausgibt, kann sie nicht erwarten, daß die Gesetze, die für Untertanen der Krone gemacht wurden, auf sie angewendet werden. Sie selbst hat ihr Todesurteil gesprochen.«

»Das ist pure Haarspalterei!« protestierte der kleine Frater.

»Jetzt reicht es mir aber«, herrschte ihn der Gouverneur Ovando an. »Ihr habt meine Geduld und meine Freundschaft lange genug strapaziert. Einmal ist Schluß! Alles hat seine Grenzen!«

»Und was gedenkt Ihr zu tun?« Die Streitlust des kleinen Fraters schien unerschöpflich. »Wollt Ihr mich aufhängen oder in den Kerker werfen lassen? Ihr wißt sehr gut, was passieren würde, und ich glaube nicht, daß Ihr Euch mit der Kirche anlegen wollt. Die erste Pflicht eines Gottesdieners besteht darin, seine Herde zu beschützen, und genau das tue ich. Die Unglücklichen, die von Euren Soldaten geschändet und getötet werden, gehören zu meiner Herde. Wenn Ihr auch nur einen Finger gegen mich erhebt, werde ich dafür sorgen, daß man Euch exkommuniziert.«

»Seid Ihr von Sinnen?« rief der Gouverneur empört. »Oder vom Teufel besessen?«

»Ich bin nicht verrückt, und besessen nur von Gottes Zorn«, gab der Frater zurück. »Dem Zorn, der auch Euch überwältigen würde, wenn Ihr Euch dazu herablassen würdet, die Wunden zu betrachten, die Eure Soldaten meinen Schafen zugefügt haben. Sie solltet Ihr hängen lassen, nicht die Prinzessin.«

»Sucht die Verantwortlichen und hängt sie auf«, befahl

der Gouverneur widerwillig. »Und Ihr, Vater, geht mir aus den Augen und laßt Euch hier nie wieder blicken.«

»Ihr werdet mich nicht wieder zu Gesicht bekommen, aber Ihr könnt sicher sein, von mir zu hören, wenn sich Euer Verhalten gegenüber den Einheimischen nicht bald ändert.«

»Ihr wagt es, mir zu drohen?«

»Ihr habt mich verstanden!«

Fray Bernardino de Sigüenza wandte sich ab und ging erhobenen Hauptes und stolzen Schrittes von dannen. Aus dem einstmals unscheinbaren, ja abstoßenden kleinen Mönch war ein selbstbewußter Kämpfer geworden. Seinem ehemaligen Weggefährten blieb nichts anderes übrig, als zu akzeptieren, daß die Drohungen vielleicht wahr werden könnten und er gut daran tat, auf ihn zu hören, selbst wenn er ihn nie wiedersehen würde.

Cienfuegos sah bald ein, daß es vorläufig keinen Zweck hatte, Prinzessin Anacaona auf eigene Faust befreien zu wollen.

Männer hatte er nicht zur Verfügung. Die meisten Krieger, die überlebt hatten, waren in den Dschungel geflüchtet, und die Zurückgebliebenen würden einem Spanier nicht über den Weg trauen. Er konnte sich noch sosehr den Kopf zerbrechen – gegen die zwanzig Mann, die die Prinzessin bewachten und ihr zweifellos eher die Kehle durchschneiden würden als zuzulassen, daß man sie befreite, war er machtlos.

Außerdem hatte er gar keine Zeit, sich einen genaueren Plan auszudenken, denn schon einen Tag später erschien eine schwerbewaffnete Karavelle in der kleinen Bucht und warf etwa eine halbe Meile vor der Küste den Anker. Offensichtlich war der Hinterhalt, der in der Gefangennahme der Prinzessin gipfelte, bis ins kleinste Detail vorbereitet worden.

Kaum waren sie nah genug herangekommen, schaffte man die Prinzessin auf eines der Beiboote. Cienfuegos blieb fast das Herz stehen, als er sah, wie Anacaona in schweren Ketten und mit blutverschmierten Hand- und Fußgelenken abgeführt wurde.

»Verdammte Hurensöhne«, murmelte er.

Er hatte nie vergessen, wie aufopfernd und hingebungsvoll sich jene stolze Frau Eva gewidmet hatte, als diese mit dem

Tod rang. Unermüdlich hatte sie Eva beigestanden, als diese nach der Geburt ihres Sohnes von einer tiefen Melancholie überwältigt worden war. Jetzt war die Prinzessin kaum wiederzuerkennen. Hätte Eva sie in diesem Zustand gesehen, wäre sie ein für allemal der Schwermut anheimgefallen.

Erst als die Gefangene an Bord der Karavelle gebracht worden war, zog sich der Gouverneur mit seiner Eskorte zurück und bestieg eines der Beiboote. Ein nicht geringer Teil der Soldaten jedoch blieb und machte sich daran, das Dorf in eine Festung zu verwandeln. Offensichtlich rechneten die Spanier mit einem Angriff der Einheimischen, obwohl es nicht das geringste Anzeichen dafür gab. Die wenigen Indios, die geblieben waren, sahen ihnen hilflos und apathisch zu.

Wenig später stand ein Mann am Strand und beobachtete, wie der Anker gelichtet wurde und die Karavelle langsam davonsegelte.

Fray Bernardino de Sigüenza hatte sich geweigert, weiterhin einer Expedition anzugehören, die eins der schändlichsten Verbrechen der spanischen Geschichte auf dem Gewissen hatte. Als sich die Spanier zurückgezogen hatten und der Mönch allein war, verließ Cienfuegos sein Versteck und ging zu ihm.

»Gott segne Euch, mein Sohn«, sagte der Frater tonlos, ohne den Kopf zu wenden. »Es freut mich zu sehen, daß ich nicht allein bin.«

»Allein oder zu zweit – was können wir schon gegen diese Verbrecher ausrichten!«

»Ich werde kämpfen«, erwiderte der kleine Frater entschieden. »Ich kämpfe für die Gerechtigkeit.«

»Welche Gerechtigkeit, Vater?« gab Cienfuegos zurück. »Hier gibt es nur die Gerechtigkeit, die der Gouverneur diktiert.«

»Nein, mein Sohn! Da irrt Ihr Euch«, entgegnete der Frater ungewöhnlich heftig. »Die wahre Gerechtigkeit wird immer Bestand haben, unabhängig von den Gesetzen, die Männer wie Ovando ihren Untertanen aufzwingen. Die Gerechtigkeit lebt in den Herzen derer, die an die Gerechtigkeit aller Menschen glauben. Der Glaube an die Gerechtigkeit ist wie der Glaube an Jesus Christus. Er wird alle Verfolgungen überstehen. Man kann die Gerechtigkeit mißachten, aber töten kann man sie nicht.«

»Und wie wollt Ihr kämpfen?«

»Ich werde als erstes nach Santo Domingo zurückkehren und versuchen, die Hinrichtung der Prinzessin zu verhindern. Irgend jemand wird mich schon anhören.«

»Fragt sich nur, wer.«

»Meine Mitbrüder und meine Vorgesetzten. All diejenigen, die so denken wie ich und daran glauben, daß wir nicht hier sind, um Menschen aufzuhängen, sondern um Seelen zu retten.«

»Glaubt Ihr, sie werden sich Ovando entgegenstellen?«

»Das kann ich nicht sagen, aber es kommt auf einen Versuch an, sonst werden wir es nie erfahren.«

Cienfuegos hockte sich hin und begann, mit einem Stock im Sand zu stochern. Beide Männer beobachteten, wie der Wind die Segel der Karavelle füllte und das Schiff langsam am Horizont verschwand.

»Sobald sie sich auf offener See befinden, wird ihnen ein starker Wind ins Gesicht blasen«, sagte Cienfuegos. »Wärt Ihr schneller zu Fuß, könnten wir vor ihnen in Santo Domingo sein.«

»Ich bin mindestens so schnell zu Fuß wie Ihr, mein Sohn«, gab der kleine Frater zurück. »Und sollten meine Knie weich werden, wird mir der liebe Gott schon helfen. Das einzige, was ich brauche, ist ein Stück Kordel.«

»Kordel?« fragte Cienfuegos verblüfft. »Wozu das denn?«

Doch der Mönch antwortete nicht. Er ging zum nächsten Baum, riß eine Liane ab und schnürte sie sich um die Taille, wobei er die weiße Kutte schürzte. Am Ende machte er eine ziemlich seltsame Figur mit seinen dünnen Beinchen, den schweren schwarzen Stiefeln und der Kutte, die ihm nicht einmal mehr zu den Knien reichte und wie ein Lendenschurz zwischen seinen Beinen schlotterte.

»Ich bin soweit!« sagte er schließlich. »Und tretet mir ruhig in den Hintern, wenn ich zu lahm bin.«

Sie marschierten los. Zuerst ging es nach Süden. Sie nahmen denselben Weg, über den Ovandos Männer gekommen waren. Dann bogen sie nach Osten ab auf einen geheimen Pfad, der geradewegs durch den Dschungel führte.

Fray Bernardino de Sigüenza wirkte auf den ersten Blick wie ein Schwächling, dem man einen derartigen Gewaltmarsch nicht zutrauen würde. Doch schien er plötzlich von einer inneren Stimme vorangetrieben zu werden, die ihm ungeahnte Kräfte schenkte, und so war es der Hirte aus Gomera, der schließlich die Hand hob und sich erschöpft zu Boden fallen ließ.

»Verdammt noch mal, Vater!« rief er außer Atem. »Ihr lauft ja, als wäre der Teufel hinter Euch her. Laßt uns etwas ausruhen, sonst platzt mir noch die Lunge.«

»Fünf Minuten«, antwortete der Frater knapp. »Jede Sekunde zählt. Wann werden wir ungefähr ankommen?«

»Wenn wir so weitermachen, in vier Tagen.«

»Vier Tage!« rief der Frater entsetzt. »Das allerdings werde ich wohl kaum durchstehen.«

Doch sie hatten Glück, denn am zweiten Tag stießen sie auf die Hazienda eines einsamen Kolonisten namens Deogracias Buenaventura, der sich für hundert Maravedis bereit fand, sie auf seinem Pferdekarren über nur ihm vertraute Dschungelpfade mitzunehmen, damit sie schneller vorankamen.

So wurden zwar die körperlichen Strapazen erträglicher, doch mußten sie nun Buenaventuras pausenloses Gerede über sich ergehen lassen, der heilfroh war, Christen vor sich zu haben. Mit den zwanzig Indios, die für ihn arbeiteten, langweilte er sich zu Tode.

»Es sind die faulsten Geschöpfe, die Gott erschaffen hat!« klagte er. »Sie sind zu nichts zu gebrauchen und weigern sich, auch nur ein bißchen Zivilisation anzunehmen.«

»Was zum Beispiel?«

»Vernünftige Kleider weben, Häute gerben, Ziegelsteine herstellen oder Möbel schreinern. Überhaupt alles, wofür die Schwarzen in Afrika nur wenige Wochen brauchen.«

»Vielleicht halten sie solche Dinge für unnütz«, wandte Cienfuegos ein. »Sie hatten weder Kleidung noch Schuhe noch Möbel gehabt und waren trotzdem glücklich.«

»Glücklich?« lachte Buenaventura spöttisch. »Kann man glücklich sein, wenn man lebt wie ein Tier?«

»Der Unterschied zwischen Mensch und Tier besteht nicht in der Kleidung, sondern in den Gefühlen und Gedanken«, mischte sich Fray Bernardino de Sigüenza ein, der den Kolonisten Buenaventura von Anfang an nicht hatte ausstehen können. »Ich kenne viele Adlige, die behaupten, das Leben sei nichts wert, wenn man es nicht in Luxus führen könne. Es sind bedauernswerte Menschen.«

»Das ist nicht dasselbe!« entgegnete Buenaventura.

»Für Euch ist es nicht dasselbe, weil Ihr es aus Eurer beschränkten Sicht seht. Die Bedürfnisse der Menschen richten sich nach ihren Sitten und Gebräuchen. Ich kann nicht einsehen, warum wir ihnen andere Sitten beibringen sollen, nur damit sie dieselben Bedürfnisse haben wie wir.«

»Weil wir angeblich hier sind, um sie zu zivilisieren!«

»Langsam habe ich den Eindruck, daß wir hier sind, um ihnen ihr Gold und ihre Freiheit zu nehmen und ihnen dafür nichts als leere Versprechungen und die Aussicht auf ein ewiges Heil zu bringen, an dem sogar Menschen wie ich allmählich zu zweifeln beginnen.«

Da zügelte Deogracias Buenaventura das Pferd und musterte den kleinen Frater.

»Ihr wollt Franziskaner sein?« fragte er mißtrauisch. »Weder kleidet Ihr Euch wie ein Franziskanermönch noch sprecht Ihr wie einer.«

»Diese Kutte habe ich mir geliehen«, gab der andere zu. »Aber die Gedanken sind die meines Ordens. Wenn Franz von Assisi uns beibrachte, daß wir die Tiere wie unsere Brüder behandeln sollen, weil auch sie Geschöpfe Gottes sind, müssen wir die Indios, die sich noch im Zustand unschuldiger Reinheit befinden, ebenfalls wie Brüder behandeln. So, wie sie jetzt sind, waren auch wir einmal.«

»Wollt Ihr Euch etwa mit diesen Bestien auf eine Stufe stellen?« fragte Buenaventura.

»Nein, um Gottes willen«, widersprach der Frater. »Weder meine Seele noch meine Gedanken werden jemals so rein sein wie die dieser einfachen Naturkinder, die in Harmonie mit ihrer Umwelt leben. Im Moment bin ich unglücklich, weil ich eine schlichte weiße Kutte trage und nicht meine gewohnte braune. Mein Herz ist voller Zorn gegen einen Glaubensbruder, der zudem mein Freund war. Wie könnte ich mich mit einer solchen Last auf dem Gewissen mit ihnen auf eine Stufe stellen?«

»Ihr seid wirklich unglaublich, Vater«, sagte Cienfuegos. »Aber ich bitte Euch, diese Diskussionen auf später zu verschieben, sonst werden wir nie in Santo Domingo ankommen.«

»Warum habt Ihr es eigentlich so eilig?« fragte Buenaventura.

»Wir müssen eine Seele retten«, erklärte ihm der Frater hastig. »Und wenn möglich, gleichzeitig auch ein Menschenleben.«

»Verstehe ich nicht«, erklärte der Kolonist mißmutig.

»Braucht Ihr auch nicht«, antwortete der Frater barsch. »Die hundert Maravedis sind für den Transport, wenn Ihr aber zusätzlich eine Lektion in Ethik haben wollt, sollten wir einen neuen Preis aushandeln.«

Um Haaresbreite wäre die Reise in diesem Moment zu Ende gewesen, hätte Cienfuegos sich nicht beschwichtigend eingemischt. Denn der erboste Kolonist bestand darauf, daß sie auf der Stelle von seinem Karren stiegen.

»Beruhigt Euch und vergeßt, was er gesagt hat«, besänftigte ihn Cienfuegos. »Seitdem Gouverneur Ovando Fray Bernardino zu seinem persönlichen Berater ernannt hat, ist er nur noch ein Nervenbündel.«

»Das soll der persönliche Berater des Gouverneurs sein?« fragte Buenaventura ungläubig und erschrocken zugleich. »Unmöglich!«

»Aber so ist es«, bekräftigte Cienfuegos. »Und Oberster Inquisitor auf der Insel Hispaniola obendrein. Oder habt Ihr nicht von dem Prozeß gehört, den er gegen diese Doña Mariana geführt hat?«

»Doch, natürlich«, stotterte Buenaventura, und plötzlich klang seine Stimme ganz anders. »Wollt Ihr mich glauben machen, daß dieser...?«

»Ich will gar nichts«, unterbrach ihn Cienfuegos scharf, während sich sein Gesicht drohend verfinsterte. »Aber Ihr könnt sicher sein, daß Ihr für lange Zeit das Sonnenlicht nicht mehr wiederseht, wenn er es will. Also, worauf wartet Ihr noch?«

»Heilige Muttergottes!« rief der andere zu Tode erschrokken und gab seinem Tier die Peitsche. »Ich konnte doch nicht ahnen, daß ein solcher Mensch Oberster Inquisitor ist.«

»Was meint Ihr mit ›ein solcher Mensch‹?« wollte der Frater wissen.

»Na, ein solcher... einfacher Mensch«, stotterte Buenaventura, ohne ihn anzusehen. »Ich habe mir die Inquisition immer viel... sagen wir... großartiger vorgestellt...«

»Lassen wir es dabei«, schnitt ihm der Frater das Wort ab. »Vergessen wir das Ganze. Gebt Eurem Pferd die Peitsche, damit wir nicht noch mehr Zeit verlieren.«

Im Morgengrauen des folgenden Tages sahen sie in der Ferne die Umrisse von Santo Domingo. Cienfuegos stieg an der Taverne »Los Cuatro Vientos« aus, während der Frater sich von Buenaventura, der den ganzen Weg über den Mund nicht mehr aufbekommen hatte, zum Kloster fahren ließ.

In der Schenke erkundigte sich Cienfuegos nach dem Verbleib seines alten Freundes Vasco Núñez de Balboa. Nach langer Suche fand er ihn schließlich am Strand, wo er neben einem Boot im Sand lag und seinen Rausch ausschlief. Er war noch dünner und ausgemergelter, als er ihn in Erinnerung hatte.

»Ich sehe, daß das Glück es immer noch nicht gut meint mit Euch«, begrüßte ihn Cienfuegos, nachdem er ihn aus dem Schlaf gerüttelt hatte. »Ihr seht nicht besonders gesund aus.«

»Da habt Ihr recht, mein Freund. Ich könnte etwas zu beißen vertragen«, lautete die ehrliche Antwort. »Seit Wochen ernähre ich mich von wilden Früchten, Krebsen und hin und wieder einem Tintenfisch. Davon wird ein Edelmann aus der Extremadura nun mal nicht satt.«

»Der Extremadura?« sagte Cienfuegos erstaunt. »Ich habe immer geglaubt, Ihr kämet aus Andalusien. Aus Jerez, um genauer zu sein.«

»Aus Jerez de los Caballeros«, verbesserte ihn der Mann, der eines Tages den Pazifik entdecken sollte. »Gott sei Dank gibt es da einen kleinen Unterschied.«

»Es lag mir fern, Euch zu beleidigen, lieber Freund«, entschuldigte sich Cienfuegos. »Laßt uns zur Feier des Tages etwas essen und trinken. Ich habe einen Mordshunger, und außerdem brauche ich Eure Hilfe.«

»Da habt Ihr Euch aber etwas Schwieriges vorgenommen!« lachte Balboa, nachdem er sich den Bauch vollgeschlagen und eine der dicken Zigarren angezündet hatte, die bei den Spaniern auf der Insel so in Mode gekommen waren. »Und gefährlich ist es obendrein. Ich darf Euch daran erinnern, daß es nicht dasselbe ist, wie sich der Heiligen Inquisition in den Weg zu stellen, die ich übrigens selbst aus ganzem Herzen verabscheue. Gouverneur Ovando vertritt immerhin die Krone.«

Balboa musterte Cienfuegos nachdenklich. Schließlich gestand er: »Der Versuch, die Prinzessin aus dem Gefängnis zu befreien, ist für mich ein Verrat an der Krone. Ich bin vielleicht nichts weiter als ein Säufer und Abenteurer, aber kein Verräter.«

»Ich verlange doch nicht, daß Ihr Verrat an Eurem Land begeht. Ich will nur, daß Ihr mir helft, die richtigen Fäden zu ziehen, damit Prinzessin Anacaona auf friedlichem Weg wieder freikommt. Es muß doch jemanden in Santo Domingo geben, auf den der Gouverneur hört. Dieser Jemand muß ihn davon überzeugen, daß er einen verhängnisvollen Fehler begeht, wenn er die Prinzessin hinrichten läßt.«

»Zweifellos muß es jemanden geben«, antwortete Balboa merklich beruhigt, »obwohl unser Gouverneur für seine Halsstarrigkeit ja geradezu berüchtigt ist. Selbst der Untergang der großen Flotte damals hat ihn unbewegt gelassen. Man müßte seine engsten Berater unter die Lupe nehmen, aber ein heruntergekommener Hidalgo wie ich hat keinen Zugang zu solchen Kreisen.«

»Ihr habt keinen Grund, Eure Verdienste zu schmälern«, widersprach ihm Cienfuegos. »Ihr seid ein Mann von Ehre und habt Euren Mut und Eure Intelligenz schon oft unter Beweis gestellt.«

»Bislang habe ich nicht mehr geleistet als die anderen Abenteurer auf der Insel, die große Reden halten und von Heldentaten träumen, die sie nie begehen werden«, sagte Balboa verbittert. »Oder meint Ihr, es hätte etwas mit Mut oder gar Intelligenz zu tun, wenn man ins Wasser steigt, um Haie zu fangen, ohne auch nur schwimmen zu können? Unter den spanischen Edelleuten gehöre ich zum Ramsch.«

»Ich glaube, jetzt übertreibt Ihr aber, mein Freund.«

»Ich untertreibe höchstens, und Ihr wißt es«, entgegnete Balboa. »Niemand außer Euch schätzt mich hier. Und wenn nicht ein Wunder geschieht, lande ich noch im Gefängnis, weil ich so viele Schulden habe.«

»Dann müßt Ihr Euch ändern.«

»Das tue ich ja. Jeden Morgen ändere ich mich, und abends bin ich dann doch wieder der alte.« Balboa lachte und zuckte die Achseln. Dann deutete er mit seiner Zigarre auf Cienfuegos. »Also bei mir ist nichts zu holen, aber ich wüßte jemand, der Zugang zu diesen Kreisen hat, obwohl er dort nicht sonderlich beliebt ist. Unseren guten Hojeda.«

»Capitán Hojeda?« rief Cienfuegos erfreut. »Heißt das, daß Capitán Alonso de Hojeda auf der Insel ist?«

»Vor ein paar Tagen hat man ihn aus dem Gefängnis entlassen.«

»Aus dem Gefängnis?« staunte Cienfuegos. »Wie konnte man einen verdienstvollen Mann wie ihn ins Gefängnis werfen?«

»Das ist eine verwirrende und zugleich komische Geschichte«, antwortete der andere und winkte dem Burschen, ihnen noch einen Krug Wein zu bringen. »Anscheinend ließ sich Hojeda in Sevilla mit ein paar Halunken ein, die versprachen, ihm eine friedliche Expedition nach Tierra Firme zu finanzieren, in eine Provinz, über die ihn die katholischen Könige zum Gouverneur ernannt haben. Doch seine Leute müssen sich furchtbar benommen haben, offenbar plünderten sie jede Menge Dörfer und schändeten Frauen. Das konnte Hojeda natürlich nicht durchgehen lassen. Er konfiszierte die Beute und befahl, die Expedition abzubrechen und nach Santo Domingo zurückzukehren. Auf hoher See stachelten dann seine Geldgeber die Mannschaft zu einer Meuterei auf. Sie haben Hojeda festgenommen und in Ketten gelegt.« Balboa lachte und schenkte sich und Cienfuegos nach. »In der Nacht, als sie in Santo Domingo ankamen und in der Bucht ankerten, hat Hojeda versucht, zu flüchten und an Land zu schwimmen. Aber die Ketten waren so schwer, daß er wie ein Stein auf den Grund des Meeres sank.« Balboa lachte laut in Erinnerung an das mißglückte Abenteuer seines Freundes.

»Das ist doch nicht möglich.«

»Und ob. Zum Glück schlug einer seiner treuen Anhänger Alarm. Er hatte ihm beim Entkommen geholfen. Schließlich gelang es ihnen, Hojeda aus dem Meer zu fischen. Er soll eine Stunde lang Wasser gespuckt haben. Ausgerechnet Hojeda, der sonst nur Wein trinkt. Jedenfalls überlebte er. Doch wurde er des versuchten Raubes angeklagt und für zwei Monate in den Kerker geworfen. In der Zwischenzeit hat sich alles aufgeklärt. Die Übeltäter sind natürlich über alle Berge, aber er hat seine Freiheit wieder.«

»Mein Gott. Das Leben kann einem ganz schön übel mitspielen«, sagte Cienfuegos.

»Das Schlimmste ist, daß er für den Anwalt sein letztes Geld hergeben mußte, und jetzt besitzt er wie ich keinen roten Heller mehr.« Er hielt einen Augenblick inne und setzte dann hinzu: »Trotzdem ist er immer noch einer der angesehensten und beliebtesten Männer auf der Insel. Wenn ich mich nicht irre, war er einst ein Liebhaber der Prinzessin. Da wird er sich kaum weigern, ihr zu helfen.«

»Und wo kann ich ihn finden?« wollte Cienfuegos wissen.

»Das dürfte kein Problem sein«, antwortete Balboa. »Aber laßt uns diesen schönen Krug austrinken, bevor wir uns auf die Suche machen.«

Es war bereits Abend, als sie an die Tür einer armseligen Lehmhütte klopften. Es dauerte eine Weile, bis ihnen von einer Frau mit dunkel glühenden Augen geöffnet wurde.

»Capitán Hojeda?« fragte Cienfuegos zögernd. Er war sicher, daß sie sich in der Hütte geirrt hatten. Es schien unvorstellbar, daß ein Mann, der im ganzen Königreich für seine Leistungen berühmt und von den Majestäten zum

Gouverneur ernannt worden war, in einem derartigen Loch wohnte.

»Er ist tot!« hörte man eine heisere Stimme aus dem Inneren der Hütte krächzen, noch bevor die Frau Zeit gehabt hätte, den Mund aufzumachen. »Der Capitán ist tot und begraben!«

»Schon gut, Capitán, hört mit dem Unsinn auf!« rief Balboa und lachte laut. »Jedes kleine Kind weiß, daß Hojeda unsterblich ist.«

»Balboa!« rief Hojeda entsetzt. »Nun helfe mir Gott. Ich bin toter als die Toten. Die Haie, die Euch nicht wollten, haben mir den Garaus gemacht.«

»Keine Angst, Capitán. Ich will Euch nicht anpumpen«, erwiderte Balboa.

»Wer's glaubt, wird selig!«

»Bei Gott! Ich will Euch nur jemand vorstellen, der Euch gerne kennengelernt hätte. Es ist der Ehemann von Doña Mariana Montenegro, Cienfuegos. Der Mann, dem man den Spitznamen ›Eisenfaust‹ gab.«

Man hörte einen Ausdruck der Überraschung aus der Hütte, und gleich darauf wurde die Tür aufgerissen. Jetzt fiel Licht in den winzigen Raum und auf den kleinen Hojeda, der sie mit ausgestreckten Armen empfing.

»Bei Gott!« rief er. »Es gibt ihn also doch. Wer hätte das gedacht!«

Er lud sie zum Eintreten ein und bot ihnen auf der einzigen Sitzgelegenheit im Raum, einer kleinen Strohmatte, einen Platz an. Als sie saßen, beugte sich Hojeda vor und zupfte Cienfuegos am Bart, wie um sich zu vergewissern, daß er nicht träumte.

»Wir haben viel von Euch gehört, doch um ehrlich zu sein, ich hätte nie gedacht, daß ich Euch irgendwann treffen würde. Und jetzt seid Ihr hier in meinem Haus.«

»Tja, so spielt das Leben.« Mehr fiel Cienfuegos als Antwort nicht ein, so fassungslos war er.

»Erzählt mir, wie es Doña Mariana geht!« forderte Alonso de Hojeda ihn auf.

»Nicht besonders, fürchte ich«, gestand Cienfuegos. »Sie hat in letzter Zeit viel durchmachen müssen, und dazu kommt jetzt noch die Sache mit Prinzessin Anacaona.«

»Was ist mit der Prinzessin?« Alonso de Hojeda horchte auf. »Hat Ovando...?«

»Er hat sie in einen Hinterhalt gelockt und gefangengenommen«, sagte Cienfuegos. »Ich fürchte, daß er sie hinrichten lassen will.«

»Dieser Hurensohn!« rief Hojeda entsetzt. Kein Zweifel, die böse Nachricht hatte den tapferen Capitán erzürnt. »Ich habe dieses Gefasel von einem ›Freundschaftsbesuch‹ ohnehin nicht geglaubt, aber ich hätte nie gedacht, daß er so weit gehen würde.«

»Nun, er hat es getan, wie man sieht. Wenn der Wind nicht dreht, wird er wohl schon morgen hier ankommen. Deshalb habe ich mir erlaubt, Euch zu stören«, erklärte Cienfuegos.

»Daran habt Ihr gut getan«, sagte Hojeda und drückte ihm den Arm. »Ich danke Euch dafür. Ich bin Goldene Blume sehr zugetan. Es gab eine Zeit in meinem Leben, da hat sie mir sehr viel bedeutet.« Er deutete auf die Indianerin, die in einer Ecke des Raumes hockte und ihnen ruhig zuhörte, und fügte hinzu: »Doch unsere Wege haben sich getrennt, und dann begegnete ich Isabel, aber das heißt nicht, daß ich sie nicht immer noch für eine der bemerkenswertesten Frauen auf der Insel halte. Was kann ich für sie tun?«

»Das wissen wir noch nicht«, mischte sich Balboa ein, der sich die ganze Zeit über im Hintergrund gehalten hatte, da er wußte, daß der Capitán ihn nicht besonders schätzte. »Doch ich bin mir sicher, daß gewisse Leute, die Einfluß auf den Gouverneur haben, auf Euch hören würden.«

»Auf mich hören würden!« wiederholte Hojeda brüsk. »Warum sollten sie das tun?«

»Weil Ihr Alonso de Hojeda seid.«

»Alonso de Hojeda!« sagte der Capitán sarkastisch. »Ja, natürlich bin ich Alonso de Hojeda. Aber schaut Euch um, wie ich lebe. Das Haus, oder besser gesagt, diese Hütte, gehört nicht mal mir, sondern einem Onkel meiner Frau.« Alonso de Hojeda lachte verbittert. »Ich bringe es nicht einmal fertig, wie ein zivilisierter Mensch zu leben oder meine Familie zu ernähren. Wie soll ich Euch helfen, wenn ich mir selbst nicht zu helfen weiß?«

»Schön und gut, Capitán«, unterbrach ihn Balboa. »Aber schließlich ist es kein Geheimnis, daß Euch nur Euer Stolz daran hindert, ein Amt unter Ovando anzunehmen, weil Ihr ja von den Königen zum Gouverneur einer viel reicheren Provinz in Tierra Firme ernannt worden seid. Euer Name öffnet Türen, die für mich verschlossen bleiben.«

»Ihr habt es Euch selbst zuzuschreiben, daß sie für Euch verschlossen bleiben«, erklärte Hojeda. »Es gibt keinen Mann auf der Insel, dem Ihr nicht Geld schuldet, und keine Frau, der Ihr nicht die Ehe versprochen habt. Ihr seid der größte Weiberheld, Glücksspieler, Saufbold und Faulpelz auf der ganzen Insel, und das will etwas heißen bei dem Gesindel, das sich hier herumtreibt.«

»Ich gebe zu, daß ich kein Engel bin«, entgegnete der andere beleidigt. »Aber das ist nicht allein mein Verdienst. Vieles hat mir mein Vater vermacht.« Er fuhr sich mit der Hand übers Gesicht und sagte verstimmt: »Doch lassen wir das beiseite. Solche Diskussionen führen zu nichts. Wir sind hier, um herauszufinden, was wir für die Prinzessin tun können. Wenn mich nicht alles täuscht, hat Capitán Castreje, den der Gouverneur zu seinem Militärberater ernannt hat, unter Euch gedient.«

»Da habt Ihr recht. Doch als Soldat ist er eine Niete und als Mensch ein Schweinehund, der nur dann einen Finger krümmt, wenn man mit Geld winkt.«

»Tja, damit können wir nicht dienen«, gestand Cienfuegos. »Evas Geld ist verbraucht, und was das Gold von Prinzessin Anacaona anbelangt, so kann man sich wohl an fünf Fingern ausrechnen, wo das geblieben ist.«

»Anacaonas Gold!« rief Alonso de Hojeda und lachte. »Ich weiß noch, wie sie eines Nachts zu mir kam, von oben bis unten mit Perlen und Schmuck behängt, und ich warf das Zeug ins Meer, um ihr zu beweisen, daß ich sie nicht wegen ihres Reichtums liebte.«

»Ihr habt es ins Meer geworfen?« wiederholte Balboa ungläubig.

»So wahr ich hier stehe«, gab der andere zerknirscht zu. »Ohrringe, Perlenketten, Armbänder und vor allem einen mit Edelsteinen geschmückten Brustharnisch, der allein ein Königreich wert war.« Hojeda seufzte und fügte hinzu: »Damals kam es mir sehr romantisch vor, aber wenn ich heute darüber nachdenke, muß ich gestehen, daß es eine große Dummheit war. Mit dem Zeug hätten wir Anacaona jetzt vielleicht freikaufen können.«

»Und da wird behauptet, ich sei der größte Trottel auf der Insel!« beschwerte sich Balboa. »Aber was geschehen ist, ist geschehen, da kann man nichts machen. Vergessen wir die Sache und konzentrieren uns auf Ovando. Wie könnte man ihn unter Druck setzen?«

»Keine Ahnung.«

»Das ist nicht viel.«

»Ich bin ein Mann der Tat und keine Hofschranze, die von Intrigen lebt«, gab Hojeda ärgerlich zurück. »Sonst wohnte ich im Alkazar und nicht in dieser erbärmlichen Hütte.«

»Vergeßt Euren Stolz!«

»Zügelt Eure Zunge, Balboa!« entgegnete Hojeda. »Sonst muß ich Euch beibringen, wie man mit dem Degen umgeht.«

»Ich gebe zu, daß ich da noch einiges von Euch lernen könnte. Es ist allgemein bekannt, daß Ihr immer noch der beste Fechter des Königreiches seid. Aber Ihr könntet auch etwas von mir lernen – nämlich bescheiden zu sein, wenn es darauf ankommt. Und wenn wir die Prinzessin vor dem

Galgen retten wollen, müssen wir einen kühlen Kopf bewahren.«

Alonso de Hojeda überlegte einen Augenblick und sagte dann zu Cienfuegos: »Was denkt Ihr, Cienfuegos? Glaubt Ihr, daß es etwas nutzen würde, wenn ich bei Hof vorspreche?«

»Das weiß ich nicht«, gestand Cienfuegos offen. »Ich weiß nur, daß Euer Name einiges Gewicht hat. Aber vielleicht gilt das dem Hojeda von früher.«

»Da könntet Ihr nicht unrecht haben«, nickte Hojeda. »Dreißig Schlachten, Hunderte von Abenteuern auf unbekannten Meeren und Kontinenten und unzählige Duelle haben mich zu dem Menschen gemacht, den Ihr hier vor Euch seht: einem Habenichts.«

Tatsächlich war nicht zu leugnen, daß jener schmächtige Mann, der nicht größer war als anderthalb Meter und in erbärmlicher Armut lebte, nicht mehr viel mit dem Mythos um Alonso de Hojeda zu tun hatte. Cienfuegos war enttäuscht und machte kein Hehl daraus.

»Verdammt noch mal!« rief er. »Ich würde wirklich gerne wissen, ob all die Geschichten, die man sich über Helden, Eroberer und Prinzessinnen erzählt, aus einer ähnlich trüben Quelle stammen. Ich kann einfach nicht glauben, daß Anacaona die mächtige, edelsteingeschmückte Königin gewesen sein soll, und Ihr der Liebhaber, der ihren Schmuck ins Meer warf.«

»Aber so war es. Es ist nur leider zehn Jahre her.«

»Und wo habt Ihr den Schmuck hingeworfen?«

»Ins Meer. Das sagte ich bereits.«

»Ja, ich weiß. Aber wo?«

»In der alten Hauptstadt Isabela.«

»Wißt Ihr noch die genaue Stelle?«

»Es war in der Nähe einer Höhle. Etwa eine halbe Meile westlich der Hazienda von Doña Mariana.«

»Klippen oder Sand?«

»Beides.«

»Sehr tief?«

»Was weiß ich!« entgegnete der andere ungeduldig. »Was soll diese Fragerei? Habt Ihr vielleicht vor, nach dem Zeug zu tauchen?«

»Wenn ich wüßte, daß man mit dem Schmuck das Leben der Prinzessin retten könnte, würde ich ihn suchen.«

»Ihr seid von Sinnen!«

»Warum?« gab Cienfuegos zurück. »Wer ist hier verrückt: der, der ein Vermögen wegwirft, oder der, der versucht, es wiederzufinden?«

»Es ist sehr lange her.«

»Egal. Gold und Schmuck verlieren nicht an Wert. Die Frage ist nur, ob dieser Schatz tatsächlich noch auf dem Meeresboden liegt.«

»Daran gibt es keinen Zweifel«, erwiderte Hojeda und lachte. »Ich habe Doña Mariana nicht glauben wollen, was sie über Euch erzählt hat, aber es gibt Euch tatsächlich, und Ihr seid genauso, wie sie Euch geschildert hatte. Ungestüm und voller Tatendrang. Und voll verrückter Ideen – dem Meer nach all den Jahren seine Beute abspenstig machen zu wollen!«

Don Alonso de Hojeda hielt inne, sah sich im Raum um und fuhr fort: »Und was mich betrifft, so solltet Ihr wissen, daß es leichter ist, seinen Mann zu stehen, wenn man Liebling der Könige ist und von den Massen gefeiert wird, als wenn man auf sich allein gestellt und von allen vergessen ist.«

Cienfuegos musterte den Capitán aus zusammengekniffenen Augen und entgegnete: »Trotzdem will ich lieber ein Träumer sein als ein weinerlicher Held voller Selbstmitleid.«

Alonso de Hojeda biß die Zähne zusammen und warf einen Blick zum Himmel, als sei dies eine neuerliche Prüfung des Schicksals. Schließlich drehte er sich zu Isabel um, die immer noch in der Ecke saß, und fragte: »Was meinst du zu der ganzen Sache?«

»Goldene Blume ist das Licht unseres Volkes«, lautete die schlichte Antwort.

»Das hat mir gerade noch gefehlt«, sagte Alonso de Hojeda ergeben. Dann wandte er sich wieder an Cienfuegos und fragte: »Was also soll ich tun?«

»Als erstes müßt Ihr Euch den Bart stutzen lassen, die Haare schneiden und ein ordentliches Bad nehmen.«

»Ein Bad nehmen!« protestierte Hojeda. »Was hat denn ein Bad mit unserem Vorhaben zu tun?«

»Wenn Ihr gebadet habt und wieder wie ein zivilisierter Mensch ausseht, werde ich Euch das schönste Wams und die feinsten Stiefel in der Stadt kaufen, damit Euch Ovando als seinesgleichen betrachtet.«

»Als seinesgleichen?« wiederholte Hojeda ungläubig.

»So, wie es sich gehört«, betonte Cienfuegos. »Immerhin seid Ihr der Gouverneur von Tierra Firme. Und als solcher seid Ihr gekommen, um mit Ovando über die Auswirkungen zu sprechen, die die Hinrichtung der Prinzessin auf die Kolonialisierung des Festlandes haben könnte. Das liegt im Interesse der spanischen Krone. Ihr versteht?«

»Er wird mich zur Hölle schicken.«

»Wahrscheinlich«, gestand Cienfuegos. »Aber wenn Ihr ihn im richtigen Augenblick daran erinnert, daß er die Flotte verloren hat, weil er dem gutgemeinten Rat von Kolumbus und Juan de la Cosa kein Gehör schenkte, und wenn Ihr ihn davon überzeugt, daß dieses Mal viel mehr auf dem Spiel steht, könnte es sein, daß er es mit der Angst zu tun bekommt. Eine zweite Katastrophe würden ihm die katholischen Könige nicht verzeihen.«

»Mein lieber Freund, Ihr seid wirklich gerissen!« warf Balboa ein. »Auf diese geniale Idee bin nicht einmal ich gekommen. Das ist die Lösung. Wir brauchen gar keinen Vermittler: Hojeda selbst wird als gleichberechtigter Gouverneur vor Ovando treten und ihm die Wahrheit ins Gesicht sagen.«

»Und was werdet Ihr tun, während ich ihm die Wahrheit ins Gesicht sage? Harfe spielen vielleicht? Ich will Euch nur daran erinnern, daß ich gerade aus dem Kerker komme und nicht die geringste Lust verspüre, erneut Bekanntschaft mit ihm zu machen.«

»Wenn Ihr meint, daß ich Euch von Nutzen sein könnte, sagt es, und ich schließe mich Euch als Knappe an. Nur wird man uns dann wahrscheinlich nicht einlassen, fürchte ich.«

»Da habt Ihr recht«, antwortete Hojeda. »Es ist immer noch besser, allein aufzutreten, als in schlechter Gesellschaft.«

»Na bitte!« sagte Balboa erleichtert.

Der edle Caballero Don Alonso de Hojeda, Held von Granada und Entdecker des von ihm benannten Venezuela, überlegte einen Augenblick. Schließlich wandte er sich an seine Gefährtin und sagte: »Hol die Schere, stutz mir den Bart und schneide mir das Haar.« Dann seufzte er laut und setzte widerwillig hinzu: »Und bereite ein Bad vor.«

Wie Cienfuegos vorausgesagt hatte, geriet das Schiff des Gouverneurs, sobald es die Bucht verlassen und die südlichste Spitze der Insel Hispaniola umsegelt hatte, in starken Gegenwind. Der Kapitän kannte sich mit den Tücken der karibischen See nicht aus und versuchte, nicht zu weit von der Küste abzukommen, so daß sie nur zögernd und im Zickzack vorankamen.

Um die Mittagszeit legte sich der starke Wind für einige Stunden, doch dann herrschte eine Flaute, die alle Segel erschlaffen ließ. Die schwüle Hitze lag wie Blei auf der Mannschaft, und jeder verfluchte den Tag, an dem er sich zu dieser Reise hatte überreden lassen.

Gouverneur Ovando saß naßgeschwitzt im Schatten am Heck und kämpfte gegen den Schwindel, den die Hitze und das Schlingern des Schiffes bei Menschen erzeugen, die selten zur See fahren. Sehnsüchtig betrachtete er die Berge an der fernen Küste und hin und wieder neidvoll die Matrosen, die an Deck hockten und genüßlich ihre wäßrige Linsensuppe verzehrten.

Nur selten warf er einen verstohlenen Blick auf die stolze Prinzessin, die unter dem Fockmast saß. Ihre leuchtenden, schwarzen Augen brachten ihn jedesmal aus der Fassung, wenn ihre Blicke sich zufällig kreuzten.

Die Prinzessin war in seiner Hand, und mit ihrer Gefangennahme hatte er jede Hoffnung der Einheimischen auf einen Aufstand im Keim erstickt. Doch trotz seines unbestreitbaren Erfolges war der Gouverneur von Hispaniola nicht mit sich zufrieden, denn insgeheim wußte er genau, daß sein Verhalten dem eines Großkomturs des Alcántara-Ordens keineswegs würdig war.

Er konnte es drehen und wenden wie er wollte, seine Tat war feige und hinterhältig gewesen, und die einzige Rechtfertigung dafür war sein Wunsch, größeres Blutvergießen zu verhindern.

»Es gibt nur zwei Möglichkeiten: einen Hinterhalt oder eine offene Schlacht«, hatte sein Militärberater erklärt, der einen offenen Angriff auf das Königreich von Xaraguá fürchtete. »Im Dschungel ist ersteres unbedingt vorzuziehen.«

Ovando war es durchaus nicht leichtgefallen, dem Rat seines Beraters zu folgen und die Frau, die sie gastfreundlich aufgenommen und bewirtet hatte, nach dem Fest gefangenzunehmen. Während der Rückkehr in die Hauptstadt war er ungewöhnlich nervös. Immer wieder fragte er sich, wie die Geschichtsschreibung später über ihn und die Entwicklungen, die er in Gang gebracht hatte, urteilen würde.

»Geschichte wird nur von Siegern geschrieben«, pflegte sein alter Professor in Salamanca zu sagen. »Man muß also zu den Siegern gehören.«

Die Prinzessin oder ihre Untertanen, die weder des Lesens noch des Schreibens mächtig waren, würden nie Geschichte schreiben können, das stand fest. Im übrigen bezweifelte Ovando, daß irgend jemand in Europa sich im geringsten dafür interessierte, was am anderen Ende der Welt geschehen war.

Wahrscheinlich würde außerhalb von Hispaniola kein Mensch Notiz von der unschönen Tat nehmen. Trotzdem wußte Fray Ovando, daß sein schlechtes Gewissen ihm keine Ruhe mehr lassen würde, und das belastete ihn sehr.

Früher oder später würden die Könige ihn als Gouverneur absetzen. Dann mußte er in sein Heimatdorf bei Olmedo zurückkehren, wo er für den Rest seines Lebens an die Jahre zurückdenken konnte, in denen er die Verantwortung für das Leben von Tausenden von Menschen getragen und kläglich versagt hatte.

Unzählige waren seinetwegen gestorben. Die Flotte mit all dem Gold war nur deshalb untergegangen, weil er nicht hatte zugeben wollen, daß er nichts von Wind und Meer verstand.

Nicht selten wachte er mitten in der Nacht auf, weil ihm wieder einmal die Toten im Traum erschienen waren und um Hilfe gefleht hatten. Dann fragte er sich, ob diese Alpträume ihn wirklich bis an sein Lebensende begleiten würden, trotz der Buße, die er sich selbst auferlegt hatte.

Seit dem Untergang der Flotte hatte er kein Fleisch angerührt, geißelte sich zweimal in der Woche und betete oft für jeden einzelnen, der beim Sturm ertrunken war, ein Ave Maria.

Wieder warf er der Prinzessin einen Blick zu. Zwar hatte er, seit er zurückdenken konnte, für Frauen nur Verachtung empfunden, doch mußte er zugeben, daß diese ihn anzog. Es war kein sexuelles Interesse, sondern eine unwiderstehliche Neugier auf etwas, was jenseits seines Verständnisses lag. Das Wesen dieser Einheimischen war ihm so fremd, als käme sie von einem anderen Stern.

Seit Ovando das Meer der Finsternis überquert und seinen Posten angetreten hatte, zweifelte er immer weniger daran, daß die »Wilden« minderwertige Geschöpfe waren, halb Mensch und halb Tier. Sie konnten sich weder mitteilen, noch waren sie fähig, einfache abstrakte Gedanken umzusetzen.

Doch in den wenigen Tagen, die er bei Anacaona zu Gast war, die ihn wie den Gesandten eines fernen, aber befreundeten Staates empfangen hatte, war Fray Nicolás allmählich zu der Erkenntnis gelangt, daß die Prinzessin den meisten europäischen Frauen und Männern, die er kannte, an Intelligenz, Scharfsinn und Geschicklichkeit weit überlegen war.

Ihr Verhalten zeugte von Würde. Überdies schien sie durchaus bereit, etwas Neues zu lernen, um ihrem Volk das Überleben zu sichern.

Er ließ sie zu sich rufen.

»Es tut mir leid, daß ich so handeln mußte«, erklärte er, als sie vor ihm stand. »Aber manchmal bin ich als Gouverneur gezwungen, Dinge zu tun, die ich als Mensch verabscheue.«

»Mit anderen Worten, Ihr seid kein echter Gouverneur«, antwortete sie selbstbewußt, trotz ihrer Ketten.

»Was meint Ihr damit?«

»Wer zum Regieren geboren wurde, vereinigt grundsätzlich beide Konzepte in sich. Nur wenn die Prinzipien eines Herrschers mit seinen Handlungen in Einklang stehen, hat er das Recht, anderen zu erklären, was sie zu tun haben.«

»Wer hat Euch das beigebracht?«

»Meine Eltern. Beide waren dazu bestimmt, unser Volk zu führen. Sie waren Könige.«

»Könige von Wilden!«

»Für uns sind nur diejenigen Wilde, die töten, ohne sich in Lebensgefahr zu befinden. Wie die Kariben, die ihre Opfer töten, um sie zu fressen, oder die Spanier, die töten, um anderen Menschen ihre Freiheit und ihr Gold zu stehlen.«

»Meint Ihr, zivilisierte Menschen würden nackt herumlaufen?«

»Jedenfalls ist das bei dieser Hitze klüger und sauberer, als Wollsachen zu tragen, in denen man den ganzen Tag schwitzt. Vor allem, wenn man bedenkt, daß Eure Landsleute das Wasser meiden wie die Pest.«

Fray Ovando lief rot an vor Zorn. »Euer Volk kennt keine Scham. Männer und Frauen sind zügellos und treiben es mit jedermann.«

»Sagen wir lieber, wir sind keine Heuchler wie Ihr. Wir verstecken uns nicht dabei. Es macht uns Freude, anderen Lust zu bereiten, und wir tun es offen, statt uns selbst zu befriedigen und den Schein zu wahren.«

»Was weiß eine Wilde schon vom wahren Glauben und der Ehrfurcht vor dem Körper, wie ihn die Heilige Kirche uns auferlegt?«

»Ehrfurcht? Glaubt Ihr im Ernst, es sei ehrfürchtig, wenn Ihr Eure Körper nicht wascht und so sehr nach ranzigem Öl stinkt, daß es eine Beleidigung ist, in Eure Nähe zu kommen?«

»Nun, soweit ich weiß, hat der Gestank Euch keineswegs davon abgehalten, mit mehreren spanischen Edelleuten Beziehungen einzugehen.«

»Es war nicht leicht, sie von ihrem Elend zu befreien. Und es ist mir nicht immer gelungen, wie im Fall des Bartolomé, aber das war auch eher eine Staatsangelegenheit – ein Opfer, das ich auf mich nehmen mußte.«

»Ihr gebt also zu, daß Ihr Euch verkauft habt?«

»Für mein Volk! Und ich schäme mich nicht im geringsten, denn so habe ich all diese Jahre meinem Volk seine Freiheit und Unabhängigkeit bewahrt.«

»Vielleicht habt Ihr geglaubt, Ihr könntet auch mich auf Eure Seite bringen!«

»Gewiß nicht!« lautete die freimütige Antwort der Prinzessin. »Ich bin nicht mehr dieselbe, und Ihr seid weder Kolumbus noch Hojeda. Ich wußte, daß die spanischen Könige nach den letzten Erfahrungen Gouverneure auswählen würden, die Frauen nicht viel Interesse entgegenbringen. Obwohl Bobadilla gut daran getan hätte, sich mehr für Frauen und weniger für Gold zu interessieren.«

Ovando suchte den Blick seiner Gefangenen, als wolle er ihre Gedanken lesen. Er überlegte einen Augenblick und sagte dann: »Nun, lassen wir das. Ich will von Euch nur definitiv wissen, ob Ihr bereit seid, Euren Kriegern zu befehlen, die Waffen niederzulegen und sich zu ergeben. Ihr könnt Euch ab sofort als Untertanen der spanischen Krone betrachten.«

»Untertanen oder Sklaven?«

»Ihr wißt, wie die Befehle der katholischen Könige lauten. Kein Einheimischer darf versklavt werden, es sei denn, er wurde im Kampf oder während eines gerechten Krieges gefangengenommen.«

»Wie ich, nicht wahr?« entgegnete Anacaona herausfordernd. »Oder die tausend anderen, die plötzlich in ihren Dörfern überfallen, in Ketten gelegt und als Sklaven nach Spanien verfrachtet wurden? Nennt Ihr das einen gerechten Krieg?«

»Ob ein Krieg gerecht ist oder nicht, hängt allein vom Standpunkt ab«, erklärte der Gouverneur überheblich. »Für uns ist ein Krieg gegen ein Volk gerecht, wenn es sich gegen den wahren Glauben erhebt.«

»Und woher wißt Ihr, daß Euer Glaube besser ist als meiner?«

»Ganz einfach, Ihr habt keinen.«

»Das spricht doch für mich«, widersprach die Prinzessin. »Vielleicht ist es falsch, keinen Gott zu verehren, aber es wäre viel schlimmer, den falschen anzubeten, oder nicht?«

»Das tut hier nichts zur Sache, denn Christus ist die Wahrheit.«

»Seit vielen Jahren kenne ich gebildete Menschen wie Don Alonso de Hojeda, Doña Mariana Montenegro oder Juan de la Cosa, und schließlich bin ich zu dem Schluß gekommen, daß diese Art von Wahrheit für die Europäer schlichtweg eine Frage der Geographie ist. Der wahre Glaube hängt für euch anscheinend von den Grenzen ab. Das scheint mir absurd, und ...«

»Ich habe Euch nicht rufen lassen, um mich mit Euch über Moral oder Theologie zu streiten«, schnitt ihr der Gouverneur sichtlich erbost das Wort ab. »Ich will eine Antwort auf meine Frage. Werdet Ihr Euren Kriegern befehlen, die Waffen niederzulegen, oder nicht?«

»Ich soll ihnen befehlen, die Sklaverei zu akzeptieren? Nein, niemals!«

»Wißt Ihr, was das bedeutet?«

»Ich kann es mir denken.«

»Und habt Ihr keine Angst davor?«

»Ich habe mehr Angst davor, eine Marionette zu werden, die von ihrem eigenen Volk verachtet wird.«

»Ihr könntet Eurem Volk viel Leid und Blutvergießen ersparen.«

»Blutvergießen vielleicht, Leid auf keinen Fall. Ich weiß, daß es das Schicksal meines Volkes ist, unter der Herrschaft der Spanier zu leiden, bis es völlig ausgerottet ist. Doch ich will nicht dazu beitragen, diese Entwicklung zu beschleunigen.«

»Dann sehe ich mich gezwungen, Euch wegen Verrats hinrichten zu lassen.«

»Verrat gegen wen? Ich wurde als Königin geboren und kann mich daher nur selbst verraten.« Anacaona lächelte bitter. »Und gerade das versuche ich zu vermeiden.«

Fray Nicolás de Ovando sollte jenes Gespräch, das ihm so unangenehm war und ihn fast aus dem Gleichgewicht gebracht hätte, nie vergessen. Er war verwirrt und begriff nicht, wie eine Wilde sich mit derart überzeugenden Argumenten zur Wehr setzen konnte. Immerhin hatte sie ihn so weit gebracht, daß er insgeheim darüber grübelte, ob die weißen Europäer den anderen Völkern tatsächlich überlegen waren.

Als er dann wieder in Santo Domingo war und sich in den Gemäuern seiner Festung verschanzt hatte, begann er, den Rat seines früheren Freundes Fray Bernardino de Sigüenza zu vermissen. Obwohl der kleine Frater ihn tief beleidigt hatte, wußte er, daß er der einzige Mensch auf der Insel war, der sein Dilemma verstand.

Die Einsamkeit der Macht und die Tatsache, daß er nun auf die langen Gespräche verzichten mußte, in denen er so leicht hatte aus sich herausgehen können, lasteten jetzt schwer auf seinen Schultern – schwerer, als er zugeben mochte.

Die Vorstellung, Entscheidungen treffen zu müssen, die das Schicksal Tausender von Menschen betrafen, zermürbte ihn, doch noch mehr machte ihm zu schaffen, daß er niemanden mehr hatte, mit dem er sich darüber hätte austauschen können.

Seinen Beratern traute er nicht über den Weg. Zudem hatte er immer mehr den Eindruck, in eine Falle, ein Netz aus Intrigen und Interessen getappt zu sein, die ganz undurchschaubar waren und allzuoft jeglicher Logik entbehrten.

Die Habgier der Abenteurer, die in Scharen nach Hispaniola kamen, um dem Elend oder der Justiz in Spanien zu entkommen, kannte offensichtlich keine Grenzen. Zwielichtige Gestalten, die noch vor einem Monat in Lumpen um Arbeit gebettelt hatten, forderten plötzlich mit der Arroganz eines heldenhaften Kreuzritters eigene Ländereien, Goldminen und das Recht, Sklaven zu halten.

»Seine Exzellenz, der Gouverneur von Coquibacoa, bittet um eine Audienz.«

»Wer?« fragte Ovando, den der Sekretär aus seinen Gedanken gerissen hatte.

»Seine Exzellenz, der Gouverneur von Coquibacoa.«

»Schon wieder so ein Hochstapler!« rief der Gouverneur von Hispaniola wütend. »Werft ihn hinaus!«

»Das dürfte schwierig sein«, entgegnete der Sekretär verlegen. »Es handelt sich um Alonso de Hojeda. Er könnte es allein mit der ganzen Garde aufnehmen.«

»Hojeda!« rief der Gouverneur erschrocken, als er seinen Fehler erkannte. »Mein Gott! Ich hatte ganz vergessen, daß die Könige ihn zum Gouverneur auf Tierra Firme ernannt haben. Ich glaubte, er hätte Hispaniola verlassen, nachdem er aus dem Gefängnis freikam.«

»Das hätte ich auch gedacht, aber jetzt sitzt er im Vorraum, geschniegelt und gebügelt. Es scheint ihm prächtig zu gehen.«

»Bin ich verpflichtet, ihn zu empfangen?«

»Den Privatmann Hojeda müßt Ihr nicht empfangen, aber wenn er als Gouverneur einer Provinz der spanischen Krone auftritt, dann ja. Und als solcher hat er um die Audienz gebeten. Ich fürchte, es bleibt Euch nichts anderes übrig, Gouverneur.«

»Dann führt ihn herein!«

Die Begrüßung war höflich, aber distanziert, wie es von zwei gleichwertigen Gegnern zu erwarten war. Der eine war mächtig aufgrund seiner Stellung, der andere wegen seines Ruhmes. Nach einer Weile brach Ovando das Schweigen und gab sich Mühe, Befriedigung zu heucheln.

»Es freut mich, daß die Gerechtigkeit schließlich gesiegt hat. Ich wäre wirklich gekränkt gewesen, wenn Ihr Hispaniola verlassen hättet, ohne mir einen Besuch abzustatten.«

»Ich habe nach meiner Entlassung aus dem Gefängnis eigentlich eine Einladung und eine öffentliche Wiederherstellung meiner Ehre erwartet. So verschieden können Erwartungen sein.«

»Da habt Ihr recht«, pflichtete Gouverneur Ovando bei, um das Thema so beiläufig wie möglich abzuschließen. »Manchmal läßt die Einhaltung des Protokolls auf der Insel noch zu wünschen übrig. Ich bitte dies zu entschuldigen, aber ich kann mich nicht um alles kümmern. In letzter Zeit hatte ich alle Hände voll zu tun, Xaraguá zu befrieden.«

»Befrieden?« wiederholte Capitán Alonso de Hojeda spöttisch und nahm in einem Sessel Platz, ohne ausdrücklich dazu aufgefordert worden zu sein. »Eine erstaunliche Bezeichnung für Euer Unternehmen, meint Ihr nicht?«

»Ich habe mir nur ein Beispiel an Eurer Entführung des Kaziken Canoabó genommen, die Euch so sehr zum Ruhme gereicht hat.«

»Gewiß!« sagte Hojeda ruhig. »Nur war das damals etwas ganz anderes. Wir führten offiziell Krieg gegen Canoabó und hatten bereits Dutzende von Soldaten verloren. Damals bin ich allein in sein Lager gegangen, habe ihn eingeladen, mein Pferd zu besteigen und ihn dann vor den Augen seiner Krieger entführt.«

»In Xaraguá gab es auch Krieger.«

»Die Euch friedlich empfangen haben. Prinzessin Anacaona empfing Euch als Gesandten einer befreundeten Macht. Ihr habt sie schnöde hintergangen.«

»Hütet Eure Zunge, Capitán!«

»Nur wenn Ihr zugebt, daß das eine nichts mit dem anderen zu tun hat«, sagte Hojeda scharf und hielt inne. Nach einer Weile sagte er beschwichtigend: »Aber vergessen wir das Ganze, denn ich bin eigentlich aus einem anderen Grund gekommen. Ich muß wissen, was Ihr mit der Prinzessin vorhabt, denn es darf auf keinen Fall meine Pläne in Tierra Firme gefährden.«

»Warum? Habt Ihr vor, sie wieder zu Eurer Geliebten zu machen?« fragte der Frater boshaft.

»Ich darf darauf hinweisen, daß die Prinzessin nie die Geliebte des Gouverneurs von Coquibacoa war, der jetzt vor Euch steht.«

»Ich verstehe«, sagte Ovando widerwillig. »Aber ich wüßte nicht, was Anacaonas Schicksal mit Euren Plänen zu tun haben könnte. Wie ich höre, seid Ihr völlig pleite. Was sind das für wichtige Pläne?«

»Meine finanzielle Lage tut nichts zur Sache«, gab Hojeda zurück. »Ich bin hier, um Euch zu bitten, die Prinzessin gerecht zu behandeln, damit die Einheimischen in Coquibacoa sich nicht gegen uns erheben.«

»Was hat das eine mit dem anderen zu tun, frage ich Euch jetzt?« konterte der Gouverneur von Hispaniola. »Ich weiß nicht einmal, wo dieser Ort liegt.«

»Im Süden von Tierra Firme«, antwortete Hojeda. »Und ich erinnere Euch daran, daß viele dorthin geflüchtet sind, weil man sie hier schlecht behandelt hat. Wenn sie jetzt von Eurem heimtückischen Verrat an Prinzessin Anacaona hören, könnt Ihr versichert sein, daß uns kein Einheimischer mehr mit offenen Armen empfangen wird. Wir hätten nichts als Feinde in der Neuen Welt. Und das würde unsere Arbeit ungemein erschweren.«

»Man hat mir den Auftrag gegeben, Hispaniola zu befrieden, und das habe ich getan. Ich glaube nicht, daß ich mich darüber hinaus um Probleme kümmern muß, die mich nicht das geringste angehen. Ich darf Euch darauf aufmerksam machen, daß Ihr ohne einen sicheren Stützpunkt auf Hispaniola weder Land entdecken noch erobern könnt. Ich beschränke mich lediglich darauf, meine Arbeit zu tun.«

»So wie im Fall der untergegangenen Flotte?« warf Hojeda plötzlich ein. »Da habt Ihr ja angeblich auch nur Befehle ausgeführt. Hättet Ihr statt dessen auf die gehört, die mehr von Meer und Klima verstehen als Ihr, wäre vielen Menschen der Tod erspart geblieben, und Ihr hättet nicht das ganze Gold der Krone versenkt.«

Einen Augenblick lang schien der Gouverneur von Hispaniola die Geduld zu verlieren. Er wollte schon läuten und seiner Wache befehlen, den Capitán festzunehmen, als er sich, eingedenk diverser Erfahrungen, bei denen ihm seine eigene Unbesonnenheit einen Strich durch die Rechnung gemacht hatte, eines Besseren besann. Mit der Zeit hatte er gelernt, sich zusammenzunehmen und seinen Stolz zu vergessen.

Das hohe Ansehen, das Alonso de Hojeda bei Hof und im Volk genoß, lag wie ein Schatten auf Ovandos Gemüt. Innerlich kochte er vor Wut, doch er mußte den Schein wahren. Es war besser, sich seinen Ärger nicht anmerken zu lassen. Daher gab er mit kalter, unfreundlicher Stimme zurück: »Ich glaube kaum, daß Ihr derjenige sein werdet, der über mein Handeln urteilt. Das ist allein den Königen vorbehalten. So, wie ich nicht über die Art und Weise zu richten habe, in der Ihr Eure Provinz zu regieren gedenkt.« Er machte eine Pause und stand dann auf, um anzudeuten, daß er die Unterhaltung als beendet ansah. »Ich werde die Entscheidung treffen, die ich für angebracht halte«, schloß er.

»Und wenn ich Euch darum bäte, das Leben der Prinzessin zu schonen, bis die Könige entschieden haben?«

»Ich würde darüber nachdenken, aber ich kann Euch nichts versprechen.«

»Eine Hinrichtung Anacaonas würde der spanischen Krone nicht zum Ruhm gereichen.«

»Aber auch nicht zum Schaden. Die Prinzessin ist eine Feindin der Krone.«

»Auch wenn sie es wäre, was würden dann einige Monate mehr oder weniger für einen Unterschied machen?«

»Sehr viel, denn ihr Volk könnte auf den dummen Gedanken kommen, sich aufzulehnen und sie befreien zu wollen. Für eine Tote geht keiner mehr auf die Straße.«

Etwa eine halbe Stunde später traf sich Hojeda in der Taverne »Los Cuatro Vientos« mit Cienfuegos und Balboa. Der kleingewachsene Capitán machte aus seiner Mißstimmung kein Hehl. Nachdem er seinen Ärger mit einigen Krügen Wein heruntergespült hatte, sagte er: »Er wird sie hinrichten lassen. Und wir können tatenlos zusehen.«

»Was ist mit diesem Castreje?« fragte Cienfuegos.

»Der würde keinen Finger rühren, es sei denn, er bekäme Geld dafür. Sehr viel Geld.«

Er winkte dem Burschen, noch mehr Wein zu bringen. In dem Augenblick, als der Krug vor ihn auf den Tisch gestellt wurde, hörten sie im Hintergrund eine rauhe Stimme: »Ergebt Euch!«

Alle musterten verdutzt den Mann, der mit der Hand am Degen vor ihnen stand.

»Was ist los, Pedraza?« fragte Balboa verärgert. »Leidet Ihr an geistiger Umnachtung, seit man Euch zum Capitán der Wache ernannt hat?«

Pedraza deutete auf Cienfuegos und sagte: »Dieser Mann

ist von der Insel verbannt worden. Er hat gegen das Urteil verstoßen, und darauf steht der Tod durch den Strang.«

»Ihr hängt die Menschen auf, als wären es Schinken«, wandte sich Hojeda an den Capitán wie an einen Dummkopf. »Seht Ihr denn nicht, daß er zu mir gehört?«

»Was macht das schon aus. Gesetz ist Gesetz«, antwortete der Soldat.

»Und eine Waffe ist eine Waffe!« entgegnete Hojeda. »Wenn Ihr nicht augenblicklich die Hand vom Degen nehmt, seid Ihr ein toter Mann!«

Es war allgemein bekannt, daß Alonso de Hojeda keinen Spaß kannte, wenn es ums Fechten ging. Wer unbedacht zum Degen griff, war des Todes, und das wußte auch der neuernannte Wachhauptmann. Er wurde totenbleich und ließ die Arme sinken, zum Zeichen, daß er keineswegs vorhatte, den kleinen Hojeda herauszufordern. Schließlich sagte er eingeschüchtert: »Ihr solltet nicht jemanden in Schutz nehmen, der von der Justiz gesucht wird. Er ist vom Gouverneur von Hispaniola verbannt worden und kann nicht einfach in einer Schenke sitzen, nur weil er Euer Freund ist.«

»Da habt Ihr ganz recht!« stimmte Hojeda in einem versöhnlicheren Ton zu. »Es wird auch nicht wieder vorkommen, dafür verbürge ich mich. Drückt ein Auge zu, und ich werde dafür sorgen, daß er die Insel verläßt und sich hier nicht wieder blicken läßt.«

»Ehrenwort?«

»Das Wort von Alonso de Hojeda gilt.«

Es erforderte keine besondere Intelligenz, um zu erkennen, daß Capitán Pedraza sehr daran gelegen war, die Sache ohne Gesichtsverlust zu überstehen. Hojeda hatte ihm mit seinem Vorschlag eine Brücke gebaut.

»Einverstanden!« sagte er im Ton eines Edelmannes, der einem Feind das Leben schenkt. »Er hat Zeit bis zum Sonnenuntergang.«

»Einfaltspinsel!« sagte Alonso de Hojeda verächtlich, nachdem Pedraza das Lokal verlassen hatte. »Ein widerlicher Mensch, aber leider Gottes hat er recht. Auf Hispaniola kann nicht einmal ich die Befehle des Gouverneurs mißachten.« Er grunzte und sagte zu Cienfuegos: »Ihr müßt schleunigst von hier verschwinden, wenn Ihr nicht am Galgen enden wollt.«

»Ich kann die Prinzessin nicht im Stich lassen«, antwortete Cienfuegos.

»Wenn Ovando Wind davon bekommt, daß Ihr hier seid, wird er von selbst darauf kommen, daß Ihr vorhabt, die Prinzessin zu befreien. Damit erweist Ihr ihr einen schlechten Dienst«, mischte sich Balboa ein. »Ich glaube, Hojeda hat recht. Ihr solltet von Hispaniola verschwinden.«

Cienfuegos dachte eine Zeitlang nach, während die anderen ihn beobachteten. Nachdem er alles sorgfältig abgewogen hatte, kam er zu dem Schluß, daß seine Freunde gar nicht so unrecht hatten. Wenn er in der Hauptstadt blieb, riskierte er, irgendwann Pedraza oder einem anderen Büttel des Gouverneurs über den Weg zu laufen und verhaftet zu werden. Das aber wäre zweifellos das Ende der Befreiungsaktion gewesen.

»In Ordnung«, sagte Cienfuegos schließlich. »Ich werde aus der Stadt verschwinden, aber ich bleibe in der Nähe und verstecke mich im Dschungel. Dort findet mich niemand.«

»Da wäre ich mir nicht so sicher«, mischte sich der Bursche ein, der ihre Unterhaltung die ganze Zeit verfolgt hatte. »Der Gouverneur hat Patrouillen losgeschickt, die die Wälder durchkämmen. Sie sollen unbedingt verhindern, daß die Prinzessin befreit wird.«

Hojeda sah auf und starrte ihn wütend an. »Und wer hat dich um deine Meinung gebeten?«

»Niemand, Don Alonso«, gab der Bursche zurück. »Ich habe nur zufällig die Diskussion mit angehört und glaube, daß ich Euch von Nutzen sein könnte.« Der Bursche deutete auf Cienfuegos und setzte hinzu: »Bei mir zu Hause würde ihn niemand vermuten.«

»Bei dir zu Hause?« wiederholte Cienfuegos. »Und warum gehst du ein solches Risiko ein? Du weißt doch, daß es dir genauso ergehen würde wie mir, wenn man mich bei dir findet?«

»Das laß nur meine Sorge sein!« antwortete der Bursche offensichtlich unbekümmert. »Außerdem verspreche ich mir mehr davon, berühmten Leuten wie dem verrückten Balboa oder dem sagenhaften Hojeda zu helfen als diesem blödsinnigen Ovando.«

Daraufhin brach Balboa in lautes Gelächter aus. Mit einer ausladenden Gebärde wies er auf seine Freunde.

»Sieh uns gut an, du Narr. Drei Glücksritter, die nicht einmal in der Lage sind, ein vernünftiges Gelage zu bezahlen. Glaubst du wirklich, daß es sich lohnen wird?«

»Heute gewiß nicht«, antwortete der Mann. »Und auch morgen nicht. Aber ich bin nach Indien gekommen, um an Abenteuern und Entdeckungen teilzunehmen, nicht, um mein Dasein in einer Schenke oder als Sklave des Gouverneurs zu beenden. Ich suche den Ruhm und bin sicher, daß ich an der Seite von Edelleuten wie Euch eher ans Ziel komme als mit Kaufleuten und Politikern.« Er machte eine Pause und legte dann die Hand auf den Tisch, als wäre dieser eine Bibel. »So wahr mir Gott helfe, ich schwöre, diesen Mann bei mir zu verstecken und ihn zu verteidigen. Wenn einer sich an ihm vergreifen will, dann nur über meine Leiche.«

»Ich glaube dir«, sagte Hojeda überzeugt. »Du scheinst zu wissen, was du willst. Verrate uns, wie du heißt.«

»Pizarro!« antwortete der andere. »Francisco Pizarro. Ich helfe seit ein paar Monaten hier in der Taverne aus.«

Viele Jahre später, als Cienfuegos im hohen Alter über sein Leben nachdachte, fragte er sich häufig, bis zu welchem Grad der Zufall das Schicksal der Menschen bestimmt. Wie kam es, daß die Zukunft einzelner Menschen, aber auch ganzer Nationen oft von den unscheinbarsten Begebenheiten gelenkt wurde?

Hätte er sich an diesem Nachmittag nicht mit Hojeda und Balboa in der Taverne »Los Cuatro Vientos« getroffen, und wäre der neugierige Bursche nicht in der Nähe gewesen, als Capitán Pedraza vorbeikam, dann hätte Pizarro, jener hagere Junge mit den leuchtenden Augen und der kriegerischen Redeweise, den Capitán wahrscheinlich nie kennengelernt. Don Alonso de Hojeda hätte ihn nicht zu seinem Vertrauten gemacht und seine spätere Karriere als Entdekker und Eroberer tatkräftig unterstützt. Pizarro wäre dann nie der Adelantado geworden, der es im hohen Alter noch fertigbrachte, mit einer Handvoll verwegener Kämpfer das riesige Inkareich in Peru mit seinen sechs Millionen Einwohnern im Handstreich zu erobern.

»Ich kam mit Kolumbus auf dessen letzter Reise nach Hispaniola«, erzählte Pizarro, der sonst nur ungern über sich sprach, Cienfuegos. »Ich hatte eigentlich vor, mit dem Admiral weiter nach Zipangu und Kathai zu segeln, aber er hat mich hier zurückgelassen.«

»Warum?«

»Auf dem Schiff war ein Fieber ausgebrochen, ich hatte

mich ebenfalls angesteckt. Kolumbus brachte alle Kranken nach Puerto Hermoso, etwa zwanzig Meilen von hier, und ließ sie dort von Bord gehen. Das war in der Nacht, bevor der schreckliche Sturm die große Flotte vernichtete. Am nächsten Morgen ist er dann ohne uns aufgebrochen.«

»Du hattest Glück.«

»Glück?« wiederholte Pizarro. »Ich war gekommen, um Abenteuer zu erleben, nicht, um wie ein kranker Hund ausgesetzt zu werden. Jetzt hocke ich auf dieser Insel, wo man keinerlei Möglichkeiten hat, zu Ruhm oder Geld zu kommen. In Trujillo habe ich Schweine gehütet, und hier arbeite ich in einer Taverne. Ist das etwa ein Fortschritt?«

»Man muß Geduld haben«, unterbrach ihn Cienfuegos.

»In meinem Alter müßte man wenigstens Capitán sein, will man es noch zu etwas bringen. Aber ich kann mich nicht mal als Soldat bezeichnen. Ich besitze keinen roten Heller, geschweige denn einen Degen, nur meinen Lappen, um die Tische sauberzuwischen.«

»Nun, Hojeda ist Capitán und besitzt einen Degen, aber sein Haus ist in einem schlechteren Zustand als deines«, sagte Cienfuegos.

»Aber er ist immerhin Alonso de Hojeda, und den Ruhm kann ihm keiner streitig machen. Er ist ein Edelmann, gebildet, berühmt.« Pizarro schüttelte den Kopf. »Und man respektiert ihn. Dabei habe auch ich einen adligen Vater, obwohl ich ein Bastard bin.«

»Das ist nicht deine Schuld.«

»Gewiß nicht, aber es ist meine Schuld, nicht lesen und schreiben gelernt zu haben.«

»Das kannst du immer noch nachholen.«

»Ja, vielleicht, aber um Ruhm und Respekt zu erlangen, ist es wohl schon zu spät. Da hatte ich das Glück, beim Entdekker der Neuen Welt anzuheuern, und dann befällt mich das verdammte Fieber. Was für ein Pech...«

»Ich weiß nicht, ob ich recht habe«, unterbrach ihn Cienfuegos. »Aber im Lauf der Zeit habe ich die Erfahrung gemacht, daß der Ruhm nicht zu dem kommt, der ihm nachläuft oder ihn verdient, sondern zu dem, der ihm gefällt.«

»Mag sein«, entgegnete Pizarro, »aber wer von niederer Geburt ist wie ich, dem bleibt nichts anderes übrig, als Kopf und Kragen zu riskieren, wenn er es zu etwas bringen will. Schon meine Eltern haben mir meine Zukunft ein für allemal verbaut.«

»Du solltest deine Eltern nicht für dein Schicksal verantwortlich machen, denn ohne sie wärst du gar nicht auf der Welt.« Cienfuegos zuckte die Achseln, als lohnte es nicht, sich den Kopf über derlei zu zerbrechen. »Es ist immer noch besser, von niedriger Herkunft zu sein, als gar nicht geboren zu werden. Und ich sage dir das aus Erfahrung, denn meine Mutter war eine halbverrückte Ziegenhirtin, die vom Grundbesitzer geschwängert worden war. Du siehst, auch ich bin ein Bastard, und noch vor wenigen Jahren konnte ich weder lesen noch schreiben.«

»Das ist mir kein Trost.«

»Ich glaube auch nicht, daß du den brauchst«, entgegnete Cienfuegos.

In der Tat gehörte Pizarro nicht zu denen, die für ihr Unglück oder ihre Handlungen eine Rechtfertigung suchten. Solche Menschen haben für gewöhnlich nicht den Ehrgeiz, Reiche zu erobern. Francisco Pizarro hatte gelernt, daß er noch skrupelloser und brutaler sein mußte als die anderen, wenn er es in der Neuen Welt zu etwas bringen wollte.

Wie alle Abenteurer empfand er tiefe Bewunderung für Hojeda. Für Pizarro war Don Alonso de Hojeda der Inbegriff von Mut und Geschicklichkeit, andererseits war er der Meinung, daß es dem Capitán an dem notwendigen Ehrgeiz mangelte und seine übertriebene Ehrlichkeit und seine standhaften Prinzipien ihm den Weg zu Macht und Reichtum verbauten.

Hätte Hojeda die richtigen Fäden gezogen und sein ganzes

Ansehen in die Waagschale geworfen, hätte er mit Hilfe seines mächtigen Gönners, des Bischofs Fonseca, die Nachfolge Kolumbus' als Gouverneur und Vizekönig von Indien antreten können. Zweifellos hatte er weit größere Verdienste erworben und besaß viel mehr Erfahrung als der ehrgeizige Bobadilla und der verklemmte Ovando, aber er strebte nicht nach Macht, und es kümmerte ihn wenig, daß die Gebiete, die er entdeckte, später von anderen verwaltet wurden.

So entwickelte der berühmte Edelmann auch nie den Ehrgeiz, Titel oder Ländereien zu besitzen. Alles, was er wollte, war, gemäß dem Motto seines Ordens – »Plus Ultra« – zu immer neuen Horizonten vorzustoßen. Hätte er schließlich doch einen Thron bestiegen, hätte er wahrscheinlich nicht länger als unbedingt notwendig darauf gesessen und sofort eine neue Expedition auf die Beine gestellt, mit der er sich in neue Abenteuer stürzen und neue Reiche entdecken konnte.

Und als Cienfuegos später einmal über die Personen nachdachte, die eine wichtige Rolle in seinem Leben gespielt hatten, kam er zu dem Schluß, daß der Unterschied zwischen den drei ungleichen Männern, die sich damals in der Taverne »Los Cuatro Vientos« getroffen hatten, darin bestand, daß Alonso de Hojeda ein Träumer, Balboa ein Entdecker und nur Pizarro ein echter Konquistador gewesen war.

Damals, im Jahr 1504, waren sie bloß eine Gruppe von gestrandeten Notleidern, die sich in einer Schenke vollaufen ließen und offenbar nichts tun konnten, um zu verhindern, daß der Gouverneur Ovando Prinzessin Anacaona hinrichten ließ.

»Für Geld tanzt auch ein Bär«, sagte Pizarro, als er mit Cienfuegos in seinem schäbigen Zimmer am Stadtrand saß. »Ich weiß, wovon ich spreche, denn ich kriege bei meiner Arbeit eine Menge mit. Die meisten Menschen in Santo Domingo beklagen sich. Sie sind mit ihrer Situation unzufrieden und würden für Geld alles tun. Ein paar Goldtaler am richtigen Ort, und wir könnten dafür sorgen, daß der Gouverneur es sich mit der Hinrichtung anders überlegt.«

»Wieviel?« wollte Cienfuegos wissen.

»Ich meine, zehntausend Maravedis würden reichen.«

»Vor einigen Monaten habe ich über diese Summe verfügt«, sagte Cienfuegos traurig. »Aber dann habe ich sie in Waren investiert, auf die ich heute noch warte. Ich wollte auf einer einsamen und abgelegenen Insel eine neue Kolonie gründen. Damals konnte ich nicht ahnen, daß ich das Geld bitter nötig haben würde.«

»Du würdest also dein ganzes Geld hingeben, um einer Indiofrau das Leben zu retten?« fragte Pizarro ungläubig.

»Natürlich!« antwortete Cienfuegos.

»Ich kann es zwar nicht verstehen, aber ich respektiere es«, gab der andere zu. »Wieviel könntest du zusammenkratzen?«

»Fünftausend Maravedis wäre schon viel.«

»Viele würden das Doppelte zahlen, um sie am Strick baumeln zu sehen.«

»Wer kann so etwas wollen?« fragte Cienfuegos.

»All diejenigen, die der Meinung sind, man sollte die Einheimischen zu Sklaven machen oder zumindest zu Knechten, die man nicht bezahlen muß. Der Zuckerrohranbau wird immer wichtiger und könnte sich bald zu einer Goldgrube entwickeln, wenn genügend Arbeitskräfte da wären. Aber der Lohn, den ein spanischer Landarbeiter verlangt, ist zu hoch. Die Sache rentiert sich nur dann, wenn man Sklaven hat. Und dazu müßten die Gesetze geändert werden.«

»Ich weiß nicht, was Anacaonas Hinrichtung mit einer Änderung der Gesetze zu tun haben soll«, sagte Cienfuegos verwirrt. »Die Königin hat doch längst ein Machtwort gesprochen.«

»Aber die Königin wird nicht ewig leben. Außerdem hält sie die Fäden nicht mehr so fest in der Hand wie früher. Ich sage nur, was ich zu hören kriege. Da gibt es einen jungen Mann, einen gewissen Las Casas, der sich einmal in der Woche mit seinen Anhängern in der Schenke trifft. Sie sind für die Sklaverei und glauben, daß es nur eine Frage der Zeit ist, bis sie eingeführt wird. Und Anacaona ist ihnen im Weg.«

»Las Casas?« wiederholte Cienfuegos. »Ich habe nie von ihm gehört.«

»Bartolomé de las Casas«, vervollständigte der andere. »Französischer Abstammung. Er schloß sich Kolumbus bei seiner zweiten Reise an. Offensichtlich ist er sehr wohlhabend und hat großen Einfluß bei denen, die den Gouverneur Ovando beraten.«

»Ich kann nicht glauben, daß jemand aus wirtschaftlichen Erwägungen dafür wäre, die Prinzessin an den Galgen zu bringen«, dachte Cienfuegos laut. »Besser gesagt, ich will es nicht glauben.«

»Dann wirst du nie verstehen, wie es auf der Welt zugeht«, erklärte Pizarro gelassen. »Ich bin bestimmt nicht hier, weil es mir Spaß macht, zu schwitzen und mich von Moskitos, Schlangen und anderem Ungeziefer auffressen zu lassen. Weder ich noch all die anderen, die das Meer der Finsternis überquert haben. Wir sind hier, weil wir versuchen, ein neues Leben anzufangen. Wir sind alle aus Verzweiflung ausgewandert, und da ist es einem egal, wer auf der Strecke bleibt, solange nur das, was man unternommen hat, einen Sinn hat.«

»Auch wenn das auf Kosten einer unschuldigen Frau geht?«

»Natürlich! Wenn man zimperlich ist, sollte man lieber zu Hause bleiben und Schweine hüten.«

»Du würdest also die Sklaverei gutheißen?« hakte Cienfuegos nach.

»Natürlich!«

»Und wenn du selbst als Sklave enden würdest?«

»Was bin ich denn bis heute anderes gewesen?« erwiderte der andere wütend. »Was habe ich von meinem Vater als Dank dafür bekommen, daß ich seine Schweine hütete? Ein Stück Brot, weiter nichts. Und während meine Brüder in der warmen Stube hockten, habe ich im Winter draußen gefroren und mich im Sommer fast totgeschwitzt. Das war der Dank!«

»Nicht alle hier haben so gelitten wie du.«

»Jeder wird seine Geschichte haben. Aber eines kann ich mit Sicherheit sagen: Wenn man den Menschen vor die Wahl stellt, Knecht zu sein oder Herr, wird er sich bestimmt nicht für ersteres entscheiden. Es ist immer besser, andere zu versklaven, als selbst Sklave zu sein.«

Natürlich hatte Pizarro recht. Die meisten Kolonisten akzeptierten nur widerwillig die Dekrete der Krone, wonach die Einheimischen nicht versklavt werden durften. Obwohl viele, die in die Neue Welt gekommen waren, wegen ihres Glaubens oder ihrer Rassenzugehörigkeit in Spanien verfolgt worden waren, behandelten sie nun selbst die Einheimischen wie niedere Geschöpfe.

Das Land erschien den Spaniern unvorstellbar fruchtbar und reich. Aber sie fanden auch, daß es schwierig zu bebauen war. Die Sonne brannte unbarmherzig auf die Erde nieder, und die Hitze war so unerträglich, daß heißer, feuchter Dunst von der Erde aufstieg und jedem, der nicht hier geboren und an das Klima gewöhnt war, furchtbar zu schaffen machte.

Die Nächte waren schwül und raubten den Menschen den Schlaf. Sie wurden von Millionen Insekten geplagt, die Krankheiten und Tod brachten. Daher war es nicht verwunderlich, wenn die Spanier nicht in bester Verfassung waren. Aber sie hatten es geschafft, den neuen Kontinent zu erobern und zu beherrschen. Hergelaufene Bettler, die in ihrem Heimatdorf nicht mal eigene Schuhe besessen hatten, fanden sich plötzlich als Grundbesitzer wieder, verfügten über große Ländereien und witterten die Möglichkeit, mit dem Zuckerrohranbau steinreich zu werden.

Natürlich war es unwahrscheinlich, daß ein solcher Mensch gegen die Sklaverei war, da er doch dringend billige Arbeitskräfte brauchte. Schließlich waren die einen die Eroberer und die anderen die Eroberten. Die Realität ließ sich nicht durch ein einfaches Dekret außer Kraft setzen, auch nicht, wenn es von den Königen selbst erlassen worden war.

Gerüchten zufolge arbeitete Gouverneur Ovando an einem Plan, um Kolonisten, die bereit waren, sich auf Dauer im Inneren der Insel niederzulassen, große Ländereien zuzugestehen. Damit beabsichtigte Ovando, die Herrschaft der Spanier auf Hispaniola zu festigen. Die Landverteilung sollte durch eine *Encomienda de Indios* unterstützt werden.

Dieses System der *Encomienda* war zuvor bereits auf den Kanarischen Inseln angewendet worden, wo man die einheimischen Guanchen unterdrückt hatte. Es bestand darin, den spanischen Landbesitzern eine bestimmte Anzahl von Indianern für die Landarbeit oder den Bergbau zur Verfügung zu stellen. Die Grundbesitzer hatten nur die Pflicht, ihnen Kost und Logis zu gewähren und sie zum rechten Glauben zu bekehren.

Im Grunde genommen war dieses System nichts anderes als eine verkappte und scheinheilige Form der Sklaverei, bei der man die schwere Arbeit der Einheimischen mit dem Wort Gottes bezahlte. Das Wort Gottes war zu einer harten und unerschöpflichen Währung geworden, die für jeden Zweck mißbraucht wurde. Man durfte jeden Einheimischen auspeitschen und zwingen, auf den Feldern Zuckerrohr zu schneiden, solange man ihn am Ende eines Arbeitstages mit einem Vaterunser oder ein paar Ave Marias entlohnte.

So kann es nicht verwundern, daß die meisten Spanier,

die bettelarm auf die Insel gekommen waren, allmählich nervös wurden, weil sie das Scheitern des Projektes befürchteten. Wenn diese Leute Prinzessin Anacaona als Hindernis empfanden, würden sie alles tun, um sie loszuwerden.

Bartolomé de las Casas war einer der wichtigsten Befürworter der Encomiendas. Viele Jahre später änderte er zwar seine Einstellung, trat in den Dominikanerorden ein und kämpfte entschlossen für die Rechte der Einheimischen. Das konnte an den vollendeten Tatsachen nichts mehr ändern. Ovandos rassistische Gesetze sollten fortan in allen noch zu erobernden Gebieten der Neuen Welt Anwendung finden. Bartolomé de las Casas' später Gesinnungswandel und seine schonungslose Kritik an der spanischen Krone kennzeichnen ein trauriges, ein schwarzes Kapitel in der Geschichte Spaniens. Nur wenigen ist bekannt, daß der Frater selbst einst die ersten Worte davon geschrieben hatte.

Cienfuegos war natürlich nicht in der Lage, die Ereignisse und ihre weitreichenden Konsequenzen in einem historischen Zusammenhang zu sehen. Doch spürte er instinktiv, daß Anacaonas Schicksal nicht davon abhing, ob man sie der Rebellion gegen die Besatzungsmacht anklagte, sondern von politischen und ökonomischen Interessen, die auf der Insel zu einem erbitterten Machtkampf geführt hatten. Leider verstand er davon so gut wie nichts.

Wenn die Prinzessin vor dem Galgen gerettet wurde, hieß das, daß die Einheimischen eine anerkannte Anführerin hatten und über unwiderrufliche Rechte verfügten. Wurde sie aber in aller Öffentlichkeit hingerichtet, bedeutete dies, daß das Leben der Einheimischen in der Kolonie nichts wert war, nicht einmal das ihres Oberhaupts. Die Prinzessin war zu einem Symbol für die Zukunft von Millionen von Menschen geworden.

Dummerweise hing alles vom Gouverneur von Hispaniola ab, Seiner Exzellenz Fray Nicolás de Ovando, Großkomtur des Alcántara-Ordens.

Balboa widersetzte sich vehement jedem Plan, die Prinzessin gewaltsam zu befreien, während Pizarro dafür war und Alonso de Hojeda innerlich mit sich kämpfte. Er war hin und her gerissen zwischen seiner Loyalität den Königen gegenüber und der Zuneigung zu seiner früheren Geliebten.

»Wenn ich nur mit ihr sprechen könnte«, klagte er eines Nachts. »Dann könnte ich sie vielleicht überreden, mir das Versteck des Goldes preiszugeben, damit wir sie freikaufen können.«

»Vergeßt es«, entgegnete Balboa pessimistisch. »Ovando läßt niemanden zu ihr. Und Euch würde er es als allerletztem erlauben.«

»Es muß doch einen Weg geben«, bohrte der andere weiter.

»Habt Ihr etwa Flügel?« fragte Balboa, und als Hojeda nicht antwortete, hob er die Arme. »Dann ist nichts zu machen. Man hat sie nämlich im neuen Turm untergebracht.«

»Wißt Ihr das genau?«

»Ja, ganz sicher. Ein paar ihrer Stammesangehörigen verbringen den ganzen Tag unten auf der Wiese und hoffen, daß sie sich am winzigen Fenster ihrer Zelle zeigt.«

»Wie hoch liegt die Zelle?«

»Etwa acht Meter«, antwortete Balboa. »Aber macht Euch keine falschen Hoffnungen. Ich habe mir alles genau angesehen. Es gibt keine Möglichkeit, die Mauer emporzuklettern.«

»Das werden wir ja sehen«, sagte Hojeda entschlossen. »Ich war schon immer ein guter Fassadenkletterer.«

»Als Ihr schönen Damen den Hof machtet«, lachte Balboa. »Aber ich wette, daß Ihr niemals eine Gefängnismauer hochgeklettert seid. Es ist eine glatte Wand, und nirgends kann man einen Haken anbringen.« Er hielt inne und seufzte. »Außerdem dreht alle zehn Minuten eine Wache die Runde.«

Der kleingewachsene Hojeda überlegte lange, bis plötzlich seine Augen aufblitzten, als hätte diese Herausforderung seinen längst eingeschlafenen Abenteuergeist geweckt.

Er sah Cienfuegos an und fragte spöttisch: »Seid Ihr wirklich so stark, wie man sagt?«

In der darauffolgenden Nacht blieb dem Hirten nichts anderes übrig, als es unter Beweis zu stellen. Kurz nachdem die drei schwerbewaffneten Wächter um die Ecke gebogen waren, lief er wie ein Schatten zum Turm und lehnte sich mit gespreizten Beinen dagegen.

Dann folgte Vasco Núñez de Balboa. Er kletterte barfüßig auf Cienfuegos' Schultern und stemmte sich ebenfalls gegen die Mauer. Zuletzt stieg Pizarro auf die Schultern von Balboa. Als die Menschenpyramide vollendet war, kletterte der bewegliche Hojeda leichtfüßig über alle hinweg und warf ein Seil, an dessen Ende ein Haken befestigt war, gegen das Fenster. Nach dem zweiten Versuch blieb es an den Fenstergittern hängen.

»So, das war's«, flüsterte er den anderen zu, während er sich das Seil um die Hüfte schlang.

Daraufhin ließen sich zuerst Pizarro und dann Balboa hinuntergleiten und verschwanden mit Cienfuegos in einem nahe gelegenen Gebüsch.

Wenig später traf die Patrouille wieder unter Anacaonas Fenster ein, ohne auf die Idee zu kommen, daß acht Meter über ihrem Kopf ein Mann vom Turm hängen könnte.

Als sie vorbei war, zog sich Hojeda am Seil hoch, bis er auf dem schmalen Fenstersims saß und leise in die Zelle rief: »Prinzessin! Ich bin's, Alonso de Hojeda!«

Die Prinzessin aber schlief fest.

Er mußte noch einmal rufen: »Prinzessin, bitte!«

Doch Anacaona rührte sich nicht. Hojeda blieb nichts anderes übrig, als seine letzten Münzen aus der Tasche zu holen und sie einzeln gegen die Pritsche zu werfen, um die Prinzessin zu wecken. Schließlich öffnete Anacaona die Augen und sah die Silhouette vor ihrem Fenster.

»Was ist?« fragte sie erstaunt. »Wer ist da?«

»Ich bin's, Alonso de Hojeda! Ich hänge vor deinem Fenster.«

»Was machst du da?« rief die Prinzessin. »Bist du lebensmüde?«

»Nein. Es kann nichts passieren. Ich bin fest angebunden.«

»Du bist völlig übergeschnappt! Wie kommst du nur dazu?«

»Ich mußte dich unbedingt sprechen. Wir wollen dich befreien.«

»Wer ist ›wir‹?«

»Cienfuegos und zwei Freunde.«

»Der gute Cienfuegos!« sagte Anacaona. »Ich war sicher, daß er irgend etwas unternehmen würde, auch wenn ich nicht auf seinen Rat gehört habe, mich vor Ovando in acht zu nehmen. Wie geht es Doña Mariana?«

»Gut, vermute ich, aber jetzt dürfen wir keine Zeit verlieren. Pssst!« Hojeda legte den Finger auf den Mund. Unten drehten die Wächter ihre Runde. Als sie endlich vorbei waren, sagte Hojeda: »Wenn wir Geld hätten, könnten wir dich freikaufen.«

»Mich freikaufen?« wiederholte sie ungläubig. »Das wäre doch absurd. Warum soll ich für etwas bezahlen, das mir schon gehört? Mich kann niemand kaufen oder freikaufen!«

Hojeda wurde ungeduldig. »Ich kann jetzt nicht mit dir darüber diskutieren. Wenn wir dich hier rauskriegen wollen, brauchen wir Geld. Hast du welches?«

»Natürlich habe ich Geld!« antwortete Anacaona. »Ich könnte dir sogar die Stelle verraten, wo sich die größte Goldmine der Insel befindet, aber ich denke nicht daran. Eine Prinzessin läßt sich nicht freikaufen.«

»Bist du verrückt geworden? Es geht um Leben und Tod.«

»Von dir hätte ich so etwas nicht erwartet. Ein Leben ohne Würde ist nichts wert.«

»Sie werden dich hängen!«

»Das ist nicht die schlechteste Art zu sterben, wenigstens geht es schnell und schmerzlos. Besser so als nach einer langen Krankheit.« Anacaona wechselte den Tonfall. Ihre Stimme wurde ernst. »Ich lebe schon zu lange, Alonso. Ich hatte ein erfülltes Leben. Für die Zukunft, die ich vor mir sehe, lohnt es sich nicht mehr zu kämpfen. Ich will sterben.«

»Das ist Unsinn! Du bist noch jung und schön.«

»Ich bin bereits Großmutter, und ich bin müde, sehr müde. Ich will nicht wie eine wehrlose alte Frau zusehen, wie man mein Volk vernichtet.« Sie machte eine lange Pause und streichelte sanft seine Hände, die sich an das Gitter vor dem Fenster klammerten. »Wenn mich Ovando hängen läßt, werde ich in die Geschichte eingehen als die Königin, die sich gegen die Willkür der Eroberer auflehnte. Aber wenn ich für meine Freiheit bezahle, werde ich nichts weiter sein als einer von vielen gesichtslosen Feiglingen.« Sie lächelte zärtlich. »Belassen wir es dabei. Dieses Ende gefällt mir besser.«

»Ich kann nicht glauben, daß es einem gefallen kann, aufgehängt zu werden.«

»Das wird meine Rache sein«, flüsterte sie. »Wenn man mich hängt, werde ich ein unauslöschlicher Makel in der Erinnerung deines Volkes sein. Jahrhunderte werden vergehen, und immer, wenn jemand über Spaniens Ruhm spricht, wird es einen anderen geben, der aufsteht und daran erinnert, wie das glorreiche Spanien eine unschuldige Königin tötete. Meinst du nicht, daß sich das lohnt, im Tausch gegen die paar Jahre, die mir noch verbleiben?«

»Ovando läßt dich hängen, nicht Spanien.«

»Im Moment ist Ovando Spanien, so wie ich Xaraguá bin.« Sie griff nach dem Bart des kleinen Mannes und sagte sanft: »Ich habe dich so sehr geliebt. Ich habe dich geliebt, seit dem Tag, als ich dich auf deinem Pferd sah. Und sosehr ich dein Land hasse, ich bin froh, daß es dich gibt.« Sie lächelte verschmitzt. »Das einzige, was ich mir wünsche, ist, daß wir uns ein letztes Mal lieben könnten, bevor man mich hängt.«

»Das wird schwierig sein«, erwiderte Hojeda. »Leider bin ich kein Akrobat.«

»Du hast dich kein bißchen verändert!« lachte sie. »Allein dich zu sehen, macht mich glücklich.« Sie küßte ihn auf die Nasenspitze. »Was tut sich draußen? Wie steht es um mein Volk?«

»Wie soll es stehen, wenn du hier bist und Ovando an der Macht?« antwortete Hojeda. »Schlecht, sehr schlecht.«

»Isabel ist eine gute Frau. Ich habe gehört, daß ihr zwei Söhne habt. Das freut mich. Ich hätte dir auch gerne Kinder geschenkt.«

»Du bist zu wichtig gewesen, um das Schicksal eines Glücksritters zu teilen. Aber wir sollten nicht über die Vergangenheit sprechen, sondern die Zukunft.« Er streichelte ihre Wange. »Nun gut, wenn du nicht zahlen willst, werde ich dich eben auf andere Art befreien. Ich säge die Eisenstäbe durch.«

»Nein! Ich werde nicht flüchten. Ich habe keine Lust, vor dem Schicksal davonzulaufen.«

»Cienfuegos und Doña Mariana würden dich mitnehmen.«

»Wohin? In die Verbannung! Niemals!«

Alonso de Hojeda wollte schon protestieren, doch dann ließ er sie mit einer Geste schweigen, denn unten war eine dralle kleine Frau aufgetaucht, die sich wenige Meter vom Turm entfernt hinhockte, um Wasser zu lassen.

Dann lehnte sie sich an die Mauer und wartete solange, bis die Wachsoldaten um die Ecke bogen. Offensichtlich fand dieses Ritual jede Nacht statt. Die Soldaten kannten sie, und nach einer kurzen Verhandlung setzten zwei der Wächter die Runde fort, während sich die Frau und der dritte auf eine Decke legten, die sie zuvor auf der Wiese ausgebreitet hatten.

Die Frau machte die Beine breit, und der Soldat begann laut keuchend sein Werk. Hojeda schüttelte den Kopf, als wollte er böse Gedanken vertreiben, und fluchte innerlich. Zwei traurige Laternen schienen in den Ecken, und das Licht reichte kaum aus, um zu erkennen, was sich da unten abspielte. Doch die Frau schien eine bessere Sicht zu haben, denn plötzlich blieb ihr Blick an dem einem der Fenster hängen.

Sie ließ sich nichts anmerken, sondern wartete geduldig, bis der Soldat sein Pulver verschossen hatte, und regte sich auch dann nicht von der Stelle, als er aufstand und sich die Hosen hochzog. Fast gleichzeitig bogen seine Kameraden wieder um die Ecke.

»Gleich ist die Hölle los!« sagte Hojeda leise. »Ich kann nur hoffen, daß die anderen mir zu Hilfe kommen, sonst bin ich erledigt.«

Doch seine Befürchtungen waren unbegründet. Denn jetzt knöpfte sich der zweite die Hosen auf und nahm die Stelle seines Vorgängers ein, während die anderen ihre Runde fortsetzten.

»Verdammt noch mal!« fluchte Hojeda. »Die bringt es fertig und treibt es mit allen dreien.«

Etwa zwanzig Meter entfernt kauerten Cienfuegos, Balboa und Pizarro im Gebüsch und wußten nicht, ob sie lachen oder ihrem Freund zu Hilfe eilen sollten.

Eine Viertelstunde später verschwand die dralle Maid, ohne sich noch einmal umzudrehen oder nach oben zu schauen. Und kaum war die Patrouille vorbei, liefen Cienfuegos und seine Freunde zum Turm und halfen Hojeda herunter.

»Verdammter Mist!« fluchte der kleine Hojeda, der oben Blut und Wasser geschwitzt hatte. »Um ein Haar hätte die Hure uns einen Strich durch die Rechnung gemacht.«

Selbst als sie schon lange wieder in Pizarros Zimmer saßen, hatte sich Hojeda noch nicht beruhigt.

»Wenn ich diese Schlampe zu fassen kriege, mache ich Hackfleisch aus ihr!« schimpfte er.

»Wir sollten dankbar sein, daß sie Euch nicht verraten hat«, erklärte Balboa. »Es war Agustina Carmona. Sie hat sich auf Soldaten spezialisiert. Ich schulde ihr noch fünf Maravedis.«

»Wem schuldet Ihr eigentlich kein Geld?« rief Hojeda.

»Ich würde lieber wissen, was die Prinzessin gesagt hat«, unterbrach Cienfuegos die beiden Streithähne.

»Sie will sterben«, antwortete Hojeda mißmutig.

»Soll das ein Witz sein?«

»Nein. Sie meint es todernst.« Alonso de Hojeda seufzte ergeben und zuckte die Achseln. »Ich kann sie sogar verstehen. Sie will erhobenen Hauptes in den Tod gehen, statt wie ein Hund mit eingezogenem Schwanz flüchten zu müssen. Könnte sein, daß ich an ihrer Stelle genauso handeln würde.«

»Lächerlich!« protestierte Balboa. »Das ist doch nur Gerede.«

»Glaube ich nicht.«

»Ich auch nicht«, sagte Cienfuegos. »Ich bin derselben Meinung wie die Prinzessin. Lieber rechtzeitig sterben, als von Erinnerungen leben.« Er schaute einen nach dem anderen an und fragte schließlich: »Was machen wir jetzt?«

Alonso de Hojeda, Vasco Núñez de Balboa und Francisco Pizarro warfen sich unbehagliche Blicke zu. Es war offensichtlich, daß keiner von ihnen die leiseste Ahnung hatte.

»Ich heiße Méndez. Diego Méndez de Segura, und ich schäme mich nicht im geringsten, ein treuer Diener und Anhänger von Seiner Exzellenz, dem Admiral und Vizekönig Kolumbus zu sein, für den ich schon oft mein Leben riskiert habe und es stets aufs neue tun würde.

Ich bin nicht dumm und weder blind noch taub für die vielen Fehler, die der Admiral zweifellos hat. Trotzdem bin ich davon überzeugt, daß der Name und die heldenhaften Taten meines Herrn, des Vizekönigs von Indien und Admirals der Weltmeere, noch in aller Munde sind, wenn die Erinnerungen an die Könige und Intriganten, die ihn jetzt beleidigen und verachten, längst verblaßt sind.

Nun, da Ihr wißt, wie ich zu Vizekönig Kolumbus stehe, will ich über seine vierte und zugleich schrecklichste Reise berichten, an der ich durch Gottes Gnade teilhaben durfte. Und ich werde Euch auch erklären, was mich in die gottverlassene Gegend von Xaraguá verschlug, wo ich jetzt gegen meinen Willen festgehalten werde.

Es ist nun fast zwei Jahre her, daß wir den Hafen von Cádiz verließen. Der Wind schien uns wohlgesonnen, und die vier Schiffe unserer Expedition kamen zügig voran. Das Glück verließ uns erst in dem Augenblick, als mein Herr allen Warnungen zum Trotz befahl, Kurs auf die Insel Hispaniola zu nehmen. Dabei hatte Ihre Majestäten ihm ausdrücklich verboten, auch nur in die Nähe der Kolonie zu kommen, um Gouverneur Ovando nicht unnötig zu reizen.

Maßloser Stolz und die Unfähigkeit, einem Befehl zu gehorchen, auch wenn er von den Königen persönlich kam, gehören zu den unverzeihlichen Fehlern meines Herrn, die ich vorhin erwähnte. Gott weiß, wie ich ihn angefleht habe, die Insel zu meiden, um das Unglück nicht herauszufordern, aber es war vergebens.

Er widersetzte sich allen Anordnungen und nahm nicht nur Kurs auf Hispaniola, sondern besaß obendrein die Dreistigkeit, in der Bucht von Santo Domingo, direkt vor der Nase seiner Feinde, den Anker zu werfen. Wahrscheinlich wollte er ihnen zeigen, daß der alte Vizekönig wieder an der Spitze einer königlichen Flotte stand und von der Krone erneut beauftragt worden war, den Seeweg nach Indien zu erforschen. Kaum hatten wir die Segel eingeholt, zogen plötzlich schwarze Wolken auf. Wir alle waren überzeugt, daß dies ein schlechtes Omen war.

Kolumbus ist zwar ein Besserwisser, aber auch ein ausgezeichneter Seemann. Er erkannte sofort die Gefahr, die der heranziehende Hurrikan für seine kleine Flotte darstellte. Noch am selben Tag verließen wir den Hafen von Santo Domingo und gingen in einer geschützten Bucht bei Puerto Hermoso vor Anker. Dort überstanden wir die furchtbare Katastrophe fast unbeschadet, während die Schiffe des Gouverneurs Ovando, der nicht auf Kolumbus' Rat hatte hören wollen, von den Fluten des Meeres verschlungen wurden.

Gleich nachdem der Hurrikan abgezogen war, setzten wir bei schwerer See die Segel und nahmen Kurs auf Jamaika. Das Meer beruhigte sich vorübergehend, und der Wind war uns wieder gnädig. Wir umsegelten eine Inselgruppe, die uns als wahres Paradies erschien, und nahmen dann Kurs nach Südwesten, wo der Admiral seinen Berechnungen zufolge Zipangu und Kathai vermutete.

Doch schon nach wenigen Tagen erreichten wir eine schroffe Küste und gerieten erneut in einen furchtbaren Sturm, in dem wir nur sehr mühsam vorankamen. Drei Monate umtoste uns der Sturm, drei volle Monate. Solange ich Seemann bin, habe ich einen derartigen Orkan noch nicht erlebt. Die Schiffe waren voll Wasser, die Mannschaften krank und völlig erschöpft. Von den hundertvierzig Seeleuten, die sich an Bord der vier Schiffe befanden, hatten nicht mal zehn noch die Kraft, die Segel zu setzen.

Achtundachtzig Tage haben wir weder Sonne noch Sterne gesehen. Das eintönige Grau des Meeres war allgegenwärtig, es genügte, um den fröhlichsten Menschen trübsinnig zu stimmen. Heute kommt es mir wie ein Wunder vor, daß wir uns damals über Wasser halten konnten. Wir hatten keine Ahnung, wo wir uns befanden, und selbst der Admiral war der Verzweiflung nahe.

Da Kolumbus diesmal keinen Priester an Bord hatte, begannen die Männer, sich gegenseitig die Beichte abzunehmen und Gelübde abzulegen. Wir befürchteten das Schlimmste. Dazu kam, daß Kolumbus' dreizehnjähriger Sohn, den der Admiral gegen dessen Willen auf die lange Reise mitgenommen hatte, schwer erkrankte.

Schließlich legten wir in einer Bucht an, die wir ›Deogracias‹ tauften. Der Sturm fand ein Ende, und wir konnten endlich an Land gehen. Der Gesundheitszustand der Männer schien erbärmlich genug, die Schiffe aber waren unrettbar verloren. Die Segel hingen in Fetzen von den Masten, die Schiffswände waren geborsten. Nicht einmal der beste Steuermann der Welt hätte sie noch auf Kurs halten können.

Wir suchten Zuflucht an einem Ort, den die Einheimischen Cariay nennen. Zunächst nahmen wir uns der Kranken, später der Schiffe an. Dort erkannte ich auch, wie tragisch das Schicksal meines Herrn war. Weder all seine Titel noch seine wirklich hervorragende Navigationskunst hatten verhindern können, daß wir an einer unbekannten Küste gestrandet waren und wahrscheinlich nie wieder nach Hause finden würden.

Was war das für ein Mensch, der weder in der Alten noch

in der Neuen Welt ein Dach über dem Kopf besaß und sich offenbar allein von seinen Träumen leiten ließ? Aber diese Träume genügen, um alle Dächer dieser Welt zu vergolden.

Ich weiß nicht mehr, ob es ein Traum oder die Wirklichkeit war, denn alles erschien mir so unbestimmt, und nur der Admiral konnte die Einheimischen verstehen. Er übersetzte uns das Kauderwelsch und erzählte begeistert von einem Ort namens Veragua, wo es den Berichten der Indios zufolge große Mengen Gold gab.

Offenbar hatten sie ihm auch ein Land beschrieben, wo die Menschen Kleider trugen, große Häuser und Schiffe bauten und in von Pferden gezogenen Wagen fuhren. Der Fluß Ganges, der ja bekanntlich zu Indien gehörte, sollte nur zehn Tagesmärsche entfernt sein.

Dies und noch viel mehr haben sie dem Admiral berichtet, ausführlich und in allen Einzelheiten, aber alles, was ich zu Gesicht bekam, waren ein paar nackte Indios, die sich mehr für unsere Degen zu interessieren schienen als für die goldenen Brustharnische, von denen sie dem Vizekönig so viel erzählt hatten.

Als sich die Mannschaft einigermaßen erholt hatte, um auf der Suche nach den sagenhaften Goldminen ins Landesinnere vorzustoßen, kam ein neuer Sturm auf, der so heftig war, daß wir die kleine Bucht verlassen mußten, um nach einem sicheren Ankerplatz zu suchen, wenn wir nicht Gefahr laufen wollten, die Schiffe endgültig zu verlieren.

Doch wir wurden von der Strömung aufs offene Meer hinausgetrieben und kamen gegen den starken Wind nicht an. Die Natur spielte Katz und Maus mit uns, und wir verloren jegliche Orientierung. Wochenlang hörte es nicht auf zu regnen, und die Männer verloren allen Mut. Wem hatten wir diesen Fluch zu verdanken? Was hatten wir verbrochen? Es wurde zu einer wirklichen Höllenfahrt.

So vergingen die Monate. Ehe wir uns versahen, war ein Jahr vorbei. Allmählich begannen wir, Zeit- und Orientierungssinn zu verlieren, und als wäre das nicht genug, entdeckten wir eines Tages, daß der Schiffsholzwurm, der nur in diesen Breitengraden zu finden ist, unsere Schiffe fast durchsiebt hatte. Das Holz der Planken war derart befallen, daß es jeden Augenblick zu zerbröseln drohte.

Es war, als segelten wir auf Papierschiffen. Wir befürchteten, daß sie sich unter unseren Füßen auflösen könnten. Daher befahl Admiral Kolumbus, Kurs auf Hispaniola zu nehmen, bevor es zu spät war und wir alle umkamen.

Ich bin sicher, daß er lieber das Landesinnere von Tierra Firme erforscht und nach dem sagenhaften Gold gesucht hätte, aber jetzt war er gezwungen, seinen Entdeckerdrang den Interessen der Mannschaft unterzuordnen. Und er tat gut daran, denn die erschöpften und verängstigten Seeleute standen kurz vor einer Meuterei.

Die Hinfahrt war schon schlimm genug, aber ich schwöre, die Rückfahrt war noch übler. Es war nur noch eine Quälerei. Die Schiffe kamen mir vor wie aufgeweichte Brotlaibe, die sich kaum noch steuern ließen. Fast alle waren krank, und die Vorräte gingen zur Neige. Die wenigen, die noch bei Kräften waren, konnten sich unmöglich um die Kranken kümmern und gleichzeitig die Schiffe instand halten.

Schließlich erblickten wir an einem diesigen Morgen die nördliche Küste von Jamaika. Wir hatten es geschafft, was nur dem Mut und Geschick des Admirals zu verdanken war, der die Strömungen genau kannte. Denn wie gesagt, die Schiffe ließen sich kaum noch steuern, und wir kamen manchmal tagelang nicht von der Stelle. Dann blieb uns gar nichts anderes übrig, als uns von der Strömung treiben zu lassen.

Trotzdem dauerte es noch eine Woche, bis es uns gelang, an Land zu gehen, wenngleich wir die Küste genau vor der Nase hatten. Immer wieder trieb uns der Wind aufs offene Meer hinaus, obwohl wir mit allen uns noch verbliebenen Kräften dagegen ankämpften. Schließlich legten wir in einer offenen Bucht an und zogen die Schiffe auf den Strand. Wahrscheinlich hätten sie sich keinen Tag länger über Wasser gehalten.

Wir nahmen Kontakt zu den Einheimischen auf. Sie waren friedlich und versorgten uns mit Früchten und frischem Fleisch, was uns nach der eintönigen Ernährung an Bord wie ein Geschenk des Himmels erschien. In den folgenden Wochen erholten wir uns allmählich von den Strapazen.

Wir waren so lange auf See gewesen, daß die meisten von uns verlernt hatten, wie man sich an Land bewegt. Ständig hatte man das Gefühl, daß die ganze Insel wie ein Schiff schlingerte.

Der Admiral wurde krank.

Kaum hatte er die Mannschaft sicher an Land gebracht, da befiel Kolumbus eine seltsame Art von Wahnsinn, der ihn seitdem nicht mehr verlassen hat. Oft ertappte ich ihn bei Selbstgesprächen oder irgendwelchen imaginären Auseinandersetzungen mit Aristoteles oder Erasmus über religiöse und politische Themen oder die Entwicklung von Ländern.

Er war fest davon überzeugt, daß dieses Veragua, von dem wir auf unserer Reise gehört hatten, vor den Türen von Zipangu und Kathai lag. Gleichzeitig verstrickte er sich immer tiefer in alle möglichen Widersprüche. Einmal behauptete er, unmittelbar vor der Küste Asiens zu sein, was bedeutete, daß er recht gehabt hätte und die Welt viel kleiner war als angenommen, dann wieder beharrte er darauf, einen neuen Kontinent entdeckt zu haben, was der anderen Behauptung völlig widersprach.

Ich will nicht so weit gehen und behaupten, daß er verrückt geworden ist, dazu bewundere ich den Admiral zu sehr. Doch das Alter, die Gicht und die vielen Schwierigkeiten und Enttäuschungen, die er hatte erleiden müssen, forderten ihren Tribut. Vor allem war es wohl die Last der Verantwortung für so viele Menschen, die ihm die Sinne raubte.

Eines Nachts ließ er mich zu sich rufen und gab mir den Befehl, mit einem Kanu und der Hilfe von zwei Einheimischen hierher zu paddeln. Ich wies darauf hin, daß es Selbstmord sei, die lange Strecke in einem Kanu zurückzulegen. Er stimmte mir zu und sagte, das wisse er, doch sei es unsere einzige Möglichkeit, Hilfe zu bekommen, wollten wir nicht auf dieser Insel das Zeitliche segnen.

Schließlich erklärte sich ein weiterer Seemann, ein gewisser Flisco aus Genua, bereit, mich zu begleiten. Wir beide und sechs Indios, denen wir nicht über den Weg trauen konnten, quetschten uns in ein schmales Kanu, das nur ein kleines Segel tragen konnte. Als Proviant hatten wir Früchte und ein paar Fässer Wasser dabei. Und so segelten wir los in der Hoffnung, daß Hispaniola tatsächlich irgendwo im Nordosten lag.

Der Admiral gab mir einen langen Brief an die Königin mit und einen weiteren an den Gouverneur, in dem er um Hilfe bat. Ein dritter war für seinen Sohn Diego bestimmt, der in Spanien lebt.

›Du bist unser letzter Strohhalm‹, sagte er zum Abschied. ›Die letzte Hoffnung für diese Männer, die ohne dich dem Untergang geweiht sind, und auch für mich, der ich sonst wohl endgültig auf meinen wohlverdienten Ruhm verzichten muß.‹

Es war eine lange und beschwerliche Reise sogar für Leute wie uns, die einiges durchgemacht hatten. Fünf Tage lang brannte die unbarmherzige Sonne auf uns nieder. Bald kamen Hunger und Durst dazu, und als wir die Küsten Jamaikas erst einmal hinter uns gelassen hatten, begleiteten uns nur noch die Haie.

Flisco und ich mußten uns abwechseln und mit der Waffe in der Hand Wache halten. Es war klar, daß uns die Indios bei der geringsten Nachlässigkeit unsererseits die Kehle durchschneiden und auf schnellstem Weg wieder zu ihren Hütten zurückpaddeln würden.

Zwei starben unterwegs. Mir blieb nichts anderes übrig, als sie den Haien zum Fraß vorzuwerfen, denn der Gestank der Leichen lockte die Viecher zu Hunderten an, und wir hatten Angst, daß sie das Kanu zum Kentern bringen könnten. Als wir schließlich in weiter Ferne die Küste von La Navata sahen, glaubte ich an eine Fata Morgana.

Wir erreichten Santo Domingo, und dort wurde uns berichtet, daß sich der Gouverneur in Xaraguá befand. Ich eilte also hierher und sprach mit Ovando, der gerade die Prinzessin Anacaona gefangengenommen hatte. Ich berichtete ihm von der verzweifelten Lage, in der sich Kolumbus und seine Männer befanden, doch zu meiner Überraschung machte er keinerlei Anstalten, Hilfe zu schicken. Im Gegenteil, er verbot mir, nach Santo Domingo zurückzufahren. Ich mußte in Xaraguá bleiben und durfte niemandem von Kolumbus' Schicksal erzählen.«

Bonifacio Cabrera, der dem Bericht gebannt gelauscht hatte, seufzte tief und sagte: »Mein Gott, ist das eine schreckliche Geschichte! All das Leid, das Ihr ertragen mußtet, und dann die Zurückweisung durch einen Mann, der sich selbst als guten Christen bezeichnet und es dennoch ablehnt, jenen Hilfe zukommen zu lassen, die sie am dringendsten brauchen.«

»Ovando ist ein erbärmlicher Mensch. Er will den Admiral bestrafen, weil dieser die Unverschämtheit besaß, Größe zu zeigen, obwohl er von niederer Herkunft ist. Es scheint, als hätte man ihm beigebracht, daß Gott die Adligen schuf, damit man sie ehrt, und den Rest der Menschen, damit man sie verachtet. Daran hält er jetzt fest wie ein Hund an seinem Knochen. Und wenn Kolumbus auf Jamaika zugrunde geht, würde er sich freuen!«

»Aber was werden die Könige sagen?«

»Die Könige sind weit weg. Deshalb will er mich auch nicht nach Santo Domingo lassen. Er befürchtet, daß ich mich von dort nach Spanien einschiffen könnte. Würde die

Königin von Kolumbus' Schicksal erfahren, könnte sie befehlen, daß Ovando ihm hilft. Sie wird niemals zulassen, daß er so elend verendet.«

»Es heißt, die Königin würde sich kaum noch um die Regierungsgeschäfte kümmern, weil die Krankheit ihrer Tochter Doña Isabel sie völlig in Anspruch nimmt. Offensichtlich ist das arme Kind verrückt geworden.«

»Noch auf dem Totenbett würde die Königin befehlen, den Admiral zu retten. Sie weiß genau, welcher Makel auf Spanien fiele, wenn die Krone Spaniens, die ihm alles zu verdanken hat, Kolumbus auf einer einsamen Insel schmählich im Stich ließe. So etwas verzeiht die Geschichte nicht.«

»Im Süden Jamaikas gibt es eine kleine Kolonie von Spaniern, die ein Segelboot besitzen, mit dem sie manchmal bis Hispaniola kommen. Vielleicht trifft der Admiral auf sie.«

»Die Insel ist verdammt groß und wegen des dichten Urwalds auch sehr unwegsam. Die einheimischen Stämme sind verfeindet und führen ständig Krieg miteinander. Kolumbus und seine Leute haben sich an einem abgeschiedenen Strand im Norden verschanzt. Ich glaube kaum, daß sie die Kraft haben, die ganze Insel zu durchqueren. Es liegt an mir, sie zu retten, aber solange ich Xaraguá auf Befehl von Ovando nicht verlassen darf, sind mir die Hände gebunden.«

Bonifacio Cabrera kehrte zu dem Versteck auf der kleinen Insel Gonave zurück und erzählte Doña Mariana Montenegro, was er herausgefunden hatte. Zwar brachte er keine Neuigkeiten von Cienfuegos, Fray Bernardino de Sigüenza oder der Prinzessin Anacaona, statt dessen war er jedoch diesem interessanten Mann begegnet. Offensichtlich hatte dieser ein gutes Verhältnis zum Admiral und wäre in der Lage, den Königen zu beweisen, wie schlecht sich der Gouverneur um die Verwaltung Hispaniolas kümmerte.

»Wenn die *Milagro* rechtzeitig käme, könnten wir dem Vizekönig zu Hilfe eilen. Ich bin sicher, daß Kolumbus noch genügend Einfluß bei Hof hat, um zu verhindern, daß man die Prinzessin tatsächlich aufhängt. Wahrscheinlich könnte er sogar bewirken, daß man unsere Verbannung aufhebt.«

»Du verlangst ja gleich mehrere Wunder auf einmal«, sagte Eva traurig. »Was dem Admiral passiert ist, tut mir aufrichtig leid, obwohl ich ihn nie gemocht habe. Wie du weißt, halte ich nicht viel von Kolumbus und seinen Brüdern, andererseits darf man nicht zulassen, daß Männer wie dieser Ovando ihn derart rücksichtslos behandeln. Aber so ist die Welt nun einmal, und wir können nichts daran ändern.« Eva seufzte. »Wenn wir etwas für ihn tun können, werden wir es tun, aber zunächst müssen wir uns um Cienfuegos kümmern.«

»Cienfuegos kann sehr gut auf sich selbst aufpassen«, beruhigte Bonifacio sie. »Obendrein hat er genug mit der Prinzessin zu tun. Wir müssen ihm Zeit lassen, und mit etwas Glück wird er irgendwann mit Anacaona hier auftauchen.«

Doch Eva wollte nicht warten. Sie hatte das Gefühl, daß ihr die Zeit durch die Finger rann. Sie überlegte einen Augenblick und sagte dann: »Suche einen klugen und kräftigen Indio, der nach Santo Domingo eilt und herausfindet, wo sich Cienfuegos aufhält. Ich will ihm die Nachricht zukommen lassen, daß Ovando nicht nur die Prinzessin gefangenhält, sondern auch Kolumbus, den Vizekönig von Indien.« Sie hielt einen Augenblick inne und setzte dann hinzu: »Wenn mich nicht alles täuscht, wird das für einen derartigen Skandal sorgen, daß der Hundesohn von Ovando es sich sehr gut überlegen wird, ob er Anacaona aufhängen läßt.« Sie machte eine ungeduldige Gebärde. »Worauf wartest du noch? Das ist unsere letzte Hoffnung. Los, beeil dich!«

»Das sprechende Rohr« war ein Geheimnis, das die Einheimischen schon immer fasziniert hatte.

In diesem feuchten Klima, wo es ständig regnete und Botschaften über Flüsse und Seen hinweg ihr Ziel erreichen mußten, hatten es sich die Spanier angewöhnt, ihre Briefe in ein Zuckerrohr zu stecken und dieses an beiden Enden mit Wachs zu versiegeln.

Die Indios, die gelegentlich Nachrichten für die Spanier befördern mußten, wunderten sich, wenn der Empfänger den Brief aus dem Rohr nahm und die Botschaft vorlas. Daher wurde diese primitive Art der Nachrichtenübermittlung von den Einheimischen »Sprechendes Rohr« genannt.

Eine Woche später fand der von Eva gesandte Mann mit Balboas Hilfe Cienfuegos in Santo Domingo und beobachtete verblüfft, wie dieser einen Wutanfall bekam, nachdem er die Botschaft über Kolumbus' Schicksal gelesen hatte.

»Was steht denn darin?« fragte Pizarro neugierig. Für ihn war das Ganze genauso ein fauler Zauber wie für den Einheimischen, denn auch er konnte weder lesen noch schreiben. »Ist jemand gestorben?«

»Noch nicht. Aber es könnte sein, daß der Admiral und hundert seiner Männer dran glauben müssen...«

Cienfuegos erzählte Pizarro den Inhalt der Botschaft und unterrichtete auch Balboa und Hojeda. Alle drei waren einhellig der Meinung, daß der Gouverneur seine Befugnisse weit überschritten hatte. So etwas durfte sich nicht einmal der oberste Vertreter der Krone auf Hispaniola herausnehmen.

»Auch wenn wir beiseite lassen, daß es sich um Kolumbus handelt – den ich trotz vieler Meinungsverschiedenheiten noch immer bewundere –, kann dieser Hundesohn von Ovando nicht derart mit dem Leben seiner Landsleute spielen«, tobte Hojeda. »Entweder muß er auf der Stelle eine Expedition zur Rettung des Admirals und seiner Männer losschicken, oder ich stelle mich offen gegen ihn, und wenn es mich das Leben kostet.«

»Ich glaube, es wäre besser, wenn Ihr Euch im Hintergrund haltet«, warnte Cienfuegos. »Man könnte sonst auf die Idee kommen, daß Ihr die Gelegenheit nutzen wollt, ihm den Gouverneursposten streitig zu machen. Laßt mich zuerst mit Fray Bernardino de Sigüenza sprechen. Er besitzt noch einen gewissen Einfluß auf Ovando und ist zugleich über jeden Zweifel erhaben.«

Sobald es dunkel wurde, begab sich Cienfuegos zum Kloster und unterrichtete Fray Bernardino, der über die offenkundige Niedertracht seines ehemaligen Kommilitonen empört war.

»Seid Ihr ganz sicher?« fragte er Cienfuegos ungläubig. »Immerhin könnte es auch das Hirngespinst eines Verrückten sein.«

»Seit zwei Jahren haben wir nichts mehr von Kolumbus gehört«, erklärte Cienfuegos. »Außerdem ist allgemein bekannt, daß der Konvertit Diego Méndez ein Vertrauensmann des Admirals ist. Und wenn Ovando ihn auf Xaraguá unter Hausarrest gestellt hat, wird er seine Gründe haben.«

»Ich kann nicht glauben, daß jemand, der sich Gott geweiht hat, so gehässig sein kann.«

»Ich habe im Leben immer wieder erfahren, daß manche Menschen die Macht mehr lieben als Gott, vor allem die, die den Glauben hochhalten. Offenbar gedeiht der Glaube nicht in solch erhabenen Höhen.«

»Ihr würdet einen guten Franziskaner abgeben«, murmelte Fray Bernardino de Sigüenza müde. »Aber Ihr habt recht. Ich habe meine Vorgesetzten gebeten, für die Prinzessin ein gutes Wort einzulegen, doch je höher ich kam, desto weniger waren sie gewillt, mich anzuhören. Für einen gewöhnlichen Priester ist diese Hinrichtung ein verwerfliches Verbrechen, für einen Bischof aber ein Akt der Gerechtigkeit.« Er schwieg nachdenklich. »So verschieden kann man die Welt sehen, je nach dem Gewand, das man trägt.«

»Von Gewändern verstehe ich nichts«, antwortete Cienfuegos enttäuscht. »Und von Menschen offensichtlich noch weniger. Eigentlich fühle ich mich nur im Dschungel wohl, bei den Pflanzen und Tieren. Am liebsten würde ich auf der Stelle dorthin zurückgehen. Wie kann man noch Hoffnung haben, wenn selbst die Prinzessin lieber stirbt, als sich freikaufen zu lassen?«

»Das weiß ich auch nicht«, gestand Bernardino de Sigüenza. »Ich weiß nur, daß ich nicht untätig sein will.«

Das konnte man nun wirklich nicht von ihm behaupten. Schon am nächsten Morgen stieg er auf die Kanzel und hielt eine leidenschaftliche Predigt. Vor allem wetterte er gegen den maßlosen Machtmißbrauch des Gouverneurs, der nicht einmal davor zurückschreckte, Gott herauszufordern, indem er das Leben Dutzender von Spaniern leichtfertig aufs Spiel setzte.

Ein ungläubiges Raunen stieg von den Kirchenbänken auf. Ein Capitán stand auf und rief, das sei alles erstunken und erlogen, doch der kleine Frater überhäufte ihn mit einer solchen Fülle von Fakten, daß der verdutzte Mann sich beschämt wieder hinsetzen mußte.

Am Mittag glich die Stadt einem Bienenkorb. Obwohl der Vizekönig auf der Insel nun wahrlich nicht beliebt war und man keine guten Erinnerungen an ihn hatte, war den meisten Menschen auf Hispaniola bewußt, daß sie dem Admiral viel zu verdanken hatten. Er verdiente besonderen Respekt, darin waren sich sogar seine ärgsten Feinde einig, und es kam nicht in Frage, daß man ihn einfach seinem Schicksal überließ. Außerdem gab es viele, die nichts mit den Rivalitäten zwischen Kolumbus und Ovando zu tun haben wollten.

Viele Seeleute, die auf den vier Schiffen des Kolumbus angeheuert hatten, besaßen Angehörige oder Freunde in Santo Domingo. Diese Menschen protestierten nun lauthals gegen den Gouverneur und zogen sogar vor dessen Residenz. Daraufhin ließ Ovando seinen Militärberater, Capitán Castreje, rufen, denselben, der zuvor die Gefangennahme der Prinzessin Anacaona geplant und durchgeführt hatte. Ovando verlangte einen Bericht über die Stimmung in der Stadt und erkundigte sich nach möglichen Konsequenzen der neuesten Entwicklung.

»Wir haben die Lage völlig unter Kontrolle«, erklärte Castreje mit Bestimmtheit. »Die kleine Unruhe wird keine weiteren Kreise ziehen. Ihr diktiert die Gesetze, und ich setze sie in die Tat um. Ich sehe da keine Probleme.«

Doch da irrte Castreje. Die Einwohner von Santo Domingo erinnerten sich noch sehr gut an den Untergang der großen Flotte. Damals waren an die neunhundert Menschen ertrunken. Viele von ihnen hatten Angehörige auf der Insel. Schon seinerzeit hatten die Leute den Gouverneur verantwortlich gemacht.

»Ihr könnt unmöglich noch weitere Tote in Kauf nehmen«, riet ihm jetzt sein besorgter Sekretär, der einen klaren Kopf behalten hatte. »Der Hurrikan war eine Strafe Gottes, für die Euch keiner gerichtlich belangen kann, aber wenn Ihr zulaßt, daß hundert Mann da draußen vor Hunger und Durst umkommen, geht es Euch an den Kragen.«

»Die Könige haben Kolumbus strengstens untersagt, auch nur einen Fuß auf Hispaniola zu setzen. Darüber muß ich wachen.«

»Das entbindet Euch nicht von der Verpflichtung, ihnen ein Schiff zu schicken, das sie auf direktem Wege nach Spanien bringt«, entgegnete der Sekretär.

»Als mich Méndez in Xaraguá aufsuchte, seid Ihr aber noch ganz anderer Meinung gewesen.«

»Xaraguá ist Xaraguá, und Santo Domingo ist Santo Domingo«, antwortete der Sekretär. »Solange es ein Geheimnis war, hatte ich nichts dagegen, daß der Admiral umkommen sollte. Aber jetzt stehen wir vor einer anderen Situation. Die Sache ist bis zu den Kanzeln vorgedrungen.«

»Ich würde wirklich gern wissen, wie Fray Bernardino dahintergekommen ist«, sagte Ovando. »Laßt diesen Diego Méndez herbringen, damit er es mir erklärt.«

»Das dauert Tage.«

»Ich habe es nicht eilig. Und dem Admiral wird es nicht schaden, wenn er noch eine Weile schmort. Bescheidenheit steht ihm nicht schlecht an. Wißt Ihr, daß er sich für einen König hält und meint, er sei beinahe so wichtig wie diejenigen, denen er seine Titel verdankt?«

»Ja, ich habe davon gehört«, antwortete der Sekretär ausweichend. »Aber ich glaube auch, daß zwei Jahre Strapazen, der Verlust seiner Schiffe und die Schmach Strafe genug sind.«

Ovando teilte diese Meinung nicht. Wäre es nach ihm gegangen, hätte er den Admiral für immer auf Jamaika sitzen lassen. Allerdings schien er allmählich doch einzusehen, daß er diesmal fast zu weit gegangen wäre. Damals, als die Flotte verlorenging und Bobadilla umkam, hatte die Krone keine Rechenschaft von ihm verlangt, doch diesmal würde es anders sein.

Diego Méndez wurde nach Santo Domingo gerufen. Ovando warf ihm vor, seine Befehle mißachtet zu haben, drohte ihm mit Gefängnis und versuchte vergeblich, den Brief, den Kolumbus an die Majestäten geschrieben hatte, an sich zu bringen. Schließlich erlaubte er Méndez, auf eigene

Kosten ein Schiff zu beauftragen, um den Vizekönig zu retten. Seinem Sekretär jedoch gab Ovando zugleich den Befehl, die Schiffseigner unter Druck zu setzen, damit sie aus Angst vor Repressalien keine Aufträge von Méndez annahmen.

Ovando wußte, daß sein Ansehen stark gelitten hatte, doch statt dies auf seine eigenen Unzulänglichkeiten zurückzuführen, suchte er sich wie immer einen Sündenbock. Seiner Ansicht nach hatte sich Fray Bernardino de Sigüenza in politische Angelegenheiten eingemischt, und das stand dem Frater nicht zu.

»Er verläßt die Insel, und zwar sofort!« befahl er. »Er wird mir keine Probleme mehr machen.«

Doch den schmuddeligen Fray Bernardino de Sigüenza, der seit seinem unfreiwilligen Bad im Fluß nur noch mit Weihwasser in Berührung gekommen war, konnte niemand zwingen, etwas gegen seinen Willen zu tun. Als man ihm verkündete, daß er die Insel Hispaniola unverzüglich zu verlassen habe, konterte er, daß er soeben die offizielle Ernennungsurkunde der Heiligen Inquisition erhalten habe und von nun an allein der Kirche verantwortlich sei. Nur auf deren schriftliche Anweisung werde er die Insel verlassen.

»Es kann Monate dauern, bis ich die Heilige Inquisition überzeugt habe!« tobte Ovando.

»Wenn nicht gar Jahre«, setzte sein Sekretär hinzu. »Es war ein fürchterlicher Fehler von Bobadilla, diesem Zwerg so viel Macht zuzugestehen.«

»Der Kerl ist wie ein Furunkel am Hintern«, wütete Ovando. »Ich habe noch nie jemanden erlebt, der die Heilige Inquisition so haßt wie er und gleichzeitig so geschickt darin ist, sie für seine eigenen Zwecke einzuspannen. Er wirkt wie ein Tölpel, aber in Wahrheit ist er schlau wie ein Fuchs. Was können wir gegen ihn unternehmen?«

»Nichts. Ich rate Euch, ihn in Ruhe zu lassen. Sonst bringt er es noch fertig und setzt bei der Heiligen Inquisition unsere Festnahme durch.«

»Wollt Ihr damit sagen, daß die Heilige Inquisition mehr Macht besitzt als die Krone?« fauchte Ovando.

»Nein, Exzellenz, ich will gar nichts sagen«, antwortete der andere unterwürfig. »Nur Ihr könnt auf diese Frage eine Antwort geben. Aber ich rate Euch, eine Konfrontation mit der Heiligen Inquisition zu vermeiden, und zwar um jeden Preis.« Er schwieg eienn Augenblick und setzte dann zögernd hinzu: »Einen Gouverneur kann man ersetzen, die Heilige Inquisition aber ist ewig.«

Es war nicht zu leugnen, daß er mit seiner Einschätzung der Lage gar nicht unrecht hatte. Nach einiger Überlegung kam der Gouverneur von Hispaniola notgedrungen zu dem Schluß, daß er dem Rat seines Sekretärs folgen sollte.

»Wir müssen uns auf die wichtigen Probleme konzentrieren«, sagte er. »Was ist mit der Prinzessin? Wird sie sich ergeben? Geht sie auf unsere Forderungen ein oder nicht?«

Sein Sekretär musterte ihn überrascht, als hätte er sich einer Sprache bedient, die zwischen ihnen unnötig war, da beide das leidige Thema zur Genüge kannten.

»Was meint Ihr mit ergeben, Exzellenz?« fragte er mit einem sarkastischen Lächeln. »Es gibt keinen Krieg. Folglich kann sich Anacaona nicht ergeben. Es kommt darauf an, daß sie von der Bildfläche verschwindet, und zwar so schnell wie möglich. Hätten wir sie schon in Xaraguá hingerichtet, würde heute keiner mehr von ihr sprechen.«

»Ohne Prozeß hingerichtet?«

»Wir sollten die Heuchelei beiseite lassen, Exzellenz! Besser gar keine Verhandlung als die, die sie bekommen wird. Keiner von uns kann sich mit der Vorstellung anfreunden, eine Frau aufzuhängen. Wir sind doch keine Sadisten! Aber leider erfordert die Verantwortung, die Euch der Posten auferlegt, gewisse Opfer. Vor uns liegt eine Welt, die erobert werden will. Das wird uns eine Menge Kraft kosten. Doch wenn wir sie beherrschen wollen, müssen wir von Anfang an zeigen, wer Herr im Haus ist.«

»Manchmal frage ich mich, ob das der richtige Weg ist und ob wir letztlich die Kraft haben, diese ungeheure Aufgabe, die Gott uns gestellt hat, zu bewältigen«, gestand der Gouverneur. »Unsere Nation ist viel zu jung. Wir hätten mehr Zeit gebraucht, um uns vom Aderlaß des Krieges zu erholen. Kaum hatten wir die Juden und Muselmanen vertrieben, da machten wir uns schon daran, die Neue Welt zu erobern.«

»Nun, wir haben keine Zeit«, sagte der andere trocken. »Die Neue Welt liegt uns zu Füßen, und wenn wir nicht schnell zugreifen, werden es andere tun und sie sich einfach nehmen.« Er hielt inne und fragte dann: »Was schreibt Kolumbus in seinem Brief?«

»Welchem Brief?« sagte Ovando unschuldig.

»In dem Brief, den Euch Diego Méndez in Xaraguá übergab und den Ihr mehrmals gelesen habt, wie ich bemerkt habe. Offensichtlich macht er Euch Sorgen. Warum?«

Fray Nicolás de Ovando ließ sich Zeit, und als er endlich antwortete, konnte man sehen, daß er die Botschaft des Admirals im Geiste noch einmal durchgegangen war.

»Es ist ein höchst merkwürdiger Brief. Die Botschaft eines Wahnsinnigen, eines geistig umnachteten Menschen oder eines Visionärs, voller Phantasien. Die Erfolge und Mißerfolge liegen so nahe beieinander, daß man sie kaum noch zu unterscheiden vermag.« Er schüttelte den Kopf, als versuchte er, die wirren Gedanken zu vertreiben. »Nicht, daß der Admiral lügen würde, er übertreibt bloß maßlos, wie immer. Allerdings weiß ich diesmal nicht, bis zu welchem Grad. Er phantasiert von unerschöpflichen Goldminen, mächtigen Reichen und fruchtbaren Ländern. Mir kommt das vor wie ein Wahngebilde.«

»Er war schon immer ein Träumer.«

»Ein Träumer, der nicht davor zurückscheute, das Meer der Finsternis zu überqueren. Und er bewies allen, daß er recht hatte. Warum sollte er sich jetzt irren? Wäre es denn nicht möglich, daß dieses fabelhafte Land Veragua, wo es so viel Gold geben soll wie Eisen in Spanien, tatsächlich existiert?«

»Wenn Ihr so große Zweifel hegt, warum habt Ihr ihn nicht kommen lassen, damit er Euch persönlich Bericht erstattet?«

»Weil er der größte Hochstapler aller Zeiten ist. Er ist wie ein Magier, der mit Ländern, Kontinenten, Längen- und Breitengraden jongliert, statt Kaninchen und Tauben aus dem Hut zu zaubern. Außerdem finde ich keine überzeugenden Argumente, um ihn zu entlarven.«

»Ihr fürchtet ihn?« fragte der Sekretär nach einigem Zögern.

»Würdet Ihr Euch nicht fürchten, wenn Ihr Euch mit Hojeda duellieren müßtet?« gab Ovando zurück. »Nun, mit dem Admiral ist es ähnlich, nur benutzt er nicht den Degen, sondern Ideen. Und man weiß nie, wohin er zielt.«

Fray Nicolás de Ovando fürchtete den Admiral so sehr, daß er wenige Stunden nach dem Gespräch mit seinem Sekretär einen ehemaligen Vertrauten des Rebellen Francisco Roldán rufen ließ, von dem man wußte, daß er die Gebrüder Kolumbus haßte. Er gab ihm den Auftrag, eine kleine Karavelle auszurüsten und nach Jamaika auszulaufen. Dort sollte er herausfinden, was sich wirklich auf der Insel abspielte.

Er erhielt den ausdrücklichen Befehl, den Schiffbrüchigen keinerlei Hilfe zukommen zu lassen. Alles, was der Gouverneur ihnen schickte, sechs Monate nachdem er von ihrem Schiffbruch erfahren hatte, war ein Faß Wein und ein Schinken.

Ovando hatte sich nicht ohne Hintergedanken für Capitán Diego Escobar entschieden. Er galt als der hinterhältigste und skrupelloseste Mann, der Hispaniola je betreten hatte. Ein Verbrecher, der vor nichts und niemandem Respekt hatte und über Leichen ging.

Nach zwölf Tagen ging die kleine Karavelle in der Bucht vor Anker, wo die Schiffe des Admirals im Sand vermoderten und langsam auseinanderfielen. Sie sahen aus wie die großen Skelette gestrandeter Wale. Diego Escobar ließ sich in einer kleinen Schaluppe an Land rudern. Als er den ausgemergelten, gebrochenen Kolumbus sah, brach er in hämisches Gelächter aus. Der einstmals allmächtige Vizekönig von Indien und Admiral der Ozeanischen Meere war nur noch ein kranker, alter Mann. Escobar machte aus seiner Schadenfreude kein Hehl.

»Ist das vielleicht das berühmte Zipangu, von dem Ihr so viel erzählt habt?« spottete er. »Dann würde ich gern den Großen Khan kennenlernen, wenn es Eurer Exzellenz nichts ausmacht.«

»Und wer seid Ihr?« fragte Kolumbus, der allmählich sein Augenlicht verlor.

»Habt Ihr mich etwa vergessen? Ich bin Euer ärgster Feind, Diego Escobar«, antwortete sein Gegenüber, ein wenig enttäuscht.

»Unmöglich!« antwortete der Admiral und sah durch ihn hindurch, als sei er gar nicht da. »Ich kenne meinen ärgsten Feind sehr gut; das bin ich selbst.« Er hielt kurz inne. »Danach kommt eine Reihe von bedeutenden Persönlichkeiten, darunter Könige. Ihr gehört zum Abschaum, den Ovando auf Hispaniola um sich versammelt.« Er lächelte, obwohl ihn das eine ungeheure Anstrengung kostete. »Trotzdem bin ich froh, Euch zu sehen, denn es bedeutet, daß der gute Diego Méndez nicht umgekommen ist, wie wir schon befürchtet hatten. Er ist in Santo Domingo angekommen und wird uns Hilfe schicken. Das ist eine erfreuliche Nachricht.«

»Das wage ich zu bezweifeln, wenn Ihr gestattet«, entgegnete Escobar.

»Jemanden wie Euch, der nichts dabei empfindet, wenn seine eigenen Landsleute auf einer Insel jämmerlich zugrunde gehen, würde ich nicht einmal gestatten, mir die Stiefel zu küssen!« rief der Admiral wütend. »Was habt Ihr hier zu suchen?«

»Ich soll herausfinden, ob Ihr wirklich Hilfe braucht, oder ob das einer Eurer hinterhältigen Tricks ist, um nach Hispaniola zurückzukehren.«

»Ihr könnt Eurem Herrn sagen, daß ich kein Interesse daran habe, Hispaniola zu betreten. Ich will nur meine Männer in Sicherheit bringen und nach Spanien zurückkehren. Meldet ihm, daß ich ihn für jeden weiteren Toten verantwortlich mache, falls er nicht unverzüglich Hilfe schickt. Ich werde unsere Majestäten bitten, ihn zur Rechenschaft zu ziehen, und...« Plötzlich wurde der Admiral von einem heftigen Hustenanfall gepackt, an dem er fast erstickte. Als er sich wieder unter Kontrolle hatte, brachte er seinen Satz zu Ende. »Und sagt ihm, daß ich nicht nur Feinde habe, sondern auch mächtige Gönner, die nicht davor zurückschrekken werden, mich zu rächen.«

»Ihr seid nicht in der Lage, anderen zu drohen«, erwiderte Escobar schroff und spuckte vor ihm aus. »Ihr tätet besser daran, Euch in Bescheidenheit zu üben.«

»Bescheidenheit vor einem Verräter an der Krone, der seinen eigenen Landsleuten in den Rücken gefallen ist?« rief der Admiral wutentbrannt. »Niemals! Jetzt erinnere ich mich an Euch, obwohl ich Euren Namen vergessen hatte. Ihr seid für den Galgen bestimmt. Es wird nicht mehr lange dauern, bis Ihr über der Plaza baumelt.« Seine Augen schienen zu glühen. »Ihr werdet noch an mich denken, das schwöre ich Euch.«

Das klang so selbstsicher und ernst, daß Escobar ein kalter Schauder über den Rücken lief. Instinktiv fuhr seine Hand zum Degen, doch die Männer um Kolumbus traten einen Schritt vor, und Escobar sah ein, daß er bei der geringsten falschen Bewegung des Todes war.

»Ihr nehmt den Mund immer noch zu voll«, sagte er

schließlich eingeschüchtert. »Aber Ihr erweist Euren Männern einen schlechten Dienst, wenn Ihr den einzigen beleidigt, der Euch helfen könnte.« Er wandte sich an die Männer, die um sie herumstanden, und versuchte, sie auf seine Seite zu ziehen. »Seid ihr alle? Oder gibt es noch weitere Überlebende?«

»Einige treiben jetzt Handel mit den Einheimischen, und weitere zwanzig Mann haben sich meiner Autorität widersetzt und einem gewissen Porras angeschlossen«, antwortete Kolumbus. »Aber an dem Tag, an dem die Schiffe kommen, um uns abzuholen, werden alle hier sein.«

»Wer sagt, daß sie kommen?«

»Wenn Diego Méndez lebt, kommen sie.«

»Ihr vertraut dem Mann zu sehr.«

»Manchen Menschen kann man sein Leben anvertrauen, anderen nicht mal eine Handvoll Dreck. Leider ist man erst im hohen Alter in der Lage, die einen von den anderen zu unterscheiden. Doch ich bin alt genug.«

»Offensichtlich habt Ihr recht«, nickte Escobar, deutete auf die Männer und fuhr fort: »Sie sind noch jung; sie haben Euch vertraut, und das Ergebnis seht Ihr vor Euch.«

»Darauf antworte ich nicht. Ich habe Euch ohnehin schon viel mehr Zeit gewidmet, als Ihr verdient.« Kolumbus erhob sich mühsam. »Ich werde Euch einen Brief für den Gouverneur mitgeben, obwohl ich sicher bin, daß es keinen Zweck hat.« Er starrte Escobar einen Augenblick lang an und setzte dann hinzu: »Ich habe mir das gut überlegt – Ihr seid so feige, daß Ihr es nicht wagen würdet, den Brief verschwinden zu lassen. Es gibt zu viele Zeugen hier, die Euch später des Verrats bezichtigen könnten. Wartet hier!«

Der Admiral verschwand in seiner ärmlichen Hütte, die unter ein paar Palmen im Schatten stand. Während er den Brief schrieb, hatte Escobar Zeit, die Wracks der am Strand liegenden Schiffe genauer zu inspizieren, um später dem Gouverneur berichten zu können, in welchem Zustand sie sich befanden. Schließlich trat Kolumbus wieder aus der Hütte und kam auf ihn zu, wobei er ein Bein nachzog.

»Der verdammte Holzwurm hat Euch einen schönen Streich gespielt, was?« sagte Escobar verächtlich. »Aber wieso seid Ihr nicht auf die Idee gekommen, ein neues Schiff zu bauen? Soviel ich weiß, sind unter Euch erfahrene Schreiner, und Holz habt Ihr hier auf der Insel mehr als genug.«

»Ich bin davon ausgegangen, daß Diego Méndez eine Woche bis nach Santo Domingo brauchen würde und der Gouverneur eine weitere, um uns Hilfe zu schicken«, antwortete Kolumbus. »Außerdem fehlt uns die Kraft, die Bäume zu fällen und zu bearbeiten.«

»Das bezweifle ich. Ich glaube, Ihr schämt Euch nur, als Schiffbrüchiger in Spanien anzukommen, nachdem Ihr damit geprahlt habt, mit Gold und Silber beladen aus Zipangu zurückzukehren.«

Kolumbus antwortete nicht. Er reichte ihm die Pergamentrolle und streifte ihn mit einem verächtlichen Blick.

»Nehmt die Botschaft und macht, daß Ihr wegkommt!« sagte er. »Das Schicksal dieser Männer liegt jetzt in Eurer Hand und der des Gouverneurs.«

Diego Escobar zögerte einen Augenblick, den Brief entgegenzunehmen, und es sah schon fast so aus, als würde er sich tatsächlich weigern. Doch als er die finsteren Gesichter der Männer sah, überlegte er es sich anders. Schließlich steckte er den Brief ein, drehte sich wortlos um und ging auf die kleine Schaluppe zu, die am Strand auf ihn wartete.

»Ich werde ihn dem Gouverneur geben«, rief er über die Schulter. »Aber was er damit macht, ist nicht meine Sache.«

Als die Matrosen zum Schiff zurückruderten und der Capitán dem Admiral demonstrativ den Rücken zuwandte, ballte Kolumbus die Faust.

Plötzlich konnte man überall die Leichen von Einheimischen entdecken; sie hingen von Bäumen und lagen auf den Straßen und Plätzen. Niemand wußte, ob sie ihr Leben für das der Prinzessin hingaben oder nur aus Verzweiflung Selbstmord begingen, weil sie das Schicksal, das ihre neuen Herren ihnen zugedacht hatten, nicht ertrugen.

Schon längst war es, obwohl es die Gesetze ausdrücklich verboten, zur Gewohnheit geworden, die Indianer für mindestens acht Monate im Jahr in den Bergwerken schuften zu lassen. Da die meisten wußten, daß sie diese Sklaverei nicht überleben würden, zogen viele vor, sich schon vorher das Leben zu nehmen und damit dem schrecklichen Joch der Zwangsarbeit zu entgehen.

Während die Männer in weit entfernten Bergminen eingesetzt wurden, blieben die Frauen allein und waren den ständigen sexuellen Belästigungen der Kolonisten, die in ihnen eine leichte Beute sahen, hilflos ausgeliefert. Innerhalb kürzester Zeit verringerte sich die Zahl der Einheimischen derart drastisch, daß sogar Ovando sich gezwungen sah, ernste Maßnahmen zu ergreifen, wollte er nicht das Risiko eingehen, bald eine vollkommen entvölkerte Insel zu verwalten.

Doch wie nicht anders zu erwarten, bestanden seine Maßnahmen keineswegs darin, die zügellose Ausbeutung der Indios zu unterbinden. Statt dessen sorgte er dafür, daß andere Sklaven auf die Insel kamen: Er organisierte einfach »Strafexpeditionen« zu benachbarten Inseln und ließ

»Feinde der spanischen Krone« gefangennehmen, die dann als Sklaven verkauft wurden.

Fray Bernardino de Sigüenza prangerte dieses Verhalten von der Kanzel aus mehr als einmal an. Sein Feldzug für den Vizekönig war von den meisten Einwohnern Santo Domingos begrüßt und unterstützt worden, aber jetzt, als es darum ging, die Rechte der Einheimischen zu verteidigen, ließen sie ihn im Stich. Die Kolonisten befürworteten die Sklaverei, und daran konnte auch der aufrechte Frater nichts ändern.

Allmählich geriet er wegen seiner Sympathien für die »nackten Wilden« in Verruf, und die Befürworter der Sklaverei bezichtigten ihn in aller Öffentlichkeit, die Indios nur deshalb zu verteidigen, weil er mit Gold dafür bezahlt würde.

In der Taverne »Los Cuatro Vientos«, direkt neben Leonor Banderas Bordell, versammelte sich jede Nacht eine Gruppe von Agitatoren. Sie forderten lauthals, Fray Bernardino de Sigüenza von Hispaniola zu verbannen, und scheuten nicht davor zurück, den Gouverneur aufzufordern, Anacaona endlich hinzurichten und vollendete Tatsachen zu schaffen.

»Jeder Tag, den sie länger am Leben bleibt, kostet uns zehn Bauern. Die Indios sterben wie die Fliegen. So viel kann das Leben dieser Hure nicht wert sein«, argumentierte ihr Anführer.

Ovando unternahm einen letzten Versuch. Er wollte die Prinzessin überreden, ihren Untertanen den Selbstmord zu verbieten. Doch Anacaona blieb standhaft und widersetzte sich jeglichem Druck.

Pizarro hielt in der Taverne die Ohren auf, und eines Tages, als er mitten in der Nacht von der Arbeit nach Hause kam, weckte er Cienfuegos und sagte: »Es ist besser, wenn du untertauchst!«

»Wieso?« fragte Cienfuegos schlaftrunken.

»Man sucht dich. Und nicht nur dich, sondern alle, die sie als Verräter anklagen wollen, um euch zusammen mit der

Prinzessin aufzuhängen«, erklärte Pizarro nervös. »Anscheinend glaubt Ovando, er könne die Hinrichtung der Prinzessin besser rechtfertigen, wenn er noch ein paar Spanier mit ihr baumeln läßt.«

»Dieser Hundesohn. Warum gerade ich?«

»Sie haben eine schwarze Liste aufgestellt; offensichtlich hat dich Pedraza ganz oben draufgesetzt. Er nimmt dir wohl immer noch übel, daß du damals eine Wette gegen ihn gewonnen hast. Es soll um ein Maultier gegangen sein. Stimmt es, daß du dem Tier mit einem Schlag den Garaus gemacht hast?«

»Ja, aber das ist eine andere Geschichte. Sag mir lieber, ob sie mich hier finden können.«

»Ich fürchte, ja. Noch beschatten sie Hojeda und Balboa, aber es wird nicht lange dauern, bis sie sich daran erinnern, mich mit dir und den anderen gesehen zu haben. Das wird sie hierher führen.« Er schüttelte den Kopf. »Du mußt verstehen, daß ich der Prinzessin am Galgen nur ungern Gesellschaft leisten würde. Ich ginge lieber mit ihr ins Bett.«

»Na schön. Dann verstecke ich mich im Dschungel«, antwortete Cienfuegos, der im Augenblick nicht zu Späßen aufgelegt war.

»Warum denn das?« fragte Pizarro und setzte sich neben ihn. »Was kannst du im Dschungel schon ausrichten? Nichts! Kehr zu deiner Familie zurück, sieh zu, daß du sie rettest, und vergiß das Ganze hier.«

»Ich bin Anacaona eine Menge schuldig.«

»Das hast du ihr längst zurückgezahlt, indem du die ganze Zeit Kopf und Kragen für sie riskiert hast. Außerdem hast du gehört, was Hojeda gesagt hat. Sie zieht es vor, in Würde zu sterben. Und du selbst bist damit einverstanden gewesen.«

»Ich kann sie verstehen, aber das heißt noch lange nicht, daß ich ihr Verhalten billige«, erwiderte Cienfuegos. »Ich will alle Möglichkeiten ausschöpfen, die es für ihre Rettung gibt.«

»Sie sind bereits ausgeschöpft. Es ist nur noch eine Frage von Tagen, bis man sie aufhängt.«

»Mein Gott! Wer kann eine so lebensfrohe Frau aufhängen wollen?« sagte Cienfuegos traurig.

»Du mußt an deine Frau und die Kinder denken«, mahnte Pizarro ihn erneut. »Im übrigen ist das auch Hojedas Meinung, mit dem ich erst gestern darüber gesprochen habe.«

Es war der beste Rat, den man Cienfuegos geben konnte, und dennoch zögerte er, ihn anzunehmen. Er konnte sich nicht damit abfinden, daß die Frau, der sie so viel zu verdanken hatten, am Galgen enden sollte, nachdem sie durch die Stadt geschleift und vom Pöbel erniedrigt worden war.

»Weißt du, ob sie öffentlich hingerichtet werden soll?« fragte er verzweifelt.

»Natürlich«, antwortete der andere. »Die öffentliche Hinrichtung gehört doch zu seinem Plan. Das wird sich Ovando nicht nehmen lassen. Außerdem ist er der Meinung, daß die Indios erst von ihrem Tod überzeugt sein werden, wenn sie ihre Leiche sehen. Womit er auch recht haben dürfte.«

»Ich werde ihn töten.«

»Und was hast du davon?« fragte Pizarro. »Das Unrecht kannst du damit nicht rückgängig machen. Rache ist ein sinnloses Gefühl. Töricht und sinnlos.«

»Wer sagt das?«

»Ich. Vergiß nicht, ich hätte tausend Gründe, mich zu rächen, sogar an meinen eigenen Brüdern, aber ich denke nicht daran. Schon als Kind habe ich gelernt, wie töricht Rache sein kann. Damals hatte mich ein Schwein gebissen. Aus Wut habe ich ihm die Kehle aufgeschlitzt. Doch als das Tier dann leblos vor mir lag, ist mir klargeworden, daß es von Würmern aufgefressen würde, wenn ich es auf dem Feld ließe. Meine Mutter würde mir die Hölle heiß machen. Also mußte ich das Schwein auf den Buckel nehmen und den langen Weg nach Hause schleppen. Da habe ich etwas begriffen.«

»Es muß nicht immer alles einen Sinn ergeben.«

»Mag sein, aber ein Mord sollte schon sinnvoll sein.« Er stand auf und schloß die Unterhaltung mit den Worten: »Laß Ovando in Frieden. Geh zu deiner Familie und gründe die Kolonie, von der du mir erzählt hast. Möge Gott dich beschützen. Wenn ich Frau und Kinder hätte, würde ich nicht hier herumlungern und womöglich auf einem x-beliebigen Schiff anheuern oder mich in ein Abenteuer mit ungewissem Ausgang stürzen.«

Am nächsten Morgen verabschiedete sich Cienfuegos in aller Frühe von Alonso de Hojeda und Vasco Núñez de Balboa und bat sie, Fray Bernardino de Sigüenza von ihm zu grüßen. Ein sanfter Regen fiel und reinigte die Luft, als er sich auf den Weg durch den Dschungel nach Xaraguá machte. Er war überzeugt, daß er Santo Domingo nie wiedersehen würde.

Der Hirte aus Gomera hatte fast nur bittere Erinnerungen an diese Stadt. Hier hatte die Heilige Inquisition Eva der Hexerei angeklagt und monatelang im Kerker schmachten lassen. Hier hatte er mit ansehen müssen, wie man den Admiral erniedrigte und Ovando die Flotte der Krone dem Untergang preisgab.

Und jetzt stand die Verurteilung der Prinzessin bevor. In seiner Ohnmacht zog er sich wie ein verwundetes Tier in den Dschungel zurück. Er wollte weit weg sein, wenn sie hingerichtet wurde. Um sein schlechtes Gewissen zu beruhigen, sagte er sich, daß es schließlich ihr eigener Wunsch gewesen war.

Er marschierte ohne Pause. Als es dunkel wurde, stieß er auf die Leiche eines Indios, der sich am Wegesrand erhängt hatte. Cienfuegos blieb stehen und betrachtete den Mann lange Zeit.

Er gehörte zu den wenigen Spaniern auf der Insel, die seit Anbeginn dabei gewesen waren. Er hatte das Gemetzel von Fuerte de Natividad überlebt, war als erster nach Xaraguá gelangt und sogar bis nach Tierra Firme gekommen. Er kannte das Land und seine Einwohner wie kein zweiter. Doch jedesmal, wenn er darüber nachdachte, mußte er resigniert feststellen, daß die Spanier nur Leid und Tod über diese Menschen gebracht hatten.

Die Einheimischen waren aufgrund von eingeschleppten Krankheiten, Krieg und Vertreibung auf ein Viertel ihrer ursprünglichen Zahl dezimiert worden. Die Überlebenden vegetierten am Rand der Städte dahin, mußten in Bergwerken oder Zuckerrohrplantagen Zwangsarbeit leisten oder waren in den dichten Dschungel geflüchtet.

Es gab keine kleinen Indiodörfer mehr, die die Wege oder weißen Strände säumten, kein Lachen von Kindern, die im Dschungel spielten oder in den Flüssen badeten. Hispaniola war zu einem traurigen Ort geworden, wenn man im Landesinneren überhaupt einen menschlichen Laut vernahm, dann war es ein jähzorniger Spanier, der auf seiner riesigen Hazienda eingeschüchterte Indios antrieb.

Und trotzdem waren die spanischen Eroberer alles andere als zufrieden. Sie hatten davon geträumt, Gold zu finden und reich zu werden. Jetzt erfuhren sie am eigenen Leib, wie mühselig harte Arbeit in diesem schrecklichen Klima war. Der Traum von El Dorado war schnell ausgeträumt.

Die Einheimischen dagegen waren verzweifelt, weil sie ihre Freiheit verloren hatten und als Sklaven im eigenen Land dienten. Ihre Kultur war dem Untergang geweiht. Die Begegnung der so ungleichen Völker hatte für die Kultur der Indios verheerende Folgen gehabt, dachte Cienfuegos, als er auf die von Fliegen übersäte Leiche starrte. Gott mußte gewußt haben, warum er die Chinesen in Asien, die Schwarzen in Afrika und die Weißen in Europa ansiedelte. Jeder weitere Versuch, Kulturen zu vermischen, würde zu einer ähnlichen Katastrophe führen.

Er schlief in der größten Hütte eines verlassenen Dorfes, das am Ufer eines Flusses mit glasklarem Wasser stand. Im

Morgengrauen wachte er auf. Traurig blickte er über die fruchtbaren Äcker, die der Dschungel bereits zu überwuchern begann.

Cienfuegos fühlte sich weniger als Täter denn als Opfer. Obwohl er Spanier war, stand er im Grunde seines Herzen den Indios näher als den fremden Eroberern. Die aufgegebenen Dörfer, die niedergebrannten Hütten bedeuteten ihm mehr als die Steinhäuser der Stadt oder die riesigen Zuckerrohrplantagen.

Als er seinen Marsch schließlich fortsetzte, ging der sanfte Regen in einen heftigen Schauer über.

Die Insel weinte.

Sie weinte um die junge Prinzessin, die hingerichtet werden sollte. Sie weinte um diejenigen, die unschuldig und frei gewesen waren und nun von einem bitteren Schicksal überrollt wurden.

Überall begegneten ihm Tod und Zerstörung. Es war, als würde die allgegenwärtige Trostlosigkeit auch ihn überwältigen. Seine Schritte wurden schwerer, die Pausen länger.

Er ließ sich absichtlich Zeit. Nicht, weil er so lange wie möglich über das Schicksal der Prinzessin im Ungewissen bleiben wollte, sondern weil er mit sich selbst ins reine kommen mußte. Er brauchte Ruhe, um herauszufinden, was er sich von der Zukunft erhoffte.

Eines stand fest: Alles andere war besser als die kalte Atmosphäre der Stadt mit ihren Intrigen, Machtkämpfen und Ungerechtigkeiten. Er war sich nur nicht sicher, ob er lieber in der Einsamkeit des Dschungels leben oder die Kolonie gründen sollte, von der er mit Eva geträumt, die sie zusammen geplant hatten.

Am Nachmittag verließ er die flache Ebene mit den vereinzelten Haziendas und verlassenen Dörfern und gelangte zu einer Bergkette mit steilen Hängen, in der er sich fast wie zu Hause auf Gomera fühlte.

Die untergehende Sonne wies ihm die Richtung. Da er

gelernt hatte, in der Wildnis zu überleben, machte es ihm keine Mühe, etwas Eßbares aufzutreiben. Die Natur schenkte ihm neue Kraft, und allmählich hellten sich auch seine Gedanken auf.

Nach Überwindung der dreitausend Meter hohen Berge durchwanderte er eine Sumpflandschaft und kam nach zehn Tagen, in denen er keiner Menschenseele begegnet war, zu einem Wäldchen, in dem er leises Stimmengemurmel hörte. Lautlos, wie sein alter Freund Papepac es ihm beigebracht hatte, pirschte er sich an die Gruppe heran und beobachtete sie.

Mehr als ein Dutzend Indios, Männer, Frauen und Kinder, lagerten am Fluß, offensichtlich auf der Suche nach Gold. Sie hockten am Ufer und wuschen den Sand aus. Als Cienfuegos genauer hinsah, erblickte er zu seiner großen Überraschung einen alten Bekannten, der mit einer dicken Zigarre im Mund in einer Hängematte lag, die zwischen Palmen befestigt war.

Verdammt, das kann doch nicht wahr sein, schoß es ihm durch den Kopf. Das ist doch Baltasar Garrote, alias der »Türke«. Kein Zweifel, es war Baltasar, ehemals rechte Hand von Capitán León de Luna. Jener Mann, der Eva der Hexerei angeklagt und seine Aussage später widerrufen hatte.

Anstelle von Gewand und Turban trug er nur einen Lendenschurz und strahlte vor Zufriedenheit. Hin und wieder griff er nach der Flasche oder streichelte hübsche Indiomädchen neben sich.

Cienfuegos schlich näher heran und sagte schließlich, aus seinem Versteck tretend: »Wie ich sehe, haben es die Götter gut mit Euch gemeint.« Worauf der Dicke so heftig zusammenfuhr, daß er aus der Hängematte fiel.

»Mein Gott! Habt Ihr mich erschreckt!« rief er. »Wo kommt Ihr denn so plötzlich her?«

Er rappelte sich mühsam auf und umarmte Cienfuegos

herzlich. Seit ihrer letzten Begegnung hatte er mindestens zwanzig Kilo zugenommen. Er hatte nicht vergessen, daß Cienfuegos ihm das Leben gerettet hatte.

»Aus den Bergen«, antwortete Cienfuegos und deutete hinter sich. »Ich bin auf dem Weg nach Xaraguá.«

»Dann seid Ihr aber weit vom Weg abgekommen. Warum macht Ihr so einen Umweg?«

»Der Gouverneur hat ein Kopfgeld auf mich ausgesetzt«, erklärte Cienfuegos und lächelte. »Übrigens auch auf Euch, wenn ich richtig informiert bin.«

»Ich weiß! Offensichtlich hat es ihm nicht gefallen, daß wir Doña Mariana befreit haben.« Er umarmte ihn erneut. »Habt Ihr Neuigkeiten von ihr?«

»Ja. Wir haben geheiratet, und Fray Bernardino de Sigüenza hat uns getraut. Stellt Euch das vor!«

»Ihr wollt mich wohl auf den Arm nehmen!« sagte der andere mißtrauisch. »Wie ich sehe, seid Ihr noch ganz der alte, immer zu einem Spaß aufgelegt. Doch erzählt mir, wie es Euch geht. Ihr seht gar nicht gut aus. Habt eine Menge Gewicht verloren, was?«

»Was man von Euch nicht gerade behaupten kann!« erwiderte Cienfuegos.

»Das, mein Lieber, liegt an dem guten Leben, das ich führe.« Er machte eine ausholende Bewegung. »Hier lebt man wie im Paradies. Das Klima ist erträglich, und von der Jagd kann man sich ernähren. Die Frauen sind leidenschaftlich und die Männer friedlich.« Garrote lachte. »Und als wäre das nicht genug, führt dieser kleine Fluß obendrein auch noch jede Menge Gold mit sich. Man braucht sich nur zu bücken und es herauszuholen.«

»Ihr offenbar nicht.«

»Aber nein. Das tun sie für mich«, gestand der »Türke«. »Und sie tun es gerne. Dafür beschütze ich sie. Kommt mit. Kommt, ich will Euch etwas zeigen. Wir gehen zu mir. Ihr habt bestimmt Hunger und seid durstig.« Er gab dem Mädchen in ihrer Sprache den Auftrag, schon mal vorauszugehen und ihnen etwas zu essen zu machen.

Das Haus entpuppte sich als geräumige, bequeme Hütte im Schatten eines riesigen Kastanienbaumes direkt am Ufer eines kleinen Sees. Die fruchtbaren Felder ringsum waren sorgfältig bebaut, und neben der Hütte gab es einen Stall mit Schweinen, Hühnern und Enten. Cienfuegos mußte zugeben, daß Garrote wirklich ein kleines Paradies geschaffen hatte.

Während sie aßen, erzählte Garrote Cienfuegos, wie er untergetaucht und aus der Stadt verschwunden war, als Gouverneur Ovando die Macht übernahm. Auf seiner Flucht war er zu diesem abgelegenen Winkel der Insel gekommen und hatte sich mit den Einheimischen angefreundet.

»Ich halte ihnen neugierige Fremde vom Hals, indem ich spanischen Eindringlingen eine gefälschte Besitzurkunde zeige, wenn das nichts nutzt, die Waffe. Ich lasse nicht zu, daß man meine Indianer verschleppt und als Sklaven verkauft. Das wissen sie zu schätzen und erweisen sich auf ihre Art dankbar.«

»Indem sie Euch das Gold aus dem Fluß holen?«

»Und ihr Leben mit mir teilen.«

»Ihr Leben, und die Frauen auch ihr Bett!«

»Gewiß! Die Männer stört es nicht, wenn ich mit ihren Frauen schlafe, und mich stört es nicht, wenn sie meinen Rum trinken.«

»Rum?« fragte Cienfuegos überrascht.

»Der beste, den es auf der Insel gibt!« rief der andere. »Ich bekomme ihn von einem Händler, der mir jede Woche Proviant bringt. Ich bezahle ihn mit Gold, und alle sind zufrieden.«

»Wie ich sehe, habt Ihr den Stein der Weisen gefunden«, scherzte Cienfuegos. »Frauen, Rum und Gold! Was will ein Mann mehr!«

»Nichts, mein Freund! Nichts! Das kann ich Euch versichern.« Er goß ihm ein Glas des exzellenten Rums ein und fügte hinzu: »Und ich werde nie vergessen, wem ich all dies zu verdanken habe. Wäret Ihr nicht gewesen, hätten mir diese verdammten Dämonen den letzten Blutstropfen ausgesaugt, und ich schmorte heute in der ewigen Hölle.«

Einen kurzen Augenblick lang war Cienfuegos versucht, ihm zu verraten, daß es keine Dämonen waren, sondern Vampirfledermäuse, die er in sein Haus geschmuggelt hatte. Doch dann kam er zu dem Schluß, daß sein Freund ihm einen derartigen Streich vielleicht übelnehmen würde, und besann sich eines Besseren.

»Lassen wir die Vergangenheit ruhen«, sagte er schließlich. »Aber es würde mich interessieren, ob die Dämonen Euch jemals wieder aufgesucht haben oder für immer verschwunden sind?«

»Sie sind nicht wiedergekommen, Gott sei Dank!« sagte Garrote erleichtert und bekreuzigte sich. »Aber besser, wir erwähnen sie nicht. Schlafende Hunde soll man nicht wekken.« Er gab seiner Freundin einen Klaps auf den Hintern und sagte: »Für heute ist es genug. Sag ihnen, sie können Schluß machen.«

Das Mädchen gehorchte und läutete eine Glocke, die am Eingang der Hütte hing. Garrote bot Cienfuegos eine dicke Zigarre an und sagte: »Ich lasse sie nie länger als drei Stunden täglich arbeiten.« Er sog an der Zigarre und stieß genüßlich eine dicke Rauchwolke aus. »Ich habe nämlich herausgefunden, daß sie sich nicht länger als drei Stunden konzentrieren können. Danach kriegen sie eine mordsmäßig miese Laune. Sie sind wie kleine Kinder. Eine Zeitlang Gold suchen, macht ihnen Spaß, aber wenn es zur Pflicht wird, haben sie es schnell über und kommen nicht wieder.«

»Scheint mir ganz vernünftig, wie Ihr mit ihnen umgeht«, sagte Cienfuegos. »In Santo Domingo ist ihre Situation so elend, daß sie zu Hunderten Selbstmord begehen.«

»Kein Wunder. Wenn ein Fremder käme und mir mein Hab und Gut und meine Freiheit nähme, würde ich mich auch umbringen, es sei denn, es gelänge mir, ihm die Kehle aufzuschlitzen. Ich bin ihr Gefährte, nicht ihr Herr, und so funktioniert das System.«

Offensichtlich funktionierte es nicht schlecht, denn kurz darauf kamen Indios, die den Morgen im Fluß verbracht hatten, fröhlich von der Arbeit zurück. Scherzend und lachend füllten sie den Gemeinschaftskorb, der in einer Ecke der Hütte stand, mit dem Goldstaub, den sie zusammengetragen hatten.

Der »Türke« wechselte mit jedem ein paar Worte und machte kleine Späße. Es herrschte eine angenehme, entspannte Atmosphäre. Zum erstenmal entdeckte Cienfuegos in der Neuen Welt eine Gemeinschaft, in der die beiden Kulturen friedlich und zum beiderseitigen Nutzen zusammenlebten.

Er beobachtete Baltasar genau, die Art, wie er sich jetzt kleidete, wie er sich bewegte und die Indios behandelte. Es dauerte nicht lange, und Cienfuegos erkannte den Grund für seinen Erfolg. Baltasar Garrote hatte es geschafft, sich der Lebensweise der Einheimischen anzupassen und sich in ihre Gemeinschaft zu integrieren, ohne ihnen seinen Willen aufzuzwingen.

»In der Fremde ist man nur halb so klug!« sagte der große Mann plötzlich, als hätte er Cienfuegos' Gedanken erraten. »Das habe ich als erstes begriffen. Sie leben viel länger hier und kennen sich besser aus. Sie arbeiten wenig, lachen die ganze Zeit und vergnügen sich. Was will man mehr?«

»Rum!« sagte Cienfuegos. »Meint Ihr, es ist richtig, ahnungslose Einheimische an dieses starke Gebräu zu gewöhnen?«

»Stark?« wiederholte der andere. »Im Vergleich zu ihrem Gebräu und den Pilzen, die sie manchmal essen, ist Rum gar nichts. Sie brauchen nur ganz wenig und sind schnell zufrieden. Ich gebe zu, am nächsten Morgen haben sie einen Kater, aber das ist immer noch besser, als wenn sie diese Pilze essen und eine ganze Woche zu nichts mehr zu gebrauchen sind.« Er klatschte sich auf die Schenkel und rief: »Und all diese Prediger, die einen Kreuzzug gegen unseren Rum und Wein führen, sollten wissen, daß Alkohol nicht halb so stark ist wie das Zeug, das sie hier zu sich nehmen.«

Cienfuegos mußte zugeben, daß er für solche Themen nicht unbedingt der geeignete Gesprächspartner war. Er selbst trank nicht oft Alkohol, und die Drogen der Einheimischen hatte er nur selten probiert. Das hinderte jedoch seinen Freund Garrote nicht daran, ihm das Glas immer wieder nachzufüllen und mit ihm anzustoßen.

Wie zu erwarten war, artete das Ganze in eine Orgie aus, und obwohl Cienfuegos anfänglich gegen alle Versuchungen ankämpfte, taten der Rum und die lange Trennung von Eva ein übriges. Am nächsten Morgen wachte er neben der schönen Indiofrau auf, die das Essen zubereitet hatte.

Sein Kopf dröhnte, die Welt schien sich wie rasend um ihn zu drehen, und das tausendfache Kreischen der Urwaldvögel hallte in seinen Ohren wie das Säbelrasseln von einer Schlacht. Die tropische Sonne brannte auf ihn nieder, so daß er die schmerzenden Augen schnell wieder schloß. Schließlich stand er auf und ging zum Baden hinunter zum Fluß, wo die Indios bereits nach Gold suchten. Baltasar schaukelte träge in seiner Hängematte, begrüßte ihn mit einem Grinsen und sagte:

»Mein Gott, seht Ihr schlecht aus! Seid froh, daß es keine Dämonen waren, die Euch heute nacht ausgesaugt haben. Wie fühlt Ihr Euch?«

»Miserabel! Mein Kopf platzt«, antwortete Cienfuegos und fragte: »Macht Ihr das wirklich jeden Tag?«

»Nicht jeden Tag!« erklärte Garrote. »Die Sonntage sind heilig. Dann faste und meditiere ich und bringe ihnen bei, was es heißt, ein guter Christ zu sein.«

»Und mit welchem Erfolg, wenn man fragen darf?«

»Sie hassen die Sonntage!« sagte Garrote und lachte laut. »Sie können nichts mit unserem Glauben anfangen, und allmählich verstehe ich sie.«

»Ich auch. Aber angeblich sind wir hier, um sie zu bekehren, nicht, um die Frauen zu schwängern und alle ans Trinken zu gewöhnen.«

»Eines habe ich gelernt. Die Menschen, die angeblich am meisten geben wollen, nehmen nur«, erklärte Baltasar Garrote. »Ich bin bloß ein einfacher Soldat, ein Glücksritter, der mehr Pech im Leben hatte, als erlaubt sein sollte, und die größten Schweinereien mitgemacht hat. Wenn ich glaubte, daß man mehr erreichen würde, wenn man sie unter Druck setzte, würde ich es wahrscheinlich tun. Aber in all der Zeit hier habe ich eingesehen, daß es keinen Zweck hat. Also gebe ich ihnen nicht die Peitsche, sondern Zucker. So einfach ist das.«

Es schien in der Tat einfach zu sein. Während der turbulenten Tage, die Cienfuegos in der fröhlichen Kolonie verbrachte, mußte er zugeben, daß Garrote wahrscheinlich der einzige Spanier war, der auf der anderen Seite der Welt tatsächlich das Paradies gefunden hatte, das alle suchten.

Wahrscheinlich war ihm dies nur deshalb gelungen, weil er seiner Habgier Grenzen setzte. Als er den kleinen Fluß entdeckte, der Gold führte, ließ er das Wasser weiterfließen und nahm sich nur das, was er zum Leben brauchte.

Er hatte von den »nackten Wilden« gelernt, ein Gleichgewicht zwischen dem Notwendigen und dem Überflüssigen zu finden. Cienfuegos wußte sehr gut, daß dies für die sogenannten zivilisierten Menschen die schwierigste Lektion überhaupt war und daß nur ein Bruchteil der Europäer sie jemals lernen würde.

Als er dann seinen Marsch nach Xaraguá wieder aufnahm, wo seine Familie und Freunde auf ihn warteten, dachte er lange darüber nach, was er in der seltsamen kleinen Kolonie erlebt hatte. Es wurde ihm immer deutlicher bewußt, daß sein Vorhaben, eine Kolonie in der Neuen Welt zu gründen, nur Erfolg haben könnte, wenn er sich von den Werten der Alten Welt löste und einsah, daß man hier Probleme anders angehen mußte.

»Schließlich habe ich Europa hinter mir gelassen«, sagte er sich. »Und dort hat so gut wie nichts funktioniert. Wenn wir hier eine neue Gesellschaft gründen wollen, müssen wir als erstes lernen zu vergessen.«

Eine Woche später erreichte er die Küste von Xaraguá. Der alte Yauco empfing ihn mit der Nachricht von Anacaonas Hinrichtung.

»An jenem Morgen lichteten wir die Anker und nahmen Kurs auf die Insel Borinquen. Wir wollten höchstens eine Woche dort verbringen, um Proviant und Wasser aufzunehmen und das Schiff auf die Überquerung des Ozeans vorzubereiten. Wir wußten, daß die *Milagro* ein schnelles und wendiges Schiff ist, aber waren uns nicht sicher, wie sie sich bei heftigem Gegenwind und starkem Seegang verhalten würde.

Als alle Vorbereitungen getroffen waren und wir auslaufen wollten, wurde Kapitän Moises Salado krank. Wir brachten ihn an Land und versorgten ihn, so gut es ging. Leider war unser Mühen vergeblich. Wir konnten ihn nicht retten.«

»Mein Gott!« seufzte Eva. »Er war ein aufrechter Mensch! Woran ist er gestorben?«

»Darmverschlingung!« antwortete Don Luis de Torres. »Er bekam hohes Fieber, und sein Darm blähte sich auf. Fünf Tage lang litt er fürchterliche Schmerzen, dann hat ihn der Tod erlöst.« Es fiel Don Luis de Torres offenbar nicht leicht, über das tragische Ereignis zu sprechen. »Es war schrecklich!« fügte er hinzu. »Wir hatten ihn alle gern.«

»Ich auch!« sagte Cienfuegos. »Er ging mir manchmal mit seiner Einsilbigkeit auf die Nerven, aber er war ein ehrlicher Mann, der Respekt verdiente.«

»Wir haben ihn an der Spitze einer Bucht begraben, mit dem Gesicht zum Meer, wie wir es ihm auf dem Totenbett versprechen mußten. Auf seinem Grab stellten wir ein großes Holzkreuz auf. Und noch während wir uns den Kopf zerbrachen, wie wir ohne einen erfahrenen Kapitän den Ozean überqueren sollten, überraschte uns der Hurrikan. Später erfuhren wir, daß er die ganze Flotte des Gouverneurs zerstört hatte.«

»Aber wie habt Ihr Euch gerettet?« fragte Bonifacio neugierig.

»Indem wir das Schiff an Land zogen. Als wir merkten, was sich da zusammenbraute, sind wir einen Fluß hinaufgesegelt und irgendwo am Ufer neben einem großen Baum vor Anker gegangen. Damals konnten wir nicht ahnen, daß der Sturm sogar Bäume entwurzeln würde. Auch unsere Zeder stürzte um und richtete schwere Schäden am Schiffsrumpf an. Wir brauchten elf Wochen, um das Schiff zu reparieren und wieder ins Wasser zu bringen. Durch den Hurrikan war das Flußbett fast ausgetrocknet, und so mußten wir das Schiff etwa zweihundert Meter weit schleppen, bis das Wasser tief genug war.«

»Nicht möglich!«

Der ehemalige königliche Dolmetscher streckte ihm seine Handflächen hin und lachte.

»Ihr hättet sie vor ein paar Monaten sehen sollen! Nur Blasen und offene Wunden. Wir haben uns abgerackert wie die Sklaven. Die eine Hälfte der Männer blieb am Ufer und schützte die anderen, die das Boot zogen, vor den zahlreichen Angriffen der Einheimischen. Wir verloren vier Mann. Es war die Hölle.«

»Das will ich gern glauben«, sagte Doña Mariana Montenegro beeindruckt. »Und wie ging es weiter?«

»Schließlich legten wir ab und nahmen Kurs nach Norden. Aber wir mußten bald einsehen, daß wir die Reparaturen am Schiff wegen der ständigen Angriffe der Indios zu hastig ausgeführt hatten. Das Schiff war immer noch leck. Es blieb uns nichts anderes übrig, als an einer einsamen Insel vor Anker zu gehen und die *Milagro* erneut an Land zu bringen.«

»Mein Gott!« sagte Araya ungläubig. »Da hattet Ihr ja eine richtige Pechsträhne!«

»Das kann man wohl sagen!« pflichtete Don Luis de Torres ihr bei. »Und sie nahm kein Ende. Bald bekamen wir Besuch von Kannibalen, die deformierte Waden und spitz zugefeilte Zähne hatten. Zwar konnten wir sie mit unserer Bombarde vertreiben, aber danach schliefen wir keine Nacht mehr ruhig, denn wir wußten, daß sie in der Nähe waren und nur auf einen geeigneten Augenblick warteten, um uns zu überfallen. Und natürlich hatte keiner von uns Lust, im Kochtopf zu landen!«

»Ich weiß, wovon Ihr sprecht«, sagte Cienfuegos bewegt. »Ich habe es am eigenen Leib erfahren. Aber bevor sie Euch aufgefressen hätten, hätten sie Euch noch einmal tüchtig gemästet.«

»Nun, das wäre auch kein Trost gewesen. Wenn ich ehrlich sein soll, läuft mir noch heute ein kalter Schauder über den Rücken, wenn ich daran denke. Schließlich konnten wir erneut auslaufen und segelten in nordöstlicher Richtung. Es war die denkbar schlechteste Jahreszeit, um den Ozean zu überqueren. Obendrein hatten wir keinen erfahrenen Kapitän an Bord, und unser Schiff fing schon an zu ächzen, wenn die Wellen drei Meter hoch waren. Wäre die Lage nicht so ernst gewesen, hätten wir darüber lachen können. Wir wußten zwar, wie man auf Kurs bleibt, hatten aber keine Ahnung, wie man ihn berechnete. Keiner wollte die Verantwortung auf sich laden und das Kommando übernehmen.«

»Warum habt Ihr es nicht getan?« fragte Doña Mariana Montenegro. »Mein Vertrauen habt Ihr.«

»Als Seefahrer auch? Was weiß ich denn vom Meer, außer, daß es riesig ist?«

»Ihr seid doch um die halbe Welt gesegelt!«

»Ja, das ist wahr. Und ich habe stets gut gegessen; trotzdem kann ich kein Ei braten.« Don Luis de Torres hielt einen Augenblick inne und fuhr dann fort: »Wir hatten gute Seeleute an Bord, aber alles, was wir anfaßten, ging schief. Es war wie verhext.« Er schüttelte den Kopf. »Gott sei Dank stießen wir nach drei langen Monaten irgendwie auf die englische Küste und wären um ein Haar festgenommen worden, wenn wir nicht sofort nach Süden abgedreht hätten. Wir hatten Glück und erreichten Santoña, wo wir acht Monate später als vorgesehen vor Anker gingen. Aber auch hier waren unsere Schwierigkeiten noch nicht vorbei. Die meisten Männer hatten nach der langen Überfahrt genug von der See und machten sich einer nach dem anderen aus dem Staub.«

»Kein Wunder.«

»Um ehrlich zu sein, ich hätte mich nicht anders verhalten, hätte ich nicht gewußt, daß ich Eure letzte Hoffnung war, um Hispaniola zu verlassen. Und hier bin ich.« Er lächelte verschmitzt wie ein Kind, das nach einem Streich um Vergebung bittet, und fügte hinzu: »Mit mehr als einem Jahr Verspätung, aber immerhin.«

»Wer begleitet Euch?« wollte Cienfuegos wissen.

»Sechs der ursprünglichen Matrosen mit ihren Frauen und fünf weiteren Bauernfamilien mit insgesamt vierzehn Mitgliedern.«

»Von hier aus macht es den Eindruck, als wären viel mehr Menschen an Bord«, sagte Doña Mariana Montenegro und zeigte auf die Karavelle, die dreihundert Meter vom Strand entfernt ankerte.

»Die anderen sind Einwanderer, die mit ihrer Arbeit an Bord für die Überfahrt bezahlt haben. Sie wollen in Santo Domingo bleiben.« Don Luis de Torres machte eine Pause. »Ich werde übrigens nicht bleiben«, sagte er schließlich leise.

»Warum denn das?« fragte Cienfuegos.

»Ich habe in Santoña eine Frau kennengelernt. Sie ist die

Witwe eines Kapitäns und hat ein gutes Auskommen. Also wie geschaffen dafür, mir meinen Lebensabend zu versüßen. Sie hat zwei Söhne und leider nicht die geringste Lust, in der Neuen Welt auf Abenteuer zu gehen.« Er sah Doña Mariana Montenegro an und sagte: »Ich hoffe, Ihr versteht das. Ich bin es müde, ständig unterwegs zu sein, und sehne mich danach, mich in Santoña niederzulassen und endlich den Erasmus zu übersetzen. Das habe ich schon seit Jahren vor.«

»Und Ihr seid bis hierhergekommen, nur um uns das zu sagen?«

Der Konvertit schüttelte den Kopf. »Nein. Ich bin gekommen, weil ich sonst keine Ruhe mehr gefunden hätte. Ich mußte mich vergewissern, daß alles so lief wie geplant. Und nachdem Kapitän Salado gestorben war, hatte ich niemanden auf dem Schiff, dem ich vertrauen konnte.«

»Ihr seid ein echter Freund!« sagte Doña Mariana Montenegro.

»Weil Ihr echte Freundschaft verdient!« sagte Don Luis und fragte: »Was ist es? Ein Junge oder ein Mädchen?«

»Ein Junge!« sagte Doña Mariana. »Er heißt Luis wie Ihr.«

»Die Reise hat sich gelohnt, meine liebe Doña Mariana«, sagte Don Luis de Torres gerührt und küßte ihr die Hand. »Das ist eine große Ehre für mich. Ich werde Euch beiden auf ewig dankbar sein.«

»Uns dankbar sein?« sagte Cienfuegos. »Wir müssen Euch danken für alles, was Ihr für uns getan habt.« Er sah sich um und sagte: »Doch jetzt laßt uns an Bord gehen. Ich brenne darauf, die neuen Mitglieder unserer zukünftigen Kolonie kennenzulernen.«

Abgesehen von den sechs ehemaligen Seeleuten, die genau wußten, wohin die Reise ging, hatte der Rest der Mannschaft nicht die leiseste Ahnung, was sie erwartete. Die Neuen waren von dem dichten Dschungel mit seinen ungewohnten Geräuschen und Gerüchen verzaubert und verschreckt zugleich. Sie standen an Deck und beugten sich nervös über das Schanzkleid, als sie ihre zukünftigen Führer und Gefährten kommen sahen.

Eva, Cienfuegos, Haitiké, Araya und Bonifacio begrüßten jeden einzelnen. Schließlich stieg Cienfuegos auf das Achterdeck und bat mit einer Handbewegung um Ruhe.

»Liebe Leute!« rief er. »Ich möchte Euch im Namen von uns allen hier in der Neuen Welt willkommen heißen.« Er räusperte sich nervös, denn er war es nicht gewohnt, große Reden zu halten, und fuhr dann fort: »Ich möchte zugleich darauf hinweisen, daß dies die letzte Möglichkeit ist, es sich anders zu überlegen.«

Die Versammelten sahen sich verdutzt an. Nach einer Weile brach eine Frau mit zwei Kindern das Schweigen und fragte mißtrauisch: »Warum sollten wir es uns anders überlegen, Herr? Hat man uns denn etwas verschwiegen, das wir wissen sollten? Bestehen irgendwelche Gefahren oder Risiken, von denen man uns nichts gesagt hat?«

»Nein. Nicht daß ich wüßte«, antwortete Cienfuegos und zeigte auf den Horizont. »Dort liegt Hispaniola mit der Hauptstadt Santo Domingo und ein paar Dörfern. Von dort könnt Ihr nach Spanien zurück.«

»Von uns will keiner nach Spanien zurück«, antwortete eine heisere Stimme aus der Menge.

»Das gefällt mir«, sagte Cienfuegos. »In einer Lage wie dieser kann Heimweh sehr schnell zu einem Hindernis werden.« Er blickte einen nach dem anderen an. »Ich versuche nur, Euch klarzumachen, daß die Menschen auf Hispaniola mit Sklavenhandel, Goldminen oder Zuckerrohrplantagen reich werden wollen. Aber dort, wo wir hingehen, spielen Gold, Silber und Perlen keine Rolle. Und das Zuckerrohr wird ohne Sklavenarbeit angebaut werden müssen. Jeder soll seine Arbeit erledigen und den anderen helfen, wenn es nötig ist.«

»Werden wir eigenes Land haben?« wollte die Frau wissen, die zuvor gesprochen hatte und eine Art Wortführerin der Gruppe war.

»Ja. Ihr werdet so viel Land bekommen, wie Ihr bebauen könnt.«

»Und Wasser?«

»Wasser ist reichlich vorhanden.«

»Wir haben jede Menge Samen dabei und auch Schweine, Enten und Hühner!« rief die Frau. »Was brauchen wir noch?«

»Gar nichts«, sagte Cienfuegos. »Um ein neues Leben zu beginnen, brauchen wir nichts weiter als Willenskraft und Fleiß. Das sollt Ihr Euch erst einmal klarmachen. Später wird es zu spät sein.«

»Wieviel Zeit haben wir, um es uns richtig zu überlegen?«

»Drei Tage«, antwortete Cienfuegos. »Ihr könnt an Land gehen und Euch mit den Menschen, Tieren, dem Klima und der Umgebung vertraut machen. Diejenigen von Euch, die lieber in Santo Domingo bleiben wollen, werden wir dann dort absetzen, und die anderen kommen mit uns.«

»Wohin geht die Reise?«

»Das werden wir gemeinsam entscheiden«, antwortete Cienfuegos und wies nach Westen. »Vor uns liegen Hunderte von einsamen Inseln, wo es alles gibt, was wir zum Leben brauchen. Wir können uns Zeit lassen.«

»Könnt Ihr garantieren, daß es nicht zum Kampf mit den Einheimischen kommt?« wollte eine andere Frau wissen.

»Wir werden den Einheimischen nichts wegnehmen und sie respektieren. Wir werden niemanden angreifen, aber wenn man uns angreift, werden wir uns wehren.«

Die Versammlung war schnell zu Ende. Zum einen gab es keine weiteren Fragen, zum anderen konnten es die Menschen, die sich seit mehr als einem Monat auf See befanden, kaum erwarten, an Land zu gehen und die Neue Welt, die jetzt vor ihnen lag, selbst in Augenschein zu nehmen.

Nachts, als im Lager alle schliefen, gingen Cienfuegos und

Eva zum Strand und setzten sich in den warmen Sand. Während sie beobachteten, wie der Mond langsam über dem Horizont aufging, fragte Eva plötzlich: »Antworte mir ehrlich. Meinst du, daß sie in der Lage sind, eine Kolonie zu gründen?«

»Warum nicht?« antwortete Cienfuegos zuversichtlich. »Offensichtlich hat das Leben sie nicht gerade mit Samthandschuhen angefaßt, und jetzt haben sie die einmalige Gelegenheit, selbständig zu arbeiten, ihre eigenen Herren zu sein. Die ersten Jahre werden hart, aber das Land ist fruchtbar. Es wird darauf ankommen, daß sie ihre Bedürfnisse beherrschen lernen und sich nicht von Habgier und Ehrgeiz leiten zu lassen. Der Traum vom Gold und vom schnellen Reichtum macht die Menschen blind. Dann können sie nicht erkennen, was das Land ihnen wirklich zu bieten hat.«

»Nicht alle sind so.«

»Aber die meisten«, sagte Cienfuegos. »Selbst die klügsten unter ihnen verfallen dem Goldfieber. Wenn Admiral Kolumbus von Anfang an den wahren Wert dieses Landes erkannt hätte, wäre ihm einiges erspart geblieben, und er säße jetzt nicht irgendwo auf einer einsamen Insel und wartete auf den Tod.« Cienfuegos legte sich zurück in den Sand und verschränkte die Arme hinter dem Kopf. »Er konnte sich mit nichts zufriedengeben. Er wollte mehr. Er wollte Zipangu, die goldenen Dächer des Großen Khan, unerschöpfliche Goldminen und Säcke voller Perlen, so groß wie Taubeneier. Er machte sich auf, um den Seeweg nach Indien zu finden und entdeckte die Neue Welt, aber das genügte ihm nicht. Der menschliche Ehrgeiz kennt eben keine Grenzen.«

»Und deiner?«

Cienfuegos streckte die Hand aus und fuhr ihr zärtlich über die Wange.

»Mein einziger Ehrgeiz bist du«, versicherte er. »Immer

an deiner Seite zu sein, dich zu lieben und von dir geliebt zu werden. Seit ich dich kennengelernt habe, ist das mein einziges Verlangen gewesen.«

»Aber was soll das sein, wenn ich alt bin? Sehr alt?«

»Das weiß ich nicht«, gestand er. »Niemand kann das wissen. Ich weiß nur, daß da drüben ein paar Menschen schlafen, die das Meer der Finsternis überquert haben, um sich uns anzuvertrauen. Was sollen sie denken, wenn sie entdecken, daß deine einzige Sorge darin besteht, ob ich dich lieben werde, wenn du alt geworden bist?«

»Wahrscheinlich würden sie auf der Stelle nach Spanien zurückkehren«, sagte Eva lächelnd. »Und man könnte es ihnen nicht einmal verübeln. Aber davon werden meine Befürchtungen nicht zerstreut.«

Cienfuegos zog sie an sich und begann, sie langsam auszuziehen. »Ich liebe dich über alles. Ich liebe dich, ich begehre dich, ich respektiere dich und bewundere dich.« Als er in sie eindrang, stöhnte sie vor Lust.

Capitán Alonso de Hojeda hatte die Gewohnheit angenommen, jeden Morgen in die Taverne »Los Cuatro Vientos« zu gehen, sich in den entlegensten Winkel des großen Raumes zu setzen und dort seine Memoiren zu schreiben.

Er tat dies hauptsächlich aus drei Gründen: In seiner bescheidenen Hütte verfügte er nicht einmal über einen Stuhl, ganz zu schweigen von einem Schreibtisch, der dunkle Raum der Schenke war zweifellos der kühlste Ort in der Stadt, und außerdem schob ihm sein neuer Freund Francisco Pizarro ein üppiges Frühstück aus Eiern, Brot und einem Krug Wein zu, wenn seine verwitwete Chefin noch schlief.

Für den ungebildeten Pizarro war die Freundschaft, die der designierte Gouverneur der neuen Provinz Coquibacoa ihm entgegenbrachte, von unschätzbarem Wert. Er bewunderte den berühmten Capitán über alle Maßen, und die Tatsache, daß dieser fast den ganzen Tag dasaß und schrieb, kam Pizarro fast vor wie Hexerei.

»Habt Ihr wirklich so viel zu erzählen?« fragte er ihn eines Tages, als er ihm sein Frühstück hinstellte, sich neben ihn setzte und die vielen vollgeschriebenen Manuskriptseiten sah.

»Ich erzähle mein Leben«, erklärte Hojeda. »Und ich habe eine Menge erlebt.«

»Berichtet Ihr auch über Eure Duelle?«

»Nur über einige, die meisten habe ich vergessen. Ich habe

so viele Menschen grundlos ins Grab befördert, daß ich mich schämen würde, darüber zu berichten.«

»Aber einige von diesen Unglücklichen wären Euch bestimmt dankbar, wenn Ihr sie mit einem Wort erwähnen würdet. Wer soll sich sonst an sie erinnern?«

»Die Toten wären mir höchstens dankbar, wenn ich ihnen das Leben wiedergäbe«, sagte Hojeda im Scherz. »Es wäre für viele besser gewesen, wenn sie mir nicht über den Weg gelaufen wären. Die meisten wollten sich nur mit mir duellieren, um mit einem Schlag berühmt zu werden.« Er trank einen Schluck und schüttelte heftig den Kopf. »Diese Art von Ruhm wird sehr schnell zu einer Last, das kann ich dir versichern. Eine Last, die manchmal unerträglich scheint.«

»Aber warum habt Ihr sie dann überhaupt auf Euch genommen?«

»Weil ich jung und unerfahren war. Und weil ich nicht wußte, daß sich all diese Toten eines Tages zusammentun würden, um mir den Schlaf zu rauben.«

»Tatsächlich?« fragte Pizarro verwundert.

»Zumindest kommt es mir so vor.«

Núñez de Balboa pflegte jeden Morgen in aller Frühe in der Taverne vorbeizuschauen, um ein Stück Brot, etwas Käse und Wein abzustauben. Doch weder Hojeda noch Pizarro legten Wert auf diesen Mann, der mittlerweile jegliche Selbstachtung verloren zu haben schien und immer mehr Ähnlichkeit mit einem Vagabunden statt einem ruhmsuchenden spanischen Hidalgo bekam.

Dabei war Balboa alles andere als dumm, und was seine Bildung anging, so stand sie der von Alonso de Hojeda in nichts nach. Doch er ließ sich gehen und war mittlerweile so verwahrlost, daß sogar die Einheimischen einen Bogen um ihn machten.

»Ihr stinkt wie der Teufel!« schimpfte Hojeda zuweilen. »Könnt Ihr denn nicht hin und wieder in den Fluß springen?«

»Ich rieche nach Elend«, antwortete Balboa immer. »Und diesen Gestank kriegt man weder mit Seife noch Wasser los. Wenn das Glück sich wendet, ändert sich auch mein Geruch.«

»Dann müssen wir ihn wohl noch eine Weile ertragen, fürchte ich«, gab der andere zurück. »Wie ich sehe, unternehmt Ihr nichts, um Eure Lage zu verbessern.«

»Nehmt mich mit nach Coquibacoa!«

»Das hätte mir noch gefehlt!« antwortete Hojeda abweisend. »Ich kann keine Säufer auf meiner Expedition gebrauchen.«

»Ich gebe das Trinken sofort auf!«

»Dann fangt sofort an!«

Balboa versuchte es, doch mit seiner Willenskraft war es nicht gerade bestens bestellt. Er widerstand der Versuchung nur so lange, bis ihn irgend jemand einlud. Auf seine Zukunft hätte niemand auch nur einen Maravedi gesetzt. Jeder rechnete damit, daß irgendeiner seiner zahlreichen Feinde oder Gläubiger ihm eines Nachts den Hals umdrehen würde.

Umgekehrt schien Balboa für Hojeda Sympathie und Respekt zu hegen, und bis zu einem gewissen Grad auch für den rauhbeinigen Pizarro, der ihn nicht besonders mochte und kein Hehl daraus machte. Zwar konnte Balboa durchaus ein angenehmer Mensch sein, wenn er nüchtern war, doch genügte ein einziges Glas Wein, um aus ihm den widerlichsten Kerl der ganzen Insel zu machen.

An einem dieser Tage, als Balboa bei Hojeda in der Taverne saß und ihm wieder einmal sein Leid klagte, kam ein junger Mann mit einem blonden Bart herein und begrüßte die Anwesenden ausgesucht höflich.

»Guten Morgen, Caballeros! Bitte vielmals um Vergebung, wenn ich störe, aber man sagte mir, ich könne Francisco Pizarro hier antreffen.«

»Wer sucht ihn denn?« fragte Pizarro, während er den Tresen sauberwischte.

»Ein entfernter Verwandter«, antwortete der Neuankömmling freimütig. »Wie mir berichtet wurde, kam er vor einem Jahr nach Santo Domingo und hat in der Zwischenzeit ein Vermögen gemacht.«

»Wie heißt Ihr?« fragte Balboa.

»Cortés. Hernán Cortés Pizarro. Sohn von Martin Cortés und Catalina Pizarro.«

»Einer der Pizarros aus Medellín?« fragte Francisco Pizarro.

»Ganz genau.«

»Mein Gott! Das hat mir gerade noch gefehlt.« Pizarro starrte auf seinen Verwandten und fuhr fort: »Wenn Ihr es wirklich seid, habe ich eine gute und eine schlechte Nachricht für Euch.«

»Die gute?«

»Daß Ihr Euren Verwandten gefunden habt.«

»Und die schlechte?«

»Daß mein ganzes Vermögen aus diesem Lappen besteht, mit dem ich die Tische wische.«

»Bei Gott!« rief der Neuankömmling und streckte die Arme aus, um ihn zu umarmen. »Bin ich froh, Euch endlich gefunden zu haben!«

»So, so«, antwortete Pizarro verdutzt. »Ich muß gestehen, daß ich ein wenig überrascht bin.«

»Warum?«

»Mir war zu Ohren gekommen, daß ein gewisser Hernán Cortés, Sohn einer Cousine zweiten Grades meines Vaters, mit Ovando nach Hispaniola gesegelt war. Aber das ist schon zwei Jahre her. Wieso taucht Ihr jetzt erst auf?«

»Das ist eine traurige Geschichte«, antwortete der andere bekümmert. »Die Nacht bevor wir ausliefen, erwischte mich ein verrückter Vater mit seiner Tochter im Bett. Ich mußte die Flucht ergreifen und brach mir das Bein, als ich von einer Mauer stürzte. Daraufhin hat mich der gute Mann so vermöbelt, daß ich monatelang flachlag.«

»Verdammt!« lachte Balboa. »Und über mich lästern die Leute.« Er schaute den Fremden genauer an und sagte dann ganz offen: »Ich verstehe aber nicht, wie Ihr hierher gelangt seid, wo doch seit Monaten kein Schiff im Hafen angelegt hat.«

»Ein gewisser Alonso de Quintero hat mich an der Küste einige Meilen vor Santo Domingo abgesetzt.«

»Quintero?« fragte Balboa interessiert. »Der Schmuggler?« Als sein Gegenüber nur schweigend nickte, seufzte er und sagte: »Ich kenne ihn ganz gut. Er hat den besten Wein diesseits des Atlantiks an Bord. Früher habe ich Geschäfte mit ihm gemacht.«

»Tja«, sagte Cortés. »Ich mußte mir meine Überfahrt teuer erkaufen. Den ganzen Tag habe ich das Deck geschrubbt. Die Zeit wurde mir verdammt lang dabei...«

»Das heißt, daß Ihr so gut wie pleite seid«, unterbrach Hojeda und ergriff zum erstenmal das Wort.

»So pleite wie ein Geier!« lachte Cortés. »Alles, was ich hatte, haben die Quacksalber in Sevilla kassiert. Es war mir zu peinlich, nach Hause zu schreiben und mich lächerlich zu machen. Mein Vater hatte alles so schön eingefädelt. Ich hätte mit seinem Cousin, Gouverneur Ovando, übersetzen können. Ich sollte einer seiner Vertrauensmänner werden.« Er seufzte laut. »Und nun bin ich mit einem Schmugglerschiff gekommen wie ein Dieb bei Nacht.«

Cortés nahm eine Münze aus der Tasche und warf sie auf die Theke. »Das ist mein letztes Geld, und ich will es mit Euch teilen. Wein für alle! Diese Begegnung muß gefeiert werden.«

Pizarro schob ihm die Münze wieder zu und stellte einen Krug Wein auf den Tresen.

»Das geht auf Kosten des Hauses«, sagte er. »Besser gesagt, auf Kosten meiner Chefin Catalina Barrancas. Darf ich Euch Seine Exzellenz Don Alonso de Hojeda vorstellen? Der andere ist Balboa.«

»Alonso de Hojeda?« fragte Cortés überrascht, ohne seine Freude verbergen zu können. »Das ist doch nicht möglich! Der berühmte Capitán Hojeda? Der Held meiner Kindheit? Wenn Ihr wüßtet, wie oft mein Vater mir die Abenteuer erzählt hat, die er an Eurer Seite erlebte! Ihr wart Waffenbrüder in Granada.«

»Wirklich?« fragte Hojeda. »Schon möglich. Wir waren so viele.«

»Vielleicht erinnert Ihr Euch an ihn, wenn ich Euch sage, daß er bei einem Eurer Duelle Sekundant war.«

»Mein lieber Freund!« antwortete Hojeda. »Nichts für ungut, aber wenn ich mich nicht mal mehr an die erinnere, die ich getötet habe, wie soll ich mich an die erinnern, die mir sekundiert haben?«

»Verstehe«, sagte der andere und nickte. »Aber warum seid Ihr hier und nicht in Eurer Provinz Coquibacoa in dem Land, das Ihr selbst Venezuela getauft habt?«

»Das verdammte Geld, mein Freund! Heutzutage läßt sich nichts bewegen, es sei denn, man hat Geld. Was nutzt es einem, zum Gouverneur einer Provinz ernannt zu werden, wenn man nicht über die notwendigen Mittel verfügt, um das Land zu erobern?« Er lächelte belustigt. »Kennt Ihr nicht ein paar finanzkräftige Leute, die sich gerne engagieren würden? Ich kann Euch versprechen, daß sich in einem Jahr das Kapital verdoppeln läßt.«

»Um ehrlich zu sein, ich kenne niemand, der mehr als hundert Maravedis in der Tasche hat, aber wenn Ihr einen Geldgeber findet, wäre ich Euch sehr verbunden, wenn Ihr mich für Euer Vorhaben vormerken wollt. Ich kann ausgezeichnet mit dem Degen umgehen.«

»Ihr werdet anstehen müssen wie wir alle«, mischte sich Balboa ärgerlich ein. »Ich warte schon seit Jahren, und das Leben vergeht in diesem Loch sehr schnell. Santo Domingo ist wie eine riesige Fallgrube, aus der es kein Entkommen mehr gibt.«

Dieser Meinung war nicht nur Balboa, der später Panama erobern und den Pazifik entdecken sollte. Fast alle hungrigen Abenteurer von Santo Domingo dachten es. Sie träumten von Eroberungen, Gold und Ruhm, waren aber nicht in der Lage, das nötige Geld für ihre sagenhaften Expeditionen aufzubringen.

Es waren fast zwölf Jahre vergangen, seit sie die Neue Welt zum ersten Mal betreten hatten, und dennoch war es ihnen bislang nur gelungen, die Insel Hispaniola in ihre Gewalt zu bringen. Weiter waren die Spanier nicht vorgedrungen, wenn man von einigen Expeditionen nach Jamaika und Kuba und der vierten, kläglich gescheiterten Reise des Admirals absah.

Es waren so viele unglaubliche Geschichten über unerschöpfliche Goldminen auf Tierra Firme, Perlen auf Kuba und Jamaika und die Paläste des Großen Khan in Umlauf, daß sich die verarmten Soldaten gelegentlich fühlten wie Kinder, die vor der Auslage einer Konditorei stehen und nichts anfassen dürfen.

Diego Méndez versuchte immer noch, ein Schiff aufzutreiben, um den Admiral zu retten, da Ovando sich offensichtlich nicht darum kümmerte und auch nicht auf die Vorwürfe von Fray Bernardino de Sigüenza hörte, der sich jeden Sonntag von der Kanzel zu Wort meldete.

Mittlerweile hatte Méndez Ovando Bericht erstattet und ihm eine genaue Beschreibung der Reichtümer gegeben, die den Schilderungen der Einheimischen zufolge auf Veragua zu finden waren. Etwa zehn Tagesmärsche von der Küste der Moskitos entfernt sollte El Dorado liegen. Die Männer, die später als Konquistadoren gefeiert wurden, waren wegen ihrer erzwungenen Untätigkeit der Verzweiflung nahe.

Trotzdem schien die einzige Sorge des Gouverneurs darin zu bestehen, Ländereien und Indios unter seinen Günstlingen zu verteilen und jene, die sich ihm widersetzten, erbarmungslos zu strafen.

Überall auf Hispaniola wurden Intrigen gesponnen, nur um eine Zuckerrohrplantage oder ein Dutzend Indios zugesprochen zu bekommen, und diese Politik verhinderte, daß man sich um wichtigere Belange wie die Erkundung und Erforschung neuer Gebiete kümmerte. So vergeudete man mit jedem Tag, der verging, die Energie derer, die darauf brannten, die Neue Welt endlich zu erforschen und zu unterwerfen.

Sobald es dunkelte, wurde die Taverne »Los Cuatro Vientos« zum Mittelpunkt der Stadt. Auf der einen Seite saßen die Hidalgos, die verarmten Edelleute, die darauf warteten, von irgend jemand für eine der wenigen Expeditionen unter Vertrag genommen zu werden. Alonso de Hojeda und ein gewisser Juan Ponce de León, der wegen seiner Jahre liebevoll »der Alte« genannt wurde, waren ihre Wortführer. Juan Ponce de León war ein blendender Redner, der seine Zuhörer wie kein anderer verzaubern konnte und felsenfest davon überzeugt war, eines Tages den legendären Jungbrunnen zu finden.

Darin sollte er sich zwar irren, doch eroberte er auf einer seiner vielen Expeditionen zunächst die Insel Puerto Rico, wo er die Stadt Ponce de León gründete, die heute noch seinen Namen trägt, erforschte später die Bahamas und entdeckte schließlich die Halbinsel Florida. Er war der erste Spanier, der einen Fuß auf den nordamerikanischen Kontinent setzte.

Auf der anderen Seite des Raumes saßen diejenigen, die nichts von der ewigen Jagd nach Abenteuern und Ruhm hielten und den Spatz in der Hand der Taube auf dem Dach vorzogen. Der Ehrgeiz dieser Gruppe bestand darin, die Sklaverei so bald wie möglich auf der Insel einzuführen und das Land zwischen den Kolonisten aufzuteilen. Der führende Kopf dieser Gruppe war Bartolomé de las Casas. Er war gebildet und wortgewandt und wußte auf alle Fragen die passende Antwort. Seine einflußreichen Anhänger versuchten, Druck auf Ovando auszuüben, damit dieser ihm einen Posten in der Verwaltung der Insel gab.

Zwischen den beiden Parteien, die ganz unterschiedliche Vorstellungen vom Leben hatten, gab es verständlicherweise starke Spannungen, die hin und wieder in Handgreiflichkeiten ausarteten. Die Gruppe der Kolonisten wurde ständig größer, doch das wurde durch die Überzahl von erfahrenen Fechtern auf seiten der Hidalgos wieder ausgeglichen. Noch war es zu keiner blutigen Auseinandersetzung gekommen.

Diese trügerische Ruhe schien eines Tages plötzlich gefährdet, als Las Casas nach Anacaonas Hinrichtung eine dumme Bemerkung über die sexuelle Freiheit der Prinzessin machte. Hojeda, der sie in seiner Ecke gehört hatte, vergaß daraufhin, daß er gelobt hatte, nie wieder einen Menschen zum Duell herauszufordern, und drohte, Las Casas den Bauch aufzuschlitzen. Pizarro, der mittlerweile so etwas wie ein treuer Knappe des Capitáns geworden war, mußte eingreifen, um das Schlimmste zu verhindern. Er nahm Las Casas beim Arm und zog ihn hinaus auf die Straße.

»Ich tue das nicht für Euch«, sagte er zu ihm, als sie auf einer kleinen Mauer an der Plaza gegenüber der Schenke saßen. »Ich tue es für Don Alonso. Nicht, daß ich Angst hätte um ihn. Er würde Euch mit verbundenen Augen ins Jenseits befördern, dessen bin ich mir sicher. Ich fürchte nur, daß es Ovando wie gerufen käme. Der Gouverneur sucht einen Vorwand, um Hojeda kaltzustellen.«

»Und daran tut er recht. Hojeda ist ein dreckiger Mörder!« entgegnete Las Casas erregt.

»Das stimmt nicht!« widersprach Pizarro. »Gerade weil er so viele Männer im Duell getötet hat, respektiert er das Leben mehr als alles andere. Deshalb ist für ihn das Leben eines Einheimischen genausoviel wert wie das eines Adligen, und er würde eher einen Marquis töten als einen dieser unschuldigen Indios, die Ihr und Eure Freunde zu Sklaven machen wollt.«

»Wie kann er sich anmaßen, einen solchen Vergleich zu ziehen?«

»Er ist edel und weise.« Pizarro hielt inne und warf seinem Gegenüber einen mitleidigen Blick zu. »Ihr seid noch zu jung«, sagte er schließlich. »Aber vielleicht seht Ihr mit der Zeit ein, daß man die Einheimischen bekämpfen darf, wenn sie sich einem mit Waffengewalt entgegenstellen, daß man sie aber wie Menschen behandeln muß, sobald sie besiegt sind. Es waren Männer wie Hojeda, die sie im Kampf geschlagen haben, und jetzt sind es Männer wie Ihr, die lauthals ihre Versklavung fordern.«

»Ohne Sklaven wird diese Insel nie aufblühen.«

»In Wirklichkeit meint Ihr nicht die Insel, sondern ein paar ehrgeizige Leute. Hispaniola war ein Paradies, in dem keiner Sklaven brauchte, jetzt aber ist es eine Hölle, in der niemand glücklich werden kann«, erklärte Pizarro. Damit stand er auf und kehrte in die »Taverne Los Cuatro Vientos« zurück.

Es sollten noch viele Jahre vergehen, ehe der junge Bartolomé de las Casas die Bedeutung dessen verstand, was ihm ein einfacher und ungebildeter Kneipenjunge gesagt hatte, ein Junge, der allerdings später selbst zum gefürchtetsten und grausamsten aller Konquistadoren werden sollte. Damals schluckte Las Casas seinen Ärger einfach hinunter und überlegte nur, wie man am besten mit der Gruppe um Hojeda aufräumen konnte.

Santo Domingo quoll über von Abenteurern und Habenichtsen, die nachts die Straßen unsicher machten. Die meisten von ihnen hatten keinen roten Heller und mußten sich mit Gelegenheitsarbeiten oder Überfällen über Wasser halten. Die verarmten Hidalgos wurden allmählich zur Plage und stellten eine ernste Bedrohung für die Bürger dar. Viele Einwohner fanden, daß sie endlich aus Hispaniola verschwinden sollten.

Drei Tage später bat Las Casas um eine Audienz beim

Gouverneur und machte ihm den Vorschlag, alle unerwünschten Personen so bald wie möglich per Dekret nach Sevilla deportieren zu lassen.

»Wir müssen unterscheiden zwischen Männern, die Euch und der Krone ergeben sind, und jenen Abenteurern und Wegelagerern, die die Straßen unsicher machen«, sagte er. »Man hat uns die schlimmsten Verbrecher Spaniens geschickt, und solange wir uns nicht wehren, wird diese Insel nicht aufblühen.«

»Wir können sie nicht einfach zurückschicken, denn die meisten sind mit dem Einverständnis der Könige hier«, entgegnete der Gouverneur. »Um sie zu deportieren, brauche ich einen triftigen Grund. Vergeßt nicht, daß einige darunter aus angesehenen Familien stammen wie Hojeda. Und ich selbst bin mit Cortés entfernt verwandt.«

»Dann schickt sie nach Kuba oder Tierra Firme«, beharrte Las Casas. »Wenn sie davon träumen, fremde Reiche zu erobern, dann sollen sie es auch tun.«

»Aber wie? Seht Euch Hojeda an. Er ist von der Krone zum Gouverneur eines Reiches ernannt worden, das er aus reinem Geldmangel nicht erobern kann!« entgegnete Ovando.

»Wenn es am Geld scheitert, dann muß man dafür sorgen, daß er welches bekommt«, sagte der andere. »Bringt Euren Einfluß bei Hof zur Geltung. Wenn die Könige Hojeda unterstützen, werden die Bankiers vielleicht bereit sein, Mittel zur Verfügung zu stellen. Hojeda würde endlich nach Tierra Firme abziehen und die ganze Meute mitnehmen.«

»Die Bankiers sind nicht gewillt, derartige Risiken einzugehen. Hojedas letzte Expeditionen waren ein einziges Fiasko«, erklärte Ovando. »Ich glaube nicht, daß sie ihm noch mehr Geld geben werden.«

»Leitet den Bericht des Admirals weiter, in dem er von dem sagenhaften Reich Veragua erzählt, wo es angeblich mehr Gold geben soll als Eisen in Spanien«, schlug Las

Casas vor. »Dieser Diego Méndez wird nicht müde, überall von den unbeschreiblichen Reichtümern Veraguas zu berichten. Das sollte die Bankiers aufhorchen lassen.«

»Kolumbus nimmt nach all seinen Übertreibungen keiner mehr ernst.«

»Wenn aber nur ein Viertel dessen, was er sagt, wahr ist, dürfte es nicht schwerfallen, Geldgeber zu finden.« Las Casas machte eine ausholende Bewegung und fügte hinzu: »Immerhin gehören Hispaniola und die Neue Welt auch zu seinen Übertreibungen.«

Fray Nicolás de Ovando versprach, über den Vorschlag nachzudenken, und fand sich sogar bereit, seinen Widerstand gegen die Rettung des Admirals aufzugeben, da er mittlerweile erkannt hatte, daß das in seinem Interesse lag.

Nachdem er Anacaona hingerichtet und die Insel befriedet hatte, war die Zeit gekommen, Hispaniola vom Gesindel der Abenteurer, Vagabunden und Draufgänger zu säubern. Auf Hispaniola sollten nur die Kolonisten bleiben und sich um ihre Indios und ihre Ländereien kümmern.

Es kam ihm sehr gelegen, Kolumbus nach Spanien zu schicken. Das schmähliche Ende seiner jüngsten Expedition und sein hohes Alter würden dem Admiral keine Gelegenheit mehr lassen, in die Neue Welt zurückzukehren. Er würde ihn nie wiedersehen, und damit wäre eine große Last von seinen Schultern genommen.

Außerdem gefiel ihm die Idee, den lästigen Capitán Hojeda loszuwerden, der ihm wegen seines hohen Ansehens auf Hispaniola und bei Hof ein Dorn im Auge war.

Schließlich hegte er auch die Hoffnung, daß sein ehemaliger Freund und jetziger Widersacher, Fray Bernardino de Sigüenza, sich vielleicht doch Hojeda anschloß und nach Tierra Firme ging, um die Seelen der Einheimischen zu retten und sie zum christlichen Glauben zu bekehren. Erst wenn er weg war, konnte er seine Arbeit auf der Insel ungehindert fortsetzen.

Mit einem ordentlichen Kontingent an Sklaven von den benachbarten Inseln könnte man auf Hispaniola riesige Zuckerrohrplantagen aufbauen und den Weltmarkt allmählich unter Kontrolle bringen.

Aus dem Fenster seiner Festung schaute er auf die weiten Felder und dachte an die vielen Tonnen Zuckerrohr, die er in Sevilla verkaufen könnte, wenn man aus der ganzen Insel eine riesige Plantage machte.

»Das ist das Gold von Hispaniola!« sagte er leise zu sich. »Das süße Gold.«

Nur ein Ehepaar beschloß, auf Hispaniola zu bleiben, da die beiden eine schwächliche Tochter hatten, die während der langen Überfahrt erkrankt war. Alle anderen erklärten sich bereit, mit Cienfuegos und den Seinen eine Kolonie in der Wildnis zu gründen. Am Abend des dritten Tages lief die *Milagro* aus, und ihr neuer Kapitän, Iñakin Dañobeitia, ein mürrischer Baske, der genauso einsilbig war wie Kapitän Salado, nahm Kurs auf Hispaniola.

Am fünften Tag tauchte Santo Domingo in der Ferne auf. Sie warteten den Sonnenuntergang ab und ankerten dann in der Nähe der Bucht im Süden der Stadt. Dort ließen sie ein Beiboot zu Wasser und ruderten Don Luis de Torres und diejenigen, die in Santo Domingo bleiben sollten, an Land.

Es war ein trauriger Abschied, denn Cienfuegos und Eva spürten, daß sie ihren alten Freund, den Konvertiten, nicht wiedersehen würden. Es gab vieles, was sie verband. Für Cienfuegos war Don Luis wie ein Vater gewesen – er hatte ihm Lesen und Schreiben beigebracht. Eva hatte er immer wieder ermuntert und ihr in den schlimmsten Augenblicken zur Seite gestanden. Die Trennung schmerzte. Es war, als verlöre man ein Stück von sich selbst.

Man beschloß, daß Bonifacio und zwei weitere Seeleute sie an Land begleiten sollten, um zu erfahren, was sich in der Stadt tat. Außerdem sollten sie mit dem wenigen Gold, das ihnen geblieben war, Proviant einkaufen.

Im Morgengrauen lichtete das Schiff den Anker und entfernte sich drei Meilen von der Küste. Für die meisten an Bord wurde es ein langer, zermürbender Tag, denn sie befürchteten insgeheim, daß dies das letzte Mal war, daß sie eine zivilisierte Stadt vor Augen hatten.

Die meisten hatten Angst davor, ein neues und völlig anderes Leben anzufangen, in dem sie völlig auf sich selbst gestellt waren. Außerdem fühlten sie sich unbehaglich bei der Vorstellung, auf unbestimmte Zeit immer nur dieselben Gesichter zu sehen. Nervös und gereizt gingen die Leute an Deck auf und ab und warteten.

Cienfuegos saß am Achterdeck und beobachtete das Ganze mit Sorge. Hin und wieder streifte sein Blick die Silhouette der Stadt und die großen Schiffe, die im Hafen ankerten. Dann dachte er an die Verantwortung für die vielen Menschen, die nun auf seinen Schultern lastete.

Er hatte gelernt, unter den widrigsten Umständen und härtesten Bedingungen zu leben, aber er wußte auch, daß es eine extrem harte Lehrzeit gewesen war, die nicht jeder durchstehen würde. Vor allem von den Frauen und Kindern konnte man das nicht erwarten.

In den vergangenen Tagen hatte er jedes der neuen Mitglieder genau beobachtet. Dennoch hätte er nicht sagen können, wie sie sich verhalten würden, wenn sie sich plötzlich mit einer Horde Menschenfresser oder einem der gefürchteten Hurrikane konfrontiert sahen.

Sie hatten ausreichend Schießpulver und Waffen an Bord, doch die Mehrzahl der Anwesenden hatte nicht die geringste Ahnung, wie man mit einer Arkebuse oder einem Degen umging. Sie waren einfache Bauern, die sich im Leben nie hatten verteidigen müssen und beim Anblick eines Kannibalen wahrscheinlich panikartig die Flucht ergreifen würden.

Sie mußten zunächst eine windgeschützte Bucht finden und sofort mit dem Bau von Holzhütten beginnen. Die erste Zeit würden sie vom Fischfang leben und dann allmählich den Urwald roden, um das Land zu bebauen. Gleichzeitig mußten die Männer lernen, mit Waffen umzugehen und vor allem, friedlich mit den Einheimischen zusammenzuleben.

Den ganzen Tag zerbrach sich Cienfuegos den Kopf, bis Araya am Nachmittag aufs Achterdeck kam, sich neben ihn setzte und die Beine über Bord baumeln ließ.

»Du grübelst schon den ganzen Tag. Was macht dir Sorgen?«

»Daß du runterfällst und von einem Hai gefressen wirst!«

»Ich passe schon auf mich auf«, sagte die Kleine, die, ohne daß er es bemerkt hatte, zu einer schönen jungen Frau herangewachsen war. »Aber du brauchst dir keine Sorgen zu machen. Wir werden eine herrliche Insel finden, und alles wird gut. Vergiß nicht, was meine Götter mir prophezeit haben.«

»Ja, ja. Sie haben dir auch prophezeit, daß du als Königin in einem Palast mit goldenen Dächern leben wirst.«

»Das kommt alles noch – wenn ich alt bin«, antwortete Araya.

»Manchmal habe ich das Gefühl, daß du der älteste Mensch bist, dem ich je begegnet bin«, sagte Cienfuegos.

»Du meinst der reifste«, verbesserte ihn Araya mit einem rätselhaften Lächeln. Sie drehte sich um und deutete auf die Menschen an Deck. »Ich habe sie beobachtet. Sie haben Angst, sind nervös und gereizt.«

»Das ist mir nicht entgangen«, antwortete Cienfuegos. »Ich habe ja selbst Angst!«

»Nein!« erwiderte Araya überzeugt. »Du hast nie Angst. Du machst dir Sorgen, aber das ist nicht dasselbe.« Sie schaute wieder aufs Wasser. Ein großer Hai war aufgetaucht und kreiste um das Schiff. »Sie haben Angst, aber sie sind entschlossen. Ich weiß es. Glaub mir.«

»Woher willst du das wissen? Die kleinen Götter deines Stammes können dir nichts über spanische Bauern verraten haben. Sie wußten doch nicht einmal, daß es sie gibt!«

»Die kleinen Götter meines Stammes, wie du sie nennst, sind nicht tot«, antwortete Araya lächelnd. »Sie sind hier bei mir, und manchmal erzählen sie mir Geschichten.« Sie lachte. »Wunderbare Geschichten!«

Dann stand sie plötzlich auf und verschwand, rasch und anmutig wie eine Gazelle. Cienfuegos blieb nachdenklich sitzen, und als die Sonne unterging und sie wieder Kurs auf die Stadt nahmen, trat er zu Eva, die ein Buch las.

»Es gibt da etwas, das wir nicht bedacht haben«, sagte er. »Araya.«

»Was ist mit ihr?« fragte Eva erschrocken.

»Sie ist über Nacht zur Frau geworden, ohne daß wir es gemerkt haben.«

»Vielleicht hast du es nicht bemerkt«, erwiderte Eva. »Ich weiß es seit langem. Sie ist eine erwachsene Frau und eine sehr hübsche obendrein.«

»Genau das ist das Problem«, erklärte Cienfuegos. »Es wird kein Mann übrig sein für Araya. Das scheint mir nicht gerecht.«

»Mach dir wegen Araya keine Sorgen«, beruhigte ihn die Deutsche. »Sie hat ihre eigenen Pläne.«

»Was für Pläne? Anderen Frauen die Ehemänner abspenstig zu machen?«

»Ach, wo denkst du hin!«

»Irgendwo muß ich ja hin mit meinen Gedanken!« gab Cienfuegos zurück. »Das ist ihre letzte Möglichkeit, nach Santo Domingo zu gehen. Sie hat nichts verbrochen und wird von der Justiz nicht gesucht.«

»Sie würde nie bleiben«, antwortete Eva. »Wir sind ihre Familie, das einzige, was sie auf der Welt hat.«

»Trotzdem haben wir nicht an sie gedacht, als wir das alles geplant haben. Wir waren viel zu sehr mit uns beschäftigt und mit Anacaonas Hinrichtung. Wir haben gar nicht gemerkt, daß wir einfach über ihre Zukunft verfügt haben, als sei sie ein Kind.«

»Ich habe an sie gedacht! Ich habe mit ihr gesprochen, und wir sind uns einig geworden«, sagte Eva.

»Worüber seid ihr euch einig geworden?« wollte Cienfuegos wissen.

»Das geht nur uns etwas an.«

»Das ist keine Antwort«, sagte Cienfuegos gereizt. »Wir sind eine Familie, in der alle Probleme gemeinsam gelöst werden müssen. Und ich bin dafür zuständig, daß es funktioniert. Ich halte es nicht für angebracht, daß man einem so hübschen Mädchen wie Araya die Chance nimmt, einen Mann zu finden. Das gibt nur Probleme und Konflikte.«

»Araya wird keine Probleme machen.«

»Woher weißt du das?«

»Sie hat bereits einen Partner gefunden!«

»Was?« sagte Cienfuegos überrascht. »Und wer ist der Glückliche, wenn man fragen darf?«

»Du.«

Cienfuegos starrte sie wie vom Blitz getroffen an. Es verging eine Weile, in der keiner von beiden ein Wort sprach, bis schließlich Cienfuegos das Schweigen brach: »Ich?« fragte er. »Bist du noch ganz bei Sinnen?«

»Und ob!«

»Ich bin dein Mann.«

»Die Zeremonie damals war höchst suspekt. Aber auch wenn wir davon ausgehen, daß unsere Ehe gültig ist, sollten wir nicht vergessen, daß wir in unserere eigenen Kolonie auch eigene Gesetze haben sollten. Wenn daher zwei Frauen beschließen, sich einen Mann zu teilen, wüßte ich nicht, wer ihnen das verbieten sollte.«

»Beschließen ...?« wiederholte Cienfuegos. »Soll das heißen, daß ihr diese abenteuerliche Entscheidung bereits getroffen habt?«

»Was ist so schrecklich daran?« entgegnete Eva. »Araya liebt dich, seit sie dich zum ersten Mal sah. Ich liebe sie, sie liebt mich.« Sie hielt inne und legte die Hand auf Cienfuegos' Arm. »Ich werde alt, und bald wird mein Körper dich nicht mehr so befriedigen können, wie du es dir wünschst. Araya ist hübsch und liebt dich über alles. Soll ich mit ansehen, wie sie sich verzehrt, wenn sie doch wie eine Tochter für mich ist? Ich glaube, wir beide könnten uns dann auf eine andere Art lieben...«

»Diese andere Art gibt es nicht«, unterbrach Cienfuegos sie aufgebracht. »Du bist meine Frau, du bist immer die einzige Frau für mich gewesen und wirst es auch bleiben, ganz gleich, wie viele Jahre vergehen.« Er schüttelte heftig den Kopf. »Und Araya ist für mich wie eine Tochter oder Schwester, ich könnte sie nicht anrühren.«

»Sie ist weder deine Tochter noch deine Schwester«, erwiderte Eva ruhig. »Du hast dich noch nicht damit abgefunden, daß sie zur Frau geworden ist, aber das kommt mit der Zeit.« Sie küßte ihn auf die Lippen. »Warten wir ab.«

Cienfuegos sah ihr in die Augen und sagte: »Was du mir vorschlägst, erscheint mir reichlich unmoralisch. Von dir hätte ich das nicht erwartet.«

»Was ist Moral?« entgegnete Eva. »Doch nur die Sitten und Gebräuche, die man uns aufzwingt. Für Araya ist unsere Vereinbarung das Normalste auf der Welt, weil es bei ihnen so Sitte ist.« Plötzlich mußte Eva lachen. »Außerdem ist das Christentum fast die einzige Religion, die Polygamie unmoralisch findet, und noch vor ein paar Monaten warst du nicht einmal getauft.«

»Aber jetzt bin ich es«, antwortete Cienfuegos wütend. »Und ich denke nicht daran, euer Spielchen mitzumachen. Hast du mich verstanden?«

»Sicher«, sagte Eva in einem seltsamen Ton, drehte sich um und wollte weggehen, doch Cienfuegos hielt sie am Arm fest.

»Geh nicht weg. Sag mir lieber, was du mit ›sicher‹ meinst.«

»Genau das«, sagte sie spöttisch. »Wenn du nicht willst, dann eben nicht. Du weißt doch selbst am besten, daß man niemanden zu etwas zwingen kann, das er nicht will, oder?«

»Natürlich nicht«, antwortete Cienfuegos versöhnlich. »Ihr könnt doch nicht über mich entscheiden, als sei ich ein altes Kleidungsstück, das einem nicht mehr paßt und verschenkt wird. Schließlich bin ich ein Mensch und habe Gefühle.«

»Das weiß ich«, beruhigte ihn Eva. »Aber ich dachte, es wäre die beste Lösung für uns drei. Wenn du nicht einverstanden bist, kann man nichts machen.«

»So ist es.«

»Dann laß es uns vergessen.«

»Und was geschieht jetzt mit Araya?«

»Araya?« wiederholte Eva und zuckte die Achseln. »Keine Ahnung. Wenn du meinst, sie würde zu einem Problem, mußt du sie bitten, in Santo Domingo zu bleiben.« Sie zuckte gleichgültig die Achseln und fügte hinzu: »In Santo Domingo wird sich bestimmt jemand finden, der sie zu sich nimmt. Und bei ihrem Aussehen hat sie beste Chancen, sofort in Leonor Banderas' Bordell anfangen zu können. Schließlich ist sie bloß eine Einheimische.«

»Was ist los mit dir?« fragte Cienfuegos ärgerlich. »Wie kannst du so grausam sein? Ich erkenne dich nicht wieder.«

»Dann laß dir was Besseres einfallen«, entgegnete Eva. »Aber beeil dich, wir sind bald da.«

Die Sonne ging unter, und rasch wurde es dunkel. Kapitän Dañobeitia hatte befohlen, keine Lampen an Bord zu entzünden und langsam an der Küste entlangzusegeln, bis Bonifacio vom Strand aus das vereinbarte Zeichen gab.

Zwanzig Minuten später warfen sie Anker aus und ließen die Beiboote ins Wasser, um Bonifacio und die zwei anderen Seeleute mit dem Proviant an Bord zu bringen.

Cienfuegos und Eva standen an Deck und beobachteten das geschäftige Treiben, als Eva auf die Lichter der Stadt blickte und fragte: »Und? Hast du deine Entscheidung getroffen? Sie braucht etwas Zeit, um ihre Sachen zusammenzupacken, und die Boote laufen bald aus.«

Cienfuegos warf ihr einen finsteren Blick zu und antwortete verletzt: »Du weißt genau, daß ich sie nicht wegschicken kann. Sie ist eine Einheimische, gemäß Ovandos neuen Gesetzen würde man sie sofort als Sklavin verkaufen.« Er schwieg einen Augenblick. »Aber ich werde mich auch nicht dazu hergeben, euer Spiel mitzumachen. Unter keinen Umständen.«

»Das ist dein gutes Recht«, gab Eva zu. »Niemand kann dich zwingen, mit einer Frau ins Bett zu gehen, wenn du es nicht willst.«

Cienfuegos schwieg und sah, wie sich die Boote langsam entfernten und in der Dunkelheit der Nacht verloren. Als es schließlich ganz still war, antwortete er bitter: »Was habe ich dir eigentlich getan, daß du mich nicht mehr liebst?«

»Daß ich dich nicht mehr liebe?« fragte Eva. »Wenn du mir sagen würdest, ich soll ins Meer springen, würde ich es auf der Stelle tun.« Sie schmiegte sich an ihn. »Ich liebe dich so sehr, daß ich Angst habe, ich könnte dir eines Tages zur Last fallen. Ich bin sicher, daß ich mich umbringen würde, wenn das der Fall wäre.«

In den folgenden Tagen, während das Schiff an der Küste von Hispaniola entlang nach Westen segelte, hatte Cienfuegos genügend Zeit, über Evas Vorschlag nachzudenken. Doch sosehr er sich auch bemühte, er konnte die verwirrenden und widersprüchlichen Gefühle, die in ihm aufstiegen, nicht ordnen.

Am meisten verunsicherte ihn die Tatsache, daß er Araya nicht länger wie ein kleines Mädchen oder seine Tochter behandeln konnte. Jedesmal, wenn sich ihre Blicke trafen, war es, als teilten sie ein dunkles Geheimnis. Das beschämte ihn und ließ ihm keine Ruhe.

Er hatte niemals unkeusche Vorstellungen über sie gehabt, obwohl sie mittlerweile eine junge Frau war. Doch jetzt ertappte er sich dabei, wie er sie mit dem gleichen verlangenden Blick betrachtete wie andere Männer. Immer wieder versuchte er sich einzureden, daß sie noch dasselbe Kind war, das er in den alten Ruinen eines Dorfes in Begleitung einer verrückten Alten gefunden hatte. In Wahrheit aber gab es dieses Kind nur noch in seiner Erinnerung. Das kleine Mädchen war zu einer verführerischen jungen Frau geworden.

Sie schien all die schelmischen Götter im Leib zu haben, von denen sie immerzu erzählte. Jedes Wort, jede Bewegung zeugte von einer natürlichen unschuldigen Erotik.

Cienfuegos hatte eine Menge unvorstellbarer Dinge erlebt, seit er Eva bei einer einsamen Lagune auf Gomera kennengelernt hatte; mehr, als er sich je hätte träumen lassen. Doch von alldem verwirrte ihn dies am meisten, denn sosehr er sich auch bemühte, er konnte einfach nicht verstehen, daß die Frau, die ihm bis ans Ende der Welt gefolgt war, plötzlich bereit war, ihn mit einer anderen zu teilen, und das, obwohl er sie liebte.

»Langsam reicht es mir«, sagte er, als hoffte er, mit einem Machtwort die Probleme lösen zu können. »Es ist doch nicht meine Schuld, daß du vor mir geboren wurdest und dir alt vorkommst, während ich das Gefühl habe, daß mein Leben jetzt erst richtig anfängt. Ich will nur bei dir sein, ohne daß du dich veränderst.«

»Aber ich habe mich verändert«, antwortete Eva traurig, »und du dich auch. Du bist stärker, klüger, intelligenter und schöner geworden. Wir alle verändern uns, die einen zum Besseren, die anderen zum Schlechteren. Da kann man nichts machen.«

Sie liebten sich jede Nacht, doch es war anders als früher. Irgend etwas bedrückte beide, und oft lag Cienfuegos später wach und dachte an Araya, die sich vor Leidenschaft nach ihm verzehrte.

Schließlich kamen sie zur westlichen Spitze von San Miguel, ließen die Küste Hispaniolas hinter sich und nahmen Kurs auf die kleine Insel Navata. Cienfuegos stieg aufs Achterdeck, wo Kapitän Dañobeitia eine alte Seekarte studierte, und schlug vor, Kurs auf Jamaika zu nehmen.

»Offensichtlich befindet sich der Admiral immer noch auf Jamaika, und wir können uns den Luxus leisten, ein paar Tage zu verlieren. Wir holen ihn ab und bringen ihn nach Xaraguá. Es besteht kein Grund zur Eile, und ich könnte ein wenig Zeit zum Nachdenken gebrauchen.«

»Ihr gebt die Befehle, ich bin nur der Kapitän des Schiffes«, gab Dañobeitia zurück. »Aber ich mache Euch darauf aufmerksam, daß sich auf der Insel noch weitere hundert Mann befinden sollen. Wir könnten nicht einmal dreißig aufnehmen. Dieses Schiff ist nicht für so viele Menschen gedacht.«

»Ich habe nicht vor, alle zu retten. Ich will nur den Admiral und einige seiner Männer nach Xaraguá bringen. Wenn der Admiral in Santo Domingo ist, wird er sich schon darum kümmern, daß seine Leute gerettet werden. Es ist das mindeste, was ich für ihn tun kann. Schließlich war ich auf einer seiner Karavellen Schiffsjunge. Das bin ich ihm schuldig.«

»Stimmt es, daß Ihr der einzige Überlebende der Festung Natividad seid?« fragte der Kapitän neugierig.

»Ihr solltet Gerüchten nicht immer Glauben schenken«, antwortete Cienfuegos und lächelte. »Die Menschen neigen dazu, schrecklich zu übertreiben.«

»Ich glaube nicht, daß Don Luis de Torres zu denen gehört, die übertreiben«, entgegnete der Kapitän. »Er hat mir erzählt, daß Ihr auf der ersten Reise des Admirals Schiffsjunge wart. Und er hat mir noch mehr verraten. Ihr wart am Steuer, als die *Santa María* sank.«

»Mein lieber Freund«, antwortete Cienfuegos. »Wenn alles so läuft, wie wir es geplant haben, werden wir noch ein Leben lang Zeit haben, uns alte Geschichten zu erzählen. Doch jetzt sollten wir versuchen, die Bucht zu finden, in der Kolumbus gestrandet ist, und darauf achten, nicht auch noch auf eine Sandbank zu laufen.«

Am Morgen des dritten Tages tauchte am Horizont die Küste von Jamaika auf. Sie segelten in einer Entfernung von zwei Meilen an der Küste entlang und hielten Ausschau nach der kleinen Bucht, wo die Schiffe des Admirals gestrandet waren.

Sie brauchten zwei Tage, um die Stelle zu finden. Als sie jedoch sahen, daß mehrere Männer am Strand auftauchten und wild mit den Armen schlugen, befahl Cienfuegos, unverzüglich nach Norden abzudrehen. Er wußte, wie gefährlich es war, sich einem Strand zu nähern, wo verzweifelte Männer herumlungerten, die seit fast zwei Jahren auf ihre Rettung warteten.

Es wäre ein verhängnisvoller Fehler gewesen, wenn er das Schiff in ihre Reichweite gebracht hätte, vor allem, da sie von Diego Méndez wußten, daß ein Teil der Mannschaft gegen den Admiral gemeutert hatte und nun plündernd über die Insel zog.

Daher war äußerste Vorsicht geboten, wollte man nicht Gefahr laufen, überfallen zu werden und das Schiff zu verlieren. Erst als es völlig dunkel war, drehte die *Milagro* um und näherte sich langsam der Bucht, an deren Strand mehrere Lagerfeuer flackerten.

Cienfuegos ließ ein Boot ins Wasser und füllte es mit Proviant. Dann ruderte er im Schutz der Dunkelheit mit zwei weiteren Matrosen an Land. Etwa fünfhundert Meter vom Lager der Spanier entfernt holten sie die Riemen ein und zogen das Boot auf den Strand.

»Ladet alles aus und wartet auf mich, aber versteckt Euch gut. Ich hoffe, in ein paar Stunden wieder da zu sein.«

Dann verschwand Cienfuegos im Schatten der Palmen und näherte sich den am Strand liegenden Resten der zerfallenen Schiffsrümpfe. Von hier aus beobachtete er jede Bewegung des Wachtpostens, der gelangweilt seine Runden drehte wie jemand, der nichts zu befürchten hat und nur die Zeit totschlägt.

Er brauchte nicht lange, um herauszufinden, in welcher Hütte sich Kolumbus befand. Als er näher kam, konnte er sogar sehen, wie der Admiral an die Türschwelle trat, um die erfrischend kühle Nachtluft zu genießen. Einen Augenblick lang wedelte er heftig mit den Händen vorm Gesicht, als würde er Moskitos verscheuchen, und verschwand dann wieder in der dunklen Hütte.

Cienfuegos wartete so lange, bis er sicher war, daß der Admiral schlief, und schlich dann wie eine Raubkatze lautlos über den Strand. Niemand hatte ihn gesehen, doch als er in die Hütte trat, fand er sich dem strengen Blick des Admirals gegenüber, der mitten in der Hütte in einem schweren Sessel saß und ihn scharf beobachtete.

»So, so!« sagte Kolumbus, während er das Buch, das er in den Händen gehalten hatte, zuklappte und auf einen kleinen Nachttisch legte. »Was hast du hier zu suchen? Willst du mich töten?«

»Keineswegs, Exzellenz!« sagte Cienfuegos leise. »Im Gegenteil, ich will Euch helfen.«

»Mir helfen?« fragte Kolumbus überrascht. »Warum schleichst du dann mitten in der Nacht in meine Hütte? Sag Capitán Porras, daß er schon selbst kommen muß, wenn er mich umbringen will. Ich hatte nie viel übrig für ihn, aber ich hätte auch nicht gedacht, daß er zu denen gehört, die einem gedungene Mörder ins Haus schicken.«

»Ich bin nicht gekommen, um Euch etwas anzutun, Exzellenz!« wiederholte Cienfuegos ungeduldig. »Ich will Euch helfen. Außerdem habe ich nicht die geringste Ahnung, wer Capitán Porras ist. Ich bin erst seit einer Stunde auf der Insel.«

»Seit einer Stunde?« sagte Kolumbus überrascht. »Gehörst du etwa zu dem Schiff, das wir heute morgen gesehen haben?«

»Ganz recht, Exzellenz«, antwortete Cienfuegos. »Als wir Eure Leute sahen, die uns vom Strand aus winkten, sind wir abgedreht, denn ich wollte keine falschen Hoffnungen wekken. Wir können nicht alle mitnehmen, aber wir können Euch und womöglich ein Dutzend Eurer Gefolgsleute nach Hispaniola bringen.«

»Was hast du da gesagt?« fragte der Admiral ungläubig. »Glaubst du etwa, ich würde meine Männer im Stich lassen? Du mußt verrückt sein.«

»Das habt Ihr schon einmal getan, Exzellenz. Damals in Fuerte de Natividad.«

»Was weißt du schon, was damals war?«

»Ich war dabei«, antwortete Cienfuegos. »Erinnert Ihr Euch an den rothaarigen Schiffsjungen, der in der Nacht, als die *Santa María* auf ein Riff lief, am Ruder stand?«

»Sieh einer an!« antwortete der Admiral. »Ich hatte von einem Überlebenden gehört, aber ich hätte nie gedacht, daß er mich eines Tages auf diesem gottverlassenen Fleckchen Erde aufstöbern würde.« Der Vizekönig von Indien und Admiral der Ozeanischen Meere seufzte leise und sagte: »Und was willst du jetzt? Dich rächen?«

»Nein!« sagte Cienfuegos böse. »Ich bin hier, um Euch zu helfen.«

»Hör zu!« sagte Kolumbus und beugte sich mühsam ein wenig vor, als wolle er Cienfuegos ein streng gehütetes Geheimnis anvertrauen. »Einsamkeit, Krankheit und Bitterkeit haben mir so zugesetzt, daß ich in letzter Zeit an seltsamen Visionen leide. Zuweilen kann ich nicht mehr unterscheiden, ob ich in der Realität lebe oder in einer Scheinwelt.« Er schwieg und fuhr dann fort: »Vielleicht bin ich verrückt geworden oder alt. Vielleicht liegt es an diesen verdammten Moskitos, man tut ja hier kein Auge zu. Ich weiß es nicht. Aber eins steht fest. Du wirst mich nicht dazu bringen, jene Männer zu verraten, die mir vertraut haben. Ich werde diese Insel nicht ohne meine Männer verlassen. Und jetzt verschwinde. Geh und komm mir nie wieder unter die Augen!« Sein Tonfall war unmißverständlich.

Cienfuegos dachte nach, während er den Mann beobachtete, den er auf dem Höhepunkt seines Ruhmes erlebt hatte und der jetzt nur noch ein Häufchen Elend war. Es sah aus, als würde er jeden Augenblick, vielleicht aus Erschöpfung, vielleicht wegen der unerträglichen Last seiner Mißerfolge, zusammenbrechen.

Die Augen waren blutunterlaufen und verquollen, dennoch loderte eine finstere Glut in ihnen. Er wirkte wie ein resignierter, alter Mann, der nur darauf zu warten schien, daß er von seiner Pein erlöst wurde. Als er jetzt das Buch wieder zur Hand nahm und weiterlas, sah Cienfuegos ein, daß es keinen Zweck hatte, ihn überzeugen zu wollen. Es war vertane Zeit.

»Am Ende des Strandes haben wir einige Vorräte ausgeladen«, sagte Cienfuegos schließlich. »Es ist zwar nicht viel, aber mehr können wir nicht entbehren.« Er lächelte traurig. »Vielleicht erkennt Ihr bei Tageslicht, daß ich kein Gespenst war, sondern ein Freund, der versuchte, Euch zu helfen. Gott steh Euch bei.«

Dann verließ er die Hütte, ohne daß der Vizekönig von Indien und Admiral der Weltmeere ihn eines Blickes würdigte.

Diego de Salcedo, der »Seifenkönig« genannt, galt als einer der reichsten Männer auf Hispaniola. Zweifellos hatte er dies Kolumbus zu verdanken, denn dieser hatte ihm gleich zu Anfang das Monopol für die Herstellung und den Vertrieb von Seife für alle Gebiete westlich des Meeres der Finsternis gewährt.

Eigentlich neigten die Einwohner der Insel, egal ob Mann oder Frau, nicht dazu, ihr Geld für seine Produkte auszugeben, jene viereckigen, übelriechenden Seifenstücke. Da es aber auf ganz Hispaniola keinen Konkurrenten gab, hatte er mit der Zeit ein kleines Vermögen gemacht.

Dann begann der untersetzte, dunkelhaarige Mann, sein Geld in andere Projekte zu investieren. Böse Zungen behaupteten sogar, er betriebe über Mittelsmänner einen blühenden Geldverleih, was einem Christen streng verboten war.

Diego de Salcedo war ledig und hatte weder Verwandte noch Freunde, weder Laster noch Tugenden. Er besaß nur die unglaubliche Fähigkeit, zu sparen und zu arbeiten. Er war so geizig, daß es hieß, er bezahle in Leonor Banderas' Bordell, das er einmal im Monat aufsuchte, mit einem riesigen Korb Seife.

So war es nicht verwunderlich, daß dem treuen Diego Méndez fast die Sprache wegblieb, als der kleine Mann eines Tages zu ihm kam und mit heiserer Stimme verkündete, er sei bereit, die Kosten für die Rettung des Admirals und seiner

Männer zu übernehmen. Obendrein wollte er auch noch für Kolumbus' Rückreise nach Spanien aufkommen.

»Wozu diese Großzügigkeit?« fragte Méndez mißtrauisch.

»Persönliche Gründe«, antwortete der Mann knapp.

Geld versetzt eben Berge – was in elf Monaten nicht gelungen war, erreichte Salcedo in wenigen Wochen. Er ließ einige Schiffe überholen und zahlte Diego Méndez die Passage nach Sevilla, damit dieser vorauseilen und den katholischen Königen Kolumbus' Botschaft überbringen konnte.

Im Juni des Jahres 1504, wenige Tage, nachdem die dem Admiral noch treu ergebenen Männer die Meuterei der Rebellen niedergeschlagen hatten, die der Verräter Porras, ehemals Kapitän auf einem von Kolumbus' Schiffen, angezettelt hatte, wurde dem Admiral gemeldet, daß mehrere Schiffe in der kleinen Bucht die Anker warfen und ihre Matrosen Beiboote ins Wasser ließen.

Als Salcedo an Land kam, kniete er vor Kolumbus nieder und sagte: »Hier bin ich, Exzellenz. Ich stehe zu Eurer Verfügung mit allem, was ich habe.«

Der Vizekönig von Indien, der allmählich das Augenlicht verlor und von seinem Gedächtnis immer öfter in die Irre gelockt wurde, versuchte vergeblich, sich von seinem Sessel zu erheben. Der Schmerz, den die Gicht ihm bereitete, hinderte ihn daran. Er sah Diego de Salcedo aufmerksam an und fragte: »Wer seid Ihr?«

»Diego de Salcedo, den man ›Seifenkönig‹ nennt, Euer Exzellenz«, antwortete der andere verwirrt, aber nicht beleidigt, daß der Admiral ihn nicht wiedererkannt hatte. »Jemand, der alles, was er besitzt, nur Euch zu verdanken hat.«

Kolumbus sagte lange nichts, er war sichtlich gerührt. Es bereitete ihm Mühe zu begreifen, daß es noch Menschen gab, die ihm ihre Dankbarkeit auf solche Weise zeigten. Niemand wagte, die Stille zu durchbrechen, bis der Admiral schließlich aufsah und sagte: »Es ist schon seltsam. Die, denen ich Länder und Reichtümer verschaffte, haben mir nur Haß und Verachtung entgegengebracht, und jetzt werde ich von einem Mann gerettet, dem ich bloß die Möglichkeit gab, sein Geld auf ehrliche Weise zu verdienen. Erhebt Euch und nehmt hier neben mir Platz!«

»Neben Euch, Herr! Niemals!« sagte Salcedo unterwürfig. »Ich weiß, wo mein Platz ist.«

»Von nun an wird Euer Platz hier drin sein«, sagte Kolumbus und zeigte auf sein Herz. »In diesem armseligen Herzen, das nur wenigen Platz bietet.« Der Admiral hustete heftig, und sein Körper verkrampfte sich vor Schmerz. Nach einer Weile fuhr er fort: »Daß Ihr gekommen seid, macht mich glücklicher, als es das Erscheinen des Gouverneurs höchstpersönlich hätte machen können.«

So ging auf seltsame Weise eine völlig unscheinbare Gestalt – ein Geizkragen, der keinem Bedürftigen ein Almosen gegeben oder auch nur ein Seifenstück verschenkt hätte – in die Geschichte ein.

Als sie nach Santo Domingo zurückkehrten, wollte Salcedo sich die Unkosten nicht erstatten lassen und nahm auch die Titel und Ämter nicht an, die der Vizekönig ihm anbot. Einige Zeit später verzichtete er sogar auf sein Monopol für die Seifenherstellung in der Neuen Welt und tauchte wieder in die Anonymität ab, die er von früher gewohnt war. So geriet er in Vergessenheit, und später wußte niemand, ob er auf Hispaniola gestorben war oder seine letzten Tage in Spanien verbracht hatte.

Vielleicht war Dankbarkeit die einzige Tugend, die Salcedo hatte, vielleicht wollte er sich durch seine Tat auch bloß einen Platz in der Geschichte sichern. Seine Motive blieben unerforscht, und er selbst erwähnte nie, daß er sein ganzes hart erarbeitetes Vermögen für eine Sache hingegeben hatte, die er wohl für gerecht hielt.

Die Fahrt nach Hispaniola erschien Kolumbus anstrengend und ermüdend. Die See war rauh, und sie hatten starken Gegenwind. Für die Strecke, die Cienfuegos in acht Tagen zurückgelegt hatte, brauchten sie drei Wochen, aber als sie in Santo Domingo ankamen, empfing sie zu ihrer Verblüffung der Gouverneur, der Kolumbus zuvor ignoriert und zutiefst beleidigt hatte, mit allen Ehren eines Vizekönigs.

Am Abend speisten sie zusammen. Nur der junge Hernán Cortés, der mittlerweile das Vertrauen und die Zuneigung des Cousins seines Vaters gewonnen hatte, saß mit an ihrem Tisch. Es war ein besonderes Bankett, denn alle Beteiligten waren sich der Tatsache bewußt, daß dies einer der letzten offiziellen Auftritte jenes Mannes war, der wie kein anderer in seiner Zeit die Welt verändert hatte.

Der Vizekönig stocherte gedankenversunken im Essen herum und nahm nur selten an der Unterhaltung teil.

Später, nach dem Essen, saß Kolumbus mit ausgestreckten Beinen vor dem Kamin, was seine Schmerzen offensichtlich linderte, und beobachtete seine Begleiter. Plötzlich sagte er mit ruhiger Stimme, als spräche er nicht über sich, sondern über jemanden, mit dem ihn nicht allzuviel verband: »Das Schicksal hat seinen Lauf genommen, wie es geschrieben steht. Es ist sinnlos, nach Erklärungen zu suchen oder Rechenschaft zu verlangen. Wir haben den Ozean überquert, weil es Gott so wollte und durch seine Propheten vorausgesagt hatte. So wie alles, was geschieht und noch geschehen wird.«

Er hielt inne und suchte nach den richtigen Worten. »Der Herr erwies mir die größte Ehre, die einem Menschen zuteil werden kann: die Grenzen zu erweitern, die er selbst uns gesetzt hatte. Aber um nicht ungerecht zu den anderen Menschen zu sein, schickte er mir die schlimmsten Leiden, die ich ebenso ergeben hinnehmen mußte wie den Ruhm. Mein Leben war so erfüllt, wie man sich nur vorstellen kann, daher danke ich allen, die daran teilhatten, zum Guten oder zum Schlechten, die es schmiedeten, wie man Eisen schmiedet, von der Glut ins Eis mit harten Schlägen.« Er seufzte tief. »Ihretwegen bin ich so weit gekommen, aber heute bin ich müde.«

Es war nicht zu übersehen, daß die Jahre und die ständigen Demütigungen jenen Mann, dessen Hauptfehler sein grenzenloser Stolz und seine maßlose Überheblichkeit gewesen waren, menschlicher gemacht hatten. Im Alter wurde seine Sicht des Lebens immer realistischer. Nach dem Scheitern seiner letzten Reise schien er begriffen zu haben, daß auch seine Vision vom Seeweg nach Indien Schiffbruch erlitten hatte.

Er war tot, obwohl noch Leben in ihm war. Und er wußte es.

Erst spät in der Nacht nahm Hernán Cortés, der von der Persönlichkeit des Admirals so beeindruckt gewesen war, daß er die ganze Zeit über fast kein Wort herausgebracht hatte, seinen ganzen Mut zusammen und fragte schüchtern: »Würde es Euch etwas ausmachen, auf eine Frage zu antworten, Exzellenz?«

»Frag nur, mein Sohn«, antwortete Kolumbus.

»Von allen Entbehrungen, Leiden, Erniedrigungen und Schmähungen, die Ihr in Eurem Leben ertragen mußtet, was war das Schlimmste?«

Darüber dachte Kolumbus lange Zeit nach, so lange, daß man hätte meinen können, er durchlebe jedes der schrecklichen Ereignisse, die ihm in den letzten fünfzig Jahren widerfahren waren, noch einmal. Und dann sagte er, als wäre er davon völlig überzeugt: »Die Moskitos.«

»Wie bitte?« fragte Cortés ungläubig. Vielleicht hatte er sich verhört.

»Die Moskitos«, wiederholte der Admiral. »Und je mehr ich darüber nachdenke, desto sicherer bin ich mir.«

»Die Moskitos!« wiederholte Cortés, der spätere Eroberer von Mexiko. »Aber das ist doch lächerlich.«

»Was ist so lächerlich daran, mein Sohn?« fragte Kolumbus gelassen. »Wenn du eines Tages an die Küste der Moskitos kommst, wie ich sie getauft habe, auf der anderen Seite zum Westen hin, wirst du am eigenen Leib erfahren, was es heißt, von Millionen von Stechmücken überfallen zu werden. Sie stechen dich so lange und so oft, daß dein Körper anschwillt wie ein Ballon und du vor Schmerz kein Auge zutust! So ist es mir auf Jamaika ergangen.« Er lächelte schmerzlich. »Der Mensch kann vieles ertragen, solange er ab und zu schlafen darf. Dieses unablässige Sirren aber läßt einem keine Ruhe, bis man vollkommen wahnsinnig ist.«

Einige Tage später, als Cortés in der Taverne »Los Cuatro Vientos« von seiner Begegnung mit dem Admiral berichtete und auf die lächerliche Behauptung des Admirals anspielte, unterbrach ihn Hojeda, der ihm aufmerksam gelauscht hatte, mit den Worten: »Der Admiral hat völlig recht! Ich selbst habe diese Blutsauger in Venezuela erlebt und kann bezeugen, daß jeder Angriff von Wilden oder Kannibalen dem Kampf gegen die unsichtbaren Moskitos vorzuziehen ist. Sie saugen einem so viel Blut aus, daß man keinen klaren Gedanken mehr fassen kann.«

»Aber irgend etwas muß es doch geben, um sie zu bekämpfen«, mischte sich Balboa ein, der das Ganze ebenfalls für eine Übertreibung hielt.

»Sicher, man kann in Kleidern schlafen und vor Hitze sterben oder sich ein Tuch über den Kopf werfen und ersticken. Aber auch das nutzt einem wenig, denn die verdammten Dinger schlüpfen durch die kleinsten Löcher im Gewebe. Für Menschen unserer Hautfarbe sind sie eine Qual. Das kann ich nur bestätigen.«

»Hier gibt es auch Moskitos«, entgegnete Pizarro. »Aber so schlimm ist das nun bei Gott nicht.«

»Die Moskitos von Tierra Firme sind anders. Ich bin durchaus nicht immer einer Meinung mit dem Admiral, aber in diesem Fall muß ich ihm recht geben. Es gibt nichts

Schlimmeres als Moskitos«, sagte Hojeda und wandte sich an Cortés. »Doch sagt mir, welchen Eindruck machte der Admiral auf Euch?«

»Der Admiral?« wiederholte Cortés. »Er ist verbraucht. Ich kannte ihn nicht und vermag nicht zu sagen, wie er früher war, aber nach seinem jetzigen Zustand zu urteilen, sind seine Tage gezählt.«

»Vielleicht sollte ich ihn besuchen«, überlegte Hojeda. »Immerhin sind wir lange Zeit zusammen gesegelt. Wie gesagt, ich war zwar nicht immer seiner Meinung, aber bewundert habe ich ihn trotzdem.«

»Ich bin sicher, daß ihm Euer Besuch willkommen wäre«, antwortete Hernán Cortés. »Er scheint einen Freund bitter nötig zu haben.«

»Das glaube ich nicht. Und auch nicht, daß er gerne in den Spiegel schauen würde – und ich wäre für ihn ein Spiegel. Wir sind beide nichts anderes als zwei gestrandete Versager. Noch vor Jahren segelten wir auf allen Meeren und fühlten uns wie die Herren der Welt. Wir wollten hoch hinaus und haben doch so wenig erreicht.«

»Für Euch ist es noch nicht zu spät«, sagte Pizarro aufmunternd. »Ihr werdet es noch zu etwas bringen.«

»Das bezweifle ich.«

Capitán Alonso de Hojeda zweifelte weiter an seinem Schicksal, bis eines Tages eine knochige kleine Frau mit unstetem Blick die Taverne »Los Cuatro Vientos« betrat. Sie setzte sich an einen Tisch, bestellte eine Limonade und sah, wie Hojeda an seinen Erinnerungen schrieb. Nachdem sie ihn eine Weile schweigend beobachtet hatte, fragte sie: »Verzeiht, Herr, wenn ich Euch unterbreche. Aber schreibt Ihr zufälligerweise an Euren Erinnerungen?«

»So ist es!« antwortete Hojeda überrascht. »Wie habt Ihr das erraten?«

»Intuition«, gestand die Frau. »Ihr führt die Feder nicht wie jemand, der einen Liebesbrief oder einen Geschäftsbrief entwirft, sondern wie einer, der sich etwas von der Seele schreiben will.«

»Meinen Glückwunsch, Señora. Zweifellos seid Ihr eine gute Beobachterin.«

»Das ist mein Beruf. Erlaubt, daß ich mich vorstelle. Ich heiße Gertrudis Avendaño.«

»Gertrudis Avendaño?« wiederholte Hojeda verdutzt. »Etwa die berühmte Gertrudis Avendaño aus Avila?«

»Genau.«

»Aber was tut Ihr hier, so weit von Kastilien entfernt?«

»Ich bin auf der Suche nach neuen Horizonten. Eines Nachts träumte ich, ich würde das Meer der Finsternis überqueren und mich an einem Ort niederlassen, an dem die Zukunft bereits Gegenwart ist. Und jetzt bin ich hier.«

»Das ist allerdings eine seltsame Erklärung für eine so lange Reise.«

»Für das wahrhaft Seltsame gibt es keine Erklärung, doch wenn jemand wie ich so einen Traum hat, sollte er ihn in die Tat umsetzen.« Sie lächelte und fügte hinzu: »Darf ich einen Blick in Eure Hand werfen?«

»Ich muß Euch warnen«, sagte Hojeda. »Ich habe keinen roten Heller mehr, um Euch zu bezahlen. Und es besteht auch nicht die leiseste Hoffnung, daß ich in nächster Zeit zu Geld komme.«

»Ich habe nicht den Ozean überquert, um reich zu werden«, antwortete die Frau gefaßt. »Ich bin reich genug. Mein Traum ist aus einem anderen Stoff. Darf ich also?«

Sie war aufgestanden und hatte sich zu Hojeda gesetzt, der nun Pizarro einen fragenden Blick zuwarf, um zu sehen, ob er das eigenartige Angebot der Dame annehmen oder abschlagen sollte. Doch als Pizarro nur die Achseln zuckte, gab Hojeda seine Bedenken auf und streckte ihr bereitwillig die Hand hin.

Gertrudis Avendaño aus Avila, die berühmte Hellseherin, in deren Salon Prinzen und Bischöfe verkehrt und sich in heiklen Angelegenheiten Rat geholt hatten, nahm seine Hand und drehte sie um, so daß die Handfläche nach oben zeigte. Dabei schien sie alles, was um sie herum geschah, vergessen zu haben. Zunächst entfernte sie mit ihrer Spucke ein paar Tintenflecke und starrte dann versunken auf die Hand des Capitáns. Mit gerunzelter Stirn saß sie reglos da, daß man hätte meinen können, sie habe sich in eine Marmorstatue verwandelt.

Hojeda beobachtete sie gespannt. Hin und wieder warf er Pizarro, der sich respektvoll im Hintergrund hielt und keinen Ton herausbrachte, einen verstohlenen Blick zu.

Hojeda wartete eine Zeitlang und sagte dann ungeduldig: »Was habt Ihr nun gesehen?«

»Blut!« lautete die Antwort. »Sehr viel Blut, das grundlos geflossen ist. Nicht aus Rache oder Haß oder einem anderen Grund. Ich werde nicht ganz klug daraus.«

»Das braucht Ihr auch nicht«, antwortete Hojeda. »Das gehört alles der Vergangenheit an. Ich habe nicht vor, alte Fehler zu wiederholen. Was habt Ihr sonst gesehen?«

»Vieles«, sagte die Frau und sah ihm in die Augen, als könne sie darin seine Seele erblicken. »Wollt Ihr die Wahrheit wissen?«

»Ich nehme an, daß Ihr nicht den ganzen Weg auf euch genommen habt, um Lügen zu verbreiten«, erwiderte Hojeda lachend. »Und ich habe auch nicht vor, mir welche anzuhören.«

»Nun gut«, sagte die Frau. »Wie Ihr wollt. Aber ich muß Euch darauf aufmerksam machen, daß die Wahrheit manchmal bitter ist.«

»Ich bin auf alles gefaßt«, antwortete Hojeda.

Gertrudis Avendaño machte eine Pause und warf einen Blick auf Pizarro, der sie wie gebannt anstarrte.

»Würde es Euch etwas ausmachen, uns allein zu lassen?« fragte sie. »Was ich zu sagen habe, geht nur ihn etwas an.«

Francisco Pizarro grunzte und verzog das Gesicht. Es war

nicht zu übersehen, was er von dem Vorschlag hielt. Er warf seinem Freund einen Blick zu, mit dem er ihn bat, bleiben zu dürfen. Hojeda reagierte jedoch nicht, worauf Pizarro aufstand und leise vor sich hin fluchend hinausging.

Die geheimnisvolle Frau sah sich in der Schenke um und vergewisserte sich, daß niemand sie hören konnte. Dann wandte sie sich leise an Hojeda: »Eure Hand ist wie ein Buch. Die Aussagen sind so klar, daß sogar ich, die ich schon viele Hände gesehen habe, überrascht bin.«

»Das ist ja alles schön und gut, aber was steht denn nun drin?« drängte Hojeda ungeduldig.

»Ihr werdet jemanden treffen, mit dem Ihr schon so manches großes Abenteuer bestanden habt, und mit ihm eine weitere höchst gefährliche Expedition unternehmen.«

»Juan de la Cosa!« rief Hojeda, der sich kaum beherrschen konnte. »Er ist mein bester Freund. Im Moment befindet er sich in Sevilla, um den Bischof Fonseca zu überzeugen...«

»Verratet mir keine Details!« fiel die Frau ihm ins Wort. »Es ist nicht gut, wenn ich zuviel weiß. Im Augenblick interessiert mich Euer Name oder der Eurer Freunde nicht. Vorerst kann ich Euch sagen, daß dieser Mann kommen wird und Ihr mit ihm zu einer langen Reise aufbrechen werdet, aber er wird nicht ans Ziel gelangen.«

»Warum nicht?«

»Das weiß ich nicht«, gestand die andere. »Ich lese in Eurer Hand, nicht in der seinen.«

»Und ich werde ankommen?«

»Ja. Ihr werdet ans Ziel kommen. Aber der Ort ist eine Hölle.«

»Was für eine Hölle?«

»Jeder Mensch hat seine eigene Hölle. Das hängt von der Art seiner Ängste ab. Meine Hölle wäre es, die Gabe, weiter zu sehen als meine Augen, zu verlieren. Eure Hölle kenne ich nicht.«

»Das Scheitern.«

»In dem Fall wird Euch das Scheitern begleiten wie ein Schatten. Ihr werdet einen großen Baum pflanzen mit herrlichen Früchten, aber nicht Ihr, sondern jemand, den Ihr verachtet, wird diese Früchte ernten.«

»Was Ihr mir voraussagt, ist nicht besonders amüsant«, beschwerte sich Hojeda.

»Das ist die Wahrheit fast nie«, erklärte Gertrudis Avendaño. »Als ich noch bei Hof war, habe ich oft Dinge verheimlichen müssen, weil die Menschen dort nicht ihr wirkliches Schicksal erfahren, sondern nur ihre Wünsche bestätigt haben wollten.« Ein rätselhaftes Lächeln umspielte ihren Mund. »Aber hier wird alles anders sein. Hier werde ich Männer treffen, die keine Angst vor der Wahrheit haben.« Sie drückte ihm die Hand. »Und Ihr wart der erste.«

»Welch zweifelhafte Ehre, wenn Ihr meine Zukunft so düster seht«, sagte Hojeda mißgelaunt. »Könnt Ihr mir etwas darüber verraten, wie ich sterben werde?«

»Ich spreche nie über den Tod. Alle Hände sind verschieden, aber der Tod macht keinen Unterschied. Er holt alle, Königinnen wie Huren. Außerdem ist der Tod etwas so Persönliches, daß ich mich nicht einmischen darf.« Sie hielt inne. »Ich kann Euch aber sagen, daß Euer Ruhm Jahrhunderte überdauern wird.«

»Wenn ich doch scheitere, sollte ich die Reise vielleicht erst gar nicht antreten.«

»Das wäre der falsche Weg. Was zählt, ist nicht der Erfolg, sondern die Einstellung und die Willenskraft. Ob man ankommt oder nicht, das hängt vom Glück ab. Leider habt Ihr Euren Vorrat an Glück schon aufgebraucht.«

»Das stimmt«, gestand Hojeda und nickte. »Es grenzt an ein Wunder, daß ich ohne ernsthafte Blessuren aus meinen vielen Duellen hervorgegangen bin. Ich habe Frau Fortuna eine Menge zu verdanken.«

»Ihr seid Hojeda, nicht wahr?« fragte die Hellseherin

plötzlich. »Capitán Alonso de Hojeda, auch ›El Caballero de la Virgen‹ genannt!«

»Ich dachte, das wüßtet Ihr«, sagte Hojeda überrascht.

»Woher hätte ich das wissen sollen? Ich vermutete Euch in Tierra Firme«, entgegnte sie und schüttelte ungläubig den Kopf. »Wie recht mein Traum doch hatte. Kaum habe ich das Meer der Finsternis überquert, da treffe ich schon den legendären Hojeda.« Sie streckte ihm die Hände entgegen und sagte: »Seht sie an! Darin steht geschrieben, daß ich hundert Jahre alt werde und den wichtigsten Persönlichkeiten der Weltgeschichte begegnen werde.«

»Und was für eine Rolle spiele ich in der Weltgeschichte?«

Gertrudis Avendaño warf Francisco Pizarro, der, den Lappen in der Hand, die Frage gestellt hatte, einen verächtlichen Blick zu. Einen Augenblick lang schien es, als wollte sie ihn zur Hölle schicken, doch dann besann sie sich eines Besseren und zuckte lediglich die Achseln.

»Wer weiß!« antwortete sie lustlos.

»Würdet Ihr auch mir aus der Hand lesen?«

»Aus einer so schmutzigen Hand?«

»Ich habe nur die«, entgegnete Pizarro verdrießlich. »Aber ich kann sie mir waschen.« Er hielt inne, doch sein flehentlicher Blick entging ihr nicht. »Bitte!«

Gertrudis Avendaño seufzte, zögerte einen Augenblick und bedeutete ihm schließlich, näher zu kommen.

»Na gut«, sagte sie widerwillig. »Mal sehen, was wir finden.«

Pizarro wusch sich hastig die Hände in einer Schüssel, dann trocknete er sie ab und trat an ihren Tisch – mit ausgestreckten Händen wie ein Kind, das ein wunderbares Geschenk erwartete.

»Ich glaube, ich warte lieber draußen«, sagte Alonso de Hojeda und stand auf. Doch die Hellseherin hielt ihn am Arm fest und gab ihm zu verstehen, daß es nicht lange dauern werde.

Wenige Minuten später hatte sie ihre Meinung geändert. Sie starrte auf Pizarros Hand, als hätte sie eine Vision. Dann beugte sie sich vor und vergewisserte sich, daß die Linien tatsächlich echt und nicht gemalt waren. Schließlich blickte sie Francisco Pizarro in die Augen. Die Haare standen ihr zu Berge, und während sie weiter in seiner Hand las, rutschte sie nervös auf dem Stuhl hin und her, als könnte sie jeden Augenblick der Schlag treffen.

»Ich glaube, es ist besser, wenn Ihr uns doch allein laßt!«, sagte sie zu Alonso Hojeda, der daraufhin aufstand, ans Fenster trat und die wenigen Passanten auf der Straße beobachtete.

Es folgte eine Stille, in der man sogar die Fliegen summen hören konnte. Schließlich seufzte die Hellseherin und sagte tief bewegt: »Das sind die Hände eines Königs! Diese Hände werden sich ungeahnter Reichtümer bemächtigen. Sie werden ein ganzes Reich erobern und einen unvorstellbaren Sieg erringen!«

»Was habt Ihr gesagt?« fragte Pizarro, der seinen Ohren nicht traute.

»Ich sagte, daß Ihr die Hände eines Halbgottes habt!«

»Aber wohl nur die Hände, denn alles andere gehört einem armen Teufel.«

»Ich mache keine Späße!« entgegnete die Hellseherin verärgert. »Als ich Hojeda die Zukunft prophezeit habe, glaubte ich, etwas Außergewöhnliches entdeckt zu haben, aber was in Eurer Hand steht, übertrifft alles, was ich bislang gesehen habe. Seht Euch diese Linien an!« sagte sie und zeigte auf seine Hand. »Ihr werdet schreckliche Strapazen auf Euch nehmen und durch die Hölle gehen. Ihr werdet bis zum Äußersten dessen gehen müssen, was ein Mensch ertragen kann. Aber erst am Ende Eures Lebens werdet Ihr zu Ruhm und Ansehen gelangen und als einer der wagemutigsten Männer in die Geschichte eingehen. Ein General.«

»General?« wiederholte Pizarro, während er sich

schneuzte. »Ich wäre zufrieden, wenn ich es zum Hauptmann brächte, und das kommt mir schon vor wie ein Traum.«

»Ihr werdet ein berühmter Mann sein, der mit einer kleinen Schar ein Heer vernichtet, das tausendmal stärker ist. Ihr werdet wie ein David sein, der einen großen Goliath besiegt.«

»Wie schön!«

»Ich versichere es Euch. Es steht in Eurer Hand geschrieben.«

»Dann weiß ich nicht, wer es hineingeschrieben hat, denn ich kann ja noch nicht mal lesen«, scherzte Pizarro. Er sah sie an und fragte ernst: »Seid Ihr sicher, daß Ihr mich nicht mit jemandem verwechselt?«

»Es sind doch Eure Hände, oder nicht?«

»Es sind die Hände eines Schweinehirten, der sich nun in einer Taverne verdingt hat. Jedenfalls habe ich kein Geld, um Euch für einen derartigen Unsinn zu bezahlen. Was habt Ihr davon, wenn Ihr mich anlügt?«

»Ich lüge niemals«, entgegnete die Hellseherin energisch. »Manchmal verschweige ich etwas, wenn es sehr unangenehm ist, aber ich lüge nie. Ihr werdet so mächtig sein wie ein König, aber nur für kurze Zeit.«

»Warum?«

»Man wird Euch verraten!«

»Werde ich ermordet werden?«

Gertrudis Avendaño konnte genau sehen, daß Pizarro durch die Hand eines Feindes sterben würde. Sie schwieg einen Augenblick und sagte dann mit gesenktem Blick und leiser Stimme: »Ich spreche nie vom Tod. Ich kann Euch nur sagen, daß Ihr einem elenden Verrat zum Opfer fallen werdet.«

Francisco Pizarro sagte nichts. Er stand nachdenklich auf und wusch sich ein zweites Mal die Hände. Dann trocknete er sie ab und setzte sich wieder an den Tisch.

»Versucht es noch mal! Und sagt mir lieber etwas Angenehmeres. Ich habe nicht die geringste Lust, ein erbärmliches

Leben zu führen, um ein glorreicher General zu werden, der einem Verrat zum Opfer fällt. Ich will wissen, ob ich heiraten werde, ob ich die Frau finde, die mich glücklich macht.«

»Das kann ich Euch nicht sagen. Es wäre so, als müßte ich in die Sonne schauen, um Euch zu sagen, ob sich daneben ein Stern verbirgt. Der Glanz blendet mich.«

»Unsinn!«

Die Hellseherin war gekränkt und wollte schon aufstehen, um zu gehen, doch Pizarros Hände hatten sie so in ihren Bann geschlagen, daß sie sich nicht abwenden konnte.

»Niemand hat es je gewagt, so mit mir zu reden. Seit vierzig Jahren lese ich Leuten aus der Hand. Könige und Fürsten sind bei mir gewesen, und in Avila wäre jemand wie Ihr nicht über meine Türschwelle gelangt. Ich will kein Geld von Euch, aber Ihr solltet mich respektieren, auch wenn Ihr nicht an meine Macht glaubt.«

»Das tue ich!« sagte Pizarro beschwichtigend. »Natürlich respektiere ich Euch. Aber Ihr müßt selbst zugeben, daß alles ziemlich verrückt klingt. Ich – ein General, mächtig wie ein König? Mein Gott!«

Die Hellseherin musterte ihn von oben bis unten und zuckte die Achseln angesichts seiner erbärmlichen Erscheinung. Schließlich gestand sie: »Die Wege des Herrn sind manchmal unergründlich. Ich habe tausendmal berühmten Leuten aus der Hand gelesen und nichts Bedeutsames gefunden, aber...«

Sie kam nicht dazu, ihren Satz zu beenden, denn in der Tür erschien in diesem Augenblick die düstere Gestalt Vasco Núñez de Balboas. Er war schmutziger als sonst und hatte Mühe, sich auf den Beinen zu halten, da er die ganze Nacht gezecht hatte. Jetzt wollte er in der Kneipe weitertrinken.

»Guten Morgen! Ist keiner da, der sich eines armen Teufels erbarmen würde?«

Niemand antwortete ihm. Als sich seine Augen an die Dunkelheit gewöhnt hatten und er Pizarro und die Hellseherin am Tisch erkannte, fragte er Hojeda: »Was ist denn hier los? Hat unser guter Pizarro sich etwa eine Braut angelacht?«

»Das ist Gertrudis Avendaño, die berühmte Hellseherin«, erklärte Hojeda.

»Gertrudis Avendaño!« wiederholte Balboa laut. Er ging auf den Tisch zu und beugte sich vor, um sie genau anzusehen. »Und was verschafft uns die Ehre, sie auf dieser verdammten Insel begrüßen zu können? Hier gibt es weder Fürsten noch Könige.«

»Aber es wird welche geben, wie es scheint«, unterbrach Pizarro ihn ärgerlich. »Ich habe Euch tausendmal gesagt, Ihr sollt Euch nicht hier blicken lassen, wenn Ihr betrunken seid!«

»Ich bin völlig nüchtern! Nur etwas müde. Es war eine lange Nacht. Seit drei Tagen habe ich nichts gegessen, und gestern nacht hat mir dieser Schweinehund von Diego Escobar einen Schluck von seinem miesen Rum angeboten. Gott, ist mir schlecht gewesen! Ich habe dieses elende Leben ein für allemal satt!«

»Ihr seid so schmutzig, daß nicht mal die Schweine meines Vaters Euch ertragen könnten.« Pizarro ging zur Theke und warf ihm ein Stück Seife zu. »Los, geht zum Fluß und wascht Euch erst einmal. Dann werde ich Euch etwas zu essen und auch zu trinken geben.« Er hob warnend die Hand. »Aber es wird das letzte Mal sein.«

»Abgemacht!« sagte Balboa. Er wollte gerade gehen, doch dann besann er sich eines Besseren. Er blieb stehen, sah die Hellseherin an und streckte ihr die Hand hin. »Sagt mir, ob Ihr etwas seht! Ein einziger Hoffnungsschimmer genügt, sonst werde ich diesem elenden Leben ein Ende setzen und mich den Haien zum Fraß vorwerfen. Was seht Ihr?«

»Schmutz.«

»Aha, Ihr beherrscht Euren Beruf.« Balboa wischte sich

die Handflächen an seinem dreckigen Hemd ab und streckte sie der Hellseherin erneut zu. »Und jetzt?«

Gertrudis warf einen flüchtigen Blick auf Balboas Hände und zuckte zusammen. Es war, als hätte man ihr den Boden unter den Füßen weggezogen.

»Was ist?« fragte Balboa beunruhigt. »Was seht Ihr außer Schmutz?«

»Allmählich glaube ich, daß ich verrückt werde!« sagte Gertrudis Avendaño verunsichert. »Alles, was ich bisher gelernt habe, scheint mir nichts zu nutzen. An diesem Ende der Welt sind offenbar alle zu Höherem berufen.«

»Was meint Ihr?«

»Hier steht, daß auch Ihr ein Reich erobern werdet. Ihr werdet mächtige Gebirgsketten überqueren und einen Ozean entdecken. Auch Ihr werdet unter den Großen sein.« Sie winkte ab. »Aber langsam kann ich nicht mehr so recht daran glauben, was in Euren Händen alles steht.«

»Seht Ihr!« mischte sich Pizarro ein. »Wer soll an den Unsinn glauben, wenn nicht mal Ihr selbst es tut?«

»Keiner, Ihr habt recht«, gab die Hellseherin zu. »So viele Zeit sinnlos vergeudet. Jahrelang habe ich in den Händen nach Wahrheiten gesucht, und jetzt mit einem Schlag scheint alles sinnlos gewesen zu sein!« Ihre Stimme klang verzweifelt, und über ihre Wangen rannen ein paar Tränen.

»Nehmt es nicht so schwer!« tröstete Alonso de Hojeda sie. »Vielleicht liegt es an der langen Reise. Wahrscheinlich seid Ihr noch erschöpft und habt Euch deshalb geirrt.« Er klopfte ihr aufmunternd auf den Rücken. »Wenn Ihr Euch erst einmal eingewöhnt habt, wird alles ganz anders aussehen.«

»Das bezweifle ich!«

»Habt nur Vertrauen. Das ist zwar die Insel der Verzweifelten, aber deshalb braucht nicht auch Ihr zu verzweifeln.« Hojeda sah sich um und winkte einem Mann, der gerade eingetreten war. »Kommt her, lieber Freund! Laßt Euch von

Doña Gertrudis Avendaño die Zukunft voraussagen. Zeigt ihr Eure Hände, damit sie sieht, daß wir alle hier ganz gewöhnliche Sterbliche sind.«

»Wie Ihr wollt!« antwortete Hernán Cortés freundlich. »Aber ich muß Euch warnen. Ich habe noch nie an so etwas geglaubt.«

Sie hielten Kurs auf Nordwest und segelten an einer Gruppe von kleinen Inseln vorbei, bis sie in der Ferne Kuba sichteten, die Insel, auf der Cienfuegos vor langer Zeit einiges erlebt hatte. Gemächlich glitten sie dahin, und nach weiteren drei Wochen hatten sie ihr Paradies gefunden.

Sie kamen zu einer Insel mit abgeschiedenen Stränden und einer kleinen geschützten Bucht, die der ideale Platz für einen Hafen war. Von den umliegenden bewaldeten Hängen konnte man über die ganze Insel blicken. Eine Vielzahl von kleinen Flüssen und Bächen sorgte für sauberes Trinkwasser, das auch während der Trockenzeit nicht versiegte.

Sämtliche Vogelarten schienen auf der Insel beheimatet zu sein, sie nisteten in den Klippen und am Strand; in den Wäldern gab es Leguane, die man essen konnte, und in den Baumwipfeln kreischten die Affen, die neugierig und furchtlos die neuen Herren der Insel beobachteten.

Sie waren im Paradies angekommen. Es war, als hätte der allmächtige Gott ihre Klagen erhört und belohnte nun diejenigen, die an sich selbst und ihre Sache glaubten, als wollte er sagen, wenn der Mensch seine Grenzen erkennt und seinen Ehrgeiz zügelt, wird Gott ihm geben, was er sucht.

Eva und Cienfuegos durchstreiften stumm Hand in Hand die Insel. Endlich waren sie am Ziel ihrer Träume angelangt, auch wenn der Weg lang und beschwerlich gewesen war. Die Insel war der ideale Ort, um eine Familie zu gründen. Hier konnte man Wurzeln schlagen und unter einer Palme den

Sonnenuntergang betrachten. Hier konnten die Kinder ein sorgloses Leben führen, den ganzen Tag am Strand verbringen oder gefahrlos im Wald spielen.

Doch das würde harte Arbeit bedeuten, zweifellos. Sie mußten Bäume fällen, um Häuser zu bauen, und das Land roden und bestellen, bevor sie die Ernte einbringen konnten. Sie mußten eine Palisade errichten, die das Dorf gegen mögliche Angriffe schützte, und sie mußten lernen, sich mit dem zu bescheiden, was die Natur ihnen zur Verfügung stellte.

Sie gaben der Insel keinen Namen, denn sie kamen zu dem Schluß, daß es keinen gab, der sie hätte beschreiben können. Jeder suchte sich für sein Haus den Platz aus, der ihm am meisten gefiel, und fing dann an zu bauen.

Doch nicht am Strand, damit niemand vom Meer aus sehen konnte, daß die Insel bewohnt war. Außerdem kamen sie überein, keine Fenster einzubauen, die aufs Meer hinaussahen, damit auch nachts kein Licht zu sehen war.

Die Glocke der *Milagro* wurde auf den höchsten Berg geschafft, um alle zu warnen, falls am Horizont eine Gefahr auftauchen sollte. Sobald die Glocke erklang, wurden alle Feuer gelöscht, und die Menschen suchten in ihren im Wald versteckten Häusern Zuflucht. Dieses Paradies wollten sie mit niemandem teilen.

Auf stürmische Nächte folgten sonnige Tage, auf Liebesnächte schwierige Geburten, und auch der Tod forderte seinen Tribut, denn so abgeschirmt und einsam der Ort auch war, den Gesetzen des Lebens konnte er sich nicht entziehen.

Niemand erlag der Versuchung, die Geschichte einer Insel niederzuschreiben, die niemals eine Geschichte gehabt hatte. Denn so, wie das Abenteuer der Menschheit mit der Vertreibung aus dem Paradies begann und sie bis dahin ohne Gedächtnis war, wird ihr Abenteuer in dem Moment enden, wo sie diesen ursprünglichen Zustand wieder erreicht hat. Das wahre Glück kündigt sich weder an, noch hinterläßt es Spuren.

Diese Art von Glück ist wie eine Blume, die man am Morgen pflückt und mit nach Hause nimmt, in der Hoffnung, daß der Herr am nächsten Morgen eine neue wachsen ließe, mit der man das Spiel wiederholen kann. Mehr zu pflücken oder gar einen Vorrat anzulegen, wäre sinnlos, denn alle Blumen verwelken noch am selben Tag. Das hatte Cienfuegos gelernt, als er einsam durch Dschungel, Berge und Täler gewandert war.

Er wußte, daß sie in der Hand einer großzügigen, aber auch gewalttätigen Natur waren, die ihnen an einem Tag alles gab, um es ihnen am nächsten wieder zu nehmen. Die Menschen, die hier wohnten, hatten sich daran gewöhnt und mit der Zeit erkannt, wie töricht es war, Reichtümer anzuhäufen, die sie selbst überdauern würden.

In den folgenden Jahren segelten viele Schiffe an der Insel vorbei, von Norden nach Süden, von Osten nach Westen. Die einen waren auf der Suche nach Ruhm, die anderen kamen geschlagen zurück; die einen folgten den Verlockungen des Goldes, die anderen schafften Schiffsladungen des kostbaren Gutes nach Hause. Sie aber blieben auf ihrer Insel, unbeeindruckt von dem, was um sie geschah, und wenn sich gelegentlich jemand dorthin verirrte, machten sie keinen Hehl daraus, daß er nicht willkommen war.

Cienfuegos hatte einen zweiten Sohn von Eva und weitere vier, die Araya ihm geboren hatte. Die Zeit lehrte ihn, daß die Liebe wie eine Zelle ist, die sich zu einer bestimmten Zeit teilt, dann aber weiterwächst und manchmal eine Liebe hervorbringt, die noch größer ist als die ursprüngliche.

Cienfuegos herrschte behutsam über seiner kleinen Welt. Dabei akzeptierte er weitgehend die Lebensform der Indios, wo der Einzelmensch der Gemeinschaft untergeordnet ist, die Gemeinschaft jedoch stets das Beste für den einzelnen sucht.

Sie errichteten eine kleine Kirche, die sie besuchten, obwohl es keinen Priester gab, und eine Schule, in der Eva die kleinen Kinder unterrichtete und ihnen von fremden Ländern und anderen Sitten erzählte, die sie nicht nachahmen sollten. Ihr größter Sieg aber bestand darin, daß sie ihre Wehmut überwinden konnte.

Dieses trügerische Stück Erinnerung, das einen dazu verleitet, die Vergangenheit zu verherrlichen und sich nur an die guten, nie aber an die schlechten Ereignisse zu erinnern, ist für den, der ein hartes Leben hinter sich lassen will, der größte Feind.

Einwanderer haben meist nicht mehr Gepäck als die Erinnerung an ihre Vergangenheit, aber Cienfuegos verbannte jeden Anflug von Nostalgie von der Insel. Er vermittelte seinen Gefährten auch die Einsicht, daß die Jagd nach Gold und Ruhm nur eine Schimäre war.

Eine Schimäre, der viele Männer zum Opfer fielen: Alonso de Hojeda, der nach unzähligen Mißerfolgen und Niederlagen als Bettler in einem Kloster Unterschlupf fand, Vasco Núñez de Balboa, der des Verrats bezichtigt und enthauptet wurde, nachdem er den Pazifik entdeckt hatte, Francisco Pizarro, später Vizekönig von Peru, der auf dem Höhepunkt seiner Macht von seinen Getreuen ermordet wurde, oder Hernán Cortés, der völlig vereinsamt starb, nachdem er mit einer Handvoll Verrückter ein ganzes Reich erobert hatte.

Wahrscheinlich hätte keiner von ihnen mit Cienfuegos tauschen wollen, vielleicht aber auch alle, man weiß es nicht. Es ist schwer zu sagen, ob diese Menschen dem Gold und dem Ruhm hinterherjagten, weil sie von einer inneren Notwendigkeit getrieben wurden oder von dem Ehrgeiz, in die Geschichte einzugehen, trotz der Gewißheit, daß ein Sieg sie ins Verderben führen würde.

Bezeichnenderweise wurde keiner der großen Eroberer in der Neuen Welt glücklich oder fand ein angemessenes Ende. Kolumbus, Hojeda, Balboa, Pizarro, Cortés und so viele andere, die ihr Leben aufs Spiel gesetzt hatten, genossen nur einen flüchtigen Abglanz des Glücks. Ihr Aufstieg war mühsam und ihr Fall bodenlos. Als Cienfuegos erfuhr, welches Ende diesen Männern beschieden war, mit denen er einen Teil seines Lebens verbracht hatte, betrachtete er seine Enkelkinder, die am Strand spielten, und setzte sich wie jeden Nachmittag unter den Baum, wo Eva begraben lag, um ihr dafür zu danken, daß sie ihn so viele Jahre so glücklich gemacht hatte.

Weder die herrlichen Schätze von Mexiko noch die Entdeckungen in Peru zählten für ihn mehr als die zahllosen friedlichen Tage, die er unter der strahlenden Kuppel des blauen Himmels verbrachte. Die Geschichtsschreibung widmete ihm keine Zeile, doch das hätte ihn wenig gekümmert. Die Geschichtsschreibung neigt nämlich dazu, sich auf das zu konzentrieren, was die Menschen tun, und nicht auf das, was sie fühlen.